Erschienen im Jubiläumsjahr 1987
bei Klett-Cotta

WERNER SCHIFFAUER

DIE BAUERN VON SUBAY

DAS LEBEN IN EINEM TÜRKISCHEN DORF

Klett-Cotta

Verlagsgemeinschaft Ernst Klett – J. G. Cotta'sche Buchhandlung

Printed in Germany
Umschlag: Klett-Cotta-Design
Gesetzt aus der Sabon von Setzerei G. Müller, Heilbronn
Gedruckt auf holzfrei Werkdruckpapier (Cartiere del Garda) von
Gutmann + Co GmbH, Heilbronn

CIP-Kurztitelaufnahme der Deutschen Bibliothek

Schiffauer, Werner:
Die Bauern von Subay : d. Leben in e. türk.
Dorf / Werner Schiffauer. – Stuttgart :
Klett-Cotta, 1987.
ISBN 3-608-93119-8

0711 | 66720

0711 | 6672-1716 Presseabtlg.

Berlin: 030/84 30 95 46

Für Trudi

Inhalt

Einleitung

Die türkische und die deutsche Kultur sind in den letzten Jahren in einen engen Kontakt zueinander getreten. Dies war nicht selten konfliktträchtig. Eine Flut von Literatur, die in der letzten Zeit zur Arbeitsmigration erschienen ist, bezeugt die Beunruhigung, die von diesem Phänomen auf die deutsche Gesellschaft ausging. Diese Literatur konzentrierte sich vor allem auf die Situation der Türken in der Bundesrepublik; der soziale und kulturelle Hintergrund der Arbeitsmigranten wurde nur ausnahmsweise systematisch diskutiert.[1] Ohne eine Kenntnis der Situation, in der das Motiv zur Migration entstand, bleiben jedoch die Wünsche, die Interessen und die Sehnsüchte der Migranten unverständlich.

Mit diesem Buch will ich versuchen, diesen Hintergrund den deutschen Lesern näherzubringen. Die Bauern von Subay[2] sollen dabei als Exempel dienen. Ich will die soziale Welt eines Dorfes vom Standpunkt der Beteiligten aus darstellen, das Augenmerk auf den Alltag einer sich im Umbruch befindenden traditionalen Gesellschaft richten. Die dörfliche Gesellschaft wird deshalb nicht »aus der Vogelperspektive« als System oder als Struktur beschrieben, sondern »von unten« als Handlungsfeld. Das Interesse richtet sich damit nicht so sehr auf die Institutionen und ihre funktionale bzw. strukturale Interdependenz als vielmehr auf das Leben in den Institutionen. Die Gesellschaft wird daraufhin untersucht, welche Grenzen sie ihren Angehörigen setzt und welche Möglichkeiten sie ihnen einräumt, welche Handlungsstrategien in ihr erfolgreich und welche zum Scheitern verurteilt sind.

In dem handelnden Umgang wird Gesellschaft erfahren: In den Blessuren, die der einzelne sich holt, wenn er gegen die gesetzten Grenzen anrennt, enthüllt sich ihm ihre Sperrigkeit, in den Möglichkeiten, die sie offenläßt, ihre Instrumentalisierbarkeit; in den nicht intendierten Folgen seines Handelns ihre Eigengesetzlichkeit. Auf diese Weise bildet sich in einer meist wenig reflektierten Tiefenschicht ein grundlegendes Weltbild – ein Fundus von Meinungen und Auffassungen über das, was »natürlich« und »selbstverständlich« ist, was deshalb »keiner weiteren Worte bedarf«. Weil mit dem Handeln in der Gesellschaft ein bestimmtes Verhalten gegenüber sich selbst korrespondiert, konstituiert sich im gleichen Prozeß und untrennbar mit ihm verknüpft ein spezifisches Selbstverständnis.

Wie wir im Verlauf der Darstellung sehen werden, waren während der letzten dreißig Jahre Weltbild und Selbstverständnis der Bauern von Subay erheblichen Veränderungen und Umbrüchen unterworfen. Durch die Möglichkeit der Arbeitsmigration hat sich die Gesellschaft für das Individuum verändert – neue Handlungsperspektiven ließen die dörflichen Grenzen und Möglichkeiten in einem anderen Licht erscheinen. Während sich die dörfliche Ordnung (auf der Ebene der Institutionen) selbst kaum verändert hat, hat sie doch ihre Selbstverständlichkeit verloren.

Im Sommer 1977 und im Winter 1982/83 habe ich insgesamt acht Monate Feldforschung im Dorf betrieben, habe Gespräche geführt, Beobachtungen aufgezeichnet und Daten gesammelt. Auf dieses Material sowie auf Interviews mit Migranten aus dem Dorf stützt sich diese Arbeit. Wie in der ethnologischen Feldforschung üblich, habe ich die genealogische Ordnung, die Heiratsbeziehungen und die wirtschaftlichen Daten systematisch und für alle Haushalte erhoben. Darüber hinaus konnte ich die Akten des Zivil- und Landgerichts der Kreisstadt Andıraz kopieren. Von entscheidender Bedeutung für die Arbeit waren jedoch die Feldforschungsnotizen, die ich möglichst unmittelbar nach den Gesprächen anfertigte. Dabei versuchte ich, die wörtliche Rede so genau wie möglich wiederzugeben. Alle Zitate beruhen, wenn nicht anders vermerkt, auf diesen Protokollen.

Auf eine wesentliche Einschränkung muß hingewiesen werden: Die Arbeit bezieht sich im wesentlichen auf die Darstellung der Männerwelt; Frauen kommen nur ausnahmsweise zu Wort. Dies liegt daran, daß es mir in der streng nach Geschlechtern getrennten Gesellschaft von Subay nur ausnahmsweise möglich war, mit den Frauen zu sprechen.

Subay

»Es war ein Derwisch mit Namen Şeyh Mueddin. Er kam von weither, aus Chorasan. Chorasan liegt ganz hinten in Persien. Er schleuderte seinen *asa,* seinen Derwischstab, in die Luft. Der *asa* flog bis hierher, nach Subay. Wo er auftraf, entsprang eine Quelle. Şeyh Mueddin ließ sich an dieser Stelle nieder. Er erbaute eine Moschee. Weil seine Kraft nicht ausreichte, kamen nachts die Rehe aus den Wäldern und halfen ihm beim Bau.«

Die in der Gründungslegende erwähnte Quelle findet sich auf halbem Weg zwischen den Weilern Kadı und Subay; die von Şeyh Mueddin gestiftete Moschee liegt etwas unterhalb; neben ihr, unter einer weit ausladenden Eiche, sein Grab. Die Nadelwälder, aus denen der Legende nach die Rehe kamen, beginnen kurz oberhalb des Dorfes.

Die Moschee ist Mittelpunkt einer aus zwölf Weilern bestehenden Moscheegemeinde. Sie verteilen sich über den relativ steil abfallenden Südhang eines sich von Osten nach Westen erstreckenden Berghanges des Pontischen Gebirges, dem Mittelgebirgszug, der sich parallel zur Schwarzmeerküste erstreckt. Im Hintergrund sieht man die beeindruckende Silhouette der Ilgaz-Berge.

Die Weiler bestehen aus Fachwerkhäusern mit quadratischem Grundriß; ihr behäbiges Aussehen wird durch ein spitz zulaufendes Ziegeldach unterstrichen. Administrativ sind die zwölf Weiler zu drei Dörfern zusammengefaßt: Subay, Geyik und Karataş. Jedes Dorf wählt einen Dorfvorsteher (*muhtar*) und einen Ältestenrat (*azalar*); in jedem findet sich eine fünfklassige Grundschule. Freilich verstehen sich die größeren Weiler auch selbst als Dorf (*köy*), nämlich dann, wenn sie über eigene Hochweiden und Almen (*yayla*) verfügen. Dieses Selbstverständnis äußert sich in der Existenz von »Dorfhäusern« (*köy odaları*), d. h. rituellen Zentren, in denen man sich bei religiösen Festen oder Hochzeiten trifft und in denen gelegentlich Gäste beherbergt werden.

Die Bauern empfinden ihre Gegend als »vernachlässigt« (*mahrumiyet bir bölge*) oder als »zurückgeblieben« (*geri kalmış*). Sie beklagen, daß es keine Elektrizität und keine zentrale Wasserversorgung

Die Lage von Subay

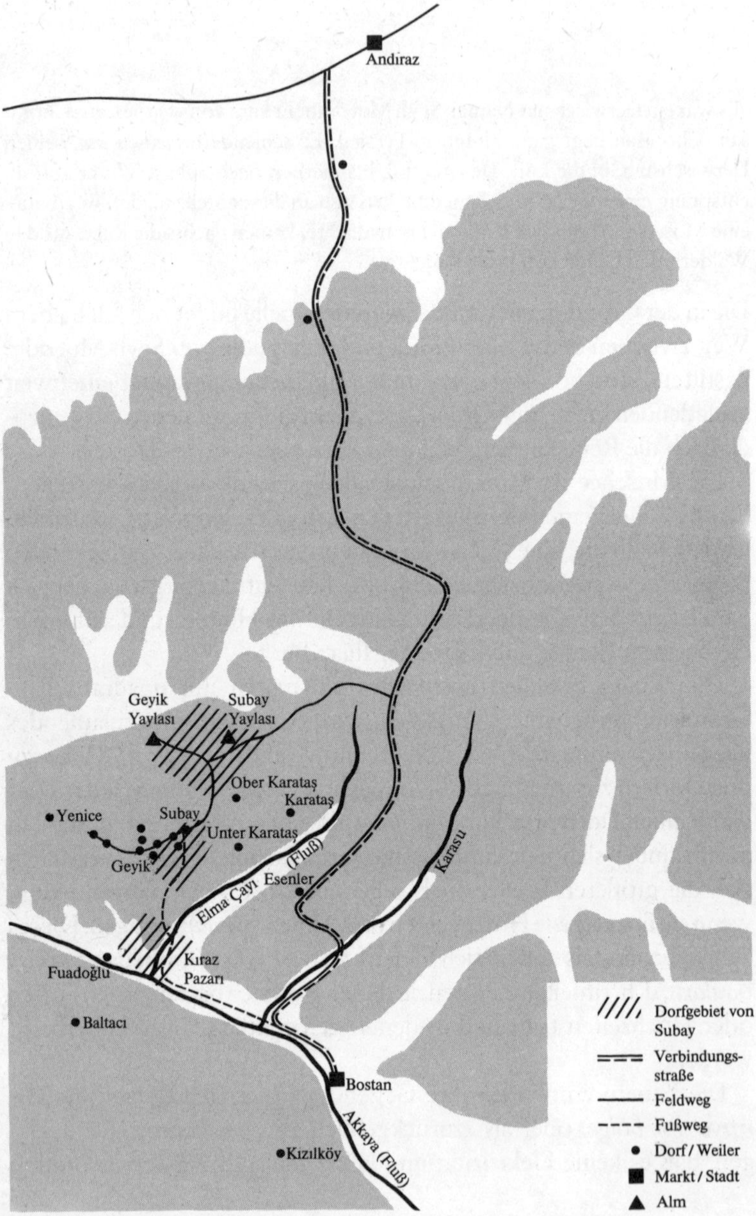

gibt, daß Fabriken und damit Arbeitsplätze in erreichbarer Nähe fehlen und daß die Verkehrsverbindungen schlecht sind. Ein nur für Traktoren und Jeeps befahrbarer Feldweg verbindet die Dörfer mit der geschotterten Hauptstraße, die von der Kreisstadt (*kaza*) Andıraz zum Marktort (*nahiye*) Bostan führt. Im Sommer sieht man jeden Freitag Gruppen von zwanzig bis dreißig Bauern auf Traktoranhängern nach Andiraz fahren, um dort Einkäufe zu tätigen, die Moschee zu besuchen oder Gerichtstermine wahrzunehmen. Im Winter dagegen, wenn der Feldweg oft unpassierbar ist, reitet man auf dem Maultier in das eineinhalb Wegstunden entfernte Bostan, um dort seine Geschäfte zu erledigen. In Bostan befindet sich auch die nächste Gendarmeriestation, eine Mittelschule und eine Gesundheitsstation, von der die Bauern allerdings keine allzu hohe Meinung haben.

Das Dorf Subay, dem wir uns im folgenden zuwenden werden, besteht aus drei Weilern bzw. Dorfvierteln: Kadı, Subay und dem »Unteren Viertel« (Aşağı Mahallesi). 1970 hatte es 260 Einwohner in 51 Haushalten. Die Bevölkerungszahl ist aufgrund der großen Abwanderung seit Beginn der 50er Jahre in das 70 km entfernte Karabük, nach Ankara und Istanbul nahezu gleichgeblieben. Man muß sich das Ausmaß der Migration vergegenwärtigen: Das Dorf hätte heute zweieinhalbmal soviel Einwohner, wenn alle geblieben wären. Acht Migranten aus dem Dorf leben in Europa.

Die soziale Ordnung von Subay ist typisch für zahlreiche west- und zentralanatolische Dörfer. Zwei bis drei Generationen leben in einem Haushalt zusammen; diese Großfamilien sind die entscheidenden wirtschaftlichen, sozialen und politischen Einheiten: Wirtschaftseinheiten, weil in den Haushalten gemeinsam produziert und konsumiert wird; soziale Einheiten, weil die soziale Absicherung nur durch die Familie verbürgt ist; politische Einheiten, weil nur die Solidarität der Haushaltsangehörigen angesichts der relativ abgelegenen Lage des Dorfes die Rechtssicherheit und den politischen Status des einzelnen gewährleistet. Jenseits der Haushalte gibt es als körperschaftlich verfaßte Gruppen nur die Moscheegemeinde und das Dorf.

Die patrilinearen Deszendenzgruppen (*sülale*), fünf größere (*Akkaya, Akdemir, Hakımoğlu, Durmaz* und *Subayoğlu*) und drei kleinere (*Doğan, Kaynakçı, Baykurt*) haben eigentlich nur als Nachbarschaftsgruppen Bedeutung. Sie treten nicht als geschlossene Gruppen auf. Wenn sich mehrere Mitglieder einer Abstammungsgruppe doch einmal zu einer gemeinsamen Aktion zusammenfinden, dann ist das eher in ihrer Interessenidentität als Nachbarn denn durch die Tatsache gemeinsamer Verwandtschaft begründet.

Anmerkungen

[1] Eine der wenigen Ausnahmen ist das Buch von H.-G. Kleff (1984).

[2] Alle Orts- und Eigennamen wurden verändert. Subay liegt in der Provinz Kastamonu im Pontischen Gebirge, ca. 100 km Luftlinie nördlich von Ankara.

Dorfskizze von Subay

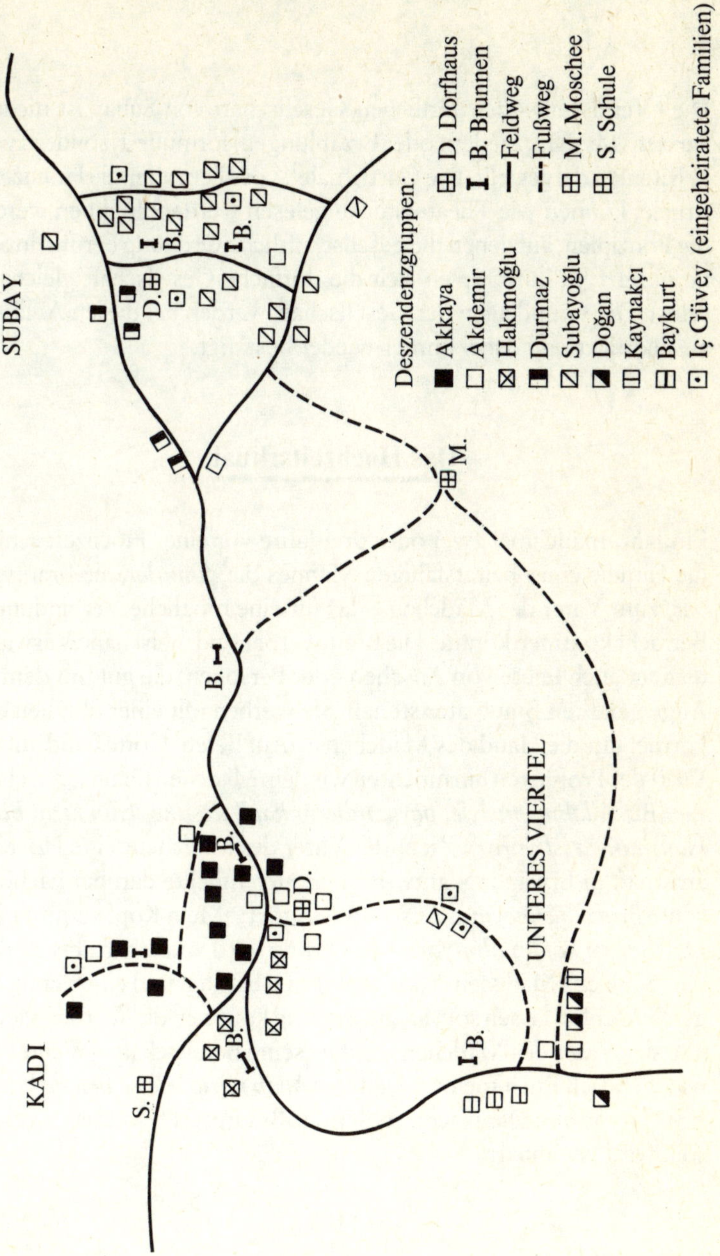

Die Ordnung der Gesellschaft

Die »Verfassung« der dörflichen Gesellschaft von Subay ist nicht in Texten (Mythen, Liedern oder Erzählungen) formuliert, sondern wird in Ritualen dargestellt. Die Gastrituale[1], vor allem aber die Hochzeitsrituale, können wie Theaterstücke gelesen werden: In ihnen werden die Prinzipien, auf denen die gesellschaftliche Ordnung beruht, in Szene gesetzt; in ihnen spielt sich die dörfliche Gesellschaft gleichsam selbst. Die Grundlagen der Gesellschaft werden bei diesen Anlässen ausgedrückt und dabei immer wieder bestätigt.

Das Hochzeitsritual

Ein Jahr, manchmal zwei oder drei Jahre vor einer Hochzeit schickt die Familie eines heiratsfähigen Mannes die *dünürler*, die Brautwerber, zum Vater des Mädchens, das für eine mögliche Verbindung in Betracht kommen könnte. Die Brautwerber sind meist nahe Verwandte, aber auch Leute von Ansehen oder Personen, die gut mit dem ins Auge gefaßten Brautvater stehen. Sie werben mit einer überlieferten Formel um die Hand des Mädchens: »Auf Befehl Gottes und auf das Wort des Propheten hin möchten wir dein Mädchen für unseren Hamza« (*Biz Allahın emriyle, peygamberin kavli üzerine senin kızın bizim Hamzamıza istiyoruz*). Zieht der Vater des Mädchens eine Hochzeit ernsthaft in Erwägung, antwortet er: »Ich möchte darüber nachdenken« (*Biraz düşüneyim*). Ansonsten sagt er: »Mein Kopf stimmt nicht zu« (*Benim kafam almıyor*). Ein Termin wird vereinbart, bis zu dem die »Seite des Mädchens« (*kız tarafı*) sich beraten und einen endgültigen Entschluß fassen soll; an diesem Tag kommen die Werber wieder, und der Vater des Mädchens erklärt seine Bereitschaft: »Wenn Gott will, gebe ich Euch meine Tochter« (*Allah nazıp ederse ben de kızımı size veriyorum*). Die Nacht, in der der Brautpreis festgesetzt werden soll, wird vereinbart.

Nach diesen ersten Hochzeitsverhandlungen wird das ohnehin strenge Vermeidungsverbot vom künftigen Paar besonders nachdrücklich befolgt. Nicht einmal kurze Fragen sollte der Bräutigam mehr an seine Braut richten, wenn er sie zufällig zu sehen bekommt.

In der Nacht, in der der Brautpreis festgelegt wird, nimmt zum ersten Mal auch der Vater des Bräutigams an den Beratungen teil. Die »Seite des Mannes« (*erkek tarafı*) bringt ein geschlachtetes Schaf, Tee und Zucker mit, während die »Seite des Mädchens« Süßigkeiten stellt. Eine Liste ist von der Familie der Braut vorbereitet worden, auf der alle Forderungen an die »Seite des Mannes« festgehalten sind: die Höhe des *başlık*, des Brautpreises, der an den Vater der Braut zu entrichten ist, und die Vorstellungen über den *çeyiz*, die Brautausstattung, die vor allem aus *altın*, Goldreifen, besteht, aus *yatak, yastık, yorgan*, Bett, Kissen und Decke sowie in den letzten Jahren aus Einrichtungsgegenständen, wie beispielsweise einer Nähmaschine.[2] Für die Seite des Mannes verhandelt nicht der Vater des Bräutigams, sondern der *dünür başkanı*, der »Hauptwerber«. Wenn auch über die Vorstellungen der Familie des Mädchens oft ausdauernd verhandelt wird, kommt es doch in der Regel zu einer Einigung. Beide Seiten haben sich bereits zu sehr festgelegt, als daß ein Scheitern ohne Gesichtsverlust für die eine oder andere Seite noch möglich wäre. In dieser Nacht wird auch vereinbart, ob Trommler und Flötenspieler zur Hochzeitsfeier eingeladen werden sollen.

In der Zeit zwischen diesen Beratungen und der Hochzeit wird der Brautpreis übergeben, in der Kreisstadt werden die Einkäufe für die Brautausstattung erledigt, und das Aufgebot wird zusammen mit dem Dorfvorsteher bestellt.

An einem Dienstag beginnt das eigentliche Hochzeitsritual mit dem *dibek*. *Dibek* werden die hüfthohen Steinmörser genannt, von denen sich einer in jedem Dorfviertel befindet; an diesem Tag wird in ihnen der Weizen für die Hochzeitssuppe (*düğün çorbası*) geschrotet.

Am Morgen des 20. Dezember lud Cemil, der Vater des Bräutigams Hamza, das Dorf über den Lautsprecher der Moschee zum *dibek* ein; gegen zehn Uhr vormittags hatten sich etwa 30 Männer am Steinmörser eingefunden – die engeren Nachbarn und Freunde. Ein Feuer war angefacht, Tee siedete. Nacheinander nahmen die Männer mit einem *Bismillah irahman irrahim* (»Im Namen Gottes des Erbarmers, des Allerbarmers«) ein Gerät in die Hand, das entfernt an einen Dreschflegel erinnerte, und schlugen damit den Weizen im Mörser. Der Bräutigam selbst war nicht anwesend. Als die Arbeit verrichtet war, sammelte Cemil sorgsam das Getreide ein und lud die Anwesenden zum Essen ein.

Die Hälfte des kollektiv geschroteten Weizens wird am Vormittag des nächsten Tages, Mittwoch, zusammen mit der Brautausstattung zum Haus der Braut gebracht. Beigelegt werden noch andere Speisen: die Hälfte eines geschlachteten Schafs, Öl, Zucker, Nudeln und Reis.

Am Mittwochabend, dem Vorabend der Hochzeit, finden in beiden Dörfern Feste statt. Auf der »Seite des Mädchens« treffen sich die Frauen aus dem Heimatdorf der Braut zur »Henna-Nacht« (*kına gecesi*), einem Ritual, dem kein Mann beiwohnen darf. In dieser Nacht wird die Braut rituell gewaschen, auf ihre Hand wird Henna als Hochzeitsschmuck aufgetragen, und sie bekommt den *duvak* angelegt, den Hochzeitsschleier, der ihren Kopf vollständig verhüllt. Es wird getanzt und gemeinsam gegessen.[3]

Die Männer, die ihre Frauen zum Haus der Braut begleitet haben, werden in einem anderen Raum ebenfalls bewirtet. Hier ist die Atmosphäre eher ruhig und alltäglich.

Eine ganz andere Stimmung herrscht im Viertel des Mannes, wo an diesem Abend die Männer des Dorfes bewirtet werden.

Auch an diesem Tag hatte Cemil über den Lautsprecher der Moschee eingeladen. Man traf sich im Dorfhaus, dem Ort, an dem sonst gemeinsam gebetet wird; Cemils Haus hätte nicht genügend Platz geboten. Anders als beim *dibek* waren alle Männer aus Subay anwesend. Jeweils zwölf oder dreizehn Männer saßen dichtgedrängt im Schneidersitz um etwa 20 cm hohe Tische. Der Schwiegersohn Cemils reichte nacheinander die Schüsseln, aus denen gemeinsam gegessen wurde: Den Anfang machte die Hochzeitssuppe aus dem am Vortag geschroteten Weizen, dann folgten gefüllte Krautwickel, braune Bohnen, Weißkraut mit Joghurt-Soße, Kürbis mit Walnüssen, Apfelkompott, *baklava* (süße, gefüllte Blätterteigpastete) mit Nüssen. Anschließend wurde Tee gereicht. Der Dorfvorsteher nützte die Gelegenheit, einen Erlaß der Forstverwaltung vorzulesen, der das Halten von Ziegen untersagte. Eine Art Laienspiel wurde improvisiert – ein »Viehhandel«, bei dem zwei Bauern »Schafe« spielten, zwei weitere »Käufer« und »Verkäufer«, die sich handelseinig wurden, dann doch entzweiten: Ein Spiel, dessen Witz in den Dialogen über die körperlichen Eigenschaften der »Schafe« bestand, in Situationskomik und das sich schließlich in einer derben Prügelszene auflöste. Ein zweites Spiel folgte, dann eine Debatte über den Erlaß der Forstverwaltung. Sehr plötzlich wurde etwa gegen elf Uhr aufgebrochen, ohne daß es zum *rakı*-Trinken gekommen wäre, auf das sich die jüngeren Männer seit Tagen gefreut hatten. Cemil, ein guter Muslim, hatte es abgelehnt, Alkohol zu reichen.

Am Donnerstag morgen, dem »Tag der Übernahme des Rechts«, (*hak alma günü*), wird der Bräutigam im Elternhaus auf die Hochzeit vorbereitet. In Gegenwart eines *hoca*, eines religiösen Lehrers, wird ein Tablett mit einem in ein Tuch eingeschlagenen *simit* (Sesamkringel) über den Kopf des Bräutigams gehalten und ihm eine Anzugjacke halb angezogen: Nur ein Arm wird in den Ärmel gesteckt, während die Jacke auf der anderen Seite lose über die Schulter hängt. Ein Gebet wird gesprochen – erst dann wird die Jacke ganz angezogen.

Zur gleichen Zeit versammeln sich die Männer der »Seite des Mannes«.

Man traf sich unterhalb des Schulhauses. Zwei Traktoren mit Anhänger warteten, um die Gesellschaft nach Yakalı, dem Dorf der Frau, zu bringen. Zwei Gruppen waren deutlich voneinander zu unterscheiden. Die eine, die sogenannten *seymen*, bestand aus den jüngeren Männern, die alle mit Gewehren bewaffnet waren; der einzige Ältere unter ihnen war der *seymen Başı*, der »Anführer der *seymen*«. Diese Gruppe bestieg den ersten Anhänger; sie führten die türkische Fahne mit sich. In der anderen Gruppe befanden sich die älteren Männer, Familienväter über dreißig, die sich zu alt fühlten, um *seymen* zu sein. Als Cemil, sein Sohn Hamza und Abdullah, der *sağdıç* (d.i. der Freund, der den Bräutigam zur Hochzeit begleitet), eingetroffen waren, brach man auf. Die Traktoren wurden von zwei schwarzgekleideten Frauen auf Pferden begleitet, die die Braut abholen und sie ins Haus des Bräutigams bringen würden.

In Yenice, wo die Straße endet, stieg man aus und ging zu Fuß den Rest des Weges nach Yakalı. Kurz vor dem Dorf formierten sich die *seymen* zu einer Reihe. Tanzend, schießend und pfeifend zogen sie in das Dorf der Braut ein. *Mânilar*, Vierzeiler, wurden gesungen:

»Der Mond schreitet hinter den Wolken,
die Geliebte wird naß im Regen.
Sie hat mich betört.
Jetzt verbirgt sie sich vor mir.

Betrachte den Mond, betrachte den Stern,
betrachte das Mädchen, das zum Wasser geht.
Mädchen, wenn Gott dich liebt:
Dreh dich um, sieh mich an.«

Die Männer der »Seite der Frau«, alle unbewaffnet, begrüßten die Gäste und führten die zu einer Wiese, wo sie im Freien bewirtet wurden. Es war einer der letzten warmen Tage des Jahres. Der Bräutigam und sein *sağdıç* aßen nicht mit – ihnen wurde später getrennt serviert.

Nach dem Essen fand das Eierschießen der *seymen* statt, ein mit Ungeduld erwartetes Ereignis. Der Anführer der *seymen* kaufte der »Seite der Frau« ein Ei ab, das in einer Astgabel in einer beachtlichen Entfernung (etwa 150 Meter) aufgehängt wurde. Obwohl ich es kaum mit dem Auge wahrnehmen konnte, wurde es doch von einem Schützen getroffen – was einen Bauern aus Subay zu der Bemerkung veranlaßte: »Es ist mir wie ein Sieg vorgekommen, daß wir das Ei getroffen haben.« Gegen drei Uhr wurden Pferde mit der Brautausstattung und zusätzlichen Gaben des Brautvaters beladen. Das Pferd, auf dem die Braut nach Subay gebracht werden sollte, wurde vor die Tür des Elternhauses geführt. Ein Junge wurde kurz in den Sattel gehoben. »Sie soll einen Jungen gebären«, sagte ein Nebenstehender zu mir. Endlich erschien unter Schluchzen die Braut in der Tür. Sie war vollkommen verhüllt. Als sie auf das Pferd gehoben wurde, achtete man darauf, daß sie den Boden nicht berührte. Es heißt, er würde sonst verdorren. Mit den beiden Frauen aus Cemils Haus, die uns am Morgen begleitet hatten, ritt sie zum Heiligengrab in Yenice[4], um es dreimal zu umkreisen. Der Bräutigam und sein *sağdıç* traten vor die Haustüre. Die Mutter der Braut gab beiden ein Glas *şerbet*, Traubensaft, und legte dem Bräutigam ein Tuch um die Schultern, wie es die Frauen des Dorfes um die Hüfte zu tragen pflegen. »Mein Mädchen solle deines werden«, interpretierte mein Begleiter. Dann kam der Aufbruch und Abschied der *seymen.*

Für die »Seite des Mädchens« ist die Hochzeit damit zu Ende. Man begleitet die Gäste noch bis zum Dorfrand und verabschiedet sich dann. Die Abruptheit des Abschieds, die Plötzlichkeit, mit der aus einer Festatmosphäre in den Alltag zurückgekehrt wird, unterstreicht die Tatsache, daß es sich bei der Verheiratung einer Tochter um eine Trennung handelt. Die ohnehin gedrückte Stimmung in ihrem Elternhaus wird noch fühlbarer.

Wenn die Braut im Haus des Mannes eintrifft, wird sie wieder vom Pferd gehoben. Auch hier vermeidet man, den Boden zu berühren. Auf der Schwelle des Hauses tritt sie auf einen *saç*, eines der runden Eisenbleche, auf denen Brot gebacken wird. Sie erhält ein Koranexemplar in die Hand gedrückt, das sie dreimal über dem Kopf kreisen läßt. Wasser wird auf sie gesprengt. Dann wird sie ins Haus gebracht, wo sie auf den Abend wartet.[5] Um sie herum herrscht Fröhlichkeit, in die sie allerdings kaum einbezogen wird. »Die ›Seite des Mädchens‹ weint, während die ›Seite des Mannes‹ lacht.« – Der Bräutigam wird in das Haus des *sağdıç* geführt, wo er zusammen mit einigen Freunden auf den Abend wartet. Bei der eigentlichen Vermählung durch den Dorfprediger, den *hoca (hoca nikahı)*, die am Nachmittag stattfindet, sind beide nicht persönlich anwesend, sondern werden durch Verwandte vertreten. Man fürchtet den Impotenzzauber, der besonders dann droht, wenn die Anwesenden bei der Vermählung eben das *âmin* (Amen) sprechen. Deswegen findet sie zu einem ad hoc festgelegten Zeitpunkt statt. »Sonst käme das ja ständig vor« (»Unteroffizier Ibrahim«).

Nach dem Abendgebet wird der Bräutigam von seinen Freunden nach Hause begleitet. Er verabschiedet sich von ihnen mit Handküssen, flüchtet dann aber schnell ins Haus, denn die Freunde stoßen ihn und werfen mit Eiern. – Im Hochzeitszimmer ist das Bett in Richtung Mekka aufgestellt. Braut und Bräutigam versuchen, sich im Scherz gegenseitig auf die Füße zu treten – ein Spiel um die künftige Dominanz in der Ehe. Die Braut behält den Brautschleier die ganze Nacht über an, man sagt, der Bräutigam werde sonst impotent. Er gibt ihr ein Geldgeschenk[6], dann sagt er: *Su istiyorum* – »Ich möchte Wasser«. Sie reicht es ihm. Er sagt: *Karnım aç* – »Ich habe Hunger«. Beide setzen sich und essen von einem Huhn, das die »Seite des Mädchens« geschickt hat – »Allerdings nur ein bißchen«, fügte mein Informant lächelnd hinzu.[7]

Bevor sie sich niederlegen, beten sie das *namaz*-Gebet. Nach vollzogener Ehe wird das Laken gewechselt. Das Zeichen der Jungfernschaft und der Männlichkeit wird am nächsten Tag von den Frauen der Nachbarschaft und den Eltern des Mannes betrachtet werden. Einem Mädchen, das keine Jungfrau war, droht Schande: Es heißt, man werde sie umgekehrt auf einen Esel setzen und ihr einen ausgehöhlten Kürbis über den Kopf stülpen. Unter Spott und Beschimpfungen werde sie dann in ihr Elternhaus zurückgeführt. Niemand im Dorf kann sich daran erinnern, daß so etwas jemals vorgefallen wäre.

Der Freitag ist der Tag des *duvak*, so genannt, weil an diesem Tag der Bräutigam den Brautschleier entfernt (Erdentuğ, 1971/72, S. 19). Dieser Tag ist bestimmt vom Ritual des »Zur-Rede-Bringens« (*konuşturmak*): Die Braut erhält Geschenke von den Schwiegereltern (in der Regel Schmuckstücke) und küßt ihnen die Hände – ein traditionaler Ausdruck von Respekt (*saygı*). Mit diesem Akt wird das rituelle Schweigen, das bis dahin zwischen Braut und Schwiegereltern herrschte, aufgehoben.[8]

Vor allem aber ist der Tag des Brautschleiers, wie die Henna-Nacht, ein Fest der Frauen.[9] Die Nachbarinnen kommen zusammen, betrachten das Hochzeitslaken, tanzen und singen mit der Braut. Auch hier macht die Braut die Runde und küßt jeder Nachbarin die Hand.[10]

Seit dem Zeitpunkt der Trennung von den Eltern herrscht ein streng beachtetes Schweige- und Kontaktverbot zwischen der Braut und ihren eigenen Eltern. Wenn sie im gleichen Dorf wohnen, ist die Braut gezwungen, ihnen aus dem Weg zu gehen: Im Fall von Hamzas Hochzeit wurde dieses Verbot nach zwei Wochen aufgehoben.[11] Das neue Ehepaar besucht dann zusammen mit den Eltern des Mannes die Eltern der Braut. Auch bei diesem Anlaß wird wieder ein Schaf geschlachtet und mitgebracht.

Die Familie als sozialer Körper

Anders als in der städtischen Türkei ist eine Dorfhochzeit wie die in Subay nicht die gemeinsame Feier der Vereinigung eines Paares. Sie ist vielmehr vom Gedanken der Übergabe bestimmt. Im Elternhaus und Heimatdorf der Braut feiert man die Verabschiedung; im Haus ihres Gatten und in ihrem neuen Dorf dagegen die Aufnahme. Diese Übergabe wird auf eine Weise inszeniert, die sehr stark an eine Organtransplantation erinnert: Sie teilt sich in Isolation, Schnitt und Inkorporation.

Am Mittwochabend, in der Henna-Nacht, wird die Braut von der Gemeinschaft isoliert, in der sie bisher gelebt hat: Durch das Anlegen des sie völlig verhüllenden

Hochzeitsschleiers wird sie unsichtbar gemacht, gleichzeitig wird sie aus der Essensgemeinschaft ausgeschlossen: Von nun an werden ihr die Mahlzeiten getrennt gereicht. Am nächsten Tag erfolgt der Schnitt: Sein gewaltsamer Charakter wird durch die Bewaffnung der *seymen* angedeutet, die wie Eroberer ins Dorf der Braut einziehen; der Schmerz, den er verursacht, zeigt sich im rituellen (und tatsächlichen) Weinen im Haus der Braut; die Endgültigkeit der Abtrennung wird schließlich durch den jähen und radikalen Abschied ausgedrückt – kein Mitglied der eigenen Familie geleitet die Braut in ihr neues Dorf. Im Haus des Mannes ist inzwischen mit dem Bräutigam der »Ort« der Inkorporation ebenfalls isoliert worden: Auf den Außenstehenden wirkt es, als nehme der Bräutigam an seiner Hochzeit eher als Beobachter denn als Hauptbeteiligter teil. Er wird beim Anbieten der Zigaretten übergangen, er tanzt nicht mit, auch ihm wird das Essen getrennt gereicht. Die Inkorporation der Braut in das neue Haus erfolgt schrittweise. Durch eine Gabe, die sie mit einem Handkuß erwidert, wird sie nacheinander vom Bräutigam, von den Schwiegereltern und schließlich von den Nachbarn »zum Sprechen gebracht« und damit als Person anerkannt. Diesem Vorgang korrespondiert die Entschleierung, das schrittweise Wieder-Sichtbar-Machen der Braut. Erst wenn Wochen später die Wunde verheilt ist, darf – so scheint es – wieder der Kontakt zum eigenen Elternhaus aufgenommen werden.

Die Analogie einer Hochzeit mit einer Transplantation ist Ausdruck eines grundlegenden Rechtsprinzips der bäuerlichen Gesellschaft, nämlich der Tatsache, daß die Haushalte *soziale Körper* sind. Sie – und nicht die Individuen – sind die Rechtssubjekte in dieser Gesellschaft. Der einzelne ist nur als Mitglied eines Haushaltes Rechtsperson, als Träger von Rechten und Pflichten. Mit den anderen Angehörigen seines Haushaltes bildet er eine Rechtseinheit[12]: Ein Angriff auf einen einzelnen ist immer auch ein Angriff auf alle anderen Haushaltsangehörigen; und die Verfehlung eines einzelnen ist immer auch die Verfehlung aller anderen Familienmitglieder.

Der Gedanke der Rechtseinheit wird in dem Konzept der Ehre (*namus*) faßbar gemacht und ausdifferenziert. »Ehre« bezeichnet die Integrität, die Unantastbarkeit und Unbescholtenheit eines Haushaltes. Sie wird verletzt, wenn ein Außenstehender ein Familienmitglied, besonders aber eine der Frauen angreift oder beleidigt; sie wird aber auch verletzt, wenn sich ein Familienmitglied »unehrenhaft« (*namussuz*) verhält, d. h. als Mann in den Ruf eines »Feiglings«, als Frau in den einer »Hure« (*fahişe, orospu*) gerät. In beiden Fällen sind alle anderen

Familienmitglieder mitbetroffen: Von ihnen wird verlangt, die »befleckte« (*lekelenmiş olan*) Familienehre zu »reinigen« (*temizlemek*), um nicht ihrerseits dem Verdikt der Ehrlosigkeit zu verfallen. Ehrlos wäre der Mann, der nicht bedingungslos dem Bruder beistehen würde, wenn dieser angegriffen wird; ehrlos aber auch der Mann, der ein ehrloses Verhalten eines Angehörigen hinnehmen würde, der beispielsweise den Ehebruch seiner Frau nicht ahnden, sie nicht verstoßen oder unter Umständen töten würde.

Jedes Familienmitglied ist so für die Ehre des gesamten Haushalts mitverantwortlich – allerdings auf eine seiner Stellung entsprechenden Weise. Die einzelnen Angehörigen verkörpern jeweils einen besonderen Aspekt der kollektiven Familienehre.

Der Haushaltsvorstand, der Vater bzw. in seiner Abwesenheit der älteste Sohn, repräsentiert den Haushalt als Ganzes, er steht für seine Einheit und Geschlossenheit. Er vertritt alle anderen Haushaltsangehörigen im Gemeinwesen; nur er ist wirtschaftlich und politisch rechtsfähig. Die anderen Haushaltsmitglieder werden im politisch-rechtlichen Kontext lediglich als seine Stellvertreter wahrgenommen. Ein Angriff auf irgendein Familienmitglied wird deshalb vor allem als Angriff auf den Familienvorstand gewertet. Man erzählt in Subay von Fällen, in denen Frauen nur in der Absicht geschändet wurden, ihre Ehemänner oder Väter zu treffen. Ebenso »haftet« ein Haushaltsvorstand für alle Handlungen seiner Angehörigen – sie wurden in dieser Rechtskonstruktion ja nur stellvertretend begangen. Eine Distanzierung, etwa von einem »mißratenen« Sohn, wird nicht akzeptiert. Aus dieser Verantwortung wird die Notwendigkeit der Autorität der Väter abgeleitet. Sie liegt nicht nur im wohlverstandenen Eigeninteresse der Haushaltsvorstände selbst, sondern gilt darüber hinaus im Gemeinwesen insgesamt als Garant der Rechtssicherheit. Weil die Väter die einzigen sind, die strafen dürfen (jedes direkte Eingreifen seitens eines Dritten würde sie als Repräsentanten treffen und deshalb als Angriff auf die Rechtseinheit insgesamt gewertet werden), sind sie auch diejenigen, die strafen müssen.

Der Gedanke der Vertretung aller Haushaltsangehörigen durch den Haushaltsvorstand durchzieht das gesamte Hochzeitsritual. Es sind die Patriarchen, die ihre Kinder untereinander verheiraten und die entsprechenden Verhandlungen führen. Sie richten die Hochzeit aus und stehen von Anfang an im Mittelpunkt des Rituals, während Braut und Bräutigam selbst nirgends eine aktive Rolle spielen, sondern diejenigen sind, *mit* denen etwas geschieht, wenn sie nicht gar ausgegrenzt oder unsichtbar gemacht werden. Die Hochzeit ist so ein Fest der Väter: Sie setzen, wie die Redewendung es formuliert, »ihre Töchter aufs Pferd« (*at bindiriyor*).

Während der Vater die Einheit des Haushaltes verkörpert, repräsentieren die Söhne seine Stärke und Wehrhaftigkeit. Es ist ihre Aufgabe (*görev*), die Integrität des Hauses zu schützen, notfalls mit Waffengewalt. Sichtbares Symbol dieser Wehrhaftigkeit ist die Pistole, die auch der ärmste Bauer besitzt und für deren Erwerb er keine Kosten scheut. Sie drückt sich aber auch in der Körperhaltung und dem Gestus der jungen Männer aus. Von ihnen wird Selbstbewußtsein, Mut und Empfindlichkeit (bis hin zur Reizbarkeit) zur Schau gestellt, die Bereitschaft, auch nicht die geringste Herausforderung der Familienehre unerwidert zu lassen.

Im Hochzeitsritual findet der Gegensatz von Haushaltsvorständen und jungen Männern einen sehr bildhaften Ausdruck. Erstere nehmen unbewaffnet an der Hochzeit teil, sie begeben sich ruhig und würdevoll in das Dorf der Braut – ganz die Repräsentanten ihrer Haushalte. Die jungen Männer dagegen, die *seymen*, ziehen tanzend und singend in das Dorf der Frau ein; Eroberer, die spielerisch die Tugenden darstellen, die von jungen Männern gefordert werden: Stärke, Furchtlosigkeit, Unnachgiebigkeit, Härte, Hitzigkeit.

Die Frauen verkörpern schließlich die Ehre (*namus*) im engsten und eigentlichsten Sinn; in ihnen verdichtet sich die Idee der Integrität eines Haushaltes. Nichts zerstört die Ehre eines Hauses so vollkommen wie ein Angriff auf die sexuelle Unversehrtheit der Frauen. Der Rechtsstatus einer Familie ist ruiniert, wenn der voreheliche Geschlechtsverkehr einer Tochter oder der außereheliche einer Frau bekannt wird. Nur durch den Tod des Aggressors, gegebenenfalls auch der Frau, kann die Ehre wieder »gereinigt« werden.

Im Hochzeitsritual wird die Integrität, die »Reinheit« der Braut im Ritual des Beschauens des Hochzeitslakens geprüft. Durch dieses Ritual wird sowohl ihre Ehre wie auch die ihrer Herkunftsfamilie öffentlich anerkannt. Von diesem Zeitpunkt an wird sie durch »Unehrenhaftigkeit« nicht mehr die Ehre ihrer elterlichen Familie, sondern die ihres Gatten »beflecken«.

Es unterstreicht den Gedanken des Haushaltes als sozialem Körper, daß seine Angehörigen jeweils besondere Aspekte des Ehrgedankens verkörpern. Man ist tatsächlich ähnlich aufeinander verwiesen wie ein Körperglied auf ein anderes. Die Einheit und Geschlossenheit ist ohne Stärke und Integrität genauso sinnlos wie Integrität ohne Stärke und Geschlossenheit. Hieraus leitet sich eine erste Bestimmung des dörflichen Konzepts der Rechtsperson ab: Der Rechtsstatus des Individuums ist untrennbar mit dem seiner Angehörigen verwoben.

Noch eine zweite Bestimmung läßt sich aus dem bisher Gesagten ableiten. Es dürfte deutlich geworden sein, daß das Wort »verkörpern« in dem gesamten Zusammenhang nicht nur im übertragenen Sinn gebraucht wird. Es sind die tatsächlichen und konkreten Körper der Familienangehörigen, die die einzelnen Facetten des abstrakten Gedankens der Familienehre symbolisieren – und zwar im strengen Sinn des Wortes. Die Körper verweisen auf ein anderes, nämlich das unanschauliche Rechtskonzept, und bringen es zur Anschauung. Gleichzeitig ist diese Veranschaulichung notwendig. Das Rechtskonzept existiert nur in und durch seine Verkörperlichung. Mit dem Tod des Vaters erlischt auch die Idee des Haushalts als Rechtsperson – er fragmentiert nun in die Haushalte der Söhne, die ihrerseits zu Rechtspersonen werden. Ebenso ist die Idee der Integrität des Haushaltes nicht von der Unangetastetheit der Frauenkörper ablösbar. In einem gewissen Sinn *ist* ihre Unberührtheit die Familienehre und drückt sie nicht nur aus. Am deutlichsten kommt die Körpergebundenheit des Ehrkonzepts jedoch in dem Gedanken zum Ausdruck, daß nur durch Blutvergießen eine verletzte Ehre wiederhergestellt werden kann. Anders formuliert: Das Individuuum steht mit seinem konkreten Körper für seinen Personenstatus ein. Der Rechtsstatus des einzelnen ist damit nicht nur mit dem von anderen verwoben, er ist auch an Körperlichkeit gebunden.

Diese Körpergebundenheit des Personenstatus wird ebenfalls besonders deutlich, wenn man das Schicksal der jungen Frauen in den ersten Jahren nach der Eheschließung betrachtet. Ihr Schicksal wird davon abhängen, ob sie in der Lage sind,

Kinder zu gebären. Wenn dies nicht der Fall ist, werden sie früher oder später verstoßen werden – zu Recht, wie die Bauern finden, die diesen Scheidungsgrund als legitim erachten, während sie eine Scheidung »um des Vergnügens willen« (*zevk için*) scharf und eindeutig verurteilen.

Die Idee des Tausches

Neben die Metapher der Transplantation tritt eine zweite Metapher, die des »Verkaufs« der Tochter an einen anderen Haushalt. Der Ausdruck *kızımızı sattık* – »wir haben unsere Tochter verkauft« – wird synonym zu dem Ausdruck *kızımızı evlendirdik* – »wir haben unsere Tochter verheiratet« – gebraucht. Er meint, daß eine Hochzeit erst durch das Entrichten eines »Brautpreises« (*başlık*) legitim wird. Entsprechend wird eine Entführung (*kız kaçırma*) als *bedava evlenme,* als »Hochzeit gratis« oder gar als *hırsızlık,* »Diebstahl«, verurteilt. Die Institution des Brautpreises, der Gedanke, daß das Hergeben einer Tochter an einen anderen Haushalt einer Gegengabe bedarf, ist kennzeichnend für das Rechtsdenken der Bauern.

Die Forderung des Brautpreises wird in Subay aus dem Recht des Vaters bzw. der Mutter (*baka hakkı* bzw. *ana hakkı*), auch »Milchrecht« (*süt hakkı*) genannt, abgeleitet.[13] Dieses Recht, so wird argumentiert, sei vor allem durch die Tatsache begründet, daß ein Kind seinen Eltern das Leben verdankt; darüber hinaus werde es durch die Ernährung und Pflege während der ersten Jahre der Kindheit bekräftigt. Diese einseitige und prinzipiell nicht wiedergutzumachende Gabe der Eltern begründet auf der Seite des Kindes die Pflicht der Achtung (*saygı*); wobei im Türkischen mit Achtung weniger ein Gefühl gemeint ist als eine umfassende Verpflichtung, die neben Gehorsam und Respekt auch die Verpflichtung der Unterstützung im Alter umfaßt und die durch zahlreiche und detaillierte Handlungsvorschriften ausgedrückt wird (durch das Verbot, in Gegenwart derjenigen, denen man Achtung schuldet, Alkohol zu trinken, zu rauchen, generell sich gehenzulassen, ihnen zu widersprechen etc.). Entsprechend ist nie die Rede davon, daß »Achtung« »empfunden« (*duymak* bzw. *hissetmek*) werden müsse, sondern immer nur davon, daß sie »gezeigt« (*göster-*

mek) werden müsse. Der Brautpreis wird nun als Gabe gesehen, die dieses, seinerseits durch eine Gabe konstituierte »Milchrecht« abgilt und auf den Ehegatten überträgt. Die Eltern des Mädchens verzichten auf alle Ansprüche und Rechte: »Ein Mädchen«, formulierte ein Bauer lakonisch, »hat nach der Verheiratung keinen Nutzen mehr für uns.« Ausführlicher beschrieb Memed Akkaya diese Übertragung der Rechte:

»In der Türkei verläßt ein Mädchen nach der Hochzeit Vater und Mutter endgültig. Es geht sie nichts mehr an (*hiç ilgisi yok*)... Eine Tochter ist zwar eine Tochter, eine Mutter kann niemals ihr Kind aufgeben, ein Vater auch nicht. Aber einzugreifen oder Einfluß auf ihre Meinung zu nehmen, ist wohl nur Sache des Ehemannes... Wenn meine Frau morgen was anstellt..., ist die halbe Schuld meine. Denn ich bin ihr Herr (*bey*), mit mir hat sie ein Leben begründet.«

In scherzhaften Dialogen werden die gegenseitigen Ansprüche oft ironisch formuliert. Etwa in folgendem Dialog eines jungen Ehepaares:

Ahmed: »Du mußt das machen. Du bist mein Gehilfe!«
Fatma: »Ach was, *du* bist *mein* Gehilfe.«
Ahmed: »Was sagst du? Ich habe dich für 5000 TL gekauft.«
Fatma: »Dafür habe ich schon genug gearbeitet.«
Ahmed: »Wie denn? Dein Lohn beträgt doch nur 1 Lira am Tag.«

Der Brautpreis wird jedoch nicht vom Bräutigam aufgebracht, sondern von seinem Vater.[14] Der Vater führt die Hochzeitsverhandlungen, er »kauft« seinem Sohn eine Frau. Der Brautpreis reiht sich damit ein in die Gaben der Eltern an ihre Kinder; die Verpflichtung des Bräutigams seinem Vater gegenüber wird durch ihn erneut bestätigt. Es sind also drei Rechtsverhältnisse, die durch den Brautpreis gestiftet bzw. gelöst werden: Der Vater der Braut verzichtet auf seine Rechte gegenüber seiner Tochter; der Vater des Sohnes bekräftigt sein Recht über seinen Sohn; die Ehefrau überträgt die Verpflichtungen, die sie bisher dem Vater gegenüber hatte, auf den Ehemann.[15]

Die Institution des Brautpreises ist ein besonders deutlicher Ausdruck für das Rechtsprinzip der Gabe: *Alle* Rechte und Pflichten werden in Subay aus dem Prinzip der Gegenseitigkeit abgeleitet, d. h. aus der Notwendigkeit, eine Gabe mit einer Gegengabe zu vergelten. Dabei gilt es allerdings, zwischen symmetrischer und asymmetrischer Reziprozität zu unterscheiden.[16] Bei der symmetrischen Reziprozität handelt es sich um eine Form der Gegenseitigkeit, bei der die Gegengabe in einem überschaubaren Zeitraum erfolgt und ungefähr äquivalent zur Gabe ist[17]: Dies ist die Form der Gegenseitigkeit, die die Beziehungen *zwischen* den Haushalten bestimmt. Um asymmetrische Reziprozität handelt es sich dagegen, wenn, wie im Fall des »Milchrechts«, Gabe und Gegengabe in großem zeitlichen Abstand aufeinanderfolgen. Die Gegengabe besteht dann in der Regel in einer allgemeinen Verpflichtung und nicht in einer nach Qualität und Quantität faßbaren Leistung. Die asymmetrische Reziprozität bestimmt die Beziehung *innerhalb* des Haushalts: Die Kinder stehen in einer grundsätzlichen Schuld gegenüber ihren Eltern.[18]

Der Gedanke der asymmetrischen Reziprozität wird in der Gruppe der Rituale des *konuşturmak,* des »Zum-Reden-Bringens«, anschaulich dargestellt: In der Hochzeitsnacht bekommt die Braut von ihrem Mann, am nächsten Tag dann von den Schwiegereltern und Nachbarn ein Geschenk. Meistens handelt es sich um ein Schmuckstück oder um Geld. Sie beantwortet die einseitige Gabe durch einen Handkuß, den symbolischen Ausdruck von *saygı,* Achtung. Erst wenn die Beziehung auf diese Weise definiert ist, kann geredet werden, d. h. eine menschliche Beziehung hergestellt werden.[19]

Der Brautpreis hat – wie wir gesehen haben – an beiden Formen der Reziprozität teil: Als Gegengabe für die Braut ist er Teil des symmetrischen Tausches zwischen den Familien; als Gabe, die eine Verpflichtung ablöst bzw. neu begründet, ist er Teil des innerfamilialen asymmetrischen Tausches.

Die Institution des Brautpreises steht und fällt mit der Tatsache, daß die Tochter einem anderen Haushalt gegeben wird. Die Institution wird unplausibel, wenn sich das junge Paar nach der Hochzeit in der Stadt niederläßt und einen neuen Haushalt gründet, der sowohl von dem Haushalt des Vaters des Mannes als auch von dem des Vaters der Frau unabhängig ist. In Subay ist ein allmählicher Verfall dieses Brauches festzustellen: Werden die Töchter in die Stadt verheiratet, verlangt man keinen Brautpreis – es sei denn, der Vater des Bräutigams stammt auch aus Subay. Aber auch dann wird er nur noch mit schlechtem Gewissen eingefordert. Nicht selten hört man Aussagen wie die von »Mustafa, dem Riesen«, die geltend machen, daß die Gegengabe für das Milchrecht im Grunde längst erbracht sei:

»Es ist *ayıp* (schändlich), die Tochter gegen Geld zu verkaufen, nicht wahr? Ich würde überhaupt nichts nehmen, wenn ich die Möglichkeit dazu hätte. Denn schließlich hat sie [die Tochter] für dich gearbeitet, seit sie aus der Schule kam [also seit dem Alter von 11 oder 12 Jahren]. – Töchter bringen sowieso mehr Nutzen als Söhne. Wer schaut z. B. im Stall nach dem Vieh? Mein Herr, was soll ich sagen? Wer bedient mich den ganzen Abend? Mein Sohn nicht, meine Frau auch nicht, sondern nur meine Tochter.«

Durch das Überreichen und Annehmen einer Gabe wird indes nicht nur eine Art Vertrag eingegangen, werden nicht nur Rechte und Verpflichtungen definiert. Man signalisiert darüber hinaus ein grundsätzliches »Ja« zu einer Beziehung.

Durch eine Gabe würdigt man den anderen als Person von Ehre und Ansehen, als jemanden, der der Beziehung wert ist; im gleichen Zug weiß man sich von demjenigen, der die Gabe annimmt, als Person von Ehre und Ansehen gewürdigt. Eine großzügige Gabe – man denke z.B. an Gastfreundschaft – ehrt sowohl den Gebenden als auch den Empfangenden. Dies ist der Gedanke, der dem Wert des »Ansehens« (*şeref*) zugrunde liegt. Dieser Wert verlangt Großzügigkeit, ja, Verschwendung. Es gilt darauf zu achten, auf jede Gabe eine Gegengabe folgen zu lassen, die möglichst größer und reichhaltiger sein sollte als das Empfangene. Ein Mann[20], der auf *şeref* achtet, wird die Gabe eines anderen als eine Herausforderung begreifen, die es anzunehmen und zu beantworten gilt, um auf keinen Fall in den Ruf zu geraten, kleinlich oder geizig zu sein.

Ein hoher Brautpreis gereicht daher allen Beteiligten zur Ehre – nicht zuletzt auch der Braut selbst: Man hört oft Frauen sich des Brautpreises rühmen, der für sie entrichtet worden ist. Aber auch eine aufwendige Bewirtung des Dorfes anläßlich der Hochzeit ist ehrend. Besondere Bedeutung spielt der Gedanke des Ansehens jedoch im Zusammenhang mit der Brautausstattung.

Die Höhe der Brautausstattung ist Teil der Hochzeitsvereinbarungen. Sie wird von der Seite des Mannes besorgt und am Mittwoch in das Haus der Braut gebracht: Am Tage darauf wird sie mit zusätzlichen Gaben des Vaters der Braut wieder zurück in das Haus des Mannes gebracht. Es ist inzwischen beinahe die Regel, daß der Vater der Braut den ihm rechtlich zustehenden Brautpreis nicht behält, sondern ihn für die Ergänzung der Brautausstattung verwendet – und sogar noch mehr hinzulegt. Man hat gelegentlich den Eindruck, daß nicht zuletzt das Interesse daran, diese zusätzliche und ehrende Gabe möglichst reichhaltig ausfallen zu lassen, ein Motiv dafür ist, am Brautpreis festzuhalten.

Hier scheint mir auch die Erklärung für die Hin- und Rückführung der Brautausstattung zu liegen. Die Überführung läßt einerseits die Brautausstattung als Gabe des Haushaltes des Mannes an den der Frau erscheinen – ähnlich wie der Brautpreis, zu dem sie gelegentlich addiert wird. Bei der Rückführung, zusammen mit den anderen Gaben, erscheint sie andererseits als Gabe des Brautvaters an den Haushalt des Mannes. Die Hin- und Rückführung wäre demnach eine Inszenierung gegenseitiger Großzügigkeit, eine für beide Seiten ehrende Zurschaustellung.[21]

Die Verweigerung oder die Ablehnung einer Gabe wird umgekehrt als tiefe Demütigung empfunden. Dies gilt im besonderen Maß für die Ablehnung einer Hochzeit. Die vorsichtigen Anbahnungsrituale einer Hochzeit sind Ausdruck der prekären Situation am Anfang der Verhandlungen, in der es für die »Seite des Mannes« abzutasten gilt, ob eine Hochzeit für die »Seite der Frau« in Frage kommt. Bis zu dem Zeitpunkt, an dem ein »Ja« feststeht und mit den konkreten Verhandlungen über die Hochzeitstransaktionen begonnen werden kann, nimmt der Vater des Mannes an den Verhandlungen nicht teil, sondern läßt sich durch Verwandte vertreten: Das Risiko einer direkten Demütigung wäre zu dieser Zeit zu groß.

Hier lassen sich nun zwei weitere Charakteristika des dörflichen Rechtsdenkens festhalten. Wenn Gegenseitigkeit Grundlage des Rechtsdenkens ist, so bedeutet dies, daß alle Rechte und Verpflichtungen bilateral sind. Ausgangspunkt dieses Rechtsdenkens ist nicht das Konzept der Gesellschaft als ganzer – der Gedanke des Gemeinwohls –, sondern der konkrete Andere, dem man als Schuldner oder Gläubiger gegenübertritt. Auch was auf den ersten Blick als Verpflichtung einem Kollektiv gegenüber erscheint (z. B. die Solidarität in einem Haushalt), entpuppt sich bei genauerem Hinsehen als eine Gruppe von bilateralen, auf asymmetrischer Reziprozität basierenden Beziehungen (in diesem Fall der verschiedenen Haushaltsmitglieder gegenüber dem Haushaltsvorstand). Wenn der gemeinsame Fokus nicht mehr vorhanden ist, zerfallen diese Kollektive. In Konfliktfällen führt die Bilateralität aller Verpflichtungen dazu, daß man demjenigen recht gibt (und ihm beisteht), zu dem man Beziehungen positiver Reziprozität pflegt – nicht aber demjenigen, der nach abstrakten Begriffen recht hat.[22]

Neben ihrer Bilateralität ist die »Totalität«[23] aller Beziehungen festzuhalten, die durch Gabentausch begründet werden. Sie sind gleichzeitig und untrennbar ökonomisch, politisch und sozial. Aus einem Kredit (einer, wenn man so will, ökonomischen Gabe) kann die Forderung nach Beistand bei den Dorfvorsteherwahlen (also nach politischer Unterstützung), nach Beistand bei Gericht (also nach rechtlicher Unterstützung) oder gar nach Heirat mit der Tochter (also einer sozialen Gegengabe) abgeleitet werden. Eine Gabe verpflichtet den Schuldner in einer umfassenden Weise.

Die Idee des Teilens

Eine dritte Gruppe von Hochzeitsritualen könnte man »Rituale des Teilens« nennen. Die Idee des Teilens ist komplementär zu der des Gabentausches bzw. der Gegenseitigkeit. Während der Gabentausch den rechtlichen bzw. gesellschaftlichen Aspekt einer Beziehung bestimmt, drückt die Idee des Teilens aus, daß eine Beziehung jenseits ihres politisch-rechtlichen Charakters auch den Charakter einer Gemeinschaft trägt[24], daß sie nicht nur als Geflecht von aufeinander bezogenen Ansprüchen und Obligationen zu sehen ist, sondern wesentlich auch als soziale Einheit. Von besonderer Bedeutung ist hier der Gebrauch, der von der Symbolik des Essens gemacht wird. Das Teilen von Essen ist in Subay der Ausdruck von Gemeinschaft schlechthin.

Dies drückt sich zunächst in den Essenssitten aus. In Subay sitzt man zum Essen im Schneidersitz um einen ungefähr 20 cm hohen Tisch. Nacheinander werden die Schüsseln, aus denen gegessen wird, auf den Tisch gereicht. Die Bauern sind sich des Unterschieds zum städtischen Essen von Tellern bewußt – halten aber an der traditionalen Form fest: »Aus der gleichen Schüssel zu essen, ist Ausdruck der Einheit der Familie. Jeder soll kommen und essen.« Gerade dieser Satz zeigt deutlich den Unterschied von Teilen und Tauschen. Während Tauschen bedeutet, daß ein Recht durch eine Gabe begründet wird, drückt der Brauch des Teilens aus, daß ein Recht (in diesem Fall auf Essen) durch Mitgliedschaft in der Gemeinschaft begründet ist.

Zahlreiche Bräuche verlangen, daß jeder Akt des Gabentausches durch ein gemeinsames Essen besiegelt wird. In der traditionalen Türkei war ein Geschäftsabschluß ohne das gemeinsame Trinken von Tee oder Kaffee undenkbar. Ebenso ist das gemeinsame Essen ein wichtiger Aspekt jeder auf Gegenseitigkeit basierenden Beziehung: Es ist ein unentbehrlicher Teil des Gastrituals; es wäre schimpflich, dem Gast kein Essen anzubieten. Deshalb wird ein Abbrechen von Gegenseitigkeitsbeziehungen auch in die Worte gekleidet: »Man kann sein Essen nicht berühren« (*onun yemeğini değenmez*). Ein Haushalt gilt in dem Augenblick als zerbrochen, in dem die Eßgemeinschaft zerbricht und die Kernfamilien beginnen, ihre eigenen Mahlzeiten herzustellen.

Es gibt nun aber auch umgekehrt eine Reihe von Bräuchen, die das Teilen von Essen verlangen, obwohl eine Gegenseitigkeitsbeziehung noch nicht oder nicht mehr existiert. So ist es unvorstellbar, in Gegenwart eines Dritten zu essen (oder sich auch nur eine Zigarette anzuzünden), ohne ihm etwas anzubieten: »Wenn einer ißt, und der andere muß zuschauen, ist der Augenblick des Weltunterganges gekommen« (*Birisi yer, birisi bakar, kıyamet kopar*). Das gilt ebenfalls bei den rituellen Essensbräuchen anläßlich islamischer Feste: z.B., wenn beim Zuckerfest *helva* (türkischer Honig) aus jedem Haushalt vermischt und erneut ausgeteilt und verzehrt wird. Hier ißt man gerade auch mit denjenigen, mit denen man die Gegenseitigkeitsbeziehungen abgebrochen hat, und bekundet dadurch seine Absicht, einen neuen Anfang zu machen. Wurde in der ersten Gruppe von Ritualen Gemeinschaft als Ausdruck von Gesellschaft gesehen, bedeutet bei dieser Gruppe die Idee der Gemeinschaft die Forderung, wieder die Tauschbeziehungen aufzunehmen.

Die gemeinschaftliche Bedeutung des Essens wird nicht zuletzt durch die Geschlechtersegregation beim Essen unterstrichen. Eine Frau ißt niemals in Gegenwart eines fremden (d.h. nicht zum Haushalt gehörenden) Mannes: Auf Grund des symbolischen Gewichtes des gemeinsamen Essens würde es als Ausdruck allzu großer (und deshalb ehrenrühriger) Nähe gewertet werden. Wenn Besuch kommt, essen deshalb die Geschlechter jeweils für sich.

Die Rituale, die mit dem Essen verknüpft sind, spielen eine herausragende Rolle bei der Hochzeit. Dies zunächst in dem Sinn, daß die gemeinsamen Mahlzeiten den »Kern« der verschiedenen Feiern bilden – auf Musik, auf Tanz, auf Rituale wie beispielsweise das Eierschießen kann verzichtet werden, nicht aber auf die Bewirtung der Gäste. Die Kosten für das Hochzeitsessen bilden den größten Posten bei der Ausrichtung des Festes. Darüber hinaus ist jedoch eine Reihe weiterer Bräuche aufschlußreich:

1. Beim *dibek* wird der Weizen, aus dem die Hochzeitssuppe hergestellt wird, gemeinsam von den Männern der »Seite des Mannes« geschrotet.

2. Es gibt eine Reihe von Essensgaben der »Seite des Mannes« an die »Seite der Frau«: Beim Festsetzen des Brautpreises bringt die »Seite des Mannes« ein geschlachtetes Schaf, Tee und Zucker mit. In der Hochzeitswoche selbst wird ein geschlachtetes Schaf zusammen mit dem Hochzeitsweizen und *helva* geschickt. Zur Feier der Wiederaufnahme der Beziehungen zwischen Brauteltern und Braut wird wiederum ein geschlachtetes Schaf mitgebracht.

Die »Seite der Frau« stellt dagegen Süßigkeiten und das Huhn, das das Brautpaar am Hochzeitsabend verzehrt. Sie stellt die Festnahrung, während die »Alltagsnahrung« von der »Seite des Mannes« gestellt wird.

3. Die Eßgemeinschaften werden nach Geschlecht und nach Seiten sorgfältig getrennt. Das ist besonders auffällig am Donnerstag, wenn die »Seite des Mannes« in das Dorf der Frau kommt: Beiden Parteien wird getrennt Essen gereicht.

4. Der Bräutigam und sein Begleiter (*sağdıç*) als auch die Braut sind von der jeweiligen Eßgemeinschaft ausgeschlossen. Ihnen wird jeweils gesondert das Essen gereicht.

5. Die eheliche Beziehung wird durch das gemeinsame Essen in der Hochzeitsnacht begonnen: Bei diesem Essen bedient die Frau ihren Mann.

Betrachtet man diese Rituale im Hinblick darauf, wer die Nahrung stellt, wer sie verarbeitet und wer sie schließlich verzehrt, so erhält man (aus der Perspektive der »Seite des Mannes«) das Bild ineinander verschachtelter Gemeinschaften. Die innerste wäre diejenige, die die Nahrung stellt, sie gemeinsam verarbeitet und verzehrt: der Haushalt des Mannes. Es folgt die Gemeinschaft, die die Hochzeitsnahrung (symbolisch) gemeinsam verarbeitet (*dibek*) und verzehrt: die »Seite des Mannes«, d.h. sein Dorf (bei Heiraten zwischen den Dörfern) oder seine Verwandtschaft (bei Heiraten innerhalb eines Dorfes). Und schließlich die Gemeinschaft, die *eine* Nahrung verzehrt – dies aber getrennt: die Seiten von Mann und Frau. Die besondere Stellung der Gemeinschaft, die durch die beiden Häuser von Braut und Bräutigam gebildet wird, wird symbolisch ausgedrückt, indem beide Haushalte zum Essen beitragen, das dann zusammen verzehrt wird.

Es ist leicht zu sehen, daß jeder dieser Gemeinschaften eine bestimmte Form von Reziprozität entspricht[25]:

Beziehung	*Reziprozitätsform (gesellschaftliches Verhältnis)*	*Symbolischer Ausdruck von Gemeinschaft*
Haushalt	Asymmetrische Reziprozität	Essen wird gemeinsam produziert, verarbeitet und verzehrt
Dorf/ Verwandtschaft	Dauerhafte symmetrische Reziprozität	Essen wird (rituell) gemeinsam verarbeitet und verzehrt
Dorf/Verwandtschaft des Mannes – Dorf der Frau	Gelegentliche symmetrische Reziprozität	Ein Essen wird getrennt verzehrt
Haushalt des Mannes – Haushalt der Frau	Dauerhafte symmetrische Reziprozität	Essen wird von beiden Haushalten gestellt und verzehrt

Jede Beziehung zeichnet sich also durch eine bestimmte Form von Reziprozität und eine bestimmte Form bzw. Intensität von Gemeinschaft aus. Dabei ist die je besondere Form der Gemeinschaft einerseits Ausdruck der gegenseitigen Verpflichtungen, andererseits ist sie jedoch auch Anspruch: Zu den Hochzeitsessen werden immer die Dörfer als Ganze geladen, d. h. auch Personen, mit denen man gebrochen hat, deren Essen man ansonsten nicht »berührt«. Es ist, als werde durch das gemeinsame Essen gleichsam die Forderung formuliert, wieder zu dem gegenseitigen Austausch zurückzufinden, der dieser Gemeinschaft entspricht.

Diese Bezogenheit von gemeinschaftlicher und gesellschaftlicher Dimension impliziert, daß in der dörflichen Gesellschaft zweckgebundene, interessengeleitete Beziehungen sich nicht von interessenfreien Beziehungen, die Selbstzweck sind, unterscheiden lassen. Jede Beziehung hat beide Aspekte. Selbst bei Beziehungen, die ausschließlich aus wirtschaftlichen oder politischen Interessen eingegangen werden, wird durch das gemeinsame Essen ausgedrückt, daß sie *auch* einen Wert in sich haben. Umgekehrt hat auch die engste und wärmste soziale Beziehung auch einen zweckorientierten (damit utilitaristischen) Aspekt. Eine Freundschaft oder eine Ehe hätten im Dorf keinen Bestand, wenn sie sich nicht *auch* politisch oder wirtschaftlich bewähren würden.

Ordnung und Person

Eine vierte Gruppe von Ritualen bilden die »Rituale des Übergangs«. Während die bisher besprochenen Rituale die Ideen »Körperschaft«, »Tauschen« und »Teilen« als Prinzipien der sozialen Ordnung artikulieren, veranschaulichen die »Rituale des Übergangs« die Bedeutung von sozialer Ordnung überhaupt. Sie beziehen sich auf den Zeitraum, in dem Braut bzw. Bräutigam außerhalb der sozialen Ordnung stehen, in dem sie Nicht-Personen sind: auf den Nicht-Ort, an dem man sich befindet, wenn man von dem einen sozialen Körper bereits abgetrennt, in den anderen jedoch noch nicht inkorporiert ist; wenn man aus einer Beziehung asymmetrischer Reziprozität entlassen, in die neue jedoch noch nicht aufgenommen ist; wenn man eine Gemeinschaft verlassen hat, aber in die neue noch nicht eingetreten ist. Die Übergangsrituale stellen die besondere Problematik dieses Nicht-Ortes dar. Die meisten von ihnen beziehen sich auf die Braut, für die die Hochzeit einen wesentlich bedeutsameren Übergang bedeutet als für ihren künftigen Mann. Wenden wir uns zunächst einer Untergruppe zu, den Ritualen der Grenzüberschreitung:

1. Bekleidungszeremonie des Bräutigams: Zunächst wird ein Arm in den Ärmel gesteckt, der andere Ärmel baumelt lose herunter. Ein Gebet wird gesprochen; erst dann wird der Bräutigam vollständig bekleidet.

2. Unmittelbar nach dem Verlassen des elterlichen Haushaltes umreitet die Braut dreimal die Moschee bzw. ein Heiligengrab.

3. Sobald die Braut die Schwelle des Hauses des Bräutigams betritt, läßt sie ein Koranexemplar um den Kopf kreisen.

4. Das Brautpaar betet, bevor es sich zur Hochzeitsnacht niederlegt.

Der Moment des Übergangs bedarf offensichtlich des Schutzes durch das Sakrale. Gott wird angerufen, wenn der Bräutigam halb eingekleidet ist, wenn die Braut das Elternhaus verlassen hat und vor der Schwelle ihres neuen Hauses steht, und schließlich, wenn das Ehepaar vor der Überschreitung der letzten und entscheidenden Grenze steht.

Das Bedürfnis nach dem Schutz des Heiligen steht in Zusammenhang mit einer Gruppe von Vorstellungen, die die Gefährlichkeit des Ortes außerhalb der Gesellschaft artikulieren. Gefahr droht entweder denjenigen, die sich an diesem Nicht-Ort befinden – oder sie geht von ihnen aus. So ist gerade der Augenblick, in dem die Vermählungsfeier beendet und das *âmin*, das Amen, gesprochen wird, für den Bräutigam besonders gefährlich. In diesem Moment, da sich der Übergang besonders verdichtet, droht der Impotenzzauber. Umgekehrt droht auch der Gesellschaft Gefahr: Der Boden, den die Braut betritt, werde unfruchtbar, heißt es: Man trägt sie deshalb von der Schwelle des Elternhauses zum Pferd.

Wahrscheinlich stehen diese Vorstellungen mit der Symbolik des Schmutzes in Zusammenhang. Die Gefahr, die von der Braut ausgeht, ist die gleiche wie beim Verlassen des Hauses im Zustand der *cenabet*, d. h. der rituellen Unreinheit, die z. B. nach dem Samenerguß gegeben ist – auch hier droht einerseits das Verdorren und die Unfruchtbarkeit des Bodens und andererseits Schaden für den Unreinen selbst.[26] »Schmutz« bzw. »Sauberkeit« sind in der Gesellschaft von Subay häufig gebrauchte Metaphern für soziale Unordnung bzw. Ordnung.[27]

So heißt es von einer Familie, in der die Beziehungen den Idealen der sozialen Ordnung entsprechen, sie sei »sauber« (*temiz*). Besonders wichtig ist die Sauberkeitsmetaphorik für den Gedanken der »Ehre« (*namus*): Sie wird »befleckt« (*lekelenmek*); entsprechend muß sie wieder »gereinigt« (*temizlemek*) werden. Besonders relevant ist daher der Gegensatz schmutzig/sauber für die Bewertung von Frauen, die die Familienehre verkörpern. Der Gedanke der Reinheit spielt auch eine große Rolle bei den Gastritualen (Schiffauer, 1983, S. 71 ff.), die ja ebenfalls bei den verschiedenen Bewirtungen der Hochzeitsgäste ausgeführt werden.

Im Hochzeitsritual wird so die Gefahr beschworen, die durch Unordnung droht. Für eine kurze Zeit stehen Braut und Bräutigam außerhalb der Ordnung – in dieser Zeit blitzt die Möglichkeit des Ungeformten, des Gesetzlosen, des Chaos auf. Die Metapher des Schmutzes bietet die Möglichkeit, sich das Amorphe zu veranschaulichen – und es durch Reinigungsrituale wieder zu bannen.

Wichtig scheint in diesem Zusammenhang das Ritual des »Brautbades« (*gelin hamamı*) am Mittwoch der Hochzeit, das besonders an anderen Orten der Schwarzmeerküste aufwendig gefeiert wird (vgl. Erdentuğ, 1971/72, S. 248 ff.). Aber auch in Subay müssen Braut und Bräutigam rituell rein sein. – Bedeutsam ist in diesem Zusammenhang auch der Gedanke, daß ein Mann spätestens bis zu seiner Hochzeit beschnitten sein muß.

Wichtig sind schließlich Rituale der Isolation: Braut und Bräutigam werden für die Zeit, in der sie den Status von Nicht-Personen haben, durch zahlreiche Rituale ausgegrenzt. Beide werden von der Eßgemeinschaft ausgeschlossen; die Braut, deren Status weit prekärer ist, wird darüber hinaus verhüllt und damit unsichtbar gemacht – ein Akt, der wie die Reinigungsrituale ebensosehr ihrem eigenen Schutz dient (der Schleier schützt vor dem Bösen Blick[28]), wie er die Gesellschaft vor der Braut schützt. Schließlich ist hier das Schweigen zu nennen, das der Braut auferlegt wird und das sie aus der menschlichen Gesellschaft schlechthin ausschließt.

Die Beachtung, die mit dieser Gruppe der Rituale dem Problem des Übergangs gewidmet wird, verweist auf die entscheidende Bedeutung der Idee des »sozialen Ortes« für den Personenstatus. Der »Ort« im Reziprozitätsgefüge bestimmt einerseits die Rechte und Verpflichtungen, die ein Individuum als »soziale Person« hat. Andererseits wird nur jemand als »Person« anerkannt und ernstgenommen, wenn er einen »Ort« in dieser Gesellschaft besitzt, genauer, wenn er einem Haushalt angehört (also in einer Beziehung asymmetrischer Reziprozität zu einem Haushaltsvorstand steht). Wenn sich dieser Ort auch im Laufe eines Lebens ändern kann – die Hochzeit ist ein Beispiel für den Wechsel des Ortes –, so hat das Individuum zu einem bestimmten Zeitpunkt doch immer nur einen einzigen Ort inne.[29] Wer den Verpflichtungen seines Ortes nicht gerecht wird, riskiert, seinen Personenstatus zu verlieren und ausgegrenzt zu werden. Es ist, als besagten die Rituale des Übergangs: »Jedesmal, wenn Du Deinen Personenstatus aufgibst, wenn Du Deinen Ort im sozialen Körper, dem Du angehörst, verläßt, wenn Du Deinen Platz in der Ordnung des Tausches aufgibst, dann droht Dir Gefahr – und geht Gefahr von Dir aus.« Und umgekehrt enthalten die Rituale das Versprechen: »Wenn Du Dich entsprechend Deinem Personen-Status verhältst, dann genießt Du gesellschaftlichen Schutz und Sicherheit; dann bist Du Mitglied der Gemeinschaft.«

Es ist nur folgerichtig, daß eine mißglückte Hochzeit als unheilträchtig gilt. So stand die Hochzeit von Hacı Şakırs Tochter mit Hasan Kaynakçı unter einem sehr unguten Stern. Die Parteien hatten sich nicht auf einen Hochzeitstermin einigen können – Hasan wollte im Mai heiraten, Hacı Şakır aber wollte die Hochzeit erst im Herbst ausrichten. Erst als Hacı Şakırs Tochter drohte, in eine Entführung einzuwilligen, gab Hacı Şakır nach, verlangte aber als Gegenleistung 2000 TL zusätzlich zum Brautpreis – ein allen Regeln von *şeref* widersprechendes Verhalten. Er selbst blieb der Hochzeit fern und ließ sie durch seinen Bruder ausrichten. Es muß eine der armseligsten Hochzeiten gewesen sein, die Subay je erlebt hatte. Zwar wurde versucht, sie als *peygamber düğünü*, »Prophetenhochzeit«, hinzustellen und die Kargheit mit der Schlichtheit zu rechtfertigen, die den Lebensstil des Propheten auszeichnete, doch die Kritik und der Spott im Dorf blieben unüberhörbar. Man griff den Geiz Hacı Şakırs an und meinte, daß er seiner »Verpflichtung« (*görev*) der Tochter gegenüber nicht gerecht geworden sei: »Das Mädchen hat zwanzig Jahre für ihn gearbeitet, und der Vater kommt nicht einmal zur Hochzeit. Es ist *hain* (»treulos«, »verräterisch«), nicht wahr?« Andere schließlich prophezeiten ein Unheil, das der Familie Hacı Şakırs durch diesen nicht ordnungsgemäßen Übergang drohe.

Zusammenfassung

Das Hochzeitsritual drückt die Prinzipien aus, auf denen die dörfliche Gesellschaft von Subay beruht:

1. Rechtssubjekte sind die Haushalte; das Individuum ist nur als Mitglied eines Haushaltes Rechtsperson – sein Rechtsstatus ist mit dem der anderen Haushaltsmitglieder verwoben; von ihm wird verlangt, mit seinem Körper für die Integrität seines Haushaltes einzustehen.

2. Alle Rechte und Verpflichtungen werden aus dem Prinzip der Gegenseitigkeit abgeleitet – wobei zwischen haushaltsinterner asymmetrischer Reziprozität und haushaltsexterner symmetrischer Reziprozität zu unterscheiden ist. Alle Rechte und Verpflichtungen tragen damit bilateralen und totalen Charakter.

3. Jeder Tauschakt begründet außer einem gesellschaftlichen Verhältnis ein gemeinschaftliches; umgekehrt verlangt jedes gemeinschaftliche Verhältnis eine Ausgestaltung durch Tauschakte.

4. Das Individuum hat in dieser Gesellschaft einen und nur einen Ort im Reziprozitätsnetz, der seine Rechte und Verpflichtungen definiert. Sein Personenstatus hängt von der Erfüllung eben dieser Verpflichtungen ab.

Den Prinzipien entsprechen drei Konzeptionen von Gesellschaft, die sich schematisch darstellen lassen:

Konzeption 1: Das Dorf als eine Gruppe von sozialen Körpern, die gegeneinander ihre Integrität (Ehre) wahren.

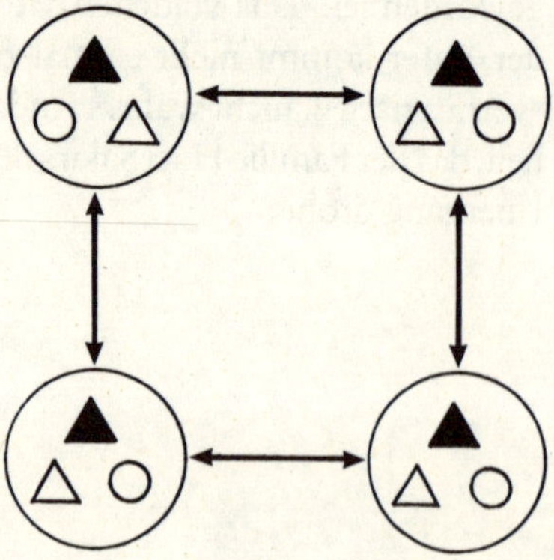

Konzeption 2: Das Dorf als ein Netz von Reziprozitätsverpflichtungen. Die Mitglieder der Haushalte stehen in asymmetrischen Reziprozitätsverpflichtungen zum Haushaltsvorstand. Die Haushaltsvorstände – die ihre Familie vertreten – stehen untereinander in symmetrischen Reziprozitätsbeziehungen.

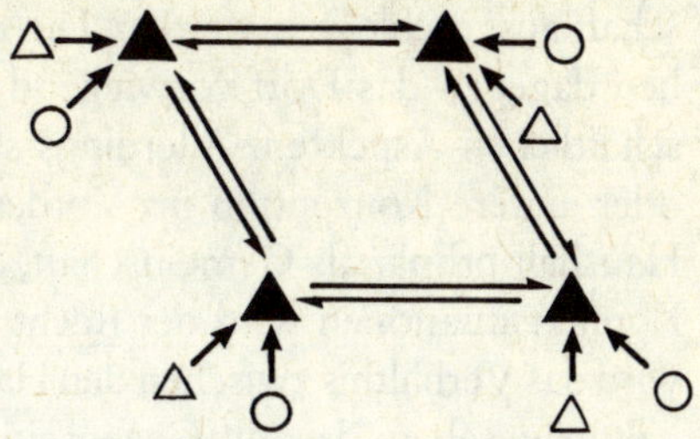

Konzeption 3: Das Dorf als Verschachtelung von Gemeinschaften. Den innersten Kern bildet die Familie – die ständige Eßgemeinschaft. Den nächsten Kreis bildet das Viertel (*mahalle*) – die häufige Eßgemeinschaft. Der äußere Kreis symbolisiert die Dorfgemeinschaft – die gelegentliche Eßgemeinschaft. Sie speist in der Regel nur zu rituellen Anlässen miteinander.

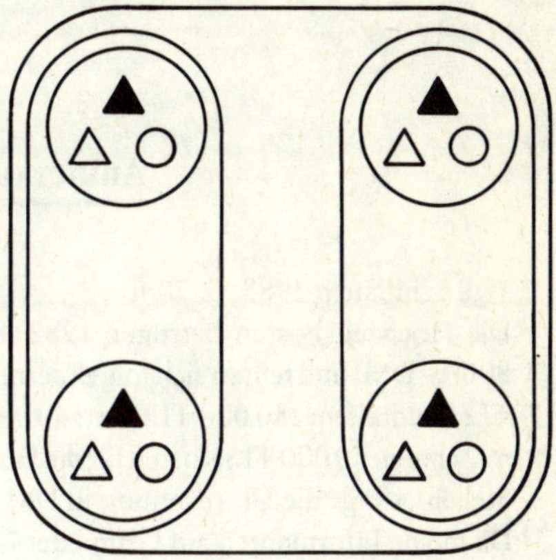

▲ Haushaltsvorstände
△ Söhne des Haushalts
○ Frauen des Haushalts

Diese drei Konzeptionen von Gesellschaft sind einander komplementär – sie betrachten das Phänomen unter verschiedenen Perspektiven, heben unterschiedliche Gesichtspunkte hervor. Die erste Konzeption sieht das Dorf unter seinem politisch-rechtlichen Aspekt: als ein System, in dem voneinander unabhängige Haushalte sich gegeneinander behaupten – analog zu Kleinstaaten, sagen die Bauern –, in dem die Binnenbeziehungen von Solidarität, die Außenbeziehungen dagegen von Abschreckung gekennzeichnet sind, in dem auf strikte Reziprozität im Abtausch von Herausforderungen bzw. Schlägen geachtet wird. Diese Konzeption ist in gewisser Weise primär: Wer sich auf der politisch-rechtlichen Ebene keine Geltung zu verschaffen weiß, wird auch aus dem positiven Tausch ausgegrenzt und aus der Gemeinschaft ausgeschlossen werden. Die zweite und dritte Konzeption sehen dagegen das Dorf vorwiegend unter seinen sozialen und wirtschaftlichen Aspekten. Allerdings steht je nach Beziehung die eine oder andere Konzeption im Vordergrund. Im Alltag sieht sich der Haushalt primär als Gemeinschaft, die Arbeit und Essen teilt; nur in Konfliktsituationen wird der Rechtsaspekt hervorgekehrt. Dagegen wird das Verhältnis zwischen den Haushalten meistens als Rechtsverhältnis gesehen, das auf Gegenseitigkeit basiert; seltener wird sein Charakter als Gemeinschaft betont.

Anmerkungen

[1] Vgl. Schiffauer, 1983, S. 70 ff.

[2] Die Hochzeitskosten betrugen 1982 400 000 bis 500 000 TL (7000,– bis 8000,– DM) und teilten sich folgendermaßen auf: Brautpreis: 40 000 bis 50 000 TL; Goldreifen: 150 000 TL; Bett: 40 000 TL; Einrichtungsgegenstände (Nähmaschine): 50 000 TL; Kosten für die Hochzeit: 50 000 TL. Hier wie an anderen Stellen erfolgt die Umrechnung in DM nach dem jeweils gültigen Kurs.

[3] Da meine Informanten auf Grund der Geschlechtersegregation ausschließlich Männer waren, ist die Darstellung dieses wichtigen Rituals notwendigerweise sehr knapp. Erdentuğ (1969/70) nennt darüber hinaus folgende Rituale:
- *Helva* aus dem Haus des Mannes wird verzehrt (S. 251)
- Geld wird auf den Kopf der Braut gestreut (ebda.)
- Geld wird in die Hand der Braut gedrückt (ebda.)
- Man läßt ein weißes Tuch dreimal um den Kopf der Braut kreisen und bindet es ihr dann um den Bauch (ebda.)
- Die Braut weint rituell (ebda.)
- Beim Auftragen des Henna sitzt die Braut mit dem Rücken nach Mekka (ebda.)
- Geschiedene Frauen dürfen nicht am Ritual teilnehmen (ebda.)

Örnek (1977) geht auf die Henna-Nacht nur sehr knapp ein: Den ledigen oder verheirateten Freundinnen der Braut werde Essen gereicht (Henna-Essen, *kına yemegi*). »In der Nacht vergnügt man sich, singt *mânilar* (Vierzeiler) und Volkslieder. Zum Teil haben die Volkslieder einen Gehalt, der Mutter und Tochter zum Weinen bringt« (S. 194). Als besonderen Brauch hebt Örnek darüber hinaus das *baş övme,* das Preisen der Braut, hervor. Von einer Frau, deren Ehe als glücklich gilt und die nur einmal verheiratet war, wird ein Lied gesungen, das Wünsche für die Hochzeit enthält (ebda.).

4 Wenn die Braut aus Subay stammt, wird anstelle des Heiligengrabes die Moschee umkreist.

5 »Manchmal (Kastamonu) wird die Braut im Haus des Bräutigams von der Schwiegermutter ins Brautzimmer gebracht, und die Braut wartet verschleiert und stehend auf den Bräutigam« (Erdentuğ, 1971/72, S. 13). In Ostanatolien, wo die Struktur der Hochzeit ähnlich ist, die einzelnen Elemente jedoch stärker betont werden, wartet die Frau hinter einem Vorhang.

6 Die Braut wird vom Bräutigam zum Sprechen »veranlaßt« (*konuşturuyor*): Nachdem der Bräutigam ihr Geld in die Hand gedrückt hat, sagt sie ihren Namen (Erdentuğ, 1971/72, S. 15).

7 Die geringe Menge des Essens wird auch von Erdentuğ ausdrücklich erwähnt und auf ein Tabu zurückgeführt (1971/72, S. 14).

8 In Ostanatolien (Tunceli) wird das Schweigegebot Schritt für Schritt gelöst: zunächst vom Bräutigam selbst; dann nacheinander von den Frauen des Haushaltes und schließlich vom Schwiegervater.

9 Zwischen Hochzeitsnacht und dem Ritual des »Zum-Reden-Bringens« wird sorgsam darauf geachtet, die *»gelin«* (Schwiegertochter) nicht mit Arbeit in Berührung kommen zu lassen (Erdentuğ, 1971/72, S. 18).

10 Erdentuğ erwähnt noch einen ähnlichen Brauch: *»Gelinin el öpme gezesi«* (»Der Spaziergang und Handkuß der Schwiegertochter«). Die Schwiegertochter geht in Begleitung ihrer Schwiegermutter und der Schwägerin zu den Frauen in der Nachbarschaft, um ihnen die Hand zu küssen (Erdentuğ, 1971/72, S. 20).

11 In Tunceli dauert das Kontaktverbot bis zu einem Jahr.

12 Es ist bezeichnend für die Sozialstruktur von Subay und unterscheidet sie von der ostanatolischer Dörfer, daß es jenseits des Haushalts keine Körperschaften gibt, auf die sich das Ehrgefühl bezieht. Bei einem Angriff auf einen Verwandten wird man diesem vielleicht beistehen; bei einer Verletzung der Dorfgrenzen (etwa von Weiderechten) sich unter Umständen zusammenschließen und sich kollektiv zur Wehr setzen. In beiden Fällen würde man jedoch nach Maßgabe der individuellen Interessen handeln, nicht aber, weil es der Imperativ der Ehre geböte. Keiner, der sich entzöge, gälte als ehrlos. Zur Solidarität *verpflichtet* sind nur die Angehörigen eines Haushaltes. So hat die Abstammungsgruppe der Akkaya im Viertel Kadı, die einzige, die eine entfernte Ähnlichkeit mit einer körperschaftlich verfaßten Deszendenzgruppe, einer *lineage,* aufweist, zwar den Ruf, bei einer dorfinternen Auseinandersetzung zusammenzuhalten, in der Realität aber ist das selten der Fall: Die Akkaya pflegen zwar den für sie vorteilhaften Ruf, lassen sich aber in der Regel im Stich, wenn es tatsächlich zum Streit kommt. Als Mustafa Akkaya, der »Tabakhändler«, 1975 gegen Numen

Baykurt, einen Nichtverwandten, prozessierte, fiel ihm sein Verwandter Kemal mit einer wahrscheinlich erlogenen Zeugenaussage in den Rücken – was keineswegs als Verletzung von *lineage*-Solidarität gewertet wurde, sondern nur die Äußerung hervorrief: »Er ist mein Feind. Wir sind vor Gericht oft als Kontrahenten aufeinandergetroffen.«

13 Vgl. auch die von Engelbrektsson beschriebene Institution des *süt parası,* des »Milch-Gelds« in Yeniköy (1978, S. 178).

14 Er wird als Gabe des Vaters selbst dann gesehen, wenn der Sohn ihn durch Arbeit in der Fabrik erworben hat. Solange der Haushalt als sozialer Körper besteht, wird das Einkommen jedes einzelnen zum Einkommen des Gesamthaushalts zugerechnet – oder (was das gleiche bedeutet) zum Einkommen des Vaters, der nach seinem Ermessen darüber verfügen kann. Die Implikationen und das Aufbrechen dieses Konzepts werden im Kapitel »Wirtschaften, Zeiterfahrung und Individualität« beschrieben (siehe S. 118 ff.).

15 Auf diesem Hintergrund ist es bedeutsam, wenn ein Sohn sich weigert, sich von seinem Vater verheiraten zu lassen. Dies ist oft weniger durch den Wunsch begründet, sich selbst eine Frau zu suchen, als durch die Absicht, sich nicht weiter dem Vater zu verpflichten: Es ist ein Zeichen für Rebellion.

16 Die Unterscheidung entspricht derjenigen zwischen *generalized reciprocity* und *balanced reciprocity* (Sahlins, 1965, S. 147).

17 Dies unterscheidet die Gabe vom Kauf, bei dem die Gegengabe das genaue Äquivalent ist und in einer festgelegten Frist zu erfolgen hat. Bourdieu (Bourdieu, 1976, S. 11 ff., vor allem S. 46) hat die Strategien, die sich durch die wesensmäßig unscharfen Bestimmungen (»zeitlich unüberschaubarer Raum«, »ungefähre Äquivalenz«) ergeben, analysiert. Allerdings ist in Subay der Unterschied zwischen Kauf und Gabe nicht sehr scharf: Wir werden sehen, daß zahlreiche Handlungen von den einen als Kauf, von den anderen als Gabe aufgefaßt werden. Auch der Brautpreis läßt sich unter beiden Aspekten fassen: als »Kauf«, insofern Zeitpunkt und Höhe genau festgelegt und ausgehandelt werden; als Gabe, weil ein hoher und großzügig bemessener Braupreis den Geber ehrt (siehe unten die Diskussion über *şeref,* Ansehen).

18 Dieser Gedanke wird weiter unten bei der Erörterung der Institution des Fluches ausführlich diskutiert (siehe S. 248 ff.).

19 Schweigen wird mit »tierisch« assoziiert, während Reden als spezifisch menschliche Eigenschaft schlechthin gilt: »Du kannst vier Sprachen, also bist du vier Personen«, sagt man zum Beispiel. Dieser Aspekt wird besonders bei Kindern hervorgehoben, die Schwierigkeiten mit dem Sprechenlernen haben. So führt man sie beispielsweise während des Gebetsrufes an einem Freitag vor einen Futtertrog und sagt zu ihnen: »Wenn du ein Mensch bist, komm zur Sprache, wenn du ein Tier bist, komm zum Futter«, oder das Kind wird zum Stall ge-

bracht und festgebunden: »Wenn du ein Tier bist, bleib hier. Wenn du ein Mensch bist, sprich.« (Vgl. zu diesem Brauch auch Örnek, 1979, S. 264)

[20] Wie Ehre (*namus*) ist Ansehen (*şeref*) kein individueller Wert, sondern bezieht sich auf den Haushalt. So hat nur der Haushaltsvorstand *şeref*, während die anderen Haushaltsmitglieder an seiner *şeref* partizipieren.

[21] Eine Zurschaustellung mit ähnlicher Funktion erlebte ich bei einer Hochzeit in einem Dorf der Provinz Tunceli. Dort wurde die Mitgift von den Bauern des Dorfes öffentlich geschätzt und ein Verzeichnis vom Dorfvorsteher angefertigt. Das Besondere bestand darin, daß die genannten und notierten Preise um ein Vielfaches den eigentlichen Preis übertrafen. Ein Taschentuch z.B., das im Laden für 10 Lira zu erhalten war, wurde mit 100 Lira verzeichnet.

[22] Diese Logik der Gegenseitigkeitsbeziehungen erklärt die Erscheinungen, die Banfield mit dem Begriff des »amoralischen Familienegoismus« faßt und sehr ethnozentrisch wertet (Banfield, 1962).

[23] Zum Begriff des totalen gesellschaftlichen Phänomens siehe vor allem Mauss, M., 1968, S. 17.

[24] Vgl. Max Weber, Wirtschaft und Gesellschaft, 1972, S. 22.

[25] Die etwas schematische Übersicht bezweckt nur, den Zusammenhang von Reziprozitätsform und Formen der Gemeinschaft darzustellen. Sie wird dem situativen Aspekt des Hochzeitsrituals nicht gerecht. Das Dorf erscheint deshalb in der Übersicht einmal als »dauerhafte symmetrische Reziprozität« (wenn die Heiraten zwischen den Dörfern stattfinden) und einmal als »gelegentliche symmetrische Reziprozität« (bei innerdörflichen Heiraten). Dies besagt aber nur, daß innerhalb des Dorfes noch viel feiner differenziert wird, als es hier wiedergegeben werden kann.

[26] Vgl. unten S. 267

[27] Mary Douglas hat auf den fast universalen Gebrauch dieser Symbolik hingewiesen (Douglas, 1966, 1974).

[28] Erdentuğ, 1971/72, S. 11

[29] Die Eindeutigkeit des Ortes eines Individuums ist charakteristisch für traditionale und segmentäre Gesellschaften. Vgl. auch Gellner, 1985, S. 115: »Aber während ein *Wechsel* der Zugehörigkeit möglich ist, bleibt die *Doppel*zugehörigkeit ausgeschlossen. Indem er einen neuen Platz findet, verliert der Betreffende stets den alten, und dafür sorgt unter anderem die Öffentlichkeit des Rituals, mittels dessen er seinen Platz erlangt. Zu jedem beliebigen Zeitpunkt muß der unverwechselbare Platz, den jemand im System der Rechte und Pflichten innehat, unzweideutig klar sein« (Hervorhebungen vom Autor).

Politisch-rechtliche Ordnung, Konfliktlösung und Personalität

Die Ordnung der Gegenseitigkeit

Die Erosion des Rechtsstatus: Zwei Fallbeispiele

Die Zuschreibung von »Ehre« (*namus*) ist notwendig, um sich im Dorf behaupten zu können. Eine Familie, deren Ehre in Frage gestellt wird, deren Integrität zweifelhaft erscheint, die als zerstritten und schwach gilt, wird im Dorf nicht mehr respektiert werden. Sie wird zunehmend an den Rand des Systems von Tauschen und Teilen rücken und immer häufiger Opfer von Grenzverletzungen oder Provokationen werden. Sie muß sich dann um so energischer wehren – oder eine weitere Statuseinbuße hinnehmen. Kennzeichnend sind dann Konflikte wie der folgende:

Numen Baykurt hatte jahrelang in Istanbul gearbeitet und war Anfang der 70er Jahre ins Dorf zurückgekehrt. Sein Haushalt gilt als schwach, nicht zuletzt deshalb, weil er keine Söhne hat. Im Dezember 1975 reichte er beim Landgericht in der Kreisstadt folgende Klage ein:

»... Zur oben genannten Tatzeit [17. 12. 75] habe ich in der Gegend der Toten Schlange auf meinem Acker gepflügt. Auf dem nach Geyik führenden Weg, der zwischen dem Acker des Angeklagten Hilmi Hakımoğlu und meinem Acker hindurchführt, hatte der Angeklagte ... Steine... aufgehäuft, die er von seinem Acker aufgelesen hatte. Niemand konnte mehr auf dem Weg hin- oder herfahren; jeder ist deshalb auf meinen Acker ausgewichen. Deswegen habe ich die Steine vom Weg aufgelesen und in den Bach geworfen, der neben meinem Acker fließt. Als ich damit zugange war... haben mich Sıdıka Subayoğlu, die Frau von Asım, und ihr Sohn Memed gesehen, die auf dem Weg zur Mühle waren. Etwas später kam der Angeklagte und sagte: ›Warum hast du die Steine auf meinen Acker geworfen?‹ Ich antwortete: ›Ich mache den Weg sauber. Die Steine liegen nämlich auf dem Weg; diejenigen, die hin- und herfahren, weichen deshalb auf meinen Acker aus!‹ Auf seinem Acker lagen nun ein paar Steine. Er behauptete, daß ich sie dorthin geworfen hätte, und sagte zu mir: ›Bei deiner von mir gefickten Mutter und Frau: Diese Steine hast du geworfen! Das ist klar. Und dann leugnest du noch.‹ – Das sagte er, packte mich am Kragen, warf mich auf den Boden und versuchte, mich zu erdrosseln, indem er meinen Pullover hochzog und mich würgte. In diesem Augenblick kam Mustafa Akkaya und befreite mich aus den Händen von Hilmi Hakımoğlu. Ich floh nach Hause. Hilmi Hakımoğlu und seine Verwandten verfolgten mich bis zum Haus. Sie hatten Steine in den Händen...«

Numen verfolgte die Angelegenheit nicht weiter, nachdem er die Klage eingereicht hatte. Er erschien nicht zu einem anberaumten Anhörungstermin; das Verfahren wurde daher eingestellt (Fall Nr. XII).[1]

Die Ausgangssituation dieses Konfliktes ist aufschlußreich, zeigt sie doch die Nadelstiche, denen jemand ausgesetzt ist, der als schwach gilt. Man wich auf Numens und nicht auf Hilmis Feld aus, wohl weniger, um zu provozieren, sondern weil man seine Reaktion nicht sonderlich fürchtete. Das bestätigte sich: Numen räumte die Steine lieber selber weg, als jemanden zur Rede zu stellen, der über seinen Acker fuhr. Das eigentlich angemessene Verhalten in einer solchen Situation ist das seines Gegners Hilmi. Er reagierte sofort und nachdrücklich auf die (tatsächliche oder vermeintliche) Grenzverletzung. Numens Ansehen litt durch die Niederlage weiter; ein Prozeß, der sich offenbar in den folgenden Jahren fortsetzte. Als ich Numen 1983 noch einmal sah, sprach er davon, das Dorf zu verlassen: »Hier im Dorf kann man nicht leben; hier prügelt man einen alten Mann.«

Noch ernstere Folgen hatte der Verfall des Rechtsstatus der Familie von Niyazi Türker:

Niyazi Türker ist einer der ältesten Bauern des Dorfes. 1977 hatte er seine älteste Tochter verheiratet; sein Sohn Ali, der in Ankara arbeitete, und seine Tochter Sultan, beide im heiratsfähigen Alter, waren noch ledig. Wegen der wirtschaftlichen Situation des Haushaltes – die schon sehr betagte Frau Niyazis konnte die anfallenden Arbeiten alleine nicht bewältigen – plante Niyazi, zunächst den Sohn Ali zu verheiraten. Die Arbeitskraft der Schwiegertochter würde dann die der Tochter ersetzen.

Die Verheiratung von Ali erwies sich jedoch als schwierig. Der Dorfvorsteher, der Mitte Mai als Werber unterwegs war, wurde abgelehnt. Ali sei schwach und geistig etwas beschränkt (*deli*), hieß es. Auch weitere Versuche scheiterten. Das führte zu einem Zerwürfnis von Ali mit seinem Vater: Ali warf Niyazi vor, seinen Pflichten (*görev*) nicht nachzukommen. Er wolle deshalb nichts mehr mit ihm zu tun haben und sich selbst eine Frau in Ankara suchen. In dieser Zeit lehnte der Vater mehrere Brautwerber für seine Tochter ab. 1980 wurde es deutlich, daß Sultan schwanger war. Sie sagte damals aus, ein junger Mann aus dem Nachbardorf habe sie vergewaltigt. Man gab die Sache an das Gericht, der Beschuldigte wurde jedoch freigesprochen. Das Gericht machte geltend, daß eine erhebliche Zeit (5 Monate) zwischen Vergewaltigung und Erhebung der Anklage verstrichen sei. Außerdem konnte der Beschuldigte ein medizinisches Gutachten vorlegen, das ihn als Vater ausschloß, und etliche Zeugen beibringen, die ebenfalls aussagten, sie hätten bereits mit Sultan geschlafen. Jene Bauern, die noch ein freundschaftliches Verhältnis zu Niyazi haben, messen den beiden letzten Punkten keinen allzu hohen Wert bei: Untersuchungsergebnisse kann man kaufen; Zeugen sagen oft aus Gefälligkeit aus. Im Augenblick lebt Sultan mit ihrem Kind bei ihren Eltern im Dorf (Fall Nr. XXVIII).

Ich bin in diesem Fall mit »Mustafa, dem Riesen« der Meinung, daß es sich um eine versprochene Entführung handelt. Der junge Mann hätte demnach Sultan mit dem Versprechen der Ehe dazu bewegt, mit ihm zu schlafen, und sie dann sitzenlassen. Wenn dies stimmt, wäre die Bereitschaft Sultans, sich auf das immer mit einer Entführung verbundene Risiko einer Entehrung einzulassen (vgl. S. 206), aus ihrer Verzweiflung erklärbar. Nach der Ablehnung von zwei Werbern durch den Vater ist es gut möglich, daß sie keine andere Möglichkeit mehr sah, verheiratet zu werden.

Die Phasen der schrittweisen Ausgliederung aus der Rechtsgemeinschaft sind deutlich zu erkennen. Das geringe Ansehen des Sohnes ließ ihn als Heiratspartner nicht in Frage kommen. Die Folge dieses Ausschlusses aus dem System des Heiratstausches war das Zerwürfnis, das die Familie weiter schwächte. Diese Situation hatte es als gefahrlos erscheinen lassen, sich der Schwester zu nähern.

Die Tatsache, daß der Bruder Sultans nun nicht reagierte, weder den Mann noch seine Schwester erschoß, bedeutete den endgültigen Verlust des Personenstatus. Der Sohn Niyazis gilt heute im Dorf als vogelfrei. Die jungen Männer betonen, daß er damit rechnen müsse, erstochen zu werden, wenn er sich noch einmal im Dorf blicken läßt. Niyazi selbst ist durch sein hohes Alter einigermaßen geschützt; dennoch schlägt man ihm gegenüber einen Ton an wie gegenüber Verrückten. Man tritt ihm nicht respektvoll gegenüber, achtet nicht seine Integrität, sondern versucht ihn zu verspotten, zu ärgern und weidet sich an seinen ungeschickten Reaktionen.[2] Sultan ist praktisch unsichtbar[3]; sie wird von den anderen Frauen geschmäht, die Männer machen Witze über sie. Sie spotten, indem sie dem »Dorfidioten« vorschlagen: »Wir geben Dir Sultan zur Frau. Sie kann gut pflügen!« – Es ist schwer vorstellbar, wo und wie Sultan leben soll, wenn ihre Eltern gestorben sein werden. Wahrscheinlich wird sie vom Dorfvorsteher in ein Bordell gebracht werden.

Der Prozeß der Ausgrenzung aus der Rechtsgemeinschaft verläuft langsam, fast unmerklich, aber auch unaufhaltsam. Da keine Institution über den Status des einzelnen entscheidet, gibt es kaum klare Zäsuren. Niyazis und Numens Positionen bröckelten über die Jahre hinweg langsam ab; Niyazi wurde nicht durch einen Rechtsakt zur Nicht-Person erklärt, sondern durch einen allmählich stattfindenden Definitionsprozeß, dessen einzig klare Markierung mit dem Bekanntwerden der Schändung der Tochter gesetzt war. Bis dahin war nicht eindeutig zu entscheiden, ob Niyazi noch als Rechtsperson oder bereits als Nicht-Person galt. Noch gab es keine einhellige Meinung im Dorf. So unmerklich der Erosionsprozeß des Status einsetzt, so schwer ist es auch, ihn wieder aufzuhalten. Ein informeller Definitionsprozeß ist naturgemäß kaum zu beeinflussen.[4]

Nicht zuletzt ist es ein endgültiger Prozeß; im Gegensatz zum institutionalisierten Recht gibt es keine Revision oder Rehabilitation.

Die gefährliche Logik und Folgerichtigkeit, die beide Fälle zeigen, läßt es notwendig erscheinen, von vornherein allen Tendenzen entgegenzutreten, die ein Aufweichen oder Infragestellen des Status nach sich ziehen könnten. Die Sorge um den politischen Stand ist der Grund für die Strenge, mit der die Väter auf die Geschlossenheit der Familie drängen, auf Gehorsam und das Erweisen von »Achtung« (*saygı*); er begründet die Rigidität der Kontrolle der Frauen wie auch die Empfindlichkeit, die gezeigt wird, wenn die Grenzen der Familie in Frage gestellt werden. Es muß alles vermieden werden, was dazu führen könnte, daß der Ruf der Familie, ihre »Ehre«, in Frage gestellt oder auch nur angezweifelt werden könnte. Es scheint, als müßten Dämme gegen eine Entwicklung errichtet werden, deren Beginn unscheinbar, deren Folgen jedoch unabsehbar sind. Dieser Sorge entspricht der Zwang zur politischen Rationalität.

Die politische Rationalität

»Ehre« (*namus*) muß nicht nur gelebt, sie muß vor allem auch demonstriert werden; es ist ebenso wichtig, »ehrenhaft« zu sein, wie, als »ehrenhaft« zu gelten. Der Ruf eines Haushaltes im Gemeinwesen ist sein politisches Kapital; nur durch ihn wird seine Sicherheit garantiert. Es ist »politisch-rational«, dieses politische Kapital nach Möglichkeit zu vermehren, auf jeden Fall es jedoch nicht zu verspielen. Man berücksichtigt deshalb bei jeder Handlung den Eindruck, den sie auf andere macht; man achtet darauf, welche Bedeutung einer Handlung als *Zeichen in bezug auf das Referenzystem der Ehre* zukommt, welche Schlüsse aus ihr auf die Integrität, die Geschlossenheit und Stärke einer Familie gezogen werden können. Politisch-rationales Handeln ist im wesentlichen zeichenhaftes Handeln. Verdeutlichen wir uns diesen Sachverhalt und seine Implikationen an einem Beispiel:

Zwischen den Vierteln Kadı und Subay war vereinbart worden, eine bestimmte, zwischen den beiden Vierteln gelegene Weide nicht vor einem festgelegten Zeitpunkt abgrasen zu lassen. Mehrere Tage vor dem vereinbarten Termin trieben indes zwei vielleicht zehnjährige Söhne von Kemal Akkaya aus Kadı die Herde ihrer Familie auf diese Wiese. Sie wurden von dem ehemaligen Dorfvorsteher »Mustafa, der Schnecke« und Süleyman Subayoğlu, beide aus Subay, überrascht und beschimpft. Der Wortwechsel eskalierte, und die Jungen begannen, mit Steinen nach den Bauern zu werfen. Durch das Geschrei aufmerksam gemacht, kam auch Ishan, der ältere Bruder der Hütebuben (ein Mittzwanziger) hinzu; er ergriff sofort die Partei seiner Brüder. Nur durch das Dazwischentreten weiterer Bauern konnte eine körperliche Auseinandersetzung verhindert werden. In den folgenden Tagen wurde der Streit in zahlreichen Gesprächen erörtert. Dabei schlugen sich die Bauern aus Kadı ausnahmslos auf die Seite von Kemal, die von Subay auf die von Mustafa und Süleyman.

Die Rechtslage war in diesem Fall eindeutig: Die Hütebuben hatten gegen eine Absprache verstoßen. Außerdem war der Status der Gegner sehr ungleich: Zehnjährigen Jungen standen fünfzigjährige und geachtete Männer gegenüber. In dieser Situation hatte Ishan prinzipiell zwei Handlungsmöglichkeiten. Er hätte das Verhalten der beiden älteren Bauern aus einem allgemeinen Interesse an der Einhaltung von Absprachen heraus begrüßen und das Beschimpfen seiner Brüder billigen können. Solche Reaktionen sind nicht selten; Lehrer z. B. werden oft aufgefordert, Schüler bei einem Fehler körperlich zu bestrafen, denn »Kinder wissen nichts«, »sie müssen lernen«. Ishan nahm die Sache jedoch politisch; er wertete das Verhalten von »Schnecke« und Süleyman als Angriff auf seine Brüder und damit auf die Integrität seiner Familie ingesamt. Aus der Ermahnung war eine Herausforderung geworden, und Ishan setzte nun seinerseits ein Zeichen.

Das Ereignis verrät einiges über das Wesen von politischen Zeichen. Sie sind eine sekundäre, aber gleichwohl entscheidende Ebene der Interpretation.

Sie sind sekundär, insofern eine Handlung unabhängig von ihrer subjektiven Seite, von der Motivation oder der Geschichte, die zu ihr geführt haben mag, betrachtet wird. Der ursprüngliche Sinn, den sie für den Handelnden gehabt haben mag, spielt keine Rolle mehr. In diesem Fall wurde nicht mehr gefragt, ob Süleyman oder »Schnecke« tatsächlich die Integrität von Kemals Familie in Frage stellen wollten – oder ob sie nur zwei Minderjährige zurechtweisen wollten, die eine Absprache verletzt hatten. Die Handlung wurde sozusagen von ihnen abgetrennt, sie wurde für sich genommen und erhielt eine Bedeutung, die (vielleicht) niemals beabsichtigt war. Die politische Bedeutung wird einer Handlung also gleichsam »von außen« und nachträglich verliehen.[5] Eine Handlung bekommt durch sie ein »anderes Gesicht«. Dieses »andere Gesicht« ist nun das Entscheidende. Sobald eine Handlung einmal als politisches Zeichen gewertet ist, werden alle anderen Bedeutungen irrelevant. In unserem Beispiel war das Beschimpfen der Kinder *nur noch* eine Verletzung der Integrität der Familie und mußte als solche beantwortet werden. Sobald eine Handlung aus der politischen Perspektive betrachtet wird, kann nicht mehr abgewogen werden, jedes »zwar« und »aber« (etwa in dem Sinn: »zwar« hätten die Kinder falsch gehandelt, »aber« auch das Verhalten der Erwachsenen sei politisch falsch gewesen) fällt weg. All dies würde nur als Ausweichen, als Angst vor einer Stellungnahme gewertet werden.[6]

Die Gebote politischer Rationalität sind bestimmt vom richtigen Umgang mit der Dimension des Zeichenhaften. Es ist erforderlich, Zeichen adäquat zu lesen, Zeichen angemessen zu setzen und die zeichenhafte Bedeutung bei jeder Handlung zu berücksichtigen.

Zunächst ist es wichtig zu wissen, wann man eine Handlung politisch zu interpretieren hat, und wann man sie einfach unter ihrem sozialen und ökonomischen Aspekt auffassen kann. Das Beispiel zeigt, daß dabei die Grenze zwischen Wahrnehmung und Definition sehr fließend sein kann. Man könnte argumentieren, daß für »Schnecke« und Süleyman die abstrakte Rechtssituation nur ein Vorwand war, um Kemals Familie zu demütigen – Ishan hätte demnach ein Zeichen wahrgenommen und adäquat beantwortet. Man könnte jedoch genausogut argumentieren (wie wir es bisher getan haben), daß Ishan die Intervention als eine Herausforderung definierte und ihr damit eine neue Bedeutung erst verlieh. In beiden Fällen ist die soziale Beziehung zwischen den Beteiligten entscheidend. Im Dorf war man sich darüber einig, daß der Konflikt anders verlaufen wäre, wenn es sich nicht um alte Gegner, sondern um befreundete Haushalte gehandelt hätte: Während man Freunden in solchen Situationen meistens lautere Motive zubilligt, unterstellt man Gegnern in der Regel, sie schlügen zwar den Sack, meinten aber im Grunde den Esel. Und während es Freunden gegenüber ratsam ist, nicht jede Handlung auf die Waagschale zu legen, um sich positive Beziehungen nicht zu verscherzen, ist es bei Gegnern eher sinnvoll, überempfindlich zu sein, anstatt zu riskieren, in ihren Augen als schwach dazustehen.

Besonders deutlich war die Abhängigkeit einer politischen Wertung von sozialen Beziehungen im Umgang mit Viehschäden zu beobachten. Im Sommer geschieht es immer wieder, daß Großvieh aufgrund der Unachtsamkeit der Besitzer in Gärten einbricht und einen empfindlichen Schaden verursacht. Es kommt jedoch in der Regel nur dann zum Streit, wenn die Parteien ohnehin verfeindet sind. Als das sorgloserweise unbeaufsichtigte Vieh von Ahmet Akkaya eines Tages in die Gärten des »Tabakhändlers« einbrach, wurde es von dessen Söhnen in den eigenen Stall getrieben; etwas später holte es dann Ahmet unter Entschuldigungen wieder ab. Die Sache war damit bereinigt, Ahmet wurde sogar noch zum Tee eingeladen. Dagegen führte ein vergleichbarer Konflikt zwischen der Frau des »Schwarzen Asiz« und der Frau von »Unteroffizier Ali« zu einem heftigen Wortwechsel und zum Bewerfen mit Steinen.

Allgemein formuliert: Während man befreundeten Haushalten in solchen Fällen zugesteht, es handle sich um einen Fehler, wie er sich immer einmal zutragen kann, wertet man die gleiche Handlung bei verfeindeten Haushalten als Verletzung einer Grenze und damit als Angriff auf die Integrität.

Wichtig ist jedoch nicht nur die Beziehung der direkten Gegner zueinander, sondern auch die Beziehung zu Dritten. Wenn andere hinzutreten, kann man von ihnen sozusagen gezwungen werden, eine Handlung als Zeichen für eine Herausforderung zu werten. Möglicherweise hatte Ishan nicht Süleyman oder »Schnecke« im Auge, als er ein Zeichen setzte, sondern die anwesende Dorföffentlichkeit, die ein Nachgeben vielleicht als Zeichen für eine mangelnde Solidarität im Haushalt gewertet hätte. Auch bei dem oben geschilderten Konflikt zwischen Hilmi und Numen war Hilmi bereits zu dem Zeitpunkt festgelegt, als Memed und Sıdıka ihm erzählten, Numen würde Steine auf sein Feld werfen. Er wäre das Risiko eingegangen, in ihren Augen als schwach zu gelten, wenn er nicht angemessen reagiert hätte.

Es hängt also wesentlich von der Situation ab, d. h. von den Beziehungen untereinander und zu anwesenden Dritten, ob eine Handlung politisch gewertet wird. Dies läßt sich in einen Imperativ umformulieren: Politisch rationales Handeln muß ein situationsgerechtes Handeln sein – es gilt prinzipiell, an Freunde und Gegner einen unterschiedlichen Maßstab anzulegen, um sich im Dorf zu behaupten.

Ebenso wichtig wie das richtige Lesen des Zeichens ist seine angemessene Setzung. Dies ist spätestens dann unumgänglich, wenn eine Auseinandersetzung auf die politische Ebene gehoben wurde. Prinzipiell kann eine Herausforderung nur mit einer Gegenherausforderung adäquat beantwortet werden, d. h. mit einem Zeichen, das besagt, daß man sich von dem anderen nicht provozieren läßt und daß man seinerseits keine Angst hat, ihn zu provozieren. Die Gegenherausforderung verlangt wieder eine Antwort und so fort. Ein Konflikt tendiert dazu, sich aufzuheizen, weil er von keinem ohne Gesichtsverlust mehr abgebrochen werden kann. Auch aus geringfügigeren Anlässen als dem hier gegebenen kann sich sehr schnell, wie die Bauern sagen, »ein Vorfall« (*bir olay*) entwickeln, ein blutiger Streit und damit unter Umständen eine Blutfehde. Nur durch das Dazwischentreten von Dritten kann die Auseinandersetzung beendet werden, ohne daß eine der Seiten eine Statuseinbuße erleidet.

Es ist entscheidend, daß die Kette der Handlungen nicht mehr unterbrochen werden kann: Selbst wenn man es möchte, kann man nicht mehr zurück, weil jedes Suchen nach Verständigung, jedes Nachgeben oder Eingestehen als Schwäche interpretiert werden könnte. Es ist, als wären die Maßstäbe der sozialen und ökonomischen

Vernunft in dieser Situation außer Kraft gesetzt. Dies läßt das politische Handeln oft ritualistisch erscheinen.

Der von allen gefürchtete Grenzfall ist die Blutfehde, von der Subay bislang verschont blieb, nicht aber das hinter dem Marktort Bostan gelegene Dorf Kızılköy. In diesem Fall geht die politische Rationalität Hand in Hand mit völliger sozialer und ökonomischer Irrationalität. Man nimmt um des Rufs willen die partielle oder völlige Selbstzerstörung in Kauf.

In Konfliktsituationen muß man Zeichen richtig lesen bzw. richtig setzen; im Alltag genügt es, die Dimension des Zeichenhaften zu berücksichtigen. Man muß sich immer bewußt sein, daß eine Handlung gegen ihre ursprüngliche Intention von einem anderen als Zeichen verstanden werden könnte – und man deshalb ungewollt in eine Auseinandersetzung gezogen werden kann. Es ist deshalb notwendig, ständig das eigene Handeln mit den Augen der anderen zu betrachten, es sozusagen zu objektivieren. Nach außen muß man sich so verhalten, daß kein Handeln als Angriff auf die Integrität des anderen verstanden werden kann; nach innen gilt es, sich so zu verhalten, daß bei keinem anderen ein Zweifel über die Integrität der eigenen Familie aufkommen kann.

In diesem Sinn war das Verhalten in unserem Beispiel von allen Beteiligten nicht eindeutig. »Mustafa, die Schnecke« und Süleyman hätten eine Auseinandersetzung vermeiden können, wenn sie sich an den Vater der Hütebuben mit der Aufforderung gewandt hätten, seine Söhne zur Einhaltung von Absprachen anzuhalten. Es wäre dann die Pflicht des Vaters gewesen, seine Söhne energisch zu bestrafen. Andererseits wäre es Kemals Verantwortung gewesen, von vornherein dafür zu sorgen, daß sich seine Söhne an die Weideregelungen halten – schließlich läßt es sich als Angriff auf die Bewohner von Subay verstehen, wenn die Weiden vor dem vereinbarten Termin abgegrast werden. Allgemein formuliert: Im Alltag (wenn es darum geht, Konflikte zu vermeiden, und nicht darum, sie auszutragen) ist es notwendig, durch das Handeln auszudrücken, daß man die Grenzen des anderen sorgfältig respektiert – und man hat die Angehörigen zu kontrollieren, damit sie sich entsprechend verhalten.

Nun handelte es sich bei allen Beteiligten um politisch bewußt handelnde Bauern. Es ist also nicht von der Hand zu weisen, daß sie die Auseinandersetzung bewußt herbeiführen wollten. Dabei ist zu berücksichtigen, daß Subay vergleichsweise große Weideflächen hat, während Kadı in dieser Hinsicht benachteiligt ist. Die Weide, um die es sich in diesem Fall handelt, ist also viel wichtiger für Kadı als für Subay. Es könnte sich deshalb um eine politische Geste gehandelt haben, als Kemal seine Söhne dorthin zum Viehhüten schickte: Er hätte ein Recht für Kadı reklamiert. Für diese Überlegung spricht vor allem die Parteinahme aller Bauern aus Kadı für Kemal, einschließlich seiner Gegner. In diesem Fall hätte natürlich ein Protest bei dem Vater keinen Erfolg gehabt. Der Schlagabtausch hätte auf einer subtilen Ebene bereits früher begonnen, und die beiden Bauern aus Subay hätten durchaus angemessen reagiert, als sie die Söhne beschimpften.

Ebenso wie es gilt, die Integrität des anderen zu respektieren (es sei denn, man legt es auf eine Auseinandersetzung an), ist es notwendig, dem anderen keinen Anlaß zum Zweifel an der eigenen Integrität zu geben. Dies gibt dem Handeln einen präsentativen und formalen Zug. Eine Familie muß vor allem darstellen, daß die Beziehungen nach innen der Norm gehorchen. So wird die Achtung (*saygı*), die die Familienangehörigen dem Vater schulden, und die als Garant für die Geschlossenheit der Familie gilt, ebenso gefühlt wie gezeigt (*göstermek*). Man raucht nicht in Gegenwart des Vaters; setzt sich nicht entspannt hin, wenn er im Raum ist; schweigt, wenn Dritte anwesend sind; widerspricht ihm nicht. Genauso ausdrücklich wird die Ehre der Frauen dargestellt. Bei der Anwesenheit eines Fremden im Haus werden die jungen Frauen geradezu verborgen. Das Essen wird von ihnen aus der Küche bis zur Tür gebracht, wo es dann vom Sohn des Hauses entgegengenommen und serviert wird. Diese Form wird besonders betont, wenn Fremde (oder gar Gegner) anwesend sind, denen man prinzipielles Mißtrauen unterstellt. Die Formalität läßt jedoch in dem Maß nach, in dem die Beziehung vertrauter und sicherer wird – freilich ohne daß das Handeln jemals völlig seinen repräsentativen Zug verlieren würde.

Strategien der Konfliktaustragung

Politisches Handeln in Subay ist zeichenhaftes Handeln – und damit ein Handeln, das prinzipiell in einem Spannungsverhältnis, wenn nicht im Gegensatz zur ökonomischen und sozialen Vernunft steht. Daraus folgt, daß man in Subay zwei entgegengesetzten Handlungsforderungen Rechnung tragen muß, um sich langfristig zu behaupten. Einerseits ist es um des politischen Überlebens willen erforderlich, Zeichen zu setzen und unter Umständen Konflikte in Kauf zu nehmen, die die wirtschaftliche und soziale Zukunft des Hofes ruinieren könnten. Andererseits ist es um des ökonomischen und sozialen Überlebens willen notwendig, nicht wegen jeder Kleinigkeit Stellung zu beziehen. Dieser Widerspruch muß verschleiert werden; er zeigt sich jedoch in den Strategien der Konfliktaustragung.

Eine erste Strategie besteht darin, von vornherein zu versuchen, »kritische« Situationen zu vermeiden, in denen man Zeichen setzen muß. Diese Sorge spricht aus einem Wortwechsel, in dem ich mich gegen die jungen Männer des Dorfes zu behaupten hatte:

Cem: »Gehen die Deutschen immer mit ihren Frauen spazieren?«

W. S.: »Ja. Das ist doch ganz natürlich.«

Cem: »Fürchten sie denn nicht, daß sie jemanden treffen könnten, der [auf die Frau bezogen] sagt: ›Ich habe sie verloren, wo hast Du sie gefunden?‹ (*Ben onu kaybettim. Nerede buldun?*) (lacht).«

W. S.: »Was passiert, wenn jemand so etwas sagt?«

Cem: »Dann wird er erschossen. Das ist eine Ehrensache (*namus meselesi*).«

W. S.: »Könnt ihr euren Frauen nicht trauen?«

Cem: »Wenn die Frau zum Beispiel aus Baltacı kommt [vom gegenüberliegenden Ufer], wie soll ich dann wissen, was sie vor unserer Ehe gemacht hat?«

W. S.: »Wenn Du ihr vertrauen kannst, kannst Du auch glauben, was sie sagt.«

Cem: »Woher kann ich sicher sein, daß sie nicht lügt?«

Ich bin mir nicht sicher, ob die jungen Männer sich im Eifer der Diskussion (die ganze Atmosphäre war sehr gespannt) darüber klar waren, daß man das Fazit ihrer Rede etwa folgendermaßen zusammenfassen könnte: Wenn man schon eine Frau heiratet, über deren Vergangenheit man nicht absolut sicher sein kann, dann sollte man wenigstens so klug sein und die Öffentlichkeit mit ihr meiden – was auf die Empfehlung hinausliefe, um der Ehre willen den Kopf in den Sand zu stecken.

Wenn diese Pointierung mit Sicherheit auch die Meinung der jungen Männer verzerrt, so bleibt doch festzuhalten, daß es ihnen als Gebot der Klugheit erscheint, anderen von vornherein keinen Anhaltspunkt zu einer Herausforderung zu liefern.

Eine zweite Strategie besteht darin, eine Herausforderung so lange wie möglich zu ignorieren. Solange man so tun kann, als habe man eine Provokation einfach nicht wahrgenommen, ist man auch nicht gezwungen, Stellung zu ihr zu beziehen. »Unteroffizier Ali« erzählte mir folgende Episode:

»Ich habe heute meinen Garten bewässert und in ihm gearbeitet. Während ich mähe, kommt ein Nachbar vorbei und leitet das Wasser auf sein Feld um. Ich merke es, mähe aber weiter und lasse mir nichts anmerken. Hätte ich aufgeschaut und nichts gemacht, hätte es mein Nachbar als Feigheit ausgelegt. Hätte ich darauf bestanden, daß *mein* Garten bewässert wird, wäre es zum Streit gekommen.«

Man kann also versuchen, das Problem zu umgehen. Es kommt nur dann zu einer Auseinandersetzung, wenn der andere noch deutlicher wird – oder wenn durch das Hinzutreten von Dritten eine Öffentlichkeit geschaffen wird. Wesentlich ernster liegt der folgende Fall:

Vor Jahren wurde der Onkel von K. tot in einer Schlucht in der Nähe von Subay gefunden; es war niemals geklärt worden, ob es sich um einen Mord oder um einen Unfall gehandelt hatte. Als jedoch A. kurz nach dem Todesfall ein Verhältnis mit der Witwe einging, wurde gemunkelt, daß er als Mörder in Betracht käme. Im September 1982 brachte A. Ziegel nach Geyik; beim Rangieren mit dem Traktor stieß er gegen eine aus Felssteinen errichtete Mauer, die K.s Grundstück umgab, und brachte sie zum Einsturz. Als K. kam und A. beschimpfte, konterte A.: »Deine *hala* (Tante väterlicherseits) habe ich bereits genommen; deine Mutter werde ich auch noch nehmen.« Damit war der Bogen überspannt. K. warf mit Steinen nach A. und seinem Sohn; letzterer wurde dabei schwer verletzt und mußte mehrere Wochen ins Krankenhaus.

K. hatte offenbar jahrelang die Augen zugedrückt, um nicht zum Handeln gezwungen zu werden. Das ging gut, weil niemand ein Interesse daran hatte, ihn zu provozieren: Fast komplizenhaft mutet das Schweigen des ganzen Dorfes zu den zweifelhaften Todesumständen und dem außerehelichen Verhältnis der Tante an. Es war, wie so häufig[7], ein eher zufälliger Konflikt, der dazu führte, daß das Schweigen gebrochen und K. direkt mit dem Sachverhalt konfrontiert wurde.

Die Sorge um die möglichen Kosten eines Konfliktes bestimmt jedoch auch noch das Handeln, wenn es tatsächlich zu einer Auseinandersetzung gekommen ist. Besonders aufschlußreich ist in dieser Hinsicht der Streit von »Mustafa, der Schnecke« mit »Mustafa, dem Tabakhändler« und dem Waldbeamten Ayhan. Bei der Darstellung stütze ich mich auf die Protokolle der Gerichtsverhandlung wie auch auf Gespräche mit »Schnecke« und dem »Tabakhändler«.

Mustafa Subayoğlu (»Schnecke«) hatte im Wald illegal Holz geschlagen. Das ganze Dorf wußte davon – auch der zu der Zeit in Subay lebende Forstbeamte. Dieser schritt zunächst nicht ein – er hatte Schulden bei »Schnecke«, der ihm eine Pistole verkauft hatte. Die Gegner von »Schnecke« im Dorf übten nun allerdings Druck auf den Beamten aus; vor allem der »Tabakhändler«, damals Dorfvorsteher und langjähriger Rivale von »Schnecke«, tat sich dabei hervor. »Schnecke« erzählte mir, daß der Forstbeamte daraufhin erklärte, er werde das geschlagene Holz beschlagnahmen und abschleppen lassen – allerdings nicht ohne vorher ein Bestechungsangebot zu machen, auf das »Schnecke« nicht einging. Es kam vor der Moschee zu einer Auseinandersetzung zwischen den beiden Männern, die nur deshalb keine ernsten Folgen hatte, weil andere Bauern dazwischentraten. »Schnecke«: »Ich war sehr wütend. Sowieso ist es die Wut, die mich ständig in Schwierigkeiten bringt.«

An einem der nächsten Tage versuchte »Schnecke«, mit seinem Sohn Ahmet die fraglichen Stämme mit einem Gespann Ochsen abzutransportieren. Der Forstbeamte kam dazu; »Schnecke« bedrohte ihn mit der Pistole. Daraufhin entfernte sich der Forstbeamte, um im Dorf Verstärkung zu holen, d. h. den Dorfvorsteher und den Dorfboten zu verständigen, die von Amts wegen verpflichtet waren, ihm zu helfen. Auch »Schnecke« und sein Sohn kehrten ins Dorf zurück. »Schnecke« befahl seinem Sohn, zu Hause zu bleiben – er machte sich Sorgen um die Zukunft von Ahmet, der in der Kreisstadt aufs Gymnasium ging –, und legte auch Gewehr und Pistole ab: »Ich sagte mir: ›Du bist ohnehin sehr zornig. Du wirst dich mit einem Stock wehren!‹ « Mit den Frauen des Haushaltes und seinem bereits ziemlich betagten Vater Azım machte er sich wieder auf den Weg in den Wald. Dort trafen die beiden Parteien zum zweiten Mal aufeinander. Ich zitiere aus der Anklageschrift, die der Forstbeamte einreichte:

»Als wir [der Forstbeamte, der ›Tabakhändler‹ und der Dorfbote] uns der Schadensstelle näherten, kamen die Beschuldigten hervor, die sich bis dahin versteckt gehalten hatten... Azım ... redete folgendermaßen den Dorfvorsteher an:

›Es soll dir leid tun!‹ Und zum Sohn des ›Schwarzen Hüsnü‹ [dem Dorfboten] und zu mir sagte er: ›Euer Lebensunterhalt möge verflucht (*haram*) sein. Mein Sohn hat recht in dieser Auseinandersetzung. Er hat mit Mühe die Stämme abgeschleppt. Schämt ihr euch nicht? Diese Stämme werdet ihr nicht abtransportieren!« Das sagte er und hetzte dann die ... angeklagten Frauen auf ...: ›Werft [Steine] auf ihn, zerschlagt seinen in der Fotze steckenden Schädel und sein Auge.‹ Als er das gesagt hatte, begannen die angeklagten Frauen, uns mit Steinen zu überschütten. Da zog der Beschuldigte Mustafa [›Schnecke‹] seine Pistole und redete mich an.[8] Er hetzte: ›Wenn du ein Mann bist, mach doch einen Schritt, laß sehen. Du wirst dann eine Kugel fressen.‹ Angesichts der Situation und um einen größeren Vorfall zu vermeiden, haben wir ... die Schadensstelle verlassen. Der Beschuldigte nützte dies aus und warf die Baumstämme in einen Bach ..., wo sie nicht mehr rausgeholt werden können.«

Der verbale Schlagabtausch wurde in der Zeugenaussage des »Tabakhändlers« etwas anders geschildert. Als er zur Schadensstelle gekommen sei, habe er »Schnecke« folgendermaßen angeredet:

» ›Mein Sohn, du bist verrückt. Weißt du, was du da gemacht hast?‹ sagte ich. Er jedoch redete seinen Sohn, seine Frau und seine Tochter an: ›Was wartet ihr, schlagt sie, diesen Mann, der sich Satılmış Ayhan nennt und dessen Frau ich gefickt habe.‹ Die Frau und die Kinder begannen ..., mit den Steinen zu werfen, aber ... die Steine trafen weder mich noch den Forstbeamten. Der Forstbeamte fluchte ... über den Angeklagten, und als die Kinder die Steine ergriffen, redete er den Angeklagten an: ›Ein Mann läßt nicht seine Kinder angreifen; er erledigt seine Angelegenheiten selbst. Wenn du ein Mann bist, dann komm und nimm deine Angelegenheiten in die eigene Hand!‹ Als er das gesagt hatte, sagte ich wiederum zum Angeklagten: ›Mein Sohn, du hast das Dorfvorsteheramt innegehabt. Du bist jemand (*sen kimsesin*), es ist schändlich, du bist verwirrt.‹ – Er sagte darauf, an mich gewandt: ›Ich koche. Ich rieche Blut!‹ Da habe ich, da sich ja in der Hand des Angeklagten eine Pistole befand und ganz sicher ein Vorfall entstanden wäre, sofort mit dem Forstbeamten und dem Dorfboten den Ort verlassen« (Fall Nr. I).

Das Beispiel läßt einerseits das Bemühen erkennen, sich auf der politischen Ebene zu behaupten, d. h. eine Herausforderung anzunehmen und sie mit einer Gegenherausforderung zu beantworten. Nicht minder deutlich ist jedoch das Bemühen, den faktischen Schaden möglichst einzugrenzen. Als sich der Konflikt abzeichnete, befahl »Schnekke« seinem Sohn, zu Hause zu bleiben, um seine Ausbildung nicht durch eine Gefängnisstrafe zu gefährden. Er selbst legte die Pistole ab und setzte damit einer möglichen Eskalation von vornherein Grenzen. Das gleiche Bestreben zeigt sich jedoch im Konfliktverlauf: Die Kunst besteht darin, so weit zu eskalieren, daß der Gegner aus Sorge um den faktischen Schaden, den ein weiterer Schritt von ihm bedeuten würde, die politische Einbuße in Kauf nimmt und einen schmählichen Rückzieher macht. Dabei kommt es darauf an, den Bogen nicht zu überspannen, den Gegner nicht so weit in die Ecke zu treiben, daß ihm nichts anderes mehr übrigbleibt, als zu vergelten. Neben dem verbalen Schlagabtausch, bei dem man den anderen an der symbolisch relevantesten Stelle, der Unbescholtenheit der Frauen seines Haushaltes, zu packen versucht, kommt dem Einsetzen von Frauen eine wesentliche Rolle zu. Das ist nur listig zu nennen. Einerseits nützt man die Tatsache aus, daß Frauen, anders als Männer, sich nicht kämpferisch profilieren müssen; sie können auch danebenwerfen. »Schnecke« sagte es ausdrücklich: »Sollen die Frauen werfen! Das ist nicht so gefährlich. Wenn ich geworfen hätte, hätte ich genau ins Gesicht gezielt und einen umgebracht.« Man kann hinzufügen: Er hätte ins Gesicht zielen müssen, um nicht als Schwächling dazustehen. Außerdem profitiert man vom unterschiedlichen Personenstatus von Mann und Frau. Während eine Handlung von Männern verbindlich ist, da sie den Haushalt als Ganzes verkörpern, ist eine Handlung von Frauen gleichsam inoffiziell: Der Steinwurf einer Frau hat keine Bedeutung als Zeichen, er stellt keine Herausforderung dar, auf die man um seiner Ehre willen antworten müßte. Gleichzeitig ist ein Angriff *auf* die Frauen ein Angriff auf den Personenstatus und die Würde des gegnerischen Haushalts schlechthin. Die Frauen aufzufordern, aktiv in den Konflikt einzugreifen, bedeutet also, den Gegner vor die Wahl einer nun nicht mehr kontrollierbaren Eskalation oder eines noch möglichen, freilich auch schmählichen, Rückzuges zu stellen. Dies mag erklären, warum in Subay so gern und häufig auf diese Strategie zurückgegriffen wird (vgl. auch den Konflikt S. 77f.). Der Protest des Forstbeamten: »Ein Mann läßt nicht seine Kinder angreifen; er erledigt seine Angelegenheiten selbst«, weist darauf hin, daß dieses strategische Moment den Bauern durchaus bewußt ist. Diesem Einwand fehlte im übrigen der Nachdruck: Der Konflikt eskalierte dadurch nicht, er bedeutete keine Herausforderung und konnte einfach übergangen werden.[9]

Vermutlich war die Angelegenheit dem Dorfvorsteher und dem Forstbeamten nicht wichtig genug, um sie aktiv weiterzutreiben.

Schließlich ging es nicht um ihren eigenen Besitz, sondern um eine staatliche Angelegenheit. Der politische Sieg, den »Schnecke« errang, wurde allerdings teuer genug bezahlt. Er, seine Frau und seine Tochter wurden zu 3 Monaten und 10 Tagen Gefängnis verurteilt. Dies belastete den Haushalt so sehr, daß die Trennung von den Stiefbrüdern, die für das nächste Jahr geplant war, erst Jahre später vollzogen werden konnte.

Der Fall läßt schließlich eine vierte Strategie erkennen: Man kann versuchen, sein politisches Kapital in solchen Augenblicken zu mehren, in denen absehbar ist, daß die sozialen und ökonomischen Kosten gering sein werden. Dies ist vor allem dann der Fall, wenn, wie bei dem Streit vor der Moschee, die Auseinandersetzung in der Öffentlichkeit stattfindet und man darauf setzen kann, daß Dritte dazwischentreten. Bei solchen Streitereien werden die Kontrahenten nach einem ersten Schlagabtausch rasch getrennt, reißen sich aber immer wieder los, um erneut aufeinander zuzugehen (und wiederum auseinandergerissen werden). Ein Hin und Her, das sich gelegentlich eine halbe Stunde hinzieht. Ich habe den Eindruck, daß in diesen Momenten die Sorge um die Konflikteindämmung an die Umstehenden delegiert wird, um die eigene Wut und die Bereitschaft, für die Ehre einzustehen, mit einer Nachdrücklichkeit zu demonstrieren, die in anderen Situationen nicht möglich wäre.

Das rationale Interesse, die Kosten eines Konfliktes möglichst gering zu halten, ist spürbar, darf sich aber nicht explizit äußern. Es muß verschleiert werden, um die Glaubwürdigkeit der Abschreckung nicht zu untergraben. Nach außen darf nur die Bereitschaft demonstriert werden, notfalls alles aufs Spiel zu setzen, der Wille, mit dem eigenen Leben für die eigene Integrität und die seiner Familie einzutreten. Die sozialen und wirtschaftlichen Erwägungen können sich demgegenüber nur hinterrücks und uneingestanden, gleichsam listig durchsetzen.

Grenzen der innerdörflichen Konfliktregelung

Die Furcht (*korku*) vor dem anderen garantiere die Rechtssicherheit, sagt man in Subay. Man achtet deshalb darauf, als jemand zu gelten, den man fürchten muß, als jemand, der es genau nimmt mit der Ehre und der auf jede Infragestellung der Integrität empfindlich reagiert. Dieser Ruf hat die Bedeutung eines Schutzschildes, der die eigene Sicherheit und die Sicherheit der Angehörigen garantiert. Die Strategien, die wir kennengelernt haben, dienen dazu, ihn beizubehalten und gleichzeitig die sozialen und ökonomischen »Kosten« einer Auseinandersetzung möglichst zu reduzieren. Dieses System der Abschreckung funktioniert leidlich: In der Regel werden die symbolischen und faktischen Grenzen des anderen sorgfältig respektiert.

Dennoch sind die Grenzen dieses auf dem Prinzip der Gegenseitigkeit beruhenden Rechtssystems unübersehbar. Ein wichtiges Problem ist zunächst der Schutz kollektiver Rechte. Auseinandersetzungen wie die beschriebene über die Viehweiden sind nicht selten. In diesen Fällen funktioniert die Abschreckung weniger gut, weil man nicht die Integrität *eines* Gegenüber verletzt, sondern die Rechte einer vergleichsweise abstrakten Gemeinschaft. Von dieser Verletzung ist zwar jeder betroffen, aber kaum jemand direkt angesprochen – nur ausnahmsweise findet sich jemand, der den Kopf hinhält, um die Rechte des Gemeinwesens zu verteidigen.

Ein weiteres Problem dieses Rechtssystems stellt sich, wenn die Abschreckung versagt hat. Wegen des Risikos der Eskalation bei einem bilateralen Schlagabtausch, die durch die beschriebenen Strategien zwar verlangsamt, aber nicht vermieden werden kann, verzichtet man oft auf eine Regelung, wenn dies ohne Gesichtsverlust möglich ist. Das ist besonders bei kleineren Verletzungen der Fall, bei denen die Kosten in keinem Verhältnis zu dem erzielbaren Nutzen stehen. Im Alltag ist das auf Gegenseitigkeit basierende Recht vergleichsweise inflexibel.

Noch gravierender ist indes, daß die Strategien der Konfliktaustragung zugunsten der starken Haushalte funktionieren, d. h. der Haushalte mit zahlreichen Personen. In dem Konflikt um das geschlagene Holz konnte »Mustafa, die Schnecke« langsam und sehr bewußt eskalieren. Da die Familie groß genug war, konnte Ahmed, der Gymnasiast, aufgefordert werden, zu Hause zu bleiben – seine Ausbildung brauchte nicht aufs Spiel gesetzt zu werden. Ein schwacher Haushalt steht dagegen in einer Auseinandersetzung sehr schnell vor der Situation des Alles-oder-nichts. Als Numen vor der zahlenmäßigen

Übermacht Hilmis nach Hause floh, stand er nur noch vor der Alternative, zur Waffe zu greifen, dem letzten und entscheidenden Garanten der Ehre, oder die Demütigung hinzunehmen, wobei die eine Möglichkeit so zerstörerisch war wie die andere.

Diese Schwächen des traditionalen Rechtssystems führen dazu, daß das islamische Ideal der Gemeinschaft beschworen und nach staatlichen Instanzen gerufen wird.

Die islamische Ordnung

Die dörfliche Gesellschaft von Subay ist gleichzeitig eine islamische Gemeinde. Zu den sakralen Zeiten – den fünf Gebetszeiten, den Freitagvormittagen, dem Fastenmonat, den heiligen Nächten und den großen Festen – wird in den islamischen Ritualen eine soziale Ordnung beschworen, in der man sich nicht gegeneinander behaupten muß, sondern in der man einander als Glaubensbrüder respektiert. In ihnen wird ein Konzept von Gesellschaft ausgedrückt und erfahrbar, das komplementär und korrigierend neben die beschriebene Ordnung der Gegenseitigkeit tritt.

Das Ideal der Brudergemeinde

Es gibt kaum ein islamisches Ritual, das nicht in der einen oder anderen Weise das Ideal der Brudergemeinde (*ümmet* – türkisch für *umma*) zum Ausdruck brächte. Wenden wir uns zunächst zwei Ritualen zu, die diese Vision besonders anschaulich artikulieren, dem Ritual des *bayramlaşmak* und dem Ritual des *helâl*-Gewährens.

Das Ritual des *bayramlaşmak* – wörtlich ließe sich das übersetzen mit: »Sich anläßlich eines Festes beglückwünschen« – findet zweimal im Jahr statt: anläßlich des Zuckerfestes, mit dem der Fastenmonat abgeschlossen wird, und anläßlich des Opferfestes, mit dem an das Abraham-Opfer erinnert wird. Nach dem Gottesdienst stellen sich die Männer der Gemeinde dem Alter nach im Kreis auf. Der Jüngste beginnt dann die Reihe entlangzugehen und alle zu grüßen: die nur wenig Älteren mit einem Handschlag, die anderen mit dem traditionellen Handkuß, der Achtung ausdrückt. Es folgt der Zweitjüngste, der Drittjüngste usw., bis sich die Reihe sozusagen aufgewickelt hat. Das Ritual gilt als Versöhnungsritual: Die

Konflikte, die den Bestand der Gemeinde bedrohen, werden dadurch (rituell) beendet, und die ideale Ordnung wird wiederhergestellt.

Das *helâl*-Gewähren[10] ist das Ritual des Erlassens von Schulden, das den Kern der Bestattungszeremonie bildet.

Nachdem das Grab vorbereitet und der Tote gewaschen ist, wird der Sarg zu einem Platz im Freien in der Nähe des Wohnortes getragen. Nicht mehr im Haus und noch nicht am Friedhof wird Abschied von der Gemeinde genommen. Die Männer stellen sich wie in der Moschee in parallelen Reihen auf, Schulter an Schulter gedrängt, und beten das *namaz*-Gebet[11], während die Frauen im Hintergrund warten (Abb. 1). Es heißt, der Ort ihres Gebetes sei das Haus. Der Sarg steht quer zur Blickrichtung nach Mekka – so wie der Tote später begraben werden wird. Wenn das *namaz*-Gebet gesprochen ist, treten die Frauen ebenfalls hinzu und stellen sich, allerdings ungeordnet, hinter den Männern auf. Es folgt dann das eigentliche Ritual des *helâl*-Gewährens (Abb. 2).

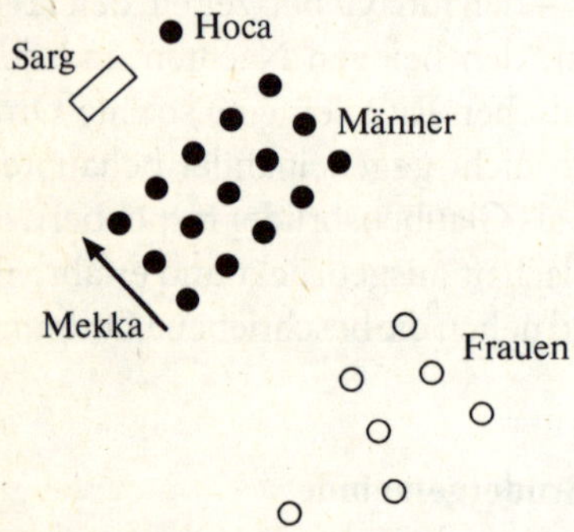

Abb. 1

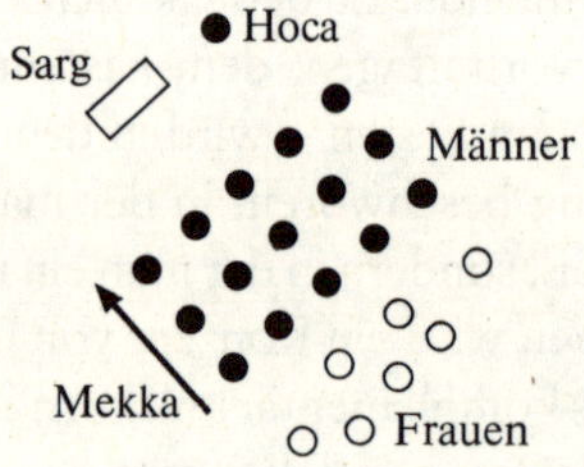

Abb. 2

In den beiden Ritualen werden drei Ideen ausgedrückt, die zentral für den Gedanken der Brudergemeinde sind: die Idee der Einheit der Gemeinde, das Ideal von Gerechtigkeit und innerem Frieden und der Gedanke, daß die Furcht vor Gott die Grundlage der Beziehungen ist.

Die Idee der Einheit wird im ersten Ritual durch die Figur des Kreises, im zweiten durch die enggeschlossene Reihen der Männer ausgedrückt. Es ist eine Einheit, die, wie es die gemeinsame Blickrichtung nach Mekka symbolisiert, durch das gemeinsame Gerichtet-Sein auf Gott konstituiert ist. Die Stellung der Männer zueinander bekundet nicht ein Gegenüber (wie es der Ordnung der Ehre entsprechen würde), sondern ein Nebeneinander: Man teilt eine Position vis-à-vis dem Höchsten – wie Geschwister gegenüber ihrem Vater. Dieses (explizit gebrauchte) Analogon macht auch einen weiteren Zug des Rituals verständlich: Bei aller prinzipiellen Gleichheit vor Gott wird doch nach Alter und Geschlecht genau differenziert. Beim Ritual des *bayramlaşmak* stellen sich die Männer dem Alter nach auf; die Frauen dagegen werden durch ihre Männer vertreten und nehmen nicht direkt teil. Beim Ritual des *helâl*-Gewährens stehen die ältesten Männer in der vordersten Reihe, die Jüngsten hinten, die Frauen jedoch außerhalb des von Männern gebildeten Blocks. Entgegen dem ersten Augenschein unterstreicht diese Differenzierung den Gedanken der Einheit: Das Gegenüber der durch die Männer repräsentierten Haushalte wird gleichsam in *eine* Hierarchie nach Alter aufgelöst.

Die beiden Anlässe, zu denen die Gemeinde auf diese Weise ihre Einheit und innere Differenzierung darstellt, sind natürlich nicht zufällig. Sie artikulieren die beiden zentralen Ideale, die es innerhalb der islamischen Ordnung zu verwirklichen gilt. Dem Ritual des *helâl*-Gewährens liegt der Gedanke des Ausgleichs als der Grundlage der Rechtsbeziehungen zugrunde: Im Augenblick des Todes erscheint es notwendig, alle noch offenen Schulden zu erlassen.[12] Das Ritual des *bayramlaşmak* ist dagegen der formale Ausdruck der Forderung nach innerem Frieden und Versöhnung in der Gemeinde. Allgemein, so heißt es in Subay, sollten Konflikte spätestens nach dem dritten Tag beigelegt werden, um die innere Einheit der Gemeinde nicht zu gefährden. Dabei gibt es eine klare Abstufung: Besonders verdienstvoll ist es, die Konflikte im engsten Kreis zu beenden, danach die in der Moscheegemeinde usw.

In dieser Gemeinde sollte die Rechtssicherheit nicht durch die Furcht vor dem anderen, sondern durch die gemeinsame und geteilte Furcht vor Gott gewährleistet sein. Der Gedanke des prinzipiellen Anspruchs aller Muslime auf Rechtssicherheit, gerade auch derjenigen, die zu schwach sind, ihre Integrität selbst zu wahren, findet sich in einer Überlegung zur Idee des Fluchs. Außer dem Fluch der Eltern, der sich erfüllt, weil man in ihrer Schuld steht (vgl. S. 248), geht auch der Fluch der Hilflosesten im Gemeinwesen in Erfüllung. »Mustafa, die Schnekke«, der mir diesen Gedanken erläuterte, belegte ihn mit einem Zitat: *Zalimin zulmü varsa, mazlumunda Allah var. Mazlumun sözünü Allah kabul eder* – »Wo der Unterdrücker unterdrückt, ist Gott bei den Unterdrückten. Das Wort des Unterdrückten gilt vor Gott.«

Neben den Ritualen, die die Idee der Einheit, Geschlossenheit und des inneren Friedens ausdrücken, stehen diejenigen, die den Gedanken des Anspruchs auch der ärmsten Mitglieder der Gemeinde an Teilhabe an den materiellen Gütern der anderen Gemeindemitglieder formulieren.

Am Vortag des Zuckerfestes fand das Ritual *helva*-Teilens statt. Die Männer des Dorfes trafen sich um die Mittagsstunde am Friedhof. Alle brachten in großen Taschentüchern selbstzubereitetes dunkelbraunes *helva* (türkischer Honig) mit. Einige beteten noch an den Gräbern; andere setzten sich gleich in einem großen Rechteck auf den Boden. Als sich schließlich alle niedergelassen hatten, begannen die Männer, deren Haushalte in diesem Jahr Tote zu beklagen hatten, festgeknetete faustgroße *helva*-Bälle an diejenigen zu verteilen, die beim Ausschachten der Gräber mitgeholfen hatten. Das restliche *helva* wurde in ein großes Tuch geschüttet und dort vermischt. Ein Gebet wurde auf arabisch verlesen; dann – auf türkisch – eine Fürbitte. Dann teilten der *hoca* und ein Helfer das *helva* wieder aus. Ein weiteres kurzes Gebet folgte, anschließend begab sich die Gemeinde zum Mittagsgebet in die Moschee.

Weit eindringlicher als bei den Hochzeitsritualen stellt sich hier das Dorf als eine Eßgemeinschaft dar: Jeder Haushalt steuert nach seinen Möglichkeiten zu der Festspeise bei, die – vermischt – dann von allen verzehrt wird. Dies trägt wie das Ritual des *bayramlaşmak* Züge eines Versöhnungsrituals: Man ißt hier auch die Speise seines größten Feindes, desjenigen, dessen »Essen man sonst nicht anrührt«. Zum Ausdruck kommt darüber hinaus jedoch auch die Idee, daß in dieser Gemeinschaft nicht nur demjenigen gegeben werden sollte, dem man etwas schuldet (der also einen rechtlichen Anspruch darauf hat), sondern vor allem auch demjenigen, der bedürftig ist. Auch der Ärmste hat als Mitglied der Gemeinde Anspruch auf Teilhabe.

Das Ritual des Fastens im Ramazan (türk. für Ramadan) wird oft mit diesem Anspruch begründet. Das Fasten vermittle demjenigen, der nie an Mangel leide, die Erfahrung des Hungers – und damit Verständnis für die Not der Armen. Es motiviere ihn deshalb zu geben, auch wenn er rechtlich nicht dazu verpflichtet sei.

Der Anspruch der Armen spielt auch bei der Aufteilung des am Opferfest (*kurban bayramı*) geschlachteten Widders eine Rolle. »Ich opfere einen Widder. Ich teile ihn in drei Teile: Ein Drittel gebe ich den Verwandten und Freunden, ein Drittel den Armen, ein Drittel den Kindern zu Hause. Schau, wie logisch der Islam ist. Er verlangt nicht, alles den anderen zu geben, sondern nur einen Teil. Die Kinder zu Hause sollen auch satt werden.« (»Mustafa, die Schnecke«)

Man kann sich auf dieses Recht berufen. Als Niyazi Türker (ein armer Bauer) einmal wegen des Beschlagens seiner Ochsen in Verlegenheit war, wählte er den Zeitpunkt nach dem Gottesdienst, um Cemil in dieser Hinsicht um Hilfe zu bitten. Cemil zögerte zunächst, erklärte sich dann aber auf Grund des Drängens der Umstehenden dazu bereit, die Ochsen Niyazis zu beschlagen.

Es stellt sich die Frage, in welchem Verhältnis die Utopie der Brudergemeinde zur alltäglichen Ordnung der Ehre steht.

Das Verhältnis von sakraler und säkulärer Ordnung

Die zu den sakralen Zeiten im Ritual vergegenwärtigte Ordnung gilt als Ideal von gesellchaftlicher Ordnung schlechthin. Wenn diese Ordnung nicht auf den säkularen Alltag übertragbar ist, dann vor allem deshalb, weil es in Subay keine Institutionen gibt, die die Durchsetzung der islamischen Ordnung gewährleisten und Verstöße gegen sie sanktionieren könnten. Auch die *hocas* (Dorfprediger) verfügen außerhalb ihres Lehramtes über keinerlei Autorität[13]: Niemandem würde es einfallen, sie qua Amt bei einem Streitfall als Schlichter oder gar als Schiedsinstanz anzurufen. Deshalb bleibt bei einer Auseinandersetzung der Appell an den Rechtsstatus als Muslim (»Warum tust du mir das an? Bin ich ein Christ? Bin ich ein *gâvur* – ein Gottloser?«) bemerkenswert kraftlos – wenn er nicht sogar als Zeichen von Schwäche gewertet wird. Die Alltagserfahrung zeigt, daß man einen Fehdehandschuh aufnehmen muß, wenn der Personenstatus nicht leiden soll – auch wenn man damit eine Sünde (*günah*) begeht und gegen die Friedens- und Versöhnungspflicht innerhalb der Gemeinde verstößt. Es wäre illusionär, seine Rechtssicherheit auf die Hoffnung zu gründen, daß der andere Gott fürchtet.[14]

In der Regel werden deshalb die Konflikte des Alltags bei den Versöhnungsritualen nicht beigelegt.

Bezeichnend fand ich ein Gespräch mit »Mustafa, der Schnecke« über das Ritual des *bayramlaşmak*. Nachdem er mir auseinandergesetzt hatte, daß es sich um ein Versöhnungsritual handelte, fragte ich ihn, wie er denn bei dieser Gelegenheit mit seinem alten Feind, dem »Tabakhändler«, verfahre. Die Antwort war: »Den übergehe ich einfach.«

Nicht weniger bezeichnend war eine Episode im Hause des »Tabakhändlers«: Ahmet Akdemir hatte ein Blatt des islamischen Tageskalenders abgerissen und die Tageslosung auf der Rückseite verlesen. Sie forderte in schwerverständlichem, mit zahlreichen arabischen Lehnwörtern versetztem Türkisch dazu auf, Frieden zu schließen, und zwar zunächst mit den engsten Verwandten. Alle nickten zunächst zustimmend – bis Ahmet grinsend die Forderung auf den Dorfalltag bezog. »Es heißt also«, meinte er an den »Tabakhändler« gewendet, »daß du mit Hüsnü [dem verfeindeten Halbbruder] Frieden schließen sollst« – Der »Tabakhändler«, dem nichts ferner lag, sprang mit der Bemerkung: »Der soll gefickt sein!« auf und verließ den Raum.

Wenn sich die sakrale Ordnung auch nicht im Alltag leben läßt, so heißt das doch nicht, daß sie unerheblich wäre. Man scheint vielmehr der Meinung zu sein, daß es immer wieder notwendig ist, das Ideal (sozusagen kontrafaktisch) zu beschwören, weil sonst das Gemeinwesen völlig desintegrieren würde: Die Stärkeren würden ohne Hemmungen von all ihren Möglichkeiten Gebrauch machen, wenn sie sich nicht *auch* einer höheren Ordnung verpflichtet fühlten. Man würde den Anderen, wenn sich die Gelegenheit ergibt, skrupellos übervorteilen, wenn er nicht *auch* Glaubensbruder wäre. Die religiöse Ordnung mag nicht stark genug sein, die Rechtssicherheit zu garantieren – sie bleibt jedoch unerläßlich als Korrektiv der säkularen Ordnung.

In einem bemerkenswerten Gespräch zwischen dem »Tabakhändler« und dem »Verrückten Mahir« wurde die gesellschaftliche Notwendigkeit des Islam deutlich ausgesprochen. Man unterhielt sich über den Vorsitzenden der Kooperative, der nach Meinung des Dorfes in seine eigene Tasche gewirtschaftet hatte:

Mahir: »Was wir [für den Vorsitz] brauchen, ist endlich ein Mann, der ganz Mann ist (*çok erkek bir adam lâzım* – d.h. einen, der stark, wehrhaft, ehrenhaft ist).«

Tabakhändler: »Nein, wir brauchen einen Mann, der Gott fürchtet. Wer Gott fürchtet, erkennt auch deine Rechte an.«

Hier wird explizit das Ideal des ehrenhaften Mannes als unzureichend (wenigstens für eine verantwortliche Tätigkeit) verworfen. Ganz in diesem Sinne formuliert ein Sprichwort: »Fürchte dich vor denen, die Gott nicht fürchten (*Allahtan korkmayanlardan kork*).«

Man muß deshalb einen Status in beiden Ordnungen besitzen, um als Person in Subay voll anerkannt zu sein: Man muß sich sowohl in der Ordnung der Gegenseitigkeit behaupten als auch durch die Teilnahme am Ritual erklären, daß man sich einer höheren Ordnung gegenüber verpflichtet fühlt. Man wird als Nicht-Muslim ebenso aus der dörflichen Gesellschaft ausgegrenzt wie als Ehrloser. Sehr drastisch formulierte es Ismail Bey in einem Gespräch mit mir: »Es ist keine *günah*, keine Sünde, einen *gâvur*, einen Ungläubigen, zu töten.« Der Satz hatte zu der Zeit, als er ausgesprochen wurde (1977), angesichts der blutigen innenpolitischen Auseinandersetzungen durchaus Gewicht.

Bemerkenswert in diesem Zusammenhang waren Versuche, auch mich, den christlichen Besucher, in die Rechtsordnung einzubeziehen und als Person anzuerkennen. Die Bauern pflegten die Gegensätze zwischen den beiden Religionen herunterzuspielen und ihre Gemeinsamkeiten zu betonen, wenn die Rede auf diesen Punkt kam. Es wurde dann beispielsweise folgendermaßen argumentiert:

»Schau, sie [die Christen] kennen Gott. Sie kennen die Propheten, kennen Âdem [Adam], Musa [Moses], Isa [Jesus]. Nur Muhammad kennen sie nicht. Sie kennen *Incil, Tevrat* und *Zebur*[15], nur den Koran kennen sie nicht. Aber freilich haben sie die Schriften gefälscht.«

Zu einer ähnlichen Argumentation griff mein Nachbar Ahmet, als er Zeuge davon wurde, daß sein Neffe mir für Brennholz eine erhebliche Summe abverlangte. Scheinbar unvermittelt setzte Ahmet zu einem längeren Diskurs über den Islam an, in dem er unter anderem ausführte, daß Christen – »anders als Zigeuner« – Gott anerkennen würden. Der Neffe verstand die implizite Rüge, die geltend machte, daß auch ich einen Anspruch darauf hätte, nicht übers Ohr gehauen zu werden, und begann, seinen Preis mit allem Nachdruck zu rechtfertigen (ohne allerdings von ihm abzugehen).

Die politisch-rechtliche Bedeutung des Islam[16] in der dörflichen Gesellschaft prägt die Religiosität der Bauern. Zunächst muß der Islam nicht nur gelebt, er muß auch, ganz wie die Ehre, demonstriert werden. Dies betrifft vor allem die Haushaltsvorstände, die auch in der islamischen Gemeinde ihre Familie repräsentieren. Von ihnen wird verlangt, daß sie am Ritual teilnehmen und sich damit für sich und ihren Haushalt zum Islam bekennen. Nicht selten scheint wichtiger zu sein, *daß* gebetet wird, als *wie* gebetet wird. Dies gibt der religiösen Praxis häufig einen ritualistischen und äußerlichen Zug. Ein Gebet wird z. B. in den Augen der Bauern nicht entwertet, wenn man bei seinem Vollzug nicht allzusehr bei der Sache ist:

Zeit des Abendgebets im Haus des Dorfvorstehers. Er beginnt mit den Prostrationen. Ahmet, Mehmet und ich unterhalten uns im gleichen Raum; der zweijährige Enkel spaziert dazwischen herum. Während des Gebets steht der Dorfvorsteher auf, um das Fenster zu schließen – ohne dabei seine Koranrezitation zu unterbrechen. Ahmet, der auf ihn warten muß, weil nur ein Gebetsteppich im Haus ist, wird ungeduldig; schließlich fordert er seinen Bruder auf, schneller zu beten: »Mach schon.« Als der Dorfvorsteher fertig ist, beteiligt er sich sofort am Gespräch – er muß demnach die ganze Zeit mit einem Ohr zugehört haben.

Die politische Bedeutung des Gebets drückt sich auch darin aus, daß es gelegentlich als Pflicht der anderen Haushaltsangehörigen erscheint, die Haushaltsvorstände für die rituelle Praxis freizustellen. Dies war besonders auffällig, als im Jahr 1977 der Ramazan in den Hochsommer fiel. Es galt als ausgemacht, daß die Anstrengung der Drescharbeiten und das Fasten miteinander unvereinbar waren. Die meisten Familien forderten in dieser Situation die Söhne auf, nicht am Fasten teilzunehmen und dafür die anfallenden Arbeiten zu übernehmen – die älteren Männer aber konnten sich zurückziehen und ihren rituellen Pflichten nachkommen. Wenn ein Haushaltsvorstand nicht mitfastete, obwohl er Söhne hatte, stieß dies im Gemeinwesen auf harsche Kritik.

Allerdings scheinen sich die Bauern der Problematik eines demonstrativen Verhältnisses zur Religion bewußt.

So wird gelegentlich der Brauch kritisiert, die Schädel der zum Opferfest geschlachteten Widder an das Tor zu nageln – eine Praxis, mit der (nach Auskunft der Bauern) hervorgekehrt werde, wie viele Tiere man geopfert habe, und allen

Unterstellungen, man habe sich um das Opfern gedrückt, entgegengewirkt werden könne. »Das bedeutet: ›Ich habe soundso viele Tiere geopfert‹, ›Ich bin ein gläubiger Mensch‹. Eigentlich ist das falsch. Die *hocas* sind dagegen. Sie sagen: ›Das Opfer ist eine Sache zwischen Gott und dir. ‹« Ich finde es sehr bezeichnend für die politische Relevanz des Islam, daß sich die Praxis *trotz* eingestandener Bedenklichkeit hält.

Auch hier (wie schon in bezug auf die Ehre) entspricht der Repräsentation nach außen die Kontrolle nach innen. Es liegt in der Verantwortung des Haushaltsvorstandes, dafür zu sorgen, daß in seinem Haus der Islam praktiziert wird. Er ist so nicht nur für sein eigenes Seelenheil verantwortlich, sondern auch für das seiner Angehörigen.

In diesem Zusammenhang ist die Klage eines Vaters aufschlußreich: »Mein Sohn ist sechzehn Jahre alt. Er müßte fünfmal am Tag den *namaz* beten. Aber was macht er? Von Freitag zu Freitag praktiziert er nur eben das Freitagsgebet. Ich weiß, ich müßte ihn schlagen; wenn er dann nicht auf mich hört, ihm kein Essen mehr geben. Wenn das immer noch nichts fruchtet, ihn verstoßen. Aber was soll ich denn machen? Er wird dann fliehen. Und ich bin auf seine Arbeit angewiesen.« (Ahmed Akdemir)

Einen anderen Ausdruck dieser Verantwortung des Haushaltsvorstandes erlebte ich bei einem Istanbuler Migranten aus Subay. Seine Tante tadelte ihn dafür, daß er seine Frau fasten lasse, obwohl sie krank sei.[17] Er antwortete, daß er ihr bereits zugeredet habe, daß sie aber trotzdem auf dem Fasten beharre.

Die politische Relevanz des Islam bestimmt außer dem demonstrativen und kollektiven Zug der dörflichen Religiosität schließlich die Richtung und das Ziel des religiösen Suchens. Da in der Religion die Vision der Gemeinschaft ausgedrückt wird, nimmt die religiöse Suche die Form der Vergegenwärtigung von Gemeinsamem und Geteiltem an. Sie trägt den Charakter kollektiver Selbstvergewisserung. Bei den religiösen Gesprächen ruft man sich immer wieder den gemeinsamen Besitz von Normen, Werten und Einschätzungen in Erinnerung. Dabei geht es meist um die Klassifikation von Handlungen: Welche sind geboten (*farz*) oder nur empfohlen (*eftal*), welche verpönt (*makruh*) oder verboten (*haram*). Es werden Fragen erörtert wie die, ob die Sünde des Schweinefleischessens größer oder geringer sei als die des *rakı*-Trinkens, oder die, womit man sich am meisten religiösen Verdienst erwerben könne. Ebenso gern werden die jenseitigen Konsequenzen der Mißachtung von Regeln geschildert. Die religiöse Rede mutet daher oft juristisch an. Kein grüblerisches Suchen um den Sinn eines Textes oder einer Regel, kein Spekulieren über Gott und die Welt bestimmt sie; vielmehr werden Gesetze und Ausführungsvorschriften beschworen, auf denen die Ordnung des Gemeinwesens beruht. Meist kommt längst Vertrautes und Selbstverständliches zur Sprache. Dies wirkt nicht selten so, als werde aus einer Truhe der gemeinsam ererbte Schatz wieder einmal hervorgeholt, vor Augen geführt und wieder zurückgelegt: ein ebenso befriedigendes wie gemeinschaftsstiftendes Unterfangen.

Diese Orientierung am Gemeinsamen führt nicht selten dazu, daß von der Hochreligion nicht sanktionierte Praktiken im Dorf überleben. Nicht selten ist es wichtiger, was der Nachbar sagt und denkt, als das, was der *hoca* dazu meint.

Hayri Doğan, ein junger Mann aus Subay, der in Elazığ mit Vertretern der *Nakşıbendi*-Bruderschaft zusammengetroffen und von ihnen beeinflußt worden war, charakterisierte den Islam in seinem Heimatdorf mit folgenden Worten:

»Aber die hier wissen nicht, was *makruh* (verpönt) ist, und was nicht. Von denen hier hat keiner den Katechismus (*ilmihal*) gelesen. Was sie über den Islam wissen, haben sie vom Hörensagen. Wenn denen einer sagt: ›Dies und jenes ist *haram* (»verboten«, »tabu«)‹, dann sagen sie es weiter und glauben es. In die Moschee gehen sie, weil jeder dorthin geht. Sie sehen, das Volk geht in die Moschee, also gehen sie auch. Wenn sie dann beten, dann auch nicht mit Konzentration und Versunkenheit, sondern sie denken an ihr Vieh und an das, was sie alles kaufen wollen ... Wenn die Absicht fehlt, dann ist das *namaz*-Gebet nichts anderes als eine Turnübung. Und das ist bei fast allen der Fall. Sie sind nur Muslime im folgenden Sinn: Wenn jemand kommt und ihnen ein Stück ihres Feldes wegpflügt, kommen sie und sagen: ›Warum verletzt du mein Recht, das Recht eines Muslim?‹ Sie sind nur Muslime, wenn es um ihre Rechte geht. Beim *Kurban*-Fest (Opferfest) machen sie Entschuldigungen und sagen, daß sie kein Geld haben. Wenn der *hoca* ihnen etwas verbietet, sagen sie: ›Der und jener macht es genauso‹, und machen es weiter.«

Besser könnte die politische Bedeutung des dörflichen Islam und seine Konsequenzen für die religiöse Praxis nicht zusammengefaßt werden.

Die staatlich verfaßte Ordnung

Seit Beginn der fünfziger Jahre ist die staatliche Ordnung neben die komplementären Ordnungen der Ehre und des Islam getreten. Dabei sind vor allem das Dorfvorsteheramt und die Gerichte von Bedeutung, in geringerem Maß das Landratsamt. Die Bedeutung dieser Institutionen für die innerdörfliche Schlichtung von Streitfällen läßt sich anhand von Gerichtsakten des Amts- und Landgerichtes der Kreisstadt Andıraz nachzeichnen.

Von 1972 bis 1977 wurden 25 Verfahren eingeleitet bzw. durchgeführt, die Bauern von Subay betrafen. Davon wurden fünf vom Untersuchungsrichter an das Schwurgericht in Kastamonu weitergeleitet – diese Verfahren konnte ich nicht weiterverfolgen. Zur Analyse ziehe ich darüber hinaus drei Fälle hinzu, die sich 1982 ereigneten und von denen ich weiß, daß sie gerichtskundig wurden, ohne daß ich die Akten einsehen konnte. Zunächst eine Aufschlüsselung der Verfahren nach Deliktgruppen:

Landgericht – Strafverfahren (LG – S)

Gewalttätige Auseinandersetzung mit dem Dorfvorsteher (I, II, III, IV)	4
Forstdelikt (V)	1
Verletzung der Amtspflicht (VI)	1

Amtsgericht – Strafverfahren (AG – S)

Forstdelikt (VII, VIII, IX)	3
Landstreit zwischen Dorfvorsteheramt und Bauern (X)	1
Landstreit zwischen Erben (XI)	1
Gewalttätige Auseinandersetzung im Dorf (XII)	1

Landgericht – Zivilverfahren (LG – Z)

Scheidung (XIII, XIV)	2
Enteignung (zum Zweck der Wegverbreiterung (XV)	1

Amtsgericht – Zivilverfahren (AG – Z)

Forstdelikt (Schadensersatzklage) (XVI, XVII)	2
Festsetzung des Alters[18] (XVIII)	1
Schadensersatz (privat) (XIX)	1
Aufgebot (*Evlenme Yayını*)[19] (XX)	1

Vom Untersuchungsrichter an das Schwurgericht Kastamonu weitergeleitete Fälle (SG)

Versuchter Brautraub (XXI, XXII)	2
Diebstahl (XXIII, XXIV)	2
Fahrlässige Brandstiftung (XXV)	1

Weitere Fälle (WF)

Gewalttätige Auseinandersetzung im Dorf (XXVI)	1
Verletzung der Amtspflicht (XXVII)	1
Vergewaltigung (XXVIII)	1[20]

Bei diesen Verfahren trat bei der Hälfte der Fälle der Staat oder eine staatliche Instanz als Kläger auf:

	LG-S	AG-S	LG-Z	AG-Z	SG	WF	
Kläger: staatl. Instanz	5	4	1	3	1	–	14
Kläger: privat	1	2	2	2	4	3	14
	6	6	3	5	5	3	28

Die Fälle, bei denen der Staat als Kläger auftritt, teilen sich wiederum in die Gruppe der Forstdelikte (6 Fälle) und die Gruppe der Auseinandersetzungen mit dem Dorfvorsteher (6 Fälle). Darüber hinaus wurde der Staat nur aktiv wegen einer Unregelmäßigkeit bei der Bestellung eines Aufgebotes und bei dem Verdacht der fahrlässigen Brandstiftung. Die Gruppe der Forstdelikte ist für die Diskussion hier ohne Belang – es handelt sich bei ihr um die Durchsetzung staatlicher, von den

Bauern als nicht-legitim betrachteter Rechte.[21] Wichtiger erscheinen uns die Auseinandersetzungen um das Dorfvorsteheramt und die Privatklagen: Sie lassen die Bedeutung staatlicher Instanzen für die Bauern erkennen.

Der Dorfvorsteher: Ansehen ohne Macht

Der Dorfvorsteher (*muhtar*) wird alle vier Jahre mit vier Ältesten (*aza*) in einer geheimen Wahl von den Bauern gewählt. In Subay ist es ein heftig umkämpftes Amt: Der »Tabakhändler« und »Schnecke« rivalisieren seit Jahren um diese Würde. Anfang der siebziger Jahre löste »Schnecke« den »Tabakhändler« ab, verlor dann aber die nächste und übernächste Wahl. Die Faszination des Amtes dürfte mit dem Ansehen zusammenhängen, das es hauptsächlich deswegen verleiht, weil Dorffremde, darunter auch hochstehende Personen wie der Landrat, beim Dorfvorsteher absteigen und von ihm bewirtet werden. Das *şeref* (Ansehen), das er damit erwirbt, kommt freilich teuer zu stehen. Mehrere Dorfvorsteher haben sich in ihrem Amt ruiniert. – Der Dorfvorsteher wird von den Bauern in Fällen angerufen, in denen die traditionale Form der Konfliktlösung versagt oder als problematisch erscheint.

Das ist zunächst bei der Einhaltung von Absprachen der Fall. Wir haben oben bereits darauf hingewiesen, daß hier das Prinzip der Abschreckung nicht funktioniert, weil nicht die Rechte des einzelnen, sondern die der vergleichsweise abstrakten Allgemeinheit verletzt werden. Besondere Probleme werfen dabei jedes Jahr die Absprachen über den Zeitpunkt des Einbringens der Getreideernte auf. Sie dienen zum Schutz der schwächeren Haushalte. Der Abtransport von Getreide muß so lange vermieden werden, bis überall die Mäharbeiten abgeschlossen sind, denn sonst ist es fast unvermeidlich, daß die als Zugvieh verwendeten Ochsen und Büffel einbrechen und erheblichen Schaden anrichten. Jahr für Jahr wird diese Abmachung nun von einigen Bauern gebrochen, was von den anderen mit ziemlicher Verärgerung beobachtet wird.

Außerdem wenden sich die Bauern an den Dorfvorsteher, damit er bei kleineren Konflikten vermittelt, in denen die Kosten eines Schlagabtausches in keinem Verhältnis zum Anlaß stehen. So erzählte mir Mevlut Durmaz aus Subay, daß die Leute aus Kadı alles Wasser aus der

Quelle auf ihr Land leiteten und ihm nichts übriggeblieben sei. Er habe am Vortag mit dem Dorfvorsteher darüber gesprochen: Wenn seine Intervention nichts nütze, werde es eben zu einem Streit oder zu einer Schlägerei kommen. Hier treffen wir auf eine Haltung, der wir noch öfter begegnen werden. Die staatliche Instanz wird als Vermittler in der Auseinandersetzung benutzt – die Rechtssicherheit beruht aber im Grunde nach wie vor auf der eigenen Stärke.

Schließlich gilt es auch allgemein als Aufgabe des Dorfvorstehers, die Rechte der Schwachen zu schützen. Dies war das Thema einer Diskussion kurz vor der Dorfvorsteherwahl 1977. Der »Schwarze Veli«, ein Parteigänger von »Mustafa, der Schnecke« und damit ein Gegner des »Tabakhändlers«, des amtierenden Dorfvorstehers, hob zu einer Klage an:

»Wenn ich nach Istanbul fahre, muß ich immer denken: ›Geben sie meiner Frau Wasser [zur Bewässerung des Gartens], treiben sie ihr Vieh in meinen Garten, lassen sie es auf meinen Feldern weiden?‹ Ein schwacher Dorfvorsteher, der nichts macht, ist kein Problem für jemanden, der reich ist oder viele Söhne hat. Viele wollen einen Dorfvorsteher, der niemandem etwas sagt. Anstatt sich zu sagen: ›Auch ich habe einen Garten, den der andere nicht betreten soll!‹, denkt jeder nur an seinen eigenen Vorteil und daran, wie es seiner Familie geht.« – »Es ist wie in der alten Zeit«, bestätigte »Schnecke«. – »Wie in der alten Zeit«, sagte Veli.

In all diesen Fällen wird der Dorfvorsteher aufgefordert, als Vertreter der Allgemeinheit zu intervenieren. Sein Eingreifen sollte eigentlich der Dynamik der Gegenseitigkeit entzogen sein. Es handelt sich ja dabei nicht um einen Schlagabtausch zwischen Bauern, die einander als Gleiche gegenüberstehen, sondern um die Maßnahme des Vertreters des Ganzen gegen einen seiner Teile. Ein Blick in die Prozeßakten lehrt, daß es bei der Formulierung dieses Anspruchs bleibt:

In der sehr gewählten Sprache, die den *arzuhalci*, den berufsmäßigen Verfasser von Bitt- und Anklageschriften, verrät, brachte Mustafa Subayoğlu (»Schnecke«) eine Klage beim Amtsgericht ein:

»Nach Brauch und Sitte unseres Dorfes und laut Entscheid ... unseres Ältestenrates [beginnen] alle zusammen, an einem [bestimmten] Tag, die Ernte mit dem Ochsenkarren einzuholen. Um unsere Ernten zu schützen, ist es nach Dorfbrauch und Ältestenratsbeschluß ... verboten, nach der Aussaat Vieh [auf den Wiesen] zwischen [den] Äckern zu weiden. Um diesen Beschluß durchzuführen und um die in den Feldern befindlichen Tiere herauszuholen, sind ich, der Dorfvorsteher Mustafa Subayoğlu, das Ältestenratsmitglied Ahmet Akkaya und der Dorfbote Şakır Akkaya am Sonntag, den 12. 8. durch die Felder gegangen. Wir kamen zu Ahmet Doğan ..., der Garben [auf den Ochsenkarren] lud, um sie einzubringen. Wir redeten mit ihm und erinnerten ihn daran, er solle Brauch und Sitte des Dorfes respektieren und seinen Wagen nicht beladen. Ahmet Doğan kümmerte sich nicht darum, sondern fuhr mit seiner Arbeit fort. Es war notwendig, Ahmet Doğan zu stoppen, um die Dorfsitte nicht zu zerstören. Deshalb wurde der Entschluß gefaßt und ihm mitgeteilt, das Führungsseil des Ochsen für eine gewisse Zeit zu beschlagnahmen. Als der Dorfvorsteher ... sich bückte und versuchte, das Führungsseil zu nehmen, schrie Ahmet Doğan: ›Ich ficke die Frau und Mutter des Mannes, der versucht, mein Führungsseil zu nehmen!‹ und schlug mit dem Stock, mit dem er den Ochsen trieb, dem Dorfvorsteher Mustafa Subayoğlu in Tötungsabsicht auf den Kopf. Der Dorfvorsteher ... stürzte zu Boden, wälzte sich ... er blutete heftig und fiel in Ohnmacht. Da packten der Dorfpfleger Şakır Akkaya und Ahmet Akkaya den Ahmet Doğan, um Weiteres zu verhüten. [Ahmet Doğans] Frau Elife Doğan, sein Sohn Ali Doğan und seine Tochter Ayşe Doğan begannen jedoch, sie mit Steinen zu bewerfen. Sie wollten ihren Vater und Ehemann verteidigen und mit aller Kraft den Dorfvorsteher treffen und trafen ihn auch. Bei diesem Streit wurden auch der Dorfbote Şakır Akkaya und Ahmet Akkaya getroffen. In diesem Augenblick kam Ahmet Akdemir, der Sohn von Memed, aus unserem Dorf mit einem Stock in der Hand zum Ort des Geschehens gerannt. Er schrie folgende Worte: ›Du sollst leben, Krummer Ahmet [Spitzname von Ahmet Doğan], gut hast Du's gemacht! Das, was Du gemacht hast, war noch zu wenig für den Dorfvorsteher!‹ Am 7. 8. 73 [5 Tage vor dem Vorfall] war Ahmet Akdemir vom Dorfvorsteher wegen Behinderung der Amtspflicht angezeigt worden. Weil Ahmet Akdemir [derart] vom Dorfvorsteher gekränkt worden war, kam er zum Ort des Geschehens gerannt in der Absicht, zu prügeln und Ahmet Doğan zu helfen. Wie auch immer seine Absicht gewesen sein mag – um den Vorfall nicht weiter zu verschlimmern, sind wir weggegangen« (Nr. II).

Trotz der Schwere des Vorfalls kam es nicht zur Verhandlung – die Kläger zogen einige Tage später ihre Anzeige zurück. Wahrscheinlich war vom »Schwarzen Veli«, der zu beiden Seiten sehr enge Beziehungen hatte, ein Vermittlungsversuch ausgegangen. – Ein sehr ähnlicher Fall spielte sich im August 1974 ab:

Kemal Akkaya und seine Familie begannen vor dem vereinbarten Zeitpunkt, mit dem Ochsenkarren ihr Getreide von den Feldern einzuholen, die sich auf dem Gebiet des Nachbardorfes Geyik befinden. Der Dorfvorsteher von Geyik, Halıt, hörte davon und machte sich mit zwei Mitgliedern des Ältestenrates sowie dem Dorfpfleger auf, um Kemal zurechtzuweisen. In der Anklageschrift führte er aus, er habe Kemal darauf hingewiesen, daß sein Verhalten falsch sei und einen Verstoß gegen einen Dorfentscheid darstelle. »›Ich hole hier mein Vieh nicht heraus!‹ antwortete zunächst sein [Kemals] Sohn Cem. ›Ich stecke den Dorfvorsteher und die Ältesten, die mein Vieh herausholen wollen, in die Fotze!‹ In diesem Augenblick sagte Kemal Akkaya zu seiner Schwiegertochter Aytem: ›Du bist die Frau eines Soldaten[22], schmeiß [mit Steinen] auf sie!‹ Und alle zusammen warfen auf uns. Aber die Steine ... trafen nicht, und so entstand kein Schaden. Die Zeugen hielten die Beschuldigten fest und verhinderten, daß sie uns bewarfen.« – Der Angeklagte Kemal führte in seiner Verteidigung aus, er habe gesehen, wie man seinen Sohn Cem auf dem eigenen Feld überfallen und ihn mit Stöcken geschlagen habe. In dem Augenblick habe auch Cem sich gewehrt und zurückgeschlagen. Er selbst habe weder geschlagen noch geflucht, noch Steine geworfen. Das Gericht glaubte der Verteidigung nicht, und Kemal wurde zu 24 Tagen Gefängnis verurteilt. Cems Strafe wurde in Anbetracht seines geringen Alters in eine Geldstrafe umgewandelt (1666,60 TL). Die Schwiegertochter wurde zu 1 Monat und 23 Tagen verurteilt, die Tochter zu 88,80 TL Geldstrafe (Nr. III).

Obwohl in beiden Fällen das Eingreifen des Dorfvorstehers dazu dient, das öffentliche Interesse durchzusetzen, wird es nicht als solches wahrgenommen: Der Dorfvorsteher wird nicht als Vertreter des Allgemeinen gesehen bzw. als Ausführender eines gemeinsamen Beschlusses, sondern als Mit-Bauer und damit als Angreifer. Seine Intervention wird politisch interpretiert, sie wird als Zeichen für eine Herausforderung gewertet. Sie verlangt damit nach einer Antwort, nach einer Gegenherausforderung. Man beachte im übrigen in beiden Fällen die Konfliktstrategien: die langsame Eskalation (zunächst wird das Führungsseil genommen), die verbalen Angriffe auf die Ehre des Gegenüber, den Einsatz von Frauen.

Der erste Fall zeigt darüber hinaus, daß ein Dorfvorsteher keineswegs auf die ungeteilte Solidarität des Dorfes setzen kann, wenn er eingreift, um einen kollektiven Beschluß durchzusetzen. Wenn es zum Konflikt kommt, richtet sich die Solidarität der Bauern weniger nach abstrakten Schuldfragen als nach ihrer Stellung im Netz der Gegenseitigkeitsverpflichtungen. Man läßt sich wie im Fall von Ahmet Akdemir von seinen bilateralen Verpflichtungen (bzw. Feindschaften) leiten, nicht aber von Bedenken allgemeiner Art. Ebenso wird nach einem Vorfall die öffentliche Meinung entlang der Linien von Freundschaften und Feindschaften gespalten sein. In dieser Hinsicht ist ein Vorwurf interessant, den Numen Baykurt in einer Gerichtsverhandlung gegen den »Tabakhändler« erhob:

Am 18. 4. 1975 reichte der Dorfvorsteher Mustafa Akkaya, der »Tabakhändler«, eine Klage gegen Ahmet und Numen Baykurt sowie gegen deren Frauen ein. Er hatte am 13. 3. 1975 die Bauern zusammengerufen, um entsprechend einer Entscheidung des Ältestenrates Dorfwege zu reparieren und instand zu setzen. Aus der Anklageschrift:

»Als wir an den anderen Orten [die Arbeit] beendet hatten und zu den Äckern von Numen und Ahmet Baykurt gekommen waren, packten mich Ahmet Baykurt, seine Frau und seine Mutter am Kragen: ›Du kannst das hier nicht machen, wir lassen es nicht zu; wenn du ein Mann bist, versuch' es doch.‹ «

Der Dorfvorsteher fährt fort, er habe damals die Bauern zurückgehalten, um eine Eskalation des Vorfalls zu vermeiden:

»Obwohl ich den Weg etliche Male repariert habe, bringen ihn die Beschuldigten ständig wieder in den alten Zustand, indem sie Steine vom Acker auf den Weg werfen und ihn unpassierbar machen.«

Die Zeugen, die der Dorfvorsteher nennt, bestätigen die Aussage und streichen noch einmal die Notwendigkeit der Reparatur des Weges heraus: Kein Maultier hätte mehr passieren können. Die Beschuldigten ihrerseits verteidigen sich damit, daß sie darauf beharren, der Weg sei breit genug gewesen [einer spricht von »5 Metern«], und daß der Dorfvorsteher aus persönlicher Feindschaft begonnen habe, den Zaun niederzureißen, der den Acker vom Weg trennt. Numen Baykurt:

»Weil ich mich früher beim Ältestenrat und beim Landrat beschwert habe, hat mir das der Dorfvorsteher mit Hintergedanken angetan und hat den Zaun kaputtgemacht, der noch von meinen Eltern stammt.«

Auch diese Seite führt mehrere Zeugen an, die ihre Aussagen bestätigen. Cem Akkaya, mit dem Dorfvorsteher verwandt, aber verfeindet, sagt unter Eid aus, der Dorfvorsteher habe Ahmet angegriffen und nicht umgekehrt. Den Widerspruch der Zeugenaussagen führen die Angeklagten auf eine alte dorfinterne Feindschaft zurück. – Nach 15 Sitzungen wird am 29. 9. das Urteil verkündet. Ahmet Baykurt wird zu 5 Monaten, die anderen Angeklagten zu jeweils 25 Tagen Gefängnis verurteilt (Nr. IV).

Der Vorwurf des »Hintergedankens«, den der Dorfvorsteher verfolgt habe, ist bezeichnend und wird oft laut. Er artikuliert den Verdacht, daß die Berufung auf einen gemeinsamen Beschluß nur eine besonders pfiffige Strategie sei, um eine Aggression zu verschleiern. Es ist in der Tat schwer vorstellbar, daß die Dorfvorsteher ihr Amt ohne Ansehen der Person ausüben könnten, selbst wenn sie es wollten. Man mag noch so sehr betonen, auch den nächsten Angehörigen beim Verstoß gegen eine Regel anzuzeigen; man kann doch nicht ernst machen, weil jedes Eingreifen »persönlich« genommen wird. Ein Dorfvorsteher, der auch seine engsten Verwandten und Freunde anzeigen würde, würde sich die Gunst gerade der Haushalte verscherzen, auf die er am meisten angewiesen ist. Seine Position im Dorf wäre sehr schnell untergraben. Der kluge Dorfvorsteher (der »Tabakhändler« war in dieser Hinsicht geschickter als »Schnecke«, der dann auch nur eine Periode im Amt blieb) paßt sich den Gegebenheiten an und versucht wenigstens, die befreundeten (und auch die einflußreicheren) Haushalte nicht zu verärgern. Das macht besonders das Amt des Dorfboten (*bekçi*) schwierig, der von der Gemeinde beauftragt ist, dem Dorfvorsteher bei seinen Überwachungsaufgaben beizustehen, und auf den häufig die unangenehmeren Aspekte des Amtes abgewälzt werden. Hier der Bericht des Boten Ahmet Akdemir:

»Eigentlich ist es eine gute Sache, Dorfbote zu sein. Es hat mir Spaß gemacht. Ich bin herumgegangen, und am Ende des Jahres habe ich meinen Anteil geholt.[23] Warum ich dann nach einem Jahr aufgehört habe? Ich habe es geschworen. Das kam so. Wir haben einen Dorfbeschluß gefaßt, unten in der Ebene kein Holz zu schlagen. Alle waren dafür. Ich habe gesagt: ›Wenn ich einen dabei erwische, werde ich ihn bestrafen.‹ Alle waren einverstanden. Eines Tages komme ich hinunter in die Ebene, da machen fünf Frauen Holz, ein Mann war auch dabei. Ich bin hingegangen und wollte die Äxte beschlagnahmen. Ich habe gesagt: ›Gebt mir die Äxte.‹ Sie sagten: ›Wir geben sie nicht.‹ Da wollte ich sie mit Gewalt wegnehmen. Aber natürlich – wenn ich die von einer Frau hatte, sind die anderen Frauen weggerannt. Ich habe mich ziemlich angestrengt. Aber allein war es unmöglich. Das hat Ahmet, der damals Ältestenratsmitglied war, gesehen, und er hat mir geholfen. So hatten wir dann schließlich die Äxte und sperrten sie hier ein. Ich sagte zum Dorfvorsteher: ›Wir geben sie nur heraus, wenn sie Strafe zahlen.‹ Aber natürlich: Die eine Frau war die Frau eines Ältestenratsmitglieds, die andere die Mutter von Zeki (eine nahe Verwandte des Dorfvorstehers). Da sagte der Dorfvorsteher: ›Laß gut sein. Wir geben die Äxte so heraus.‹ Da wurde ich wütend und sagte: ›Ich gebe sie nicht. *Vallahi* (bei Gott), wenn du sie ihnen zurückgibst, werde ich nicht noch einmal Dorfbote sein.‹ Aber natürlich: Das Wort des Dorfvorstehers gilt. Er gab sie zurück, und ich wurde nicht mehr Dorfbote.«

Aus diesen Gründen ist das Amt des Dorfboten relativ unbeliebt, und seit Jahren findet sich niemand mehr, der es einnehmen möchte. Şaban Subayoğlu:

»Es findet sich heute niemand mehr, der dieses Amt übernimmt. Heute hat jeder Weizen. Früher hat jeder Haushalt, sagen wir, einen *yarım*[24] Weizen gegeben. Das hat vielleicht 60 *yarım* Weizen gemacht. Heute hat jeder seinen Weizen. Und dann wurde der Dorfbote oft verprügelt. Wenn der Bote verprügelt wird, dann ist es Aufgabe des Dorfvorstehers, den Mann vor Gericht zu bringen, nicht wahr? Aber wenn es nun ein Mann des Dorfvorstehers war, hat der Dorfvorsteher nichts gemacht, und der Mann fühlte sich sicher. Deswegen will niemand mehr den Dorfboten machen.«

Der Dorfbote geht nicht nur das Risiko ein, verprügelt zu werden: Um 1960 wurde ein Dorfbote von einem zwölfjährigen Hütebuben erschossen, nachdem er ihm wegen einer Verletzung der Weiderechte das Vieh weggenommen hatte, um eine Bußzahlung zu erzwingen.

Die Gerichte: Macht ohne Ansehen

Die Dorfvorsteher sind zu sehr in die Ordnung der Gegenseitigkeit eingebunden, als daß sie Konflikte wirksam schlichten könnten. Die Gerichte kommen aus einem genau entgegengesetzten Grund als Schlichtungsinstanz nicht in Frage. Während die Dorfvorsteher dem dörflichen Geschehen zu nahe stehen, stehen die Gerichte ihm (metaphorisch und tatsächlich) zu fern.

Betrachten wir zunächst den Bereich des Zivilrechts. In den Jahren von 1972 bis 1977 wurden nur vier Verfahren von privater Seite angestrengt: Es handelte sich um einen Akt der Altersfestsetzung (Nr. XVIII); um eine Schadensersatzklage (Nr. XIX) – einen Fall, bei dem leider die Akten verlorengegangen sind und der deshalb hier nicht diskutiert werden kann; und um zwei Scheidungen (Nr. XIII und XIV). Zu der Analyse ziehen wir einen fünften Fall hinzu, der sich vor 1972 abspielte und der bei dem Mißtrauensantrag gegen den Dorfvorsteher zur Sprache kam (Fall Nr. VI, vgl. S. 87).

Die geringe Zahl von Verfahren ist kaum überraschend. Seit im Jahr 1926 das islamische Recht (*şeriat*) durch eine modifizierte Fassung des Schweizer Zivilrechtes Recht ersetzt wurde[25], herrscht in diesem Bereich eine besonders tiefe Kluft zwischen Rechtsprechung und Rechtsbewußtsein. Im Familien- und Erbrecht wird das Auseinanderklaffen von Recht und Sinne des Gerichts und Recht im Sinne des Bauern besonders deutlich. Es wäre in den meisten Fällen absurd, sich bei Konflikten an Gerichte zu wenden. Ein Versuch beispielsweise, traditional nicht zustehende Rechte im Bereich des Erbrechts gerichtlich durchzusetzen, würde im Dorf wie Diebstahl betrachtet und auf entsprechende Reaktionen stoßen.

Der »Verrückte Mahir«, ein armer und verbitterter Bauer, spielte einmal in meiner Gegenwart den Gedanken durch, das Erbe, das seiner Frau nach staatlichem Recht zusteht[26], einzuklagen und so auf bequeme Weise zu mehr Land zu kommen. Er verwarf diese Idee jedoch sehr schnell mit dem Satz: *Bir adamın ekmeğini oynamaz* – »Man spielt nicht mit dem Brot eines Mannes.« Er wäre gezwungen (so ist impliziert), sich mit physischer Gewalt zu verteidigen.

So ist es nicht überraschend, daß es sich bei drei von den vier Fällen nicht um die Klärung einer innerdörflichen Angelegenheit handelte, sondern der eigentliche Adressat der Staat war. Dies ist offensichtlich bei der Altersfestsetzung, die beantragt worden war, um einen Rentenanspruch geltend zu machen; es trifft jedoch auch auf die beiden Scheidungsklagen zu. Beide Verfahren wurden von sehr betagten Bauern eingeleitet; bei beiden handelte es sich darum, eine Trennung, die Jahre zuvor stattgefunden hatte (in dem einen Fall lag sie 15 Jahre zurück), nun auch staatlicherseits zu bestätigen; in beiden Fällen war das Motiv die Regelung von Rentenansprüchen. Es ging, kurz gesagt, um die offizielle Anerkennung eines Sachverhaltes, der innerdörflich schon längst geregelt war.

Interessant ist indes der vierte Fall, weil er erkennen läßt, welche Bedeutung die Zivilgerichte trotz der Diskrepanz von Rechtsprechung und Rechtsbewußtsein für die Bauern haben können. »Schnecke« schilderte den Fall in seiner Gerichtsaussage folgendermaßen:

»Vor zwölf Jahren hat sich Muhittin Kadıoğlu, der Sohn von Asiz, inoffiziell [d. h. nur nach islamischem Recht] mit Emine Kudat aus Yenice verheiratet. Er hatte mit ihr vier Kinder, von denen zwei gestorben sind und zwei leben. Als ich Dorfvorsteher geworden war, kam eines Tages Emine Kudat mit ihrem Schwiegervater Asiz Kadıoğlu zu mir. Asiz Kadıoğlu sagte: ›Ich möchte, daß du die Heiratspapiere für Emine und Muhittin anfertigst.‹ Ich sagte: ›Füllt die Formulare aus.‹ Sie füllten sie aus und brachten sie zu mir. Zu der Zeit arbeitete Muhittin in Karabük; auf dem Formular war an Stelle seiner Unterschrift ein Fingerabdruck zu sehen. Ich fragte seinen Vater danach. Er sagte: ›Das ist der Fingerabdruck meines Sohnes.‹ Ich vertraute ihm und beglaubigte die Papiere. Später protestierte Muhittin gegen die Unterschrift: ›Ich möchte meine illegitime Frau nicht‹, sagte er.«

Cemil Subayoğlu gab dazu folgende Zeugenaussage ab:

»Muhittin Kadıoğlu aus unserem Dorf ist mit seiner Nichte [der Tochter der Schwester] aus Yenice verheiratet. Sie hatten Kinder. Dann gab es Streit. Nach allem, was ich gehört habe, soll Muhittin gesagt haben: ›Ich liebe meine Frau nicht. Ich trenne mich von ihr.‹ Ob sie legal verheiratet waren oder nicht, weiß ich nicht.«

Offenbar hat hier ein Vater versucht, die Scheidungspläne seines Sohnes zu durchkreuzen. Er versuchte, mit Hilfe des staatlichen Rechts die Autorität wieder zu errichten, die er durch die Migration des Sohnes verloren hatte. Durch dieses Verhalten wird ein bemerkenswertes Verhältnis zu staatlichen Instanzen bezeugt: Es gibt keine Scheu, dann den Staat anzurufen, wenn dies mit der traditionalen Ordnung vereinbar ist. In diesem Fall bot sich das Zivilrecht als neutrales Werkzeug an, das ergänzend zu anderen Druckmitteln trat, die einem Vater bei dem Ungehorsam des Sohnes zur Verfügung stehen. So ist auch zu erklären, warum die zivilrechtliche Eheschließung sich inzwischen allgemein durchgesetzt hat, obwohl die Bauern ihr keinerlei moralisches Gewicht beimessen. Für die Väter von Töchtern ist sie einfach ein zusätzliches Mittel, um die Rechtssicherheit ihrer Töchter zu garantieren (und tritt so neben andere Absicherungsmaßnahmen wie die Verheiratung der Töchter mit nahen Verwandten, die Mitgift, die der Tochter im Fall der Scheidung verbleibt, usw.). Auch in diesem Fall ergänzt das staatliche Recht traditionale Mechanismen und steht nicht im Widerspruch zu ihnen.

Im gleichen Zeitraum (1972 bis 1977) wurde das Gericht siebenmal von Bauern aus Subay wegen Strafsachen angerufen. Dabei wurden folgende Fälle zur Anzeige gebracht: die Verletzung der Amtspflicht durch einen Dorfvorsteher (Nr. VI); ein Landstreit zwischen Erben (Nr. XI); eine gewalttätige Auseinandersetzung im Dorf (Nr. XII – hier handelt es sich um die bereits erwähnte Auseinandersetzung von Numen Baykurt mit Hilmi Hakımoğlu, siehe S. 46); zwei Fälle von versuchtem Brautraub (Nr. XXI und XXII); zwei Diebstähle (Nr. XXIII und XXIV). Davon besitze ich über die Fälle VI, XI, XII und XXI nähere Informationen. Zur Analyse werde ich drei weitere Anzeigen hinzunehmen, von denen ich im Winter 1982/83 erfuhr: eine weitere gewalttätige Auseinandersetzung (Nr. XXVI – der bereits erwähnte Konflikt zwischen K. u. A., siehe S. 57), ein weiteres Verfahren wegen Verletzung der Amtspflicht (gegen den Vorsteher der Kooperative – Nr. XXVII) und eine Vergewaltigung (Nr. XXVIII – der Fall von Sultan, Niyazi Türkers Tochter, siehe oben S. 47). Nur von den sieben Fällen, über die Näheres bekannt ist, wird im folgenden die Rede sein.

Die Strafanzeigen bezeugen zunächst das Bedürfnis, Konflikte untereinander auf gerichtlichem Weg zu regeln. Dabei handelt es sich in vier von den sieben Fällen sogar um Ehrprobleme im engeren Sinn: bei dem versuchten Brautraub, bei der Vergewaltigung von Niyazis Tochter, bei den gewalttätigen Auseinandersetzungen zwischen Numen und Hilmi und zwischen K. und A.. Anstatt die Angelegenheiten selbst weiterzuverfolgen, zog man es vor, Anzeige zu erstatten. Deutlich ist jedoch auch, daß man sich bei all diesen Fällen von der gerichtlichen Austragung nicht allzuviel versprach: Sowohl Numen als auch A. stellten zwar eine Anzeige, verfolgten aber danach die Sache nicht weiter, so daß das Verfahren eingestellt wurde. Bei dem versuchten Brautraub kam es ebenfalls nicht zum Prozeß, weil sich die Parteien außerhalb des Gerichtes einigten und das Paar gegen einen wesentlich höheren Brautpreis als üblich miteinander verheiratet wurde.[27] Der vierte Fall (Niyazi Türker), der einzige Fall, bei dem es zur Verhandlung kam, zeigt deutlich die Gründe für die Skepsis der Bauern gegenüber der gerichtlichen Regelung. Die Sache war ja mit der Gerichtsverhandlung keinesfalls erledigt. Der Freispruch des Mannes, der (angeblich) die Tochter geschwängert hatte, bedeutete nicht, daß Niyazis Sohn von der Verpflichtung entbunden gewesen wäre, an ihm Vergeltung zu üben. Mit anderen Worten: Das Anzeigeverhalten in diesen Fällen zeugt von dem Bedürfnis nach einer vermittelnden Instanz, von dem Wunsch, den Verpflichtungen der Ehre zu entgehen. Das tatsächliche Prozeßverhalten bezeugt dagegen, daß die Gerichte nicht in der Lage sind, diese Rolle einzunehmen: Die gerichtliche Auseinandersetzung ersetzt nicht die eigenhändige Austragung des Ehrkonflikts.[28]

Auf den ersten Blick erscheint die relative Abgelegenheit des Dorfes der Grund für den Widerspruch von Anzeige- und Prozeßverhalten zu sein. Die nächste Gendarmeriestation befindet sich in dem einundeinhalb Wegstunden entfernten Bostan. Die Polizei ist also zu weit entfernt, um wirkungsvoll zur Regelung von Alltagsproblemen eingesetzt werden zu können. Die Erklärung würde also lauten: Weil die staatlichen Instanzen zu schwach sind, kann man sich in puncto Rechtssicherheit nicht auf sie verlassen. Der einzige Garant für Rechtssicherheit bleibt der Ruf von Ehrenhaftigkeit, also die Demonstration von Stärke und Integrität. Es hätte Numen also nichts genützt, wenn er das Verfahren gegen Hilmi weitergeführt hätte – eine Verurteilung Hilmis wäre vielleicht ein Nadelstich gewesen, einen Rechtsstatus hätte Numen nicht auf sie gründen können.

Der Verweis auf die Abgelegenheit befriedigt jedoch nicht ganz. Die Durchsetzbarkeit einer Regelung ist nicht nur ein Problem von Macht, sondern auch von Legitimität. Wenn – so könnte man argumentieren – die Urteile der Gerichte allgemein akzeptiert würden, dann müßte man sich schon auf Grund der öffentlichen Meinung ihnen beugen. Auch eine relativ schwache staatliche Präsenz (wie in Subay) wäre bei einer grundsätzlichen Akzeptanz ohne weiteres ausreichend, um Rechtssicherheit zu gewähren. Wie gering aber das Ansehen der staatlichen Rechtsprechung ist, bezeugt vor allem die Tatsache, daß eine Verurteilung wegen eines Ehrdeliktes keinen negativen Einfluß auf das Ansehen eines Mannes im Dorf hat – im Gegenteil. Einige der geachtetsten Männer des Dorfes waren bereits mehrmals im Gefängnis gewesen: der »Schwarze Veli« (zeitweilig Vorsitzender der Kooperative) wegen Totschlags, »Mustafa, die Schnecke« wegen Körperverletzung.

Die Schwäche des Staates (und der Gerichte) hätte nach dieser Erklärung ihren Grund genau darin, daß die Ordnung der Gegenseitigkeit weiterhin gilt. Dies wäre die Verkehrung des ersten Arguments: Das Problem bestünde also nicht darin, daß die Ordnung der Ehre weiterhin gilt, weil der Staat schwach ist, sondern daß der Staat schwach ist, weil die Ordnung der Gegenseitigkeit weiter gilt.

In der Tat scheinen mir beide Argumente zuzutreffen: Wir haben es hier mit einem Fall von zirkulärer Kausalität zu tun. Er läßt sich folgendermaßen darstellen:

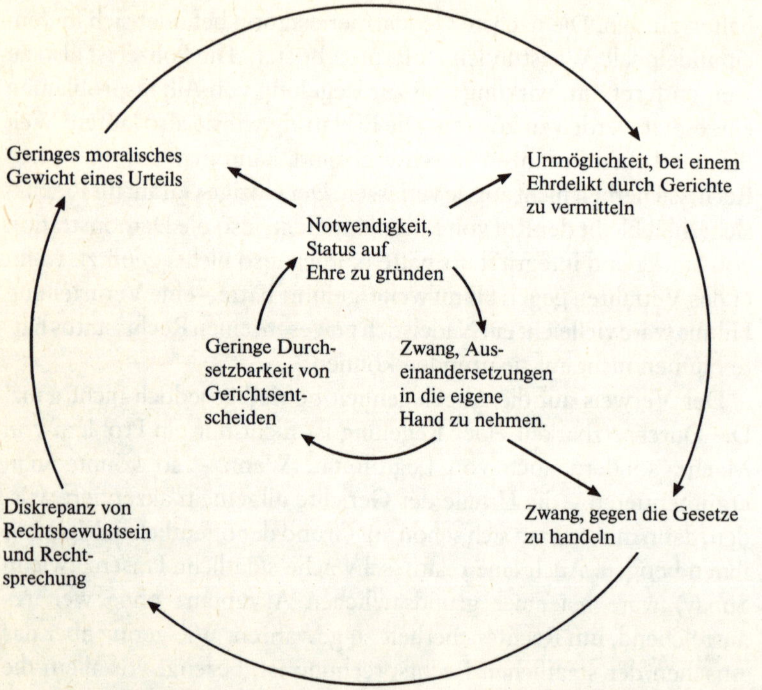

Der innere Kreis umschreibt das Problem auf der Ebene des Handelns, der davon abgeleitete äußere Kreis auf der Ebene des Rechtsbewußtseins.

Der Zirkel zeigt die Grenzen und Möglichkeiten der Konfliktlösung auf gerichtlichem Weg auf. Die Grenzen sind offensichtlich durch die innerdörflichen Machtverhältnisse gesetzt: An ihnen läßt sich auch durch Gerichtsentscheid nicht rütteln. Eine Auseinandersetzung vor Gericht ersetzt nicht die bilaterale Auseinandersetzung; die Erosion des politischen Status kann auch nicht durch gerichtliche Entscheidungen gebremst oder aufgehalten werden; ein Schwächerer kann nicht durch Gerichtsbeschluß ein Recht gegen einen Stärkeren durchsetzen. Die Grenzen, die der staatlichen Schlichtung durch die politischen Verhältnisse im Dorf gesetzt sind, könnten nicht deutlicher als im folgenden Fall formuliert werden:

Zwischen Isa und Kamil kam es zu einer Auseinandersetzung über einen Dreschplatz, den beide benutzten. Zur Vermittlung wurde ein Beamter des Landratsamtes herbeigerufen, der Kamil recht gab. Mein Nachbar Hasan kommentierte: »Das ändert sich in ein paar Jahren wieder. Dann sind die Söhne Isas herangewachsen, und Kamil wird keinen Widerstand mehr wagen. Hier sind die Sitten so.« – Der letzte Satz wurde im übrigen nüchtern-konstatierend gesprochen, als ob eine Naturgesetzlichkeit zur Kenntnis genommen würde.

Wenn es daher zu einer dauerhaften Regelung eines Konfliktes kommen soll, muß sie, unabhängig von den Gerichten, innerhalb des Dorfes gesucht werden.

Der Zirkel führt zu einer erheblichen Distanz zu den Gerichten, die jedoch auch im Bereich des Strafrechts nicht bedeutet, daß überhaupt keine Prozesse durchgefochten werden würden. Vielmehr läßt sich beobachten, daß sich, wie im Zivilrecht, auch hier die Gerichte gelegentlich »funktionalisieren« lassen, d. h. als neutrale Waffe in innerdörflichen Auseinandersetzungen verwendet werden können. Durch ein Urteil kann man einem innerdörflichen Gegner schaden, ihm einen Schlag versetzen. Dies scheint die einzige Absicht gewesen zu sein, die den beiden Verfahren wegen Amtsmißbrauchs zugrunde gelegen haben dürfte. Es genügt, eines von ihnen hier wiederzugeben:

Am 17. 12. 1970 reichte der »Tabakhändler« gegen seinen Nachfolger im Dorfvorsteheramt, Mustafa Subayoğlu (»Schnecke«) eine Klage wegen Vernachlässigung der Amtspflichten ein. Seine Anzeige umfaßte 9 Punkte:

1. Numen Baykurt habe ein Stück Weg seinem eigenen Acker einverleibt. Obwohl dies vom Dorfvorsteher und Ältestenrat festgestellt worden sei, hätten sie nichts dagegen unternommen.

2. Um die Arbeiter, die am Weg bauten, bewirten zu können, sei von jedem Haushalt Geld eingesammelt worden. Von dem Geld wurden Lämmer gekauft, von denen zwei gegessen, das dritte jedoch der Herde des Dorfvorstehers einverleibt wurde.

3. Bei einem Landkauf zwischen zwei Bauern wurde auf der vom Dorfvorsteher ausgestellten Urkunde der Verkaufspreis mit 6000 TL beziffert, obwohl er nur 600 TL betragen habe.

4. Der Dorfvorsteher habe unter dem Vorwand, das Dorfsiegel verloren zu haben, sich zweimal ein neues ausstellen lassen. Tätsächlich habe er vor, die angeblich verlorenen Siegel nach Beendigung seiner Amtszeit zu mißbrauchen.

5. Um die amtlichen Prozeduren bei der Hochzeit von Şenal Akkaya und Ahmet Yurttagül zu erledigen, habe er 160 TL genommen. Es sei jedoch seine Amtspflicht, dies umsonst zu erledigen.

6. Die 1968 und 1969 vom Landwirtschaftsministerium dem Dorf zur Verfügung gestellten Pflanzenschutzmittel habe er nicht weitergegeben, sondern nur für seinen eigenen Bedarf verwendet.

7. Er habe von den Bauern Geld für die Ausbesserung der Einfriedung des Heiligengrabes eingesammelt, das Geld jedoch nicht ausgegeben und sich bereichert. Als Bauern Geld spenden wollten, damit die Schule neu gedeckt werden könne, habe er es mit dem Argument verhindert: »Das soll die Regierung machen.«

8. Der Dorfvorsteher gehe mit offener Pistole an der Seite durchs Dorf und habe mit der Waffe wiederholt Leute eingeschüchtert. Er trinke Alkohol, schieße dann in der Gegend herum und betreibe illegalen Handel mit Munition.

9. Der Dorfvorsteher habe eine Hochzeit gegen den Willen des Bräutigams geschlossen.

Um es kurz zu machen: Alle Anklagepunkte erwiesen sich als gegenstandslos. Numen Baykurt hatte den Weg selbst nicht angetastet, sondern einen Streifen brachliegenden Landes zwischen seinem Feld und dem Weg umgepflügt. Das besagte Lamm hatte Mustafa, weil kein augenblicklicher Bedarf bestand, bei seiner Herde geweidet. Er betonte, es könne geschlachtet werden, sobald das Dorf es wünsche. Die Verkaufsurkunde wurde nach den Aussagen der Beteiligten verfaßt. Das erste Siegel hatte Mustafa zurückgegeben, weil es unbrauchbar geworden war. Das zweite hatte er tatsächlich verloren. Die 160 TL waren nicht für die Hochzeit, sondern für eine andere Sache bezahlt worden. Es war öffentlich angekündigt worden, daß Unkrautvertilgungsmittel zur Verfügung stand; wer wollte, konnte sich welches abholen. Es sind jedoch nicht alle Bauern gekommen. Das Geld für die Umfriedung war ausgegeben worden usw.

Man gewinnt bei dem Verfahren den Eindruck, den der »Schwarze Veli«, ein Freund des Dorfvorstehers, so zusammenfaßte: »Der Dorfvorsteher ist ein fleißiger und vertrauenswürdiger Mann. Ich bin der Überzeugung, daß der ehemalige Dorfvorsteher, der die Klage führt, das nicht ertragen konnte und deshalb die Klage vorbrachte.«

Auch bei dem Landstreit unter Erben habe ich den Eindruck, daß es mehr um das Austeilen eines Schlages als um die Suche nach Recht ging – ohne es allerdings schlüssig beweisen zu können. In diesem Fall klagte Döndü Akkaya, die mit ihrem Mann vor Jahren nach Istanbul gezogen war, gegen ihren Bruder Muzaffer Doğan: Er habe ein Stück Land, das ihr Vater ihr vererbt habe, unter den Pflug genommen. Muzaffer bestritt nicht, daß Döndü einen Anteil erhalten hatte, bezweifelte aber die Grenzen, die sie angab. Das weitere Verfahren drehte sich um deren Festlegung. Es macht stutzig, daß Döndü Interesse an dem Land haben sollte. Sie ist mit einem Lehrer verheiratet und kommt nur noch selten ins Dorf; ihr Bruder ist auf jeden Fall mehr auf das Land angewiesen als sie. Hinzu kommt ein zweites: Bei dem Streit kann es sich nur um einen Handbreit Boden gehandelt haben – schließlich bestritt Muzaffer nicht das grundsätzliche Recht, sondern nur die genaue Grenzziehung.

Angesichts der Funktionalisierung der Gerichte ist es wenig überraschend, daß sich auch die Zeugenaussagen oft nach den bilateralen Verpflichtungen bzw. Feindschaften richten. Bei unserer Darstellung sind wir bereits wiederholt darauf zu sprechen gekommen. So galten die Zeugen, die gegen Niyazis Tochter Sultan aussagten, als äußerst unglaubwürdig (vgl. S. 48). Oder man denke an den Satz, mit dem der »Tabakhändler« Kemals Sohn der Falschaussage bezichtigte: »Er [Kemal] ist mein Feind. Wir standen uns schon oft vor Gericht gegenüber.« Er mag dabei an das Verfahren gedacht haben, in dem die Staatsanwaltschaft nach dem Brand seines Hauses gegen ihn und seinen Sohn Memed wegen des Verdachts von fahrlässiger Brandstiftung ermittelte. Kemal belastete damals Memed schwer und gab ihm die Schuld am Tod seiner (Memeds) Frau und Sohn - obwohl er offenbar zu weit vom Tatort entfernt gewesen war, als daß er etwas hätte beobachten können.

Die Bedeutung der Gerichte als neutrale Waffen erlaubt es, sie in das Konfliktinstrumentarium zu integrieren. Sie können unter Umständen eine ähnliche Funktion gewinnen wie der Einsatz von Frauen in Konflikten: Mit ihrer Hilfe kann man dem Gegner einen wohldosierten Schlag versetzen und so einerseits die Auseinandersetzung vorantreiben, andererseits aber Zeit gewinnen und die Eskalation kontrollieren. Damit ersetzen sie nicht die außergerichtliche Lösung, können aber dazu beitragen, sie zu finden.

Wenden wir uns zum Schluß der Anzeige wegen versuchten Brautraubes zu: Bayram Akdemir hatte einen »gewaltsamen Brautraub« (*zorla kız kaçırma*) versucht, d. h. er hatte versucht, Cemils Tochter mit Gewalt zu nehmen, um sie zur Ehe zu zwingen. Sie hatte sich jedoch gewehrt, ihm mit einem Stein auf den Kopf geschlagen und war geflüchtet. Der Vater, Cemil, der sich zur Zeit des Überfalls in Bostan befand, wurde benachrichtigt und kehrte in Begleitung einiger Gendarmen ins Dorf zurück. Bayram wurde verprügelt und verhaftet. Die Ereignisse der folgenden Woche zeigten, daß niemand sich von einer gerichtlichen Lösung etwas versprach. Cemil hätte Bayram wohl wegen Vergewaltigung ins Gefängnis bringen können; der Schatten, der auf seine Ehre gefallen war, wäre damit aber nicht beseitigt gewesen – nicht zuletzt deshalb, weil man dazu tendiert, bei solchen Vorfällen immer den Frauen einen Teil der Schuld zu geben (man sagt dann etwa: *Kancık köpek kuyruk sallamadan erkek kuyruk sallar mı?* – »Wedelt der Hund denn mit dem Schwanz, wenn die Hündin nicht vorher wedelt?«). Andererseits gab der halbjährige Aufenthalt Bayrams in Untersuchungshaft den Parteien genügend Spielraum, um eine für alle Seiten ehrenhafte Lösung zu finden. Sie sah so aus, daß Cemils Tochter mit Bayram gegen einen wesentlich höheren Brautpreis als üblich verheiratet wurde. Damit war die Ehre aller wiederhergestellt, und Cemil hatte zumindest eine materielle Abfindung für die erlittene Demütigung erhalten.[29]

Bestenfalls können die Gerichte den Mechanismus der Gegenseitigkeit mildern, nicht ihn ersetzen. Die klassische Form der Konfliktaustragung wird kontrollierbar, jedoch nicht aufgehoben. Das aber bedeutet auch, daß die prinzipiellen Schwächen der traditionalen Ordnung trotz der Gerichte weiter bestehenbleiben.

Das Individuum als Person

Wie bestimmen nun diese Erfahrungen das Verhältnis des Individuums zur politisch-rechtlichen Ordnung, und wie sieht es sich selbst als Teil dieser Ordnung, als »Person«?

Man dürfte sich immer schon der prinzipiellen Spannung zwischen dem politisch gebotenen Zwang zur Selbstbehauptung und dem religiösen Ideal der Versöhnung bewußt gewesen sein, der Diskrepanz zwischen der existierenden politischen Ordnung und der Idee der islamischen Brudergemeinde. Wir sind bereits einem Hinweis darauf begegnet, wie dieser Widerspruch bewältigt wird: Die Hochzeitsgesellschaft, die sich in das Dorf der Braut aufmacht, teilt sich in zwei Gruppen – in die *seymen*, die jungen Männer, die bewaffnet und tanzend in das Dorf der Braut einziehen, und in die älteren Männer, die unbewaffnet und ruhig an der Hochzeit teilnehmen. Dies ist ein Anzeichen dafür, daß die Spannung lebenspraktisch bewältigt wird. Die Sorge um die Ehre wird an die jungen Männer delegiert, während die Sorge um den Islam eine Sache der Älteren ist. Entsprechend ist für das Selbstverständnis in der Jugend vor allem die Ehre entscheidend, für das der Alten dagegen der Islam.

Der Satz: »Wir leben für die Ehre« (*Biz namus için yaşıyoruz*) trifft deshalb vor allem auf die jungen Männer, die *delikanlı* (»Heißblütigen«) zu. Er drückt die Überzeugung aus, daß Integrität und Würde höher zu achten sind als das bloße Leben; er artikuliert die Bereitschaft, für die Unantastbarkeit seiner selbst und seiner Familie mit dem Leben einzustehen. Diese Haltung läßt sich folgendermaßen paraphrasieren: Es ist notwendig, sein Leben zu riskieren, um es nicht zu verspielen, d. h. würdelos und ohne Achtung zu leben. Georges Bataille hat mit der Kategorie der »unproduktiven Verausgabung« den Schlüssel zum Verständnis der Faszination dieser im tiefsten Sinn irrationalen Konstruktion gegeben, die, um etwas zu schützen bzw. zu gewinnen, die Bereitschaft demonstriert, es zu zerstören.[30] Ihr haftet die Faszination jeder großartigen Verschwendung an, die eine Kosten-Nutzen-Kalkulation als krämerisch verwirft, die die Sorge um die Zukunft verachtet und sie zugunsten des Augenblicks in den Wind schlägt.

Zu dem Ideal jugendlicher Männlichkeit passen Leichtsinn und »Heißblütigkeit«, nicht aber die Bereitschaft, den Bedenken der Religion Rechnung zu tragen. Es würde mit Befremden registriert werden, wenn junge Männer sich allen Einschränkungen der Religion unterwerfen würden; wenn sie nicht mehr trinken, Bordelle aufsuchen oder um Geld spielen würden. In diesem Alter grübelt man nicht darüber nach, ob die Austragung von Ehrhändeln mit dem Islam zu vereinbaren ist – dies steht nur älteren Männern zu. Entsprechend beschränkt sich die Religionsausübung der jungen Männer auf die Teilnahme am Freitaggebet; die täglichen *namaz*-Gebete praktizieren sie ebensowenig wie sie das Fasten einhalten.

Mit zunehmendem Alter – spätestens wenn man im Greisenalter des Vaters selbst faktisch Haushaltsvorstand wird – erhält der Islam immer größere Bedeutung für das Selbstverständnis. Der Glanz der Ehre verblaßt. Auf sie zu achten wird mehr und mehr zum bloßen Gebot politischer Rationalität. Neben sie treten die Einsicht, daß es auch wichtig ist, nicht wegen jeder Kleinigkeit Kopf und Kragen zu riskieren, und der Gedanke, daß die Demonstration von Ehre möglicherweise unwichtiger ist als das Risiko des Fegefeuers. Es wird nicht mehr als unwürdig betrachtet, die »Kosten« einer Handlung zu berücksichtigen. Die Sorge um die Zukunft – um die der Familie oder um die eigene im Jenseits – tritt neben die gegenwartsbezogene Haltung der Ehre. In dieser Lebensphase werden dann Überlegungen wie folgende angestellt:

»Wenn meine Frau ein Verhältnis eingeht, muß ich entweder sie oder den Mann oder auch beide töten. Das aber ist *haram* (rituell verboten). Das Leben ist in Allahs Hand. Eigentlich dürfte ich sie nur verstoßen, wie es der Islam befiehlt.« (Ahmet Akdemir)

Nicht selten erscheinen die Forderungen der Ehre in diesem Alter als verhängnisvoll. Von den älteren Männern wird es bedauert, wenn der Schlagabtausch von Herausforderung und Gegenherausforderung eskaliert. In diesem Sinn kommentierte man beispielsweise die Blutfehdeereignisse im benachbarten Kızılköy mit dem Satz: »Dort ist vom Islam nichts mehr geblieben.« Es ist allerdings erst dem Greisenalter vorbehalten, sich völlig von der aktiven Rolle in der Ordnung der Gegenseitigkeit zurückzuziehen und ganz entsprechend den Forderungen des Islam zu leben.

Die lebenspraktische Bewältigung des Gegensatzes von Ehre und Islam bestimmt das Verhältnis zur eigenen Rolle. Man kann sich in einer gegebenen Lebensphase fast distanzlos (und damit sehr nachdrücklich) mit seiner Rolle in einer der beiden Ordnungen identifizieren, ohne die andere dadurch in Frage zu stellen. Die Rollendistanz, die durch die Verpflichtung sowohl gegenüber dem Islam wie auch der Ehre geboten wäre, braucht nicht vom Individuum erbracht zu werden. Sie wird gleichsam in die zwischenpersonalen Beziehungen ausgelagert und drückt sich in der Anerkennung der Komplementarität der Rollen von alt und jung aus. Durch die Achtung, die die Söhne ihren Vätern bezeigen, bekennen sie sich zur letztendlichen Unterordnung des Gedankens der Ehre unter die Forderungen des Islam. Sie bezeugen damit ihre Bereitschaft, den mäßigenden Einfluß der der Religion verpflichteten Väter zu akzeptieren. In der Faszination, die die Jugend auf die Alten ausübt (und die sich gelegentlich in begeisterten Ausbrüchen Luft macht, wie z. B.: »*Ah bizim gençler* – Ah, unsere Jugend!«), schwingt umgekehrt das Zugeständnis mit, daß nur jugendliche Stärke die Sicherheit der Familie gewährleistet.

Die seit den fünfziger Jahren wachsende Präsenz des Staates scheint an der Oberfläche nichts an diesem Rollenverständnis geändert zu haben. Man identifiziert sich bis heute kaum mit seinem Status als Staatsbürger – wenn man einmal von gelegentlichen Ausbrüchen von Patriotismus absieht.[31]

Vielmehr ist ein Verhältnis zum Staat bezeichnend, wie es aus folgendem Zeugnis spricht:

Şaban Subayoğlu berichtete, daß Anfang der siebziger Jahre ein Gesetz verabschiedet worden sei, in dem es hieß, Vorbestrafte sollten zum Zweck der Rehabilitierung bei der Einstellung in Staatsbetrieben bevorzugt werden. Şaban, dem wie vielen anderen gerade an einer Anstellung in diesem Bereich lag, ließ sich daraufhin absichtlich bei einem Holzdiebstahl erwischen. Sein Plan scheiterte jedoch, weil er unter die Amnestie der ersten Regierung Ecevit fiel.

Der Unterschied zwischen einem städtischen Selbstverständnis, das bei diesem Gesetz Pate stand, und einem ländlichen könnte nicht krasser sein: Was für den einen eine relevante Dimension des Selbstbewußtseins ist, ist für den anderen nur ein pragmatisches Verhältnis – bar jeglicher inneren Verbindlichkeit.

Unter der Oberfläche jedoch setzt ein Erosionsprozeß ein: Der Staat ist zwar zu schwach, um die Ordnung der Gegenseitigkeit zu ersetzen, aber er zerstört Schritt für Schritt ihre Selbstverständlichkeit. Die Präsenz staatlicher Institutionen bedeutet, daß Alternativen zur eigenständigen Austragung von Konflikten nicht mehr nur abstrakt als wünschbar gelten, sondern auch sichtbar werden. Für die Migranten in der Stadt sind sie erfahrbar, für das Dorf werden sie immerhin vorstellbar. Die staatlichen Institutionen mögen schwach sein, sie sind jedoch prinzipiell vorhanden. Man müßte sie im Grunde nur stärken. Das spricht z. B. aus dem gelegentlich ausgestoßenen Seufzer, der Dorfvorsteher müßte ein Diktator sein – dann käme alles ins Lot. Die traditionale Ordnung bleibt (einstweilen) mit all ihren Handlungsimperativen bestehen – sie ist aber nun in ein anderes Licht gerückt. Es ist eine Ordnung, die nur hier und jetzt noch Gültigkeit hat, andernorts aber schon lange nicht mehr. Durch Migration kann man sich ihr entziehen. Die Konsequenzen, die dies hat, lassen sich am besten an einem Beispiel erläutern:

In der Nacht vom 26. zum 27. 6. 1977 wurden die drei Bienenhäuser von Ali Akdemir (»Unteroffizier Ali«) vergiftet, indem ein Unkrautvertilgungsmittel in den Stock gesprüht wurde. Die Bienen waren tot und 10 kg Honig verdorben. Der Schaden betrug 3000 TL – damals umgerechnet 450,– DM, eine erhebliche Summe für dörfliche Verhältnisse. Am nächsten Tag sah ich »Unteroffizier Ali«; ohnehin ein ruhiger Mann, wirkte er an diesem Tag noch schwermütiger. Er starrte vor sich hin und sagte, als er mich sah: »Ich bin müde, in jeder Hinsicht.« Es habe sich bereits um den dritten Vorfall in diesem Jahr gehandelt: Einmal habe man ihm die Fenster seines neuen Hauses eingeworfen, das er an einen Forstbeamten vermietet hatte, wahrscheinlich um ihm die Mieteinnahmen zu nehmen. Dann sei die Tür seines Gartens ausgehängt worden, so daß das Vieh eindringen und das Gemüse verwüsten konnte. »Sie wollen nicht, daß ich hochkomme. Sie haben nichts und wollen nicht, daß ich etwas habe.« In diesem Gespräch äußerte er noch keinen Verdacht. Er habe niemanden gesehen, sagte er, und selbst wenn, würde er nichts sagen, aus Angst, man würde seine Ochsen abstechen. Man wolle ihn aus dem Dorf vertreiben. Das Problem sei, daß er niemanden habe, der ihn unterstütze; seine Söhne seien fortgezogen, er könne sich praktisch nicht wehren.

In einem späteren Gespräch meinte er, es sei aussichtslos, sich an die Gerichte zu wenden: »Was soll ich machen? Gehe ich vor Gericht, fragen sie mich: ›Hast du ihn beobachtet, als er deine Bienen vergiftete?‹ Was für eine Frage! Hätte ich ihn beobachtet, hätte ich ihn doch erschossen. Wir leben für Ehre (*namus*) und Ansehen (*şeref*). Ich habe dir doch erzählt, wie hier die Familien zusammenhalten. Siehst du, deswegen kann ich nichts machen. Schlage ich einen, kommen gleich alle angerannt. Wenn ich aber nichts mache, z. B. nicht den Ochsen des Mannes absteche, der meine Bienen vergiftet hat, sagen sie: ›Der ist dumm. Mit dem kann man alles machen.‹ Genauso wie ein starkes Volk ein schwaches unterdrückt, so unterdrücken sie einen hier ... Im Grunde sind alle Muslime Brüder. Aber das Volk hier hat den Glauben verloren.«

Die Hilflosigkeit Alis äußert sich in Widersprüchlichkeiten: Er formuliert den Wunsch, seine Söhne möchten ins Dorf zurückkehren, damit er stärker sei, und widerspricht sich gleich selbst, indem er sagt, daß er nicht wolle, daß seine Söhne in die Auseinandersetzung hineingezogen und unter Umständen getötet werden. So flüchtet er sich in Träume, erzählt die Geschichte eines Mordanschlages auf einen *hoca:* Der Mörder, der die Ehre der Mutter rächte, hatte Hirse auf die Stufen zum Minarett gestreut; der *hoca* war ausgeglitten und hatte sich das Genick gebrochen. So etwas müßte man machen – einen Hinterhalt legen.

Im Kontext dieser Äußerungen wirkt der Satz »Wir leben für Ehre (*namus*) und Ansehen (*şeref*)« alles andere als strahlend, sondern eher wie eine Fassade, die mehr schlecht als recht aufrechterhalten wird.

Dabei ist das eigentlich Auffallende die Veränderung der Rolle der Söhne. Auch vor dreißig Jahren hätte »Unteroffizier Ali« wohl kaum selbst eingegriffen; er ist über das Alter hinaus, in dem man selbst zur Waffe greift. Es wäre die Verpflichtung (*görev*) der Söhne gewesen, die Auseinandersetzung zu führen. Auf der Seite des Vaters sind jedoch die Bedenken gewachsen, sie mit hineinzuziehen; in dieser Hinsicht erinnert seine Haltung an die von »Mustafa, der Schnecke«, der seinen achtzehnjährigen Sohn nach Hause schickte, um dessen Schulausbildung nicht zu gefährden. Bei den Söhnen selbst war eine erhebliche Unlust zu beobachten, sich die Sache des Vaters zu eigen zu machen. Von den vier Söhnen, die alle weggezogen waren bzw. die Schule besuchten, hielt sich im Sommer 1977 nur Şükrü kurz im Dorf auf, um seinem Vater bei der Ernte zu helfen. Er ist ein junger, politisch bewußter Arbeiter in den Stahlwerken in Karabük; Jahre vorher war er gegen den Willen des Vaters fortgezogen. In dem Gespräch zeigte er zwar Betroffenheit über den Vorfall, ließ darüber hinaus jedoch keine Bereitschaft erkennen, sich zu engagieren:

Şükrü: »Es gibt hier im Dorf viel Streit. Ich spreche zwar mit jedem, sonst heißt es, ich trüge meinen Kopf hoch. Aber das Verhältnis ist nicht herzlich. Du weißt, daß meinem Vater die Bienen vergiftet wurden.«

W. S.: »Auch deshalb möchtest du nicht im Dorf bleiben, nicht wahr?«

Şükrü: »Ja, wenn ich bleiben würde, käme es wahrscheinlich zu einem Zwischenfall, und ich käme ins Gefängnis.«

Etwas anders stellte sich die Situation für den jüngsten Sohn, Abdullah, dar. Er besuchte zur Zeit des Vorfalls das Gymnasium in Karabük. Als er 1980 nach seinem Abschluß die Aufnahmeprüfung für die Lehrerschule nicht bestand, wuchs der Druck seitens des Vaters auf ihn, ins Dorf zurückzukehren. Zu dem Zeitpunkt lag der Vorfall mit den Bienen bereits so weit zurück, daß es unwahrscheinlich war, daß Abdullah zu einer Vergeltungsmaßnahme gedrängt werden würde; andererseits aber würde seine Gegenwart den Gegner von weiteren Handlungen abschrecken. Abdullah beschrieb mir 1982, wie er die Lage sah:

»*Vallahi* (bei Gott), ich habe mir gesagt: ›Laß die Eltern, bleibe in der Stadt, komme nicht zurück.‹ Dann aber hat mich letztes Jahr mein Bruder zur Erntezeit zurück ins Dorf geholt. Und dann habe ich auf einmal nicht mehr so gedacht. Da habe ich gesehen, daß sich die Feinde meiner Eltern freuen, wenn ich nicht mehr da bin – und daß sie ihnen nichts anhaben können, wenn ich da bin. Und dann natürlich habe ich gedacht: ›Meine Eltern sollen für mich beten und mich nicht verfluchen (*beddua etmesin*).‹«

Die Äußerungen beider Brüder scheinen mir das Spektrum der Positionen abzustecken, die heute allgemein von den jungen Männern der Ehre gegenüber eingenommen werden. Die einen lehnen es, wie Şükrü, schlicht ab, sich die Ehrangelegenheiten der Familie zu eigen zu machen, und begründen dies mit der Sorge um die Zukunft. Die anderen beugen sich, wie Abdullah, den politischen Sachzwängen, aber ohne jede Begeisterung. Oft wird, wie in diesem Fall, die Angst vor dem Fluch der Eltern als Grund angegeben.[32] In beiden Fällen hat die Ehre ihren Glanz verloren. Sie ist nicht mehr fraglos gegeben; außerhalb des Dorfes kann man gut (oder sogar besser) ohne sie leben. Das

Vorhandensein einer Alternative entwertet das existentielle Opfer, das im Grenzfall gefordert ist. An die Stelle der Identifikation ist in den letzten Jahren ein betont nüchternes Verhältnis zur eigenen Ehre getreten. Die Distanz zur Rolle wurde damit verinnerlicht: Sie drückt sich nicht mehr nur indirekt in der Achtung vor den Alten aus, also in einem zwischenpersonalen Verhältnis, sondern ist Sache des einzelnen selbst geworden.

Das Verhältnis zur Rolle veränderte sich jedoch auch für die Alten: Sie sehen sich heute gezwungen, in einem Alter die Ehrauseinandersetzung zu führen, in dem sie diese früher an die Söhne delegiert hätten – sei es, weil die Söhne sich entziehen, sei es, weil die Väter von sich aus die Zukunft ihrer Söhne nicht auf das Spiel setzen wollen. Häufiger als früher kommen sie so in die Lage, Abstriche von ihrem Ideal eines dem Islam entsprechenden Lebens machen zu müssen.

Sowohl die Alten als auch die Jungen sehen sich heute vor die Notwendigkeit gestellt, Handlungen zu begehen, zu denen sie innerlich nicht mehr stehen. Die Distanz zur eigenen Gesellschaft ist damit gewachsen. Die selbstbewußte, streitsüchtige Haltung, die der Ehrbegriff fordert, erscheint immer häufiger als »dumm« (*cahil*), oder als »unzivilisiert« (*medenileşmemiş*). So äußerte beispielsweise »Mustafa, der Riese«:

»Viel Streit zwischen Nachbarn entsteht aus dem Streit zwischen Kindern. Die Eltern mischen sich dann ein: ›Warum hat dein Sohn unseren Sohn geschlagen?‹ Es kommt dann zu gewalttätigen Auseinandersetzungen. Das ist dumm. Die Kinder schlagen sich und vertragen sich wieder – die Erwachsenen liegen noch jahrelang im Streit.«

Da man es sich aber trotz dieser Einsicht nicht erlauben kann, »klüger« oder »zivilisierter« zu handeln, kommt es zu der bemerkenswerten Einstellung gegenüber anderen, die der »Verrückte Mahir« naiv, deshalb aber sehr deutlich umriß: »Außer mir«, sagte er, »gibt es hier im Dorf ohnehin keinen aufrechten Menschen.« Man selbst (so könnte man diesen Satz umschreiben) würde grundsätzlich anders handeln, wenn man nicht ständig durch die »Unzivilisiertheit« der anderen in Zugzwang geriete. Die unfreiwillige Komik der Äußerung liegt nur darin, daß man in einem Atemzug die Ordnung kritisiert und

– indem man dem Zugzwang nachgibt – sie seinerseits wieder neu bestätigt.

Die Distanz zur eigenen Gesellschaft drückt sich in der Gelassenheit aus, mit der die meisten Bauern Ehrangelegenheiten betrachten. Im Fall einer ernsten Ehrverletzung wird Bestürzung laut – man sieht die Notwendigkeit von Vergeltung und fürchtet gleichzeitig die Konsequenzen. Oft zieht man es vor zu schweigen – manchmal jahrelang, wie wir oben gesehen haben –, um den Betroffenen nicht zu einer Handlung zu zwingen, die keiner will. Oder man äußert sich – wie im Fall von »Unteroffizier Ali« – nur sehr allgemein und vor allem, ohne Namen zu nennen. Man bedauert beispielsweise, daß vom Islam nichts mehr geblieben sei, daß es gottlos (*haram*) sei, Tausende von Bienen wegen einer Fehde zu opfern, oder ähnliches. Es gibt ein Gefühl der Tragik der Ehre.[33] Kaum jemand empfindet einen Triumph, wenn ein Mensch in einem Ehrkonflikt verletzt wird oder ums Leben kommt; ebenso gab es eher Betroffenheit als moralische Entrüstung, als Niyazis Tochter ihre Ehre verlor. Jedem im Dorf scheint bewußt zu sein, daß man schuldlos schuldig werden kann.

Die wachsende Distanz zur Ehre muß jedoch verschleiert werden. Nach außen muß weiterhin die bedingungslose Bereitschaft demonstriert werden, jederzeit für die Familie zur Waffe zu greifen; nur das garantiert die Rechtssicherheit der Familie. Die gewachsene Distanz kann sich höchstens listig artikulieren: indem man häufiger Konflikte übersieht; öfter Frauen strategisch einsetzt; Auseinandersetzungen bewußter begrenzt. Insgesamt gewinnt man den Eindruck, die Ehre werde häufiger beschworen als tatsächlich gelebt. Sie hat, mit anderen Worten, den Charakter des notwendigen Scheins. Um der Rechtssicherheit willen muß man die Bereitschaft zeigen, zu töten, um der Kontinuität willen muß man davon Abstand nehmen. Die Pistole, das Symbol männlicher Wehrhaftigkeit, wird, wie wir gesehen haben, nach Hause gebracht, wenn sich abzeichnet, daß man sie brauchen könnte. Man demonstriert Ehre und weicht gleichzeitig ihren Forderungen aus.

Anmerkungen

1 Die Numerierung bezieht sich auf die Tabelle S. 73 f.

2 Die Erfahrung des Spottes mußte ich 1974 während meines ersten Feldforschungsaufenthaltes in Maraş selbst machen. Die Fehler, die ich damals machte, führten dazu, daß ich als Außenseiter betrachtet wurde. Die Erfahrung der Hilflosigkeit war beklemmend. Ich wurde von den Kindern verfolgt, ohne etwas dagegen machen zu können: Wenn ich micht gewehrt hätte, wäre das möglicherweise als Angriff auf die Familienehre interpretiert worden. Der Spott der Erwachsenen ging so weit, daß die jungen Männer überlegten, mit Steinen nach mir zu werfen – weniger um mir Schmerz zuzufügen, als um mich in eine lächerliche Situation zu bringen. Die Intervention der alten Männer ersparte mir diese Erfahrung.

3 Der »soziale Tod« durch das Verbergen von Frauen, ihr Unsichtbarmachen, wird auch in dem Erlebnisbericht von Barbara Yurtdaş (Yurtdaş, 1983, S. 103) erwähnt. Als Thema taucht er in dem Film *Yol* von Yilmaz Güney auf.

4 Wir werden diesen Punkt ausführlich im Kapitel »Rede, Namen und das Problem der Identität« diskutieren. Vgl. vor allem S. 229 ff.

5 Dies gilt natürlich nur für die Fälle, in denen nicht bewußt politisch gehandelt wurde – also bewußt ein Zeichen gesetzt wurde.

6 Die Analyse des Zeichens verdankt viel den Untersuchungen von Roland Barthes über den Mythos (1964, S. 85 ff). Die Operation, die aus einer Handlung ein politisches Zeichen macht, ist analog zu der, die aus einer Geschichte einen Mythos macht. In beiden Fällen handelt es sich um ein »sekundäres semiologisches System« (S. 92).

7 In der Literatur trifft man öfters auf Fälle, bei denen ein komplizenhaftes Schweigen des Dorfes schließlich im Streit gebrochen wurde. So beschreibt Tezcan einen Fall, in dem eine Blutfehde jahrelang ruhte – bis schließlich einer der Beteiligten in einen Streit mit einem Dritten geriet, der im Zug der Auseinandersetzungen äußerte: »Deinen Vater haben sie getötet. Geh, streite mit ihnen! Was legst du dich mit mir an?« (Tezcan, 1972, S. 121, meine Übersetzung.) Ein ähnlicher Fall wurde auch von June Starr geschildert (1978, S. 157).

8 Was die Pistole betrifft, weicht die Anklageschrift von der Version »Mustafas, der Schnecke« ab. »Schnecke« meinte, man habe hier bewußt falsch ausgesagt, um ihm zu schaden. Ich neige dazu, ihm zu glauben. Auch in einer zweiten Hinsicht gibt es eine Abweichung: Die Anzeige behauptet, Ahmet sei mit auf dem Berg gewesen – dies konnte in der weiteren Verhandlung widerlegt werden. Ahmet wurde freigesprochen.

9 Eine sehr ähnliche Struktur der Auseinandersetzung findet sich bei den von

Dundes, Leach und Özkök beschriebenen Beschimpfungsritualen von türkischen Jungen (Dundes, Leach und Özkök, 1970).

[10] Siehe auch Seite 247.

[11] *Namaz*-Gebete sind die vorgeschriebenen rituellen Gebete, die fünfmal am Tag zu verrichten sind.

[12] Eine ausführliche Diskussion des *helal*-Gedankens findet unten im Kapitel »Gott, Mensch und Gesellschaft« statt, in dem die religiöse Symbolik als Ganze dargestellt werden wird. In diesem Zusammenhang interessieren nur die im engeren Sinn politisch-rechtlichen Aspekte.

[13] Der Islam ist eine Religion ohne Sakramente. Die Autorität der *hocas* beschränkt sich auf die Exegese. Auch haben sie keinerlei »seelsorgerische« Funktion, die mit der eines Pfarrers vergleichbar wäre.

[14] Dies unterscheidet die Situation in Subay von der anderer türkischer Dörfer – vor allem denjenigen Ostanatoliens. Dort hatten die Häupter der Bruderschaften *(şeyh)* erheblichen Einfluß und wirkten als konfliktlösende Instanzen (vgl. Bruinessen, 1978). Wesentlich anders durfte auch die Situation in alevitischen Dörfern gewesen sein. Dort hatten die religiösen Führer, die *seyids,* auch richterliche Funktionen (nach einer mündlichen Auskunft von Ingrid Pfluger).

[15] Die Überlieferung des Islam erkennt vier Bücher bzw. Offenbarungen an: *Tevrat* (Pentateuch), der von Gott dem Propheten Musa (Moses) offenbart wurde; *Zebur* (Psalter), der dem Propheten Davut (David) offenbart wurde; *Incil* (Neues Testament), das dem Propheten Isa (Jesus) offenbart wurde, und schließlich den Koran, die Offenbarung Muhammads, die letzte und vollkommene Offenbarung. Nach der Überlieferung wurde jede Offenbarung bis auf die letzte verfälscht und machte deshalb eine weitere erforderlich.

[16] Der Islam hat neben dieser gesellschaftlich-politischen Dimension auch eine »existentielle«, die das Verhältnis des Individuums zu seinem Gott betrifft. Wenn beide Aspekte auch eng verknüpft sind (die existentielle Verantwortung, in die der Islam den Menschen stellt, ist auch und gerade eine Verantwortung gegenüber der Gesellschaft), so ist es doch für diese Analyse sinnvoll, sie zu trennen. Auf die »existentielle« Dimension werde ich im letzten Kapitel zu sprechen kommen.

[17] Im Falle einer Krankheit darf das Fasten gebrochen werden.

[18] Um Rentenansprüche geltend zu machen.

[19] Unklar. Unter Umständen wurden falsche Angaben gegenüber dem Standesbeamten gemacht.

[20] Die Fälle werden an folgenden Stellen diskutiert: (I): S. 58; (II)): S. 76; (III): S. 77; (IV): S. 79; (VI): S. 87; (XI): S. 89; (XII): S. 46; (XIII): S. 82; (XIV): S. 82; (XXI): S. 90; (XXV): S. 89; (XXVI): S. 57; (XXVIII): S. 47. Die Forstdelikte (V), (VII), (VIII), (IX), und (XVII) sind für uns ohne Belang (siehe S. 74). Bei den

Fällen (XV), (XVIII) und (XX) handelte es sich um reine Formsachen. Die Akte für den wahrscheinlich interessanten Fall (XIX) war leider nicht auffindbar. Der Fall (X) wird wegen seiner Belanglosigkeit nicht weiter diskutiert: Es handelte sich um ein Verfahren gegen einen alten Bauern, der ein bereits enteignetes Stück Land wieder unter den Pflug genommen hatte – der Bauer räumte bereitwillig einen Fehler durch seinen Sohn ein. Die Akten, die an das Schwurgericht weitergeleitet wurden, konnte ich nicht einsehen (Fälle XXI-XXV); Aussagen über (XXI) und (XXV) können jedoch auf Grund von Informationen aus dem Dorf gemacht werden.

[21] Die Bauern machen einen klaren Unterschied zwischen dem Wald unmittelbar über dem Dorf und dem übrigen Wald. Im ersteren darf nach Dorftradition kein Holz geschlagen werden: Der Hang wäre der Erosion ausgesetzt und das Dorf selbst durch Lawinen gefährdet. Diese Regel wird streng eingehalten. Anders verhält es sich mit dem Staatswald: Hier empfinden die Bauern es als legitim, sich mit ihrem Bedarf an Brenn- und Bauholz einzudecken: Die staatlichen Regelungen dafür erscheinen ihnen als unpraktisch. Dies ist der Bereich, in dem der Gegensatz von legitimer und legaler Ordnung am deutlichsten ist. Legal – aber in den Augen der Bauern als Feigling und Schwächling – verhielte sich der Bauer, der aus Angst vor dem Gesetz seinen Bedarf an Bauholz nicht einfach decken würde. Er hätte mit einer erheblichen Einbuße an Ansehen zu rechnen.

[22] Ein anderer Zeuge gibt die Aufforderung folgendermaßen wieder: »Werfe auf ihn, du bist die Frau eines Soldaten, dir können sie nichts machen« – eine Spekulation, die das oben diskutierte listige Einsetzen von Frauen in Konflikten um eine Nuance bereichert.

[23] Der Dorfbote wird in Naturalien bezahlt; jeder Haushalt liefert eine bestimmte Menge Weizen ab.

[24] *Yarım,* wörtl. Hälfte (nämlich eines *teneke,* eines Kanisters für Speiseöl). *Yarım* und *teneke* sind örtlich gebräuchliche Mengen- und Gewichtseinheiten. Die Füllmenge einer *teneke* beträgt etwa 12–13 kg Weizen; ein *yarım* sind entsprechend 6–6,5 kg.

[25] Das Strafrecht war bereits im 19. Jahrhundert reformiert und unter Anlehnung an europäische Modelle modifiziert worden. Eine ausgezeichnete Einführung in diesen Komplex findet sich bei Lewis, 1961, S. 271ff.

[26] Nach dem staatlichen Erbrecht sind Söhne und Töchter gleichgestellt; nach dem islamischen Recht steht den Töchtern ein Viertel des Erbteils der Söhne zu. In Subay ist es üblich, den Töchtern nichts oder allenfalls einen Acker zuzusprechen.

[27] Vgl. S. 90.

[28] Daß eine Verurteilung und ein längerer Gefängnisaufenthalt keineswegs eine bilaterale Ehrauseinandersetzung beenden, tritt besonders in den Fällen von

Blutfehde hervor, in denen jemand mit offener Blutschuld nach seiner Entlassung erschossen wurde. Tezcan (1972) nennt mehrere Fälle (siehe S. 121, 124).

29 Wir werden auf den Fall ausführlich unten, S. 232 ff., zu sprechen kommen. Es handelt sich um einen Musterfall für die Meinungsbildung im Dorf.

30 Bataille (1975), vor allem S. 12 ff.

31 Auch bei den Ausbrüchen von Patriotismus ist die Frage, ob die Begeisterung tatsächlich der Nation gilt oder nicht vielmehr dem Islam. Im Dorf wird das Wort »Türke« naiv mit dem Wort »Muslim« identifiziert. Wenn die Bauern mich zur Konversion zum Islam aufforderten, gebrauchten sie häufig die bezeichnende Wendung: »Werde Türke. Laß dich beschneiden.« Ebenfalls wurde der Zypernkrieg als *cihat,* als Glaubenskrieg, gesehen. Eine ausgezeichnete Darstellung über die historische Entwicklung von politischer Identität in der Türkei findet sich bei Lewis, 1968, S. 324 ff.

32 Hierzu siehe S. 248 ff.

33 Yilmaz Güney hat dieses Gefühl in seinen Filmen *Arkadaş* (»Der Freund«), vor allem aber in *Yol* (»Der Weg«) bewundernswert ausgedrückt.

Wirtschaften, Zeiterfahrung und Individualität

Die im Hochzeitsritual dargestellte »Verfassung« der Gesellschaft drückt auch dem dörflichen Wirtschaften ihren Stempel auf – sie bestimmt das Produktionsziel ebenso wie die Regeln von Arbeit, Distribution und Tausch. Sie prägt die Logik des wirtschaftlichen Handelns wie dessen Grenzen und Möglichkeiten. Die Erfahrungen in diesem Handlungsbereich prägen maßgebend die Zeiterfahrung des Individuums – und damit eine entscheidende Dimension des Bewußtseins seiner selbst.

Die familiale Produktion

Die Struktur der Produktion

In Subay sind die in einem Haushalt zusammenlebenden Familien die Produktions- und Konsumptionsgruppen. Die Identität von Wirtschaftseinheit und politisch-rechtlicher Einheit ist für das Wirtschaften entscheidend. Sie bedeutet vor allem, daß ein Hof kein Betrieb ist. Die Beziehungen in ihm sind nicht um eines ökonomischen Zweckes willen eingegangen worden, sondern existieren vorab und haben ihr eigenes Gewicht. Das drückt sich zunächst im Ziel der Produktion aus. Dem politischen Streben nach Gleichheit und Selbstbehauptung entspricht ein Interesse an Autarkie und Unabhängigkeit – und damit eine Orientierung der Produktion primär an Sicherheit und erst sekundär an Rentabilität.

Allgemein erscheint auch das geringste Risiko nur dann als vertretbar, wenn vorher das wirtschaftliche Überleben der Gruppe als Gesamtheit gewährleistet ist. Das begründet eine Struktur der Produktion, die man »additiv« nennen könnte: Ihren »Kern« bildet die Produktion der Lebensmittel für den Eigenbedarf; erst wenn die Autarkie der Familie gesichert ist, werden andere, riskantere, aber auch lohnendere Tätigkeiten in Angriff genommen.

Der »Kernbereich« der Produktion ist für alle Haushalte in Subay der gleiche. Zur Deckung des Grundnahrungsbedarfs wird Weizen angebaut; für die Viehzucht außerdem Gerste und in geringerem Maß Blatterbsen. Jeder besitzt Kühe und/oder Schafe zur Deckung des Bedarfs an Milchprodukten und für den gelegentlichen Fleischbedarf. Dies wird ergänzt durch Gartenfrüchte – Hülsenfrüchte, Kartoffeln und Gemüse. Darüber hinaus braucht jeder Haushalt ein Paar Zugvieh – Ochsen oder Büffel – und ein Transporttier: einen Esel, ein Maultier oder ein Pferd. Zum Grundbedarf eines Haushaltes gehört weiterhin eine gewisse Geldmenge, nicht nur, weil die Haushalte nicht alles produzieren können, was sie benötigen (es bleibt ein Bedarf an Tee, Zukker, Öl, jahreszeitlich mangelndem Gemüse und ähnlichem), sondern auch, weil Bargeld eine rituelle Bedeutung hat: Vor allem die Ausrichtung einer Hochzeit verschlingt erhebliche Summen.

Der Bedarf an Geld wurde früher durch saisonale Migration vor allem nach Istanbul gedeckt; sie wurde aufgegeben, als die Bauern die Möglichkeit bekamen, im Auftrag der Regierung Holz zu fällen.

Subay liegt in einem der wenigen geschlossenen Waldgebiete der Türkei. Im Auftrag der Regierung schlagen die Bauern jedes Jahr eine vom Forstamt zugeteilte Menge Holz. Dazu wird der Wald in Parzellen aufgeteilt. Jeder verheiratete Mann erhält eine Parzelle; Mitglieder der Kooperative eine weitere. Außerdem kann man sich bemühen, die Parzellen der Haushalte zu bekommen, die – meistens aus Altersgründen – nicht in der Lage sind, im Wald zu arbeiten. In diesen Fällen werden Regelungen getroffen, die denen der Pacht ähneln: Entweder wird die Hälfte des Verdienstes mit dem Besitzer geteilt, oder dieser bekommt die Prämie, die zusätzlich jedes Jahr von der Forstverwaltung ausgeschüttet wird. Der Akkumulation von Parzellen und damit Geld sind dadurch enge Grenzen gesetzt. In der Regel holzt jeder Haushalt zwei Parzellen ab, seltener drei oder vier, und nur ein Haushalt hat (1977) fünf Parzellen bearbeitet.

Die anfallenden Arbeiten bestehen aus dem Fällen und Abrinden der Bäume und dem Abtransport der Stämme zu einem Waldweg, von dem sie dann im Auftrag der Kooperative von einem Traktor oder LKW abgeholt und nach Andıraz transportiert werden. Das Entgelt erfolgt nach geschlagener Kubikmeterzahl Holz. Die Bauern gaben für 1976 den Ertrag aus der Forstarbeit – vielleicht etwas zu gering – mit 10000 bis 20000 TL an (der Monatslohn eines ungelernten Arbeiters betrug zu dieser Zeit ungefähr 3000 TL).[1]

1977 waren neun Haushalte nicht in der Lage, ihren Grundbedarf an Nahrungsmitteln und Geld aus eigener Kraft zu decken, da ihre Arbeitskraft wegen Alter oder Krankheit nicht ausreichte. Diese Haushalte verpachteten entweder ihre Waldparzellen und Felder oder ließen sie durch Nachbarn oder Verwandte bestellen.

Erst wenn die Unabhängigkeit des Hofes durch Feld- und Waldarbeit gedeckt ist, werden marktorientierte Tätigkeiten aufgenommen. Möglich sind Schaf- und Ziegenzucht: 1977 hielten vier Haushalte Herden zwischen 50 und 95 Stück Kleinvieh; für diese Anzahl benötigt man eine Arbeitskraft . Im Viertel Subay gibt es darüber hinaus mehrere Haushalte, die jeweils ca. 20 Ziegen halten; sie werden gemeinsam geweidet, wobei die Haushalte im Turnus Hirten stellen. Die Ziegenzucht ist lukrativ – Numen Baykurt hatte 1976 einen Verdienst von 26 000 TL aus einer Herde von 75 Ziegen und 15 Schafen –, bindet jedoch ganzjährig eine Arbeitskraft, weil Ziegen nicht mit Großvieh zusammen gehalten werden können. Daneben betreiben zwei Bauern Krämerläden; einer von ihnen außerdem noch ein kleines Lokal am Marktort Bostan, das immer nur am Markttag geöffnet ist. 1977 gab es zwei Traktoren im Dorf – einer von ihnen im kollektiven Besitz von zwei Bauern – 1983 waren es fünf. Die Arbeiten, die mit dem Traktor ausgeführt werden, sind vor allem der Transport von geschlagenem Holz, das wöchentliche Fahren in die Stadt und das Verrichten von Drescharbeiten mit einem Zusatzgerät. Kemal, der reichste Bauer im Dorf, betreibt mit dem Traktor außerdem Handel. 1976 verdiente er 80 000 TL (ca. 10 000 DM) mit seinem Traktor, Hüsnü und Zifer mit ihrem zusammen 60 000 (ca. 7500 DM). Allerdings ist in den letzten Jahren aufgrund gewachsener Konkurrenz, weniger Arbeit im Wald und erheblich gestiegener Ölpreise die Wirtschaftlichkeit von Traktoren fast auf Null gesunken. Während sich die Anschaffung bis 1978 noch innerhalb von zwei (!) Jahren amortisierte, ist daran heute nicht mehr zu denken – der Verdienst von heute decke gerade die Unkosten, wird von den Traktorbesitzern gesagt. Damit sind schon alle Bereiche der Marktproduktion genannt. Ihre geringe Bedeutung ist noch auffälliger, wenn man berücksichtigt, daß es Überschneidungen gibt; von 52 Haushalten produzieren nur sieben auch für den Markt.

Produktionsstruktur in Subay (1977)

Feld	Wald			3 Haushalte
Feld	Wald			6 Haushalte
Feld	Wald			36 Haushalte
Feld	Wald	Vieh		3 Haushalte
Feld	Wald	Traktor		1 Hauhalt
Feld	Wald	Vieh	Traktor	1 Haushalt
Feld	Wald	Laden	Traktor	1 Haushalt
Feld	Wald	Laden	Lokal	1 Haushalt

Gestrichelte Kästchen stehen für Felder bzw. Waldparzellen, die nicht aus eigener Kraft bewirtschaftet werden können und deshalb verpachtet werden.

Die Skizze verdeutlicht den additiven Charakter der Produktion. Unberücksichtigt bleiben Gelegenheitsarbeiten (z.B. als Tischler) und Gelegenheitsverkäufe.

Die politisch und sozial gebotene Orientierung der Produktion an Sicherheit und Autarkie setzt dem Wirtschaften Grenzen; dennoch wäre auch innerhalb der additiven Struktur der Produktion eine wesentlich umfangreichere Produktion für den Markt denkbar. Die natürlichen Gegebenheiten würden Viehzucht in größerem Umfang, Gemüse- und Obstanbau, den Anbau von Reis u. ä. erlauben. All diese Projekte werden im Dorf erwogen, aber nicht angegangen. Die Gründe dafür werden deutlich, wenn wir unser Augenmerk von den Produkten auf die Produktionsweise lenken.

Die Organisation der Produktion

Die Identität von politisch-rechtlicher Einheit und Produktionseinheit drückt sich außer im Produktionsziel auch in der Organisation von Arbeit aus. Arbeit im Dorf ist weit mehr als *iş*, »Arbeit« im engeren Sinn des Wortes (also eine Handlung zur Herstellung oder Veredelung eines Produkts); sie wird vor allem als wesentlicher (wenn nicht wichtigster) Teil der Verpflichtungen (*görev*) gesehen, die man dem Haushaltsvorstand schuldet, als Gegen-Gabe, die man dem Haushaltsvorstand zu erbringen hat. In und durch seine Arbeit drückt man aus, daß man bereit ist, seiner Stellung im Haus Rechnung zu tragen, seine Pflichten als Person zu erfüllen. Die Aufteilung der Arbeiten, aber auch die Art und Weise, in der sie erledigt werden, reflektiert auf der ökonomischen Ebene die Konzeption der Familie als sozialer Körper und die Struktur asymmetrischer Tauschbeziehungen.

Die Arbeitsteilung folgt der für den Wert der Ehre (*namus*) konstitutiven Unterscheidung von Innen und Außen. Im wesentlichen produzieren die Männer außerhalb des Hauses das, was die Frauen innen weiterverarbeiten und veredeln.

Die wichtigsten Arbeitsbereiche der Männer sind die Waldarbeit (Fällen, Abrinden, Transport der Bäume), das Hüten des Viehs, die Feldbestellung (Pflügen, Säen, Mähen) und der Handel mit allen wichtigeren Gütern. Die wichtigsten Arbeitsbereiche der Frauen sind dagegen: Weiterverarbeitung des Weizens (Waschen, *bulgur*-Kochen, Brotbacken), Melken und Verarbeiten der Milchprodukte, Kochen und Waschen (Geschirr, Wäsche). Der Garten wird zum Bereich des Hauses gerechnet. Der grundlegenden Geschlechtertrennung unterliegen nicht die Arbeiten, die sich zwischen dem Feld als dem Bereich des Mannes und dem Haus als dem Bereich der Frau ansiedeln: der Transport des Getreides vom Feld zum Dreschplatz und die Arbeiten auf dem Dreschplatz selbst (das Dreschen mit dem *gem*, dem Dreschschlitten, die Arbeiten an der Dreschmaschine, das Trennen der Spreu vom Weizen). Allerdings ist zu beobachten, daß während des Höhepunktes der Ernte auch Frauen auf den Feldern arbeiten. Dann aber wird im Bereich Außen wieder die grundsätzliche Unterscheidung von männlichem Produzieren und weiblichem Weiterverarbeiten getroffen. Die Männer mähen, während die Frauen das Getreide bündeln und Garben errichten.

Zu den Männerarbeiten zählen außerdem alle Tätigkeiten, die rituelle Reinheit erfordern – besonders das Schächten der Tiere.

Sowohl bei der Männerarbeit wie bei der Frauenarbeit gibt es zentrale Aufgaben, die dem Haushaltsvorstand bzw. seiner Frau vorbehalten bleiben. Bei der Männerarbeit ist dies der Handel, bei dem der Haushaltsvorstand die Familie repräsentiert; bei der Frauenarbeit sind es das Kochen und Brotbacken. Entsprechend werden die peripheren Tätigkeiten im jeweiligen Arbeitsbereich gering geschätzt: für die Männer die Arbeit als Hirte – die Viehzucht ist eine Tätigkeit, die aufgenommen, aber wieder fallengelassen werden kann –; für die Frauen das Wäschewaschen am Brunnen und das Arbeiten im Garten. Diese Arbeiten werden meistens den jungen Männern respektive den Schwiegertöchtern übertragen.

Die Hierarchie zwischen den verschiedenen Arbeitstätigkeiten macht die Arbeitsteilung nur in einer Richtung durchlässig: Während es vergleichsweise häufig vorkommt, daß eine Frau auch Männerarbeit verrichtet, verrichtet nur in äußersten Notfällen ein Mann auch Frauenarbeit. Es gilt als Lob, wenn man einer Frau sagt, sie arbeite wie ein Mann (*erkek gibi çalışıyor*) oder sie sei wie ein Mann (*erkek gibidir*). Ein Mann, der Frauenarbeit verrichtete, hätte dagegen mit Schmähungen zu rechnen. Er gälte als *kılıbık*, als Pantoffelheld, der zu schwach ist, sich zu Hause durchzusetzen, und man hielte ihm entgegen: *Senin karnın laf ediyor mu?* – »Kommandiert dich deine Frau herum?« Ebenfalls als problematisch – wenn auch nicht im gleichen Ausmaß – gilt es, wenn alte Männer oder Frauen die Arbeiten verrichten müssen, die eigentlich Aufgabe der Söhne bzw. Schwiegertöchter sind. Dies hat infolge der Arbeitsmigration zugenommen.

Die symbolische Gliederung der Arbeitstätigkeiten läßt sich grob folgendermaßen repräsentieren (die Pfeile geben dabei die Richtung an, in der die Arbeitsteilung durchbrochen und Arbeitshilfe geleistet werden kann):

Kochen Backen		Versorgen von Vieh im Stall		Viehhüten Feldarbeit Waldarbeit		Handel
		Putzen Wasserholen Wäschewaschen Gartenarbeit				
Haus- frau	←	Töchter Schwiegertöchter	→	Söhne	→	Haushalts- vorstand
		INNEN	:	AUSSEN		

Die Bedeutung von Arbeitstätigkeiten als Zeichen in bezug auf das Referenzsystem der Ehre macht die bäuerliche Produktion unflexibel, weil sie dem rationalen Einsatz von Arbeitskräften Grenzen setzt: Eine Arbeit kann nicht einfach von jedem erledigt werden, der gerade Zeit hat – selbst wenn er über die notwendigen Fähigkeiten verfügt. Dies wirkt sich in einer ständigen Ungleichheit der Arbeitsbelastung aus; auch ist vor allem ein Mangel an weiblichen Arbeitskräften für einen Hof sehr problematisch, weil sie flexibler als Männer eingesetzt werden können. Auf dieses Problem werden wir noch bei der Diskussion der Strategien des Wirtschaftens zurückkommen.

Wie beim politischen Handeln hängt auch hier der Spielraum davon ab, wie gut man die Wirkung auf die Öffentlichkeit kontrollieren kann. Wenn keine Gefahr einer mißverständlichen Interpretation gegeben ist, kann auch ein Mann ausnahmsweise Arbeiten verrichten, die andernfalls entehrend wären.

So brachte mir der Dorfvorsteher eines Tages eigenhändig Essen, fühlte sich aber dann doch zu einer Erklärung verpflichtet: »Soll ich deswegen meine Frau vom Feld holen? Ich mach es selbst!« Ebenso überraschte ich Şaban Subayoğlu eines Tages dabei, als er sein Haus kehrte. Auch er erklärte sich: »Es ist eben überall schmutzig. Im Haus fehlt eine Schwiegertochter. Aber was soll ich machen? Ich habe kein Geld, um meinen Sohn zu verheiraten.« Kennzeichnend für den Versuch, die Dimension einer Handlung zu kontrollieren, war auch ein Verhalten, das ich bei meinem Feldforschungsaufenthalt 1974 in einem Dorf von Afşin beobachtete: Nachts, als die Öffentlichkeit sozusagen aufgehoben war, gingen vereinzelt auch Männer zum Brunnen.

Die Familienstruktur bildet sich jedoch nicht nur in dem ab, *was* produziert wird, sondern auch darin, *wie* produziert wird, in der Autoritätsstruktur und im Arbeitsrhythmus. Die Autoritätsstruktur läßt sich folgendermaßen darstellen:

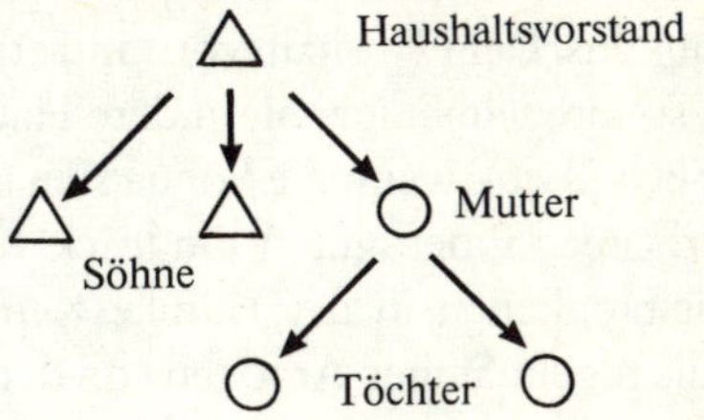

Während der Haushaltsvorstand die Arbeiten der Männer selbst einteilt, delegiert er die Einteilung der Frauenarbeiten an seine Frau. So ist bei aller prinzipiellen Autorität des Haushaltsvorstandes doch eine relative Autonomie der Handlungsbereiche von Mann und Frau gewahrt. Dies drückt sich gelegentlich darin aus, daß die Hausfrau, vor allem in Phasen extremer Arbeitsbelastung, sich weigert, einem Ansinnen ihres Mannes zu folgen, beziehungsweise sich schützend vor die Tochter oder die Schwiegertochter stellt, wenn die Aufforderung an sie gerichtet wird. Zwei kleine Szenen mögen das verdeutlichen.

11.8. In der Erntezeit komme ich ins Haus des Dorfvorstehers, um Brot zu holen. Seine Frau bringt eine Plastiktüte und entnimmt ihr Brot, das zerkrümelt und offenbar schon mehrere Tage alt ist. »Jetzt, wo Werner da ist«, meinte der Dorfvorsteher fröhlich, »kannst du ja wieder backen.« – »Das Brot ist gut genug«, antwortete seine Frau patzig, »ich habe etwas anderes zu tun, als ständig Brot zu backen.«

20.1. Letzter Tag des Aufenthaltes im Dorf. Ich gehe zu »Mustafa, dem Riesen« und treffe ihn vor seinem Haus, wo er den gekochten und nun zum Trocknen ausgebreiteten Weizen vor den Hühnern bewacht. Als er seine Tochter aufforderte, uns Kaffee zu kochen, griff seine Frau ein: »Sie hat jetzt keine Zeit, sie muß mir helfen.« Erst als »Mustafa, der Riese« sie bittet (»Schau, Werner ist heute den letzten Tag da!«), gibt sie nach.

Die Männer lassen eine Weigerung im allgemeinen durchgehen, solange sie keine Folgen für ihre Autorität oder ihren politischen Status im Dorf fürchten müssen. Die Grenze ist jedoch überschritten, wenn einem direkten Befehl nicht Folge geleistet wird. »Ich mußte meine Frau schlagen«, erzählte mir »Mustafa, der Riese« eines Tages, »was sollte ich machen? Ich habe ihr gesagt, sie solle das Maultier absatteln und seinen Schweiß abtrocknen. Als ich nach einer Stunde zurückkam, war immer noch nichts passiert.«

Die Hierarchie der familialen Beziehungen drückt sich außerdem im Arbeitsrhythmus aus. Der Haushaltsvorstand arbeitet in der Regel weniger, zumindest unregelmäßiger als andere Haushaltsmitglieder. Es gilt als schmählich (*ayıp*), wenn die Söhne sich ausruhen, solange der Vater noch arbeitet.[2] Einen guten Eindruck vermittelt die Auflistung der Arbeitstätigkeiten in der Familie Kemal Akkayas (vgl. S. 111). Während die regelmäßigen Arbeiten von den Frauen und Söhnen erledigt werden, entscheidet der Haushaltsvorstand von Tag zu Tag, in welchem Bereich seine Mitarbeit sinnvoll und notwendig ist; auch nimmt er sich gelegentlich einen Tag frei, um auszuruhen. Der Zwang, mindestens ebenso lange zu arbeiten wie der Vater, veranlaßte Ismail, den Sohn des »Dürren Offiziers«, eines Tages zu einer beredten Klage:

»Dir hat es ja hier gefallen [sagte er zu mir], aber du hast ja auch nicht als Bauer gearbeitet. Du wohnst hier allein und brauchst dich nicht über Vater und Mutter ärgern. Wenn du willst, arbeitest du, wenn du nicht willst, sagst du: ›Aah‹ – und legst dich eine Stunde hin. Aber ich bin ständig mit meinem Arbeitgeber (*işve-*

ren) zusammen. Setze ich mich zu Hause hin, so wie jetzt bei dir, dann kommt mein Vater und sagt: ›Es gibt eine Menge Arbeit. Mach diese oder jene Arbeit.‹ «

In diesem Zusammenhang ist auch die Pflicht eines Sohnes erwähnenswert, sobald er irgend kann, seinen Vater aufzufordern, »die Arbeit niederzulegen, spazierenzugehen, sich auszuruhen«. Bevor die Arbeitsmigration zahlreiche junge Männer aus dem Dorf abzog, hat kaum ein Mann über fünfzig gearbeitet.[3]

Noch weniger Muße als den jungen Männern wird den Frauen der Familie zugestanden. Andrea Petersen beobachtete in einem Dorf in Sivas die ständige Arbeitstätigkeit der Frauen. »Leer, d.h. ohne Arbeit, untätig herumzusitzen gilt als Zeichen von Faulheit« (1985, S. 60). Dabei war es offenbar wichtig, *daß* gearbeitet wurde; vergleichsweise gleichgültig war, *was* gearbeitet wurde. Das untätige Sitzen der Ethnologin wurde als für eine Frau unpassend empfunden. Sie wurde aufgefordert, nicht »wie ein Mann« zu sitzen. In diesem Sinn lobte auch der »Tabakhändler« seine Schwiegertochter: »Das ist eine Schwiegertochter! Sie legt sich nicht nieder, bevor ich mich zum Schlafen lege.«

Arbeitsorganisation einer Großfamilie:
Im folgenden ist die Arbeitsorganisation der Familie von Kemal Akkaya für eine Woche Anfang Juni (während der Waldarbeit) und Ende Juli (während der Ernte) wiedergegeben. Man gewinnt einen Eindruck von den Arbeiten, die in der ländlichen Produktion anfallen, wie auch von der nach Alter und Geschlecht differenzierten Arbeitsteilung.

Der Haushalt ist der reichste und größte des Dorfes. Zu seiner Geschichte siehe S. 145 ff.

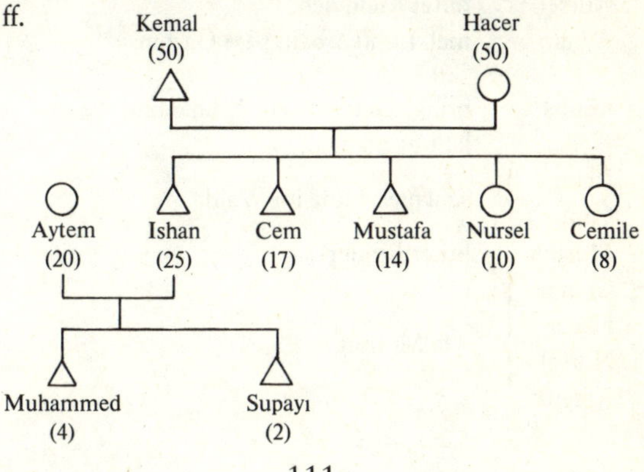

6. Juni bis 10. Juni 1976

<table>
<tr><td>Montag</td><td>Kemal</td><td>deckt ein Haus auf der Bergweide mit Ziegeln.</td></tr>
<tr><td></td><td>Ishan</td><td rowspan="2">fahren mit dem Traktor in die Kreisstadt, um Ziegel zu kaufen.</td></tr>
<tr><td></td><td>Cem</td></tr>
<tr><td></td><td>Mustafa</td><td>hütet Rinder.</td></tr>
<tr><td></td><td>Cemile</td><td>hütet Schafe und Ziegen.</td></tr>
<tr><td></td><td>Hacer</td><td>bereitet Essen zu und bäckt Brot.</td></tr>
<tr><td></td><td>Nursel</td><td>arbeitet den ganzen Tag im Garten.</td></tr>
<tr><td></td><td>Aytem</td><td>melkt am Morgen Vieh auf der Hochweide und geht anschließend ebenfalls in den Garten.</td></tr>
<tr><td>Dienstag</td><td>Kemal</td><td>ruht aus.</td></tr>
<tr><td></td><td>Ishan</td><td rowspan="2">schlagen Holz im Wald.</td></tr>
<tr><td></td><td>Cem</td></tr>
<tr><td></td><td>Mustafa</td><td>hütet Rinder.</td></tr>
<tr><td></td><td>Cemile</td><td rowspan="4">wie Montag.</td></tr>
<tr><td></td><td>Hacer</td></tr>
<tr><td></td><td>Nursel</td></tr>
<tr><td></td><td>Aytem</td></tr>
<tr><td>Mittwoch</td><td>Kemal</td><td>deckt sein eigenes Haus mit Ziegeln; verarztet am Abend eine Kuh.</td></tr>
<tr><td></td><td>Ishan</td><td rowspan="2">fahren in die Kreisstadt, um Ziegel zu kaufen.</td></tr>
<tr><td></td><td>Cem</td></tr>
<tr><td></td><td>Mustafa</td><td>hütet Rinder.</td></tr>
<tr><td></td><td>Cemile</td><td>treibt einen Büffel zur Hochweide.</td></tr>
<tr><td></td><td>Hacer</td><td>bereitet Essen zu, bäckt Brot.</td></tr>
<tr><td></td><td>Nursel</td><td>hütet Kleinvieh.</td></tr>
<tr><td></td><td>Aytem</td><td>melkt und arbeitet im Garten.</td></tr>
<tr><td>Donnerstag</td><td>Kemal</td><td>bringt Getreide zur Mühle und läßt es mahlen.</td></tr>
<tr><td></td><td>Ishan</td><td rowspan="2">schlagen Holz im Wald.</td></tr>
<tr><td></td><td>Cem</td></tr>
<tr><td></td><td>Mustafa</td><td>hütet Rinder.</td></tr>
<tr><td></td><td>Cemile</td><td rowspan="4">wie Montag.</td></tr>
<tr><td></td><td>Hacer</td></tr>
<tr><td></td><td>Nursel</td></tr>
<tr><td></td><td>Aytem</td></tr>
</table>

Freitag	Kemal Ishan Cem	fahren in die Kreisstadt; gehen dort in die Moschee; erledigen die Einkäufe auf dem Markt; »ruhen aus«; kaufen Kalk und Zement.
	Mustafa	hütet Rinder.
	Cemile	hütet Schafe und Ziegen.
	Hacer	kocht, bäckt Brot.
	Nursel	arbeitet im Garten.
	Aytem	wäscht Wäsche.

28. Juli bis 1. August 1976

Donnerstag	Kemal	arbeitet mit Nursel und Aytem auf dem Feld. Kemal mäht; Nursel und Aytem bündeln das Getreide.
	Ishan Cem	arbeiten mit dem Traktor im Wald; im Auftrag der Kooperative transportieren sie das Holz in die Kreisstadt.
	Mustafa	hütet Rinder.
	Cemile	hütet Schafe und Ziegen.
	Hacer	kocht, bäckt Brot, bewässert den Garten, versorgt am Abend das Vieh.
	Nursel Aytem	arbeiten mit Kemal auf dem Feld.
Freitag	Kemal	fährt mit Cem in die Kreisstadt; Markt, Moscheebesuch.
	Ishan	arbeitet mit Nursel auf dem Feld.
	Cem	fährt mit Kemal in die Kreisstadt.
	Mustafa	hütet Rinder.
	Hacer	kocht, bäckt, bewässert, versorgt das Vieh am Abend.
	Nursel	arbeitet mit Ishan auf dem Feld.
	Aytem	wäscht Wäsche und geht anschließend auf das Feld.
Samstag	wie Donnerstag	
Sonntag	wie Donnerstag	

Montag	Kemal	bereitet Ochsenkarren zum Abtransport des Weizens vor.
	Ishan, Cem	transportieren Holz im Auftrag der Kooperative.
	Mustafa	hütet Rinder.
	Cemile	hütet Ziegen und Schafe.
	Hacer	kocht, bäckt, bewässert, versorgt das Vieh am Abend.
	Nursel, Aytem	arbeiten im Garten.

Das dörfliche Konzept von Arbeit

Wenn Arbeit als *görev* gesehen wird, bedeutet dies, daß man ihr einen Eigenwert als Zeichen zumißt; sie ist auch eine Geste für die Bereitschaft, seiner Stellung im Haushalt gerecht zu werden. Dies verleiht der Arbeit einen Sinn in sich. Gelegentlich – wie im Fall der unaufhörlichen Arbeitstätigkeit der Frauen – scheint der symbolische Sinn der Arbeit seinen produktiven völlig zu überdecken.

In *diesem* Sinn ist Fleiß ein Wert. Es ist entscheidend, daß von einem jungen Mann gesagt wird: »Er ist fleißig« (*O çalışkan*). Wer sich dieser Verpflichtung zur Arbeit entzieht, wird als Person nicht für voll genommen werden und zunehmend vom Gabentausch ausgegrenzt werden. Ahmet Akdemir betonte, daß er niemanden seines Alters grüße, der nicht arbeite (er war damals Anfang 40). Die Schwierigkeiten eines jungen Mannes, eine Frau zu finden, wurden darauf zurückgeführt, daß er »nicht richtig arbeite« (*O çalışmaz.*). Man würde all diese Äußerungen falsch verstehen, wenn man aus ihnen eine positive Bewertung von Arbeit an sich ableiten würde: Vielmehr ist es ja gerade ein Ausdruck der privilegierten Situation des Haushaltsvorstandes, sich, sobald es geht, von der Arbeit zurückziehen zu dürfen. Es würde niemandem einfallen, in der bloßen produktiven Tätigkeit ein Ziel in sich selbst oder gar den Sinn des Lebens zu erblicken.

Es scheint, als sei diese Auffassung von Arbeit nur mit einer Orientierung der Produktion an Subsistenz vereinbar, bei der sich die einzelnen Tätigkeiten qualitativ ergänzen und nicht untereinander vergleichbar sind: Jede Tätigkeit hat einen nicht mit anderen Tätigkeiten aufrechenbaren Sinn, solange sie zur Sicherung des Lebensunterhaltes des Ganzen beiträgt. Was Bourdieu für die Kabylei beobachtete, läßt sich auch auf die Türkei übertragen:

»Die Unterscheidung zwischen produktiver und nicht produktiver wie auch die zwischen rentabler und nicht rentabler Arbeit ist zweitrangig; der grundsätzliche Unterschied wird dagegen zwischen dem Müßiggänger getroffen, der seine sozialen Pflichten vernachlässigt, und dem Arbeitenden, der seine sozialen Pflichten erfüllt, was auch immer das Produkt seiner Arbeit sein mag« (Bourdieu, 1977, S. 38, Übersetzung W. S.).

Die symbolische Bedeutung der Arbeit wird jedoch zweitrangig, wenn begonnen wird, für den Markt zu arbeiten – wenn also entweder für den Markt produziert wird oder wenn die eigene Arbeitskraft als Ware auf dem Markt verkauft wird. Sobald der Wert einer Arbeit in Geld ausgedrückt wird, wird ihre Produktivität zum ausschlaggebenden Sinnkriterium. Eine Arbeit muß zumindest auch produktiv sein, um als sinnvolle Arbeit anerkannt zu werden. Die Folge ist ein einsetzender Sinnverfall traditionaler Tätigkeiten.[4] In Subay war in dieser Hinsicht die Entwicklung der Weizenproduktion in den letzten Jahren aufschlußreich.

Mitte der sechziger Jahre änderte sich der Charakter des Weizenanbaus. Damals begannen die ersten Bauern, Kunstdünger statt Viehdünger zu verwenden. 1974 hatte sich der Kunstdünger völlig durchgesetzt. Dies bedeutete eine erhebliche Ertragssteigerung. Fast niemand kauft heute mehr Weizen an, während dies vor 1974 die Regel war. Außerdem erlauben es die nun dichter wachsenden Halme, mit der Sense statt mit der Sichel zu mähen (vorher wurde das Getreide mehr aus dem lockeren Boden herausgerissen als gemäht). Der nötige Arbeitsaufwand halbierte sich damit von durchschnittlich 30 auf heute durchschnittlich 15 Tage. Diese Entwicklung führte dazu, die Bestellung der entfernten Felder aufzugeben. Die Produktion blieb an der Deckung des Eigenbedarfs orientiert und verzeichnete keine wesentliche Steigerung. Während es sinnvoll erschien, auch noch die entferntesten Felder zu bearbeiten, solange es um die unmittelbare Deckung des Bedarfs der Familie ging, erschien es sinnlos, diese Felder trotz Intensivierung der Produktion weiter zu bestellen, nur um einen Überschuß an Weizen für den Verkauf zu produzieren. Der Marktpreis macht die Rentabilität der Arbeit kalkulierbar: Sie wird vergleichbar mit anderen am Markt orientierten Tätigkeiten. Bei diesem Vergleich schnitt die Weizenproduktion schlecht ab. – Ich habe nicht ermittelt, wie viele Bauern Land brachliegen ließen. Die Zahlen dürften jedoch denjenigen ähneln, die Taylan Akkayan ermittelte: Nach ihm bestellen 68,1% der Bauern in Aşağıoba und 59,2% in Yukarıoba nicht alle ihre Felder (1975, S. 171).

Man sollte erwähnen, daß die Mehrarbeit bei den entfernten Feldern erheblich ist. Das liegt nicht zuletzt am Transportproblem im bergigen Gelände. Kennzeichnend ist, daß Zeki Kaynakçı es für sinnvoller hält, ein dorfnahes Feld zu pachten[5], als ein dorffernes eigenes zu bestellen, d. h. er hält es für sinnvoller, den doppelten Arbeitsaufwand auf dem dorfnahen Feld zu leisten, als den Transportweg in Kauf zu nehmen. Aus diesem Grund ist trotz unbebauter Felder Land in Dorfnähe ein gesuchtes und knappes Gut.

Die Kalkulation der Wirtschaftlichkeit bleibt kennzeichnenderweise auf den Sektor der Marktproduktion beschränkt. Der durchaus denkbare Schritt, nun auch die Produktion für den Eigenbedarf in Geld auszudrücken – man könnte ausrechnen, was für entsprechende Produkte auf dem Markt bezahlt werden muß –, wird von den Bauern nicht vollzogen. So kann man die Frage diskutieren, ob es sinnvoller ist, Schafe aufzuziehen oder zusätzlichen Weizen für den Verkauf zu produzieren – es ist aber nicht sinnvoll, die Wirtschaftlichkeit einer Schafherde mit dem Anbau von Weizen für den Eigenbedarf zu vergleichen. Es fragt sich jedoch, wie lange es noch dabei bleibt. Die jungen Bauern erwägen immerhin bereits die Idee, die Bestellung extrem unfruchtbarer Felder aufzugeben, von Feldern, die einen Ertrag von 1:2 oder 1:3 haben; sie überlegen, statt dessen Schafe aufzuziehen und den Weizen für den Eigenbedarf dafür auf dem Markt zu beziehen. Dies wäre, sagt man, »Arbeit mit dem Kopf« (*kafasıyle çalışmak*), die »auf geplante Art und Weise« (*planlaşmış bir şekilde*) vollzogen werde; anders als die Arbeit »aus Gewohnheit« (*alışkanlık*), wie sie bisher von den Vätern betrieben worden sei. Wenn man auf diese Weise arbeitete, »könnte man auch in diesem Landstrich zu Geld kommen« (*bu memlekette para var*). Diese Gedanken, die darauf hinauslaufen, die an Sicherheit orientierte additive Produktionsstruktur abzuschaffen und durch die Produktion für den Markt zu ersetzen, haben einstweilen den Charakter von folgenlosen Gedankenspielen; sie drücken weniger eine Perspektive aus als den Verfall der Selbstverständlichkeit des bisherigen Arbeitsbegriffs.

Auch in anderer Hinsicht deutet sich ein neuer Begriff von Arbeit an. Wenn in der traditionalen Produktion zwar jede Tätigkeit einen Sinn hat, so bedeutet das doch nicht, daß sie auch den gleichen Wert besitzt. Allerdings handelt es sich dabei um eine qualitative, nicht um eine quantitative Bewertung: Die Hierarchie der Positionen bildet sich in einer Hierarchie der Arbeiten ab, die ihnen zugeordnet werden. Während beispielsweise niemand den Sinn von Frauenarbeit bestreiten würde, gibt es doch eine eindeutige Bewertung von Frauenarbeit als niedrig (*düşük*) im Vergleich zur Männerarbeit. Entsprechend hat jede Übernahme von Tätigkeiten, die geringer bewertet werden, Konsequenzen für den sozialen und politischen Status. Wir haben diesen Sachverhalt bereits oben bei der Diskussion der geschlechtsspezifischen Arbeitsteilung erwähnt: Kein Mann könnte (öffentlich bzw. über eine längere Zeit hinweg) Frauenarbeiten verrichten, ohne befürchten zu müssen, als *kılıbık*, als »Pantoffelheld«, betrachtet zu werden. Ähnliche Folgen hätte es für den Status, wenn er sich in ein ökonomisches Abhängigkeitsverhältnis von einem anderen begeben würde.

Traditionalerweise gab es für Männer zwei Abhängigkeitsverhältnisse dieser Art. Das erste war *iç güveylik,* die Einheirat in den Hof des Schwiegervaters, die möglich war, wenn dieser keine männlichen Erben hatte. Auf *iç güveylik* ließen sich nur arme Bauern ein, die ansonsten keine Möglichkeiten hatten, an Land zu kommen. Es galt als entehrend, einem anderen Mann gegenüber die Position einzunehmen, die der eines Sohnes dem Vater gegenüber entspricht. Ähnliche Probleme warf die ebenfalls durch Armut erzwungene Tätigkeit eines *çoban,* eines Hirten auf. Arme Familien waren gelegentlich gezwungen, ihre Kinder als Hirten in reiche Familien zu geben, weil sie selbst sie nicht ernähren konnten. Auch dieser Status gilt als demütigend; es mag daher rühren, daß heute noch das Wort *çoban* ein Schimpfwort ist.

Beide Formen von Abhängigkeitsverhältnissen implizieren ein Herr-Knecht-Verhältnis. Indem man für einen anderen arbeitete, begab man sich in eine Position nicht nur ökonomischer, sondern auch sozialer und politischer Unterordnung. Niemand war mehr bereit dazu, als sich mit der Arbeitsmigration eine Alternative ergab. Die fünf Bauern in Subay, die in den Hof der Frau eingeheiratet hatten, waren

1977 alle schon zwischen 60 und 80 Jahre alt. Wegen der symbolischen Bedeutung von Anstellungsverhältnissen für die dörfliche Wirtschaft ist man übrigens zur Deckung des Arbeitskräftebedarfes so gut wie ausschließlich auf die eigene Familie angewiesen. Ich werde darauf zurückkommen.

Mit der Produktion für den Markt gerät die qualitative Bewertung von Tätigkeiten in Konflikt mit einer quantitativen Bewertung nach Produktivität. Die prinzipielle Vergleichbarkeit aller Arbeiten, die dem Gelderwerb dienen, läßt die qualitativen Unterschiede zwischen den einzelnen Tätigkeiten auffallend rasch als zweitrangig erscheinen. Ihre zeichenhafte Bedeutung verblaßt: Die Differenzen zwischen Männer- und Frauenarbeit sind aufgehoben, sobald es sich um Lohnarbeit handelt. Niemand fand etwas dabei, daß »Wolf-Hasan« gegen Bezahlung die Hütte eines Forstbeamten putzte und ihm kochte; ebenso war es völlig mit der Ehre von Cemil vereinbar, selbst das Honiggebäck zuzubereiten, das er in seinem Lokal in Bostan verkaufte. Gelegentlich wird der Verlust des symbolischen Wertes noch mit Erstaunen registriert: »Hier im Dorf bereiten die Frauen das Brot zu und in der Bäckerei in der Stadt die Männer. Aber das ist eben so Brauch.« Die Versachlichung der Arbeit betrifft auch die Bewertung des Verhältnisses von Arbeitgeber zu Arbeitnehmer. Mit einem Lohnarbeitsverhältnis ist nur noch eine ökonomische, nicht mehr aber eine politische oder soziale Abhängigkeit gesetzt.

Allerdings gilt dies einstweilen nur für Anstellungsverhältnisse außerhalb des Dorfes. »Wolf-Hasan« konnte für den Forstbeamten arbeiten. Die gleiche Arbeit, für einen anderen Bauern verrichtet, wäre als Unterordnung erschienen.

Die Organisation der Distribution

Die Ordnung der Familie spiegelt sich außer in der Organisation der Arbeit auch in der Organisation der Distribution, d. h. in der Form, wie mit dem Erwirtschafteten verfahren wird. Sie läßt sich – in Anlehnung an ein Schema von Sahlins[6] – graphisch darstellen:

Aus dem Schema lassen sich drei entscheidende Gedanken ablesen:

1. Man arbeitet für den Vater, der den Haushalt insgesamt verkörpert. Alles Erwirtschaftete gehört zunächst ihm; es ist seine Aufgabe, es wiederum im Interesse der Gesamtfamilie zu verteilen.

2. Jeder erfüllt in und durch seine Arbeit seine Verpflichtungen gegenüber seiner Familie; er erwirbt dadurch umgekehrt einen Anspruch auf die Erfüllung aller grundsätzlichen Bedürfnisse durch die Familie.

3. Ebenso wie der Beitrag eines jeden im einzelnen durch seine Stellung im Haushalt bestimmt ist, richtet sich nach ihr auch der Anspruch, den er legitimerweise an seine Familie richten kann.

In der Idee, für den Vater zu arbeiten, drückt sich der Vorrang des Ganzen über die Teile aus. In der bäuerlichen Wirtschaft kann kein Arbeitsbeitrag für sich bestehen: Die Arbeit der Männer ist auf die Arbeit der Frauen verwiesen und umgekehrt. Entsprechend gehört das Produkt zunächst der Allgemeinheit und erst in zweiter Linie demjenigen, der es erarbeitet hat. Dieses Verhältnis wird sich in der Migration umkehren: Ein Geldeinkommen kann, anders als der geschlechtsspezifische Beitrag zur Subsistenzproduktion, für sich wahrgenommen werden; entsprechend gehört es zunächst demjenigen, der es erarbeitet hat, und erst in zweiter Linie der Allgemeinheit. Dies gilt (noch) nicht für die marktorientierten Arbeiten innerhalb des Dorfes. Zwar wird auch hier der Beitrag in Geld ausdrückbar (Kemal konnte beispielsweise über seinen Sohn, der die Schafe hütete, sagen: »Der Junge bringt mir 10 000 TL im Jahr«), doch ist es im Rahmen der additiven Produktion evident, daß dieser Geldbeitrag nur als Ergänzung der Subsistenzproduktion sinnvoll ist.

Dennoch deutet sich auch im Dorf ein Umdenken an. Bemerkenswert ist die Regelung, die im Haus des »Tabakhändlers« getroffen wurde. Seitdem ein Traktor angeschafft worden war, hat in diesem Haushalt die marktorientierte Tätigkeit erheblich an Bedeutung gewonnen: Memed, der Sohn, der als einziger mit dem Traktor arbeitet, erwirtschaftet ein für dörfliche Verhältnisse beträchtliches Geldeinkommen. Er liefert es – wie es die Regel verlangt – dem Vater ab; dieser jedoch achtet seinerseits peinlich genau darauf, dem Sohn eine entsprechende Summe an Bargeld wieder zur Verfügung zu stellen. Während der Sohn also *de facto* über seine Arbeit ein eigenes Einkommen besitzt, wird doch symbolisch an der Einheit des Hauses festgehalten. Anders verhält es sich bei zwei Haushalten in Geyik, in denen die Söhne als Lehrer arbeiten. Diese Arbeit wird als Tätigkeit betrachtet, die sie prinzipiell unabhängig von der Subsistenzproduktion macht (schließlich könnte sie auch in der Stadt verrichtet werden) und die außerdem der Autorität des Vaters entzogen ist. Beide Lehrer liefern ihr Einkommen nicht ab; dafür tätigen sie sämtliche Einkäufe für ihre Familie. So tragen sie zwar erheblich zum Familienbudget bei, stellen aber gleichzeitig die traditionelle Rolle des Vaters als desjenigen, für den gearbeitet wird, in Frage. Indem sie selbst das Geld ausgeben, demonstrieren sie, daß es sich zunächst um *ihr* Geld handelt – und daß ihre Familie erst in zweiter Linie Anspruch darauf hat.

Daß es Aufgabe des Vaters ist, das Erwirtschaftete im Interesse der Gesamtfamilie wieder zu verteilen, erscheint auch jungen Leuten als rational:

»Ich gebe meinem Vater das Geld, die 1500 TL, die ich im Monat [bei der Forstverwaltung] verdiene. Würde jeder [von den Brüdern] sein Geld für sich behalten, ginge der eine ins Freudenhaus (*bir kadın yemeğe gidiyor* – »er ginge eine Frau essen«), der andere spielte um Geld, und auf einmal wäre alles Geld alle und wir schauten in die Luft. So gebe ich es meinem Vater, und wenn etwas vorliegt, spreche ich mit ihm. Ist es vernünftig, gibt er seine Einwilligung oder er sagt: ›Laß uns das Geld sparen!‹ Warum sollte es da eine Meinungsverschiedenheit geben?«

Dabei besitzt jedes Haushaltsmitglied ein Recht auf die bestmögliche Befriedigung seiner Grundbedürfnisse. In diesem Zusammenhang wird in Subay immer wieder das Recht, gut und reichlich zu essen, hervorgehoben; nur weniges wird in Subay so scharf verurteilt wie Geiz in dieser Hinsicht. »Wer wie ein Esel arbeitet, soll wie ein *efendi* (Herr) essen«, heißt es, und selbst arme Bauern prahlen mit ihren Ausgaben für das Essen.

»Schau mich an. Was ich heute finde, esse ich heute; was ich morgen finde, esse ich morgen. In diesem Viertel verhalten sich alle so. Aber in dem Viertel drüben [in Kadı] sind sie ganz anders. Dort stecken sie den Zucker in den Schrank und sperren ihn zu! – Hier! Nimm dieses Stück Zucker. Mach, wie du willst: Süße ein Glas Tee damit oder drei. Wie du willst! Hier in meinem Haus (du siehst es) liegt der Zucker nur so herum! Hier trinken sie viel Tee, und der halbe Sack Zucker ist schon aufgebraucht. Zum Spaß habe ich auch schon einmal gesagt: ›Ich sperre ihn weg!‹ – Aber wohin sollte ich ihn denn sperren? Ich habe ja gar kein Schloß.« (Şaban Subayoğlu)

Şaban zählte daraufhin die Häuser der Freigebigen (»bei denen gibt's Nudeln und Reis« – beides Produkte, die käuflich erworben werden müssen) auf, wie auch die der »Geizigen«, die an den Ausgaben für das Essen sparen.

Neben der Befriedigung der Grundbedürfnisse hat jedes Haushaltsmitglied ein Recht auch auf die Erfüllung weitergehender Ansprüche. Dabei wird nach den Positionen der betreffenden Haushaltsmitglieder differenziert.

Die meisten Bauern gestehen ihren Söhnen ein Taschengeld zu, nicht aber ihren Töchtern: »Wozu bräuchten sie denn Taschengeld? Sie kommen doch sowieso nicht in die Stadt.« (Ishan Hoca). Als gerechtfertigt gilt auch das Bedürfnis der jungen Männer, sich – im Vergleich zu ihren Vätern – schick zu kleiden. Die Haltung eines Vaters gegenüber einem solchen Ansinnen verdeutlicht folgende Schilderung von Mahir Akkaya:

»Eines Tages sind wir [sein Sohn und er] zusammen nach Andıraz gegangen, um Vieh dorthin zu treiben. Da sagte mein Sohn: ›Vater, ich möchte eine Hose haben.‹ Ich sagte: ›Yahu, mein Sohn. Wir müssen auf unser Geld achten.‹ – Mein Sohn sagte: ›Ich habe‹, sagte er, ›beim Holzfällen geholfen, ich möchte Geld.‹ Ich sagte mir: ›Unsere Beziehung soll nicht brechen (*kırmasın*); er hat mir fünf Jahre lang Geld geschickt [der Sohn hatte in Ankara gearbeitet], und ich sagte: ›Also gut, mein Sohn.‹ « Sein Sohn, fuhr er fort, habe sich daraufhin eine ziemlich teure Hose gekauft, die zudem durch den Schneider habe abgeändert werden müssen.

Was die Bedürfnisse der Töchter betrifft, wird die Verteilung in manchen Haushalten vereinfacht, indem der Hausfrau ein eigenes Budget zugestanden wird: Schamgrenzen würden es den Töchtern verbieten, den Vater um Geld für Artikel zu bitten, die dem Intimbereich zugeordnet werden. Dieses Geld verdienen die Hausfrauen aus dem Verkauf von Gartenfrüchten, Yoghurt und Eiern auf dem Wochenmarkt in Andıraz.

Hacı Şakır: »Ob die Frauen ein getrenntes Budget haben, ist natürlich, wie soll ich sagen, von dem Verhältnis [der Ehepartner] abhängig.« Sei das Verhältnis gut und könnten die Partner einander vertrauen, sei dies sehr vorteilhaft. Die Frauen gäben dann das Geld z. B. ihren Töchtern, »wenn diese etwas brauchen, was sie dem Vater nicht sagen können«. Sie geben ihren Kindern davon Taschengeld und geben es ihrem Mann, »wenn das Geld knapp wird«.

Die relative Autonomie des Arbeitsbereiches der Frauen hat also eine genaue Entsprechung im Bereich der Distribution. Diese Regelung geht indes einigen Haushaltsvorständen bereits zu weit. Sie sehen darin eine Beeinträchtigung ihrer Rechte im Bereich der Distribution und damit eine Infragestellung ihrer Autorität insgesamt. Kemal beispielsweise verlangt (wie er mir erzählte) peinlich genaue Rechenschaft von seiner Frau, wenn sie Eier und Yoghurt auf dem Markt von Andıraz verkauft.

Darüber hinaus hat der Vater dafür zu sorgen, daß über die Erfüllung der alltäglichen Ansprüche nicht die Ansparung für die Kosten der Hochzeiten vernachlässigt wird. Auch hier richten sich die Ausgaben nach der Position. Man betrachte folgende Überlegungen von Memed über die Verheiratung seines jüngeren Bruders, eines Absolventen der Polizeischule:

»Er kann nicht mehr wie wir leben. Für ihn müssen wir viel ausgeben. Er gründet seine Stadtfamilie. Seine Freunde werden ihn besuchen kommen. Er braucht Sessel, eine Waschmaschine, einen Fernseher. Wir haben uns auch nach einer Frau umgeschaut. In Karabük haben wir einen Verwandten, dessen Tochter Medizin studiert. Er hat nicht ›Nein‹ gesagt.«

Auch hier sind für die Distribution des Erwirtschafteten nicht abstrakte Gleichheitsvorstellungen maßgebend, sondern der soziale Ort. Als Kommissar in der Stadt zu leben heißt, repräsentieren zu müssen. Gleichgültig ist dagegen, daß für die Hochzeiten der Brüder weit weniger Geld ausgegeben wurde; gleichgültig auch, daß Memed durch harte körperliche Arbeit Luxusgüter für jemanden erwerben wird, der es bereits jetzt wesentlich einfacher hat als er; gleichgültig schließlich, daß durch diese Kosten dem Hof Geld entzogen wird, das der Anschaffung von Produktionsmitteln dienen könnte.

Schließlich ist es die Aufgabe des Haushaltsvorstandes, den außerfamilialen Verpflichtungen gerecht zu werden: Befreundeten Haushalten zinslosen Kredit einzuräumen und ihnen nach Möglichkeit zu helfen. Das Ansehen (*şeref*) eines Haushaltsvorstandes und damit seiner ganzen Familie hängt an seiner Fähigkeit und Bereitschaft zur Großzügigkeit.

Ich habe die Ansprüche der Familienangehörigen auf einen Teil des Erwirtschafteten deshalb so ausführlich zu Wort kommen lassen, weil aus ihnen ein entscheidendes Charakteristikum dörflicher Distribution überhaupt deutlich wird. Die Familienangehörigen haben ein prinzipielles Recht darauf, daß *alles* Erwirtschaftete wieder ausgeschüttet wird: Wenn es auch die Aufgabe des Haushaltsvorstandes ist, zu entscheiden, *wie* das Erwirtschaftete verteilt wird, so ist es doch notwendig, *daß* er es wieder verteilt. Er muß es für den direkten Konsum oder für symbolische Zwecke (z. B. eine Hochzeit) verwenden – er sollte aber nicht (oder nur sehr eingeschränkt) Kapital für künftige Investitionen akkumulieren. Dies würde als Sparen um des Sparens willen begriffen, als eine Verselbständigung des wirtschaftlichen Handelns gegenüber den anderen Bereichen des Lebens. Im Dorf wird dies mit dem Vorwurf, »das Geld zu lieben«, kommentiert, der vor allem gegenüber Bauern laut wird, die in den letzten Jahren einen Traktor erworben haben. Beispielsweise sagt »Mustafa, der Riese« über Dursun:

»Der hat viel Geld gespart. Natürlich – wenn man nicht ißt, dann spart man eine Menge Geld. Aber warum lebe ich denn, wenn ich nicht esse? Gott hat uns doch geschaffen, daß wir essen.«

Wenn hier wieder der Vorwurf, am Essen zu sparen, laut wird, kann dies kein Zufall sein. Es deutet darauf hin, daß im Dorf der Umgang mit dem Erwirtschafteten insgesamt dem Umgang mit Nahrung entsprechen sollte. Nahrung muß klug eingeteilt werden – sie muß aber auch restlos verteilt werden. Und sie setzt durch ihre sinnliche Unmittelbarkeit einen Imperativ: Jemand ist zynisch, der Nahrung hortet und sie den Bedürftigen verweigert. Ganz analog dazu sollte im Dorf ein Geldeinkommen vernünftig verwendet, aber nicht akkumuliert werden.

Hier haben wir eine Entsprechung zum Bereich der Produktion. Dort dominierte die Rationalität der Subsistenzproduktion (die Orientierung an Sicherheit) über die Rationalität der Marktproduktion (die Orientierung an der Produktivität); hier – im Bereich der Distribution – dominiert die Rationalität des Umgangs mit den für den Eigenbedarf hergestellten Lebensmitteln (der kluge Konsum) über die Rationalität der Akkumulation. Dennoch bezeugt die Anschaffung von fünf Traktoren in den letzten Jahren, daß sich auch hier ein Umdenken ankündigt, auf das wir noch zurückkommen werden.

Strategien familialen Wirtschaftens

Die »additive Struktur« der dörflichen Produktion läßt es als sinvoll erscheinen, möglichst große, gemeinsam wirtschaftende Einheiten zu bilden. Man kann davon ausgehen, daß zur Erledigung der Arbeiten im Kernbereich im Sommer vier, im Winter drei Arbeitskräfte notwendig sind. Marktwirtschaftlich lohnende, aber mit Risiken behaftete Tätigkeiten wie Kleinviehzucht können deshalb nur von Haushalten betrieben werden, die über fünf oder mehr Arbeitskräfte verfügen.

Die Waldarbeit bindet, da sie sich zeitlich mit den anderen Tätigkeiten vereinbaren läßt, keine weiteren Arbeitskräfte.

Die Kalkulation des Bedarfs an Arbeitskräften ist natürlich nur ungefähr. Tatsächlich gibt es Haushalte, die mit drei Arbeitskräften über den Sommer kommen, ohne auf den Ausweg des Verpachtens zurückgreifen zu müssen. Das gilt allerdings nicht als erstrebenswert. Eine bis an die Grenze der Belastung gehende Auslastung der Arbeitskraft ist mit der familialen Produktion nur dann vereinbar, wenn sie tatsächlich unumgänglich ist. Kennzeichnend ist, daß von manchen Bauern die Arbeitskräfteknappheit eines Hofes als Grund dafür genannt wird, die Töchter nicht dorthin zu verheiraten: Man fürchtet, daß sie über Gebühr belastet würden. Dies ist auch der Grund, warum die Umkehr der Regel nicht stimmt: Wenn ein Haushalt über fünf oder mehr Arbeitskräfte verfügt, ist dies nicht unbedingt ein Grund dafür, eine Viehherde anzuschaffen.

Der Erfolg dörflichen Wirtschaftens ist weitgehend abhängig von der Möglichkeit, Arbeitskräfte zu halten oder zu gewinnen. Seine Grenzen sind entsprechend dadurch gesetzt, daß die Familie Produktionseinheit ist. Da Anstellungsverhältnisse als ehrenrührig gelten, sind Größe und Zusammensetzung der Produktionseinheit von demographischen Zufällen, vor allem aber auch vom Großfamilienzyklus abhängig.

Wenn man vom dörflichen Ideal des Zyklus ausgeht – das allerdings, wie zu zeigen sein wird, selten verwirklicht wird –, lassen sich vier Phasen unterscheiden. Die erste ist die der »Kleinfamilie« – ein meist noch junges Ehepaar lebt mit seinen unverheirateten Kindern in einem Haushalt (I). Aus ihr wird eine »zusammengesetzte Kleinfamilie«, wenn der älteste Sohn verheiratet wird. In dieser Phase heiraten meistens die älteren Töchter weg (II). Mit der Heirat weiterer Söhne geht aus der »zusammengesetzten Kleinfamilie« der entfaltete Typ der Großfamilie hervor (III). Zu dieser Zeit sind die Eltern meistens bereits so alt, daß gute Söhne sie auffordern sollten, sich zur Ruhe zu setzen. Mit dem Tod des Vaters, der die Einheit der Familie verkörperte, bricht die Großfamilie in zwei Einzelhaushalte auseinander; die Mutter bleibt in der Regel beim Sohn, der den väterlichen Hof übernimmt; der Zyklus beginnt von neuem (IV).

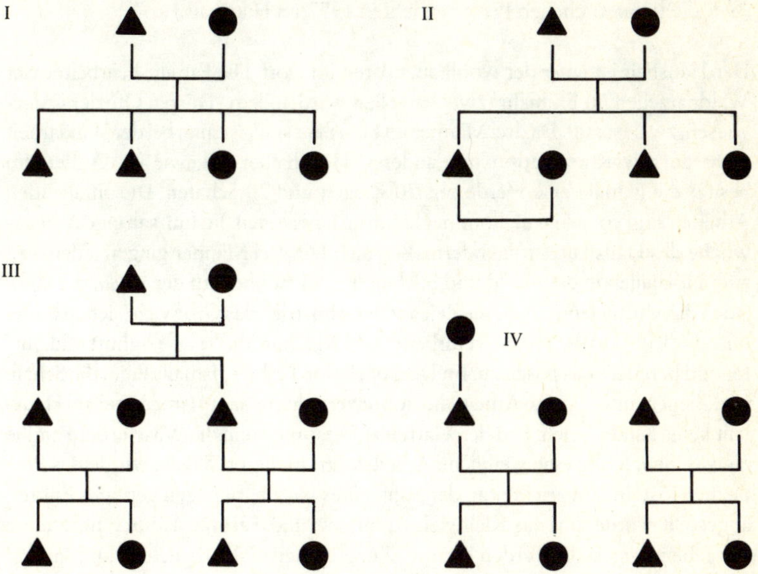

Die kritische Zeit für die Wirtschaft eines Hofes ist die, in der die Töchter verheiratet werden müssen: Da Frauen flexibler eingesetzt werden können, macht sich ein Mangel an weiblichen Arbeitskräften besonders bemerkbar. Der einzige Ausweg ist dann oft, den Sohn zu veranlassen – unter Umständen zu zwingen –, früher als allgemein üblich zu heiraten. Die Situation des Haushalts, des »Dürren Offiziers« im Sommer 1977 läßt die Probleme der Übergangsphase erkennen:

Der Haushalt besteht aus fünf Personen: dem »Dürren Offizier«, seiner Frau Rukiye, den beiden Söhnen Ismail (20) und Ahmet (17) und Tesbiye, der Frau Ismails. Memed, der Älteste, ist einer der Migranten in Deutschland. Ali (14), der Jüngste, lebt bei Verwandten in Istanbul und besucht dort die Mittelschule. Die drei Töchter sind verheiratet.

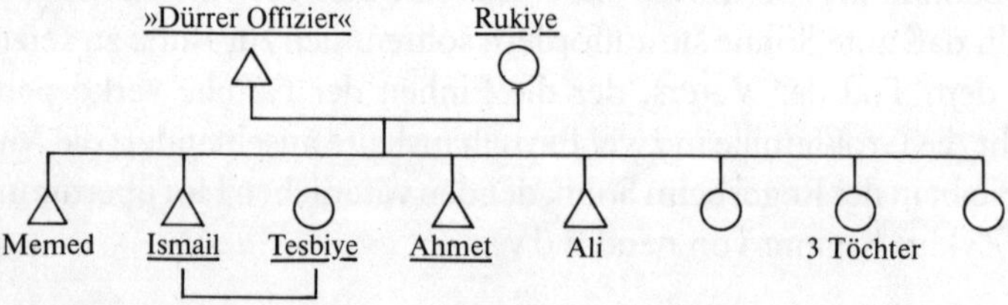

(Nur die unterstrichenen Personen lebten 1977 im Haushalt.)

Der Haushalt ist einer der wohlhabendsten im Dorf. Die Familie bearbeitet vier Waldparzellen im Frühjahr (zwei Parzellen werden dem »Dürren Offizier« zugewiesen, zwei Ismail). Da drei Männer im Haushalt sind, ist man bei der Waldarbeit nicht auf die Kooperation mit anderen Haushalten angewiesen. Außerdem besitzt die Familie eine Herde mit 70 Ziegen und 20 Schafen. Die anfallenden Arbeiten sind vor allem im Sommer kaum zu bewältigen. Im Juni sah eine Arbeitswoche des Haushaltes folgendermaßen aus: Die drei Männer gingen jeden Tag zum Holzfällen in den Wald und blieben die Nacht über auf der *yayla,* der Alm. Auch die Mutter lebte zu dieser Zeit auf der Alm, trieb das Großvieh (sieben Büffel und eine Kuh) auf die Weide, verarbeitete die Milchprodukte zu Yoghurt und Butter und bereitete das Essen zu. Im Dorf blieb nur Tesbiye, Ismails Frau, die Schafe und Ziegen hütete – eine Arbeit, die sie nur verrichtete, sagte Ismail, weil im Haushalt keine Kinder seien. Um den Garten zu versorgen und die Wäsche der Familie zu waschen, fehlte eine weibliche Arbeitskraft. In dieser Woche wurde das Problem gelöst, indem am Freitag der Sohn eines Nachbarn gegen geringes Entgelt angestellt wurde, um das Kleinvieh zu hüten[8], und Tesbiye dadurch für andere Aufgaben freigestellt werden konnte. Zur Zeit der Waldarbeit, also im Mai und

Juni, sieht Ismail seine Frau nur freitags, wenn die Männer zum Besuch der Moschee ins Dorf kommen. – Dieser Engpaß in bezug auf die Arbeitskräfte war aufgetreten, als die drei Töchter verheiratet worden waren. Die Eltern machten daher Anstalten, den siebzehnjährigen Ahmet zu verheiraten; die Mutter schlug ihm die Tochter von Hacı Abdullah vor. Ahmet lehnte ab – den Eltern gegenüber mit dem üblichen Argument, er wolle erst seinen Militärdienst ableisten. Der Vater selbst habe ambivalente Gefühle über die Verbindung seiner Familie mit der Hacı Abdullahs gehabt, meinte Ahmet. Deshalb sei es wegen seiner Weigerung zu keiner Auseinandersetzung gekommen.

Während sich der Haushalt im Frühjahr noch so recht und schlecht durchlavieren konnte, wurde die Situation im Sommer endgültig unerträglich, als Ahmet heimlich nach Istanbul floh, weil er die Arbeit, die er für sinnlos hielt, nicht mehr ertragen wollte oder konnte. Die Familie war daraufhin gezwungen, die Kleinviehherde zu verkaufen.

Um eine solche Situation zu vermeiden, kann es geschehen, daß ein Vater die Verheiratung seiner Töchter verschiebt und so seine sozialen Pflichten verletzt. Dies ist allerdings nur eine gewisse Zeit lang möglich, weil durch die Institution der Entführung (*kız kaçırma*) ein soziales Korrektiv gegeben ist. Der tragische Fall von Niyazi Salman zeigt die furchtbaren Konsequenzen, die ein solches Verhalten nach sich ziehen kann.

Die wirtschaftlichen Probleme verlangen so ständig Abstriche vom sozial Wünschbaren: der möglichst frühen Verheiratung der Mädchen, der Verehelichung der Männer erst nach ihrer Militärzeit. Andererseits muß sich auch umgekehrt das wirtschaftliche Handeln den Zwängen des sozialen Handelns beugen. Mit der Verheiratung der Söhne werden zwar weibliche Arbeitskräfte für den Haushalt gewonnen; gleichzeitig entsteht jedoch innerhalb der Großfamilie ein Kleinfamilienkern – ein neuer sozialer Körper, der später segmentieren wird.

Die Beziehung der Schwiegereltern – besonders der Schwiegermutter – zur Schwiegertochter gilt als schwierig und konfliktträchtig. Die Schwiegertochter ist die »Tochter des Fremden« (*el kızı*) im eigenen Haus – was immer wieder betont wird (vgl. Schiffauer, 1983, S. 79). Obwohl die Verpflichtungen gegenüber ihren eigenen Eltern durch das Ritual des Brautpreises auf die Schwiegereltern übertragen wurden, ist dieser rechtliche Akt doch vergleichsweise blaß im Vergleich zu den Verpflichtungen, die aus Kindschaftsverhältnissen resultieren. Man fürchtet, daß die Schwiegertochter versuchen wird, den Sohn zur Abkehr von den eigenen Eltern zu bewegen.

Innerhalb des Dorfes scheint das alles noch weitgehend unter Kontrolle zu sein: Bei Konflikten zwischen seiner Frau und seiner Mutter ist ein Mann gehalten, zugunsten seiner Mutter gegen seine Frau Stellung zu beziehen. In der Migration dagegen – so fürchten die Schwiegereltern – wird der Einfluß der Schwiegertochter zunehmen.

Dennoch ist auch innerhalb des Dorfes nicht ganz klar, wer die letzte Autorität über die eingeheiratete Frau hat: der Haushaltsvorstand oder der Ehemann. So erklärte Memed, der Sohn des Dorfvorstehers und Mitglied eines Haushaltes, in dem auf die Einhaltung der sozialen Regeln sehr viel Wert gelegt wurde: »Über meine Frau bin ich Herr. Wenn ich ihr befehle, aufs Feld zu gehen, muß sie aufs Feld gehen, und mein Vater mischt sich nicht ein.« – Andererseits hatte es in der gleichen Familie Auseinandersetzungen zwischen seinem Vater und der Frau seines älteren Bruders gegeben, bei der sie sogar geschlagen wurde. (Vgl. S. 192 ff.)

Doch es scheint, als ließen sich diese Konflikte noch lösen. Richtig problematisch für die Wirtschaft eines Hofes wird erst der Augenblick, in dem auch ein zweiter Sohn heiratet (Phase III des Zyklus). Im Gegensatz zu dem immer wieder formulierten Ideal brechen zu diesem Zeitpunkt fast alle Großfamilien auseinander. Entscheidend ist, daß nun *auf gleicher Generationsebene* zwei Kleinfamilienkerne sich gegenüberstehen – zwei Kerne, die früher oder später ohnehin unabhängige Dorfhaushalte bilden werden und zueinander Beziehungen von symmetrischer Reziprozität pflegen werden. Das Achten auf Gegenseitigkeit und Gleichheit, das dann das Verhältnis zueinander bestimmen wird, wirft seinen Schatten voraus: Zwar arbeitet man immer noch für den Vater, aber es wird untereinander doch immer mehr verglichen und aufgerechnet. Konflikte um die Verteilung von Arbeit und Erwirtschaftetem sind zu diesem Zeitpunkt die Regel.

Ahmet Doğan berichtete, daß sein Haushalt an ständigen Konflikten zwischen Brüdern zerbrochen sei, die sich daran entzündet hätten, daß der jeweils andere nicht genug arbeite. – Der »Verrückte Mahir« schilderte, alles sei wesentlich einfacher, seit er sich von seinem Bruder getrennt habe. Vorher habe er nicht viel gearbeitet – wozu auch, es wäre ohnehin alles in eine gemeinsame Tasche geflossen. Auch habe er immer seinen Bruder um Einwilligung bitten müssen, wenn er etwas verkaufen wollte.

Der Konflikt zwischen Hasan Akkaya und seinem Vater ist ebenfalls aufschlußreich. Hasan überwies seinem Vater aus Deutschland monatlich zwischen 1000 und 2000 TL – der Vater jedoch gab das Geld an seinen anderen Sohn in Istanbul weiter, anstatt es für sich selbst zu verwenden. Hasan konnte es nicht akzeptieren, daß die Leistung für den Vater dem Bruderhaushalt zugute kam: Es kam zum Streit und zu einem jahrelang dauernden Zerwürfnis zwischen Vater und Sohn.

Die Männer schieben oft die Konflikte zwischen den Bruderhaushalten auf »die Frauen«. Dies mag zum Teil an dem Bedürfnis liegen, die Konflikte zwischen Brüdern zu leugnen. Andererseits dürften tatsächlich gerade die Ehefrauen von Brüdern besonders darauf achten, daß die Arbeiten gleichmäßig verteilt werden, weil sie sich als Schwiegertöchter weniger dem Haushaltsvorstand verpflichtet fühlen als ihre Ehemänner. So meinte Memed Akkaya, er werde nie mit seinem Bruder (in Istanbul) zusammenziehen: »Mir mangelt es nicht an Respekt vor ihm. Aber die Frauen verstehen sich nicht.« Lakonisch formulierte der »Schwarze Veli«: »Das Verhältnis zwischen uns Brüdern war gut. Aber dann kamen die Frauen von außen herein, und es kam zu Meinungsverschiedenheiten.« – Die Geschichte des Haushaltes vom »Blonden Bayram« verdeutlicht die Einzelheiten des Prozesses der Segmentation:

Bayram hatte drei Söhne – »Mustafa, den Riesen«, Asiz und Şaban – und eine Tochter, Seher. Asiz, der zweite Sohn, war 1953, wie er es ausdrückte, nach Istanbul »geflohen«. Der wesentliche Grund seien Streitigkeiten zwischen seiner Frau und Makbule, der Frau »Mustafas, des Riesen«, gewesen. Der jüngste Sohn, Şaban, gab mit eine eindrückliche Schilderung dieser Zeit:

»Wie wir uns getrennt haben, das kam so: Mein zweiter Bruder hatte geheiratet und dann hat ›Mustafa, der Riese‹ Makbule geheiratet. Du kennst sie ja, sie ist ein bißchen ›kapriziös‹ (*kapris*). Nun gab es ständig Streit im Haus. Jeden Tag. Ich habe das nicht ertragen. Ich habe mich vor den Nachbarn geschämt wegen dieser Streitigkeiten. Dann bin ich zum Militär. Als ich zurückkam – wieder dieser Streit! Da sagte ich zu meinem Vater:

›Mein Vater‹, sagte ich, ›ich möchte nach Istanbul gehen und eine Arbeit suchen!‹

›*Yahu,* mein Sohn‹, sagte er. ›Was sagst du da. Ich werde dich verheiraten!‹

›Vater‹, sagte ich, ›ich gehe nach Istanbul! Ich kann das nicht mehr aushalten.‹

Mein Vater hatte damals sowieso genug. Mein älterer Bruder ›Mustafa, der

Riese‹ hat zwar nie etwas gesagt, aber auch er hatte an Trennung gedacht. Sie haben heimlich daran gedacht. Sie haben dann ihre eigene Küche gehabt.[9] Gibt's denn so was? Eine Familie, die nicht miteinander ißt.

Sie haben dort hinten gewohnt und ihr eigenes Essen gekocht. Na, was soll's, wir haben dann gemeinsam das Haus dort oben [für ›Mustafa, den Riesen‹] gebaut. Dieses Haus hier war sowieso zu klein – wir sind ja drei Brüder.«

»Mustafa, der Riese« hatte seinerseits, wie er mir erzählte, das Gefühl, daß sein Vater den jüngeren Sohn Şaban ihm vorzog – aber auch das Verhältnis von Şaban zum Vater dürfte nie sehr warm gewesen sein. Şaban bezeichnete ihn als »kalt« (*sogukkanlı*). Der Vater hat Mustafa die Trennung nie verziehen; er hat ihn nie in seinem Haus aufgesucht.

In der Zeit kurz nach dem Auszug spitzten sich die Auseinandersetzungen noch zu – was daran lag, daß nun zwar die Häuser, nicht aber die Felder getrennt waren. Obwohl »Mustafa, der Riese« und Şaban die Arbeit zu zweit erledigten, wurde damals dem Haushalt Mustafas vom Vater nur ein Drittel des Ertrages abgegeben – was Mustafas Erbteil entsprach. Asiz, der nach Istanbul emigrierte Sohn, hielt sich aus den Konflikten weitgehend heraus. Er sah sich jedoch gezwungen, das ständige Vergleichen und Aufrechnen zwischen den Brüdern zu berücksichtigen und niemanden zu benachteiligen: »Wenn ich nach Hause kam, habe ich immer genau das Gleiche dem Vater und Şaban einerseits und ›Mustafa, dem Riesen‹ andererseits mitgebracht.« Mustafa hat dies sehr wohl bemerkt; als er mit mir über Asiz sprach, hob er diese Geste besonders hervor: »Mein Verhältnis zu Asiz ist gut. Wenn ich ihm etwas sage, tut er es... Wenn Asiz nach der Trennung dem Vater zehn Kilo Zucker mitbrachte, hat er auch mir zehn Kilo Zucker mitgebracht; wenn er dem Vater Fleisch mitgebracht hat, hat er auch mir Fleisch mitgebracht.«

1965 wurden dann auch die Felder geteilt, und »Mustafa, der Riese« wurde unabhängig. Als der Vater 1977 starb, kam es noch einmal zu Auseinandersetzungen, die zwar bald beigelegt, aber doch sehr typisch waren[10]. Zum einen gab es Streit, als Asiz und Mustafa den Şaban bezichtigten, einen Teil des Erbes versteckt zu haben. Ein zweiter Konflikt entstand wegen der Felder. In den Worten von Asiz: »Mustafa will, daß ich meinen Erbteil zur Hälfte von ihm und zur anderen Hälfte von Şaban bestellen lasse [bislang hatten Şaban und der Vater den gesamten Erbteil bestellt]. Aber das wäre doch so bald nach dem Tod meines Vaters schändlich (*ayıp*). Soll er sich doch zwei, drei Jahre gedulden. Was verliert er denn? Şaban benötigt im Augenblick den Acker dringender. Die Kinder von ›Mustafa, dem Riesen‹ sind außer Haus.«

Das seit der Verheiratung ständig virulente Thema des Vergleichens und Aufrechnens spricht auch aus dem Stolz, mit dem »Mustafa, der Riese« die wirtschaftliche Situation seines Haushaltes mit der seines Bruders vergleicht: »Obwohl ich seit damals keinen *kuruş* [Geldeinheit] mehr aus diesem Haus erhalten habe, stehe ich heute besser da, weil ich hart arbeite.«

Die sozialen Konflikte – vor allem diejenigen zwischen Brüdern und zwischen ihren Frauen – gewinnen in dem Augenblick an Schärfe, in dem (vom ökonomischen Standpunkt aus gesehen) die Größe der Familie optimal ist. An ihnen zerbricht in der Regel die produzierende Einheit.

Die Bauern in Subay sind so in einer Situation, die der des *bricoleur*, des Bastlers, sehr ähnlich ist, die Lévi-Strauss in einer berühmt gewordenen Passage des »Wilden Denkens« beschreibt (1968, S. 30 f.). In der Verfolgung ihrer wirtschaftlichen Ziele stehen ihnen nur beschränkte Mittel zur Verfügung, Mittel, die ihrerseits keineswegs neutral sind, sondern ihre Bestimmung, ihr eigenes Gewicht tragen. Das Handeln ergibt sich aus einem Zusammenspiel von Ziel und Mitteln – wobei sich die Mittel oft gegen die ursprünglich gefaßte Absicht durchsetzen. Nichts verdeutlicht dies so gut wie das Dilemma, das den Vater zwingt, den Sohn zu verheiraten, um eine weibliche Arbeitskraft zu gewinnen, und durch den gleichen Akt den Kern zur Spaltung des Haushaltes zu legen.

Angesichts dieser Situation – die eine Beherrschung der Umwelt ausschließt, weil man von ihr ebensosehr bestimmt wird, wie man sie bestimmt – erscheint die additive Struktur der Produktion in einem neuen Licht: Sie ist nicht nur aus dem Bedürfnis nach Autonomie ableitbar, sondern ist darüber hinaus auch eine Form des Bastelns. Sie trägt den Widrigkeiten des Umgangs mit dem Produktionsfaktor Arbeit Rechnung: Tätigkeiten können dem Kernbereich addiert werden, sie können aber auch wieder aufgegeben werden, ohne den Hof insgesamt zu gefährden. Diese Form der Produktion hat dadurch eine eigene, ihre spezifische Flexibilität.

Der zwischenfamiliale Tausch

Die politisch-rechtliche Ordnung von Subay bestimmt nicht nur die Art und Weise des innerfamilialen Wirtschaftens, sondern auch den zwischenfamilialen Tausch. Kauf und Verkauf, aber auch Nachbarschaftshilfe und Kooperation werden in den Konzepten von Tauschen und Teilen gedacht.

Kauf und Verkauf

Die politische und soziale Relevanz von Kauf und Verkauf ist bei knappen Gütern besonders deutlich. Wichtig ist vor allem die Transaktion von Land in Dorfnähe. Landbesitz ist neben Arbeitskraft das entscheidende Produktionsmittel der dörflichen Wirtschaft.[11] Die Möglichkeiten und Grenzen des Zugangs zu Grund und Boden sind sehr entscheidend für die wirtschaftliche Perspektive eines Hofes.

Der weitaus größte Teil des Bodens wird geerbt. Die Erbteilung in Subay folgt weitgehend dem islamischen Recht; die Söhne erben zu gleichen Teilen, die Töchter erben jeweils die Hälfte des Erbteiles eines ihrer Brüder. Gerade der Anteil der Frauen wird jedoch nur ungefähr geschätzt und beträgt oft wesentlich weniger als vorgeschrieben, häufig werden sie ganz übergangen. Aus dieser Form der Erbteilung ergibt sich das Problem der Landknappheit.

Während die Nachfrage groß ist, ist das Angebot äußerst beschränkt. Land zu verkaufen, »ist Dummheit« (Namık Akbacak). Selbst wenn man in einer Generation genügend hat, wird doch die nächste unter einem Verkauf zu leiden haben: »Ich sterbe, mein Sohn stirbt, aber der Boden hier stirbt nicht« (der »Dürre Offizier«). »Unteroffizier Ali«: »Nein, wir müssen vom Boden leben. Wir können ihn nicht verkaufen.«

Neben diesen rationalen Gründen dürfte das Zögern, Landbesitz zu verkaufen, mit seinem symbolischen Wert zusammenhängen: Er dokumentiert den rechtmäßigen Anspruch, im Dorf leben zu können.[12] Ahmet Akdemir folgerte eines Tages aus der Tatsache, daß meine Familie kein Land in Deutschland besitzt, daß ich eigentlich kein Deutscher sein könne. »Denn wärst du Deutscher, müßte dir vom Urgroßvater und Großvater ein Stück Land vererbt worden sein.«

Die Verteilung der Felder spiegelt – auf Grund der Erbteilung – die Verwandtschaftsbeziehungen wider (und zwar sowohl die Abstammungs- wie die Schwägerschaftsbeziehungen). Sie kann damit eine Art mnemotechnischer Funktionen erfüllen. Bei einem Spaziergang mit »Mustafa, dem Riesen« erzählte mir dieser nicht nur, wem welche Felder gehörten, sondern auch, aufgrund welcher sozialen Konstellationen – Erbschaft, Heirat, aber auch Kauf – sie in ihren Besitz gekommen waren. In einem anderen Zusammenhang bestritt er die Verwandtschaft mit einem anderen Bauern mit dem Argument: »Wir haben keine Äcker nebeneinander.«[13]

Dennoch gibt es Umstände, die zum Verkauf zwingen können: die Kosten eines Krankenhausaufenthaltes oder einer Hochzeit z. B. In diesem Zusammenhang ist wichtig, daß die Bauern unter dem Begriff des »Verkaufs« zwei sehr unterschiedliche Rechtsakte zusammenfassen: Sie unterscheiden den »eigentlichen« (*temelli*) Verkauf von der Verpfändung (*rehin*), bei der nur der Besitz eines Ackers veräußert wird. Nach einer vorher vereinbarten Frist kann das verpfändete Feld zurückgekauft oder – gegen eine zusätzliche Zahlung – die Verpfändung in einen eigentlichen Kauf umgewandelt werden.[14] An Fremde wird Landbesitz in der Regel nur verpfändet – fast alle echten Verkäufe finden zwischen Verwandten ersten und zweiten Grades statt. Das folgende Beispiel verdeutlicht das Ausmaß und die Bedeutung von Landverkäufen.

Wie Yarasır Subayoğlu zu seinem Land kam

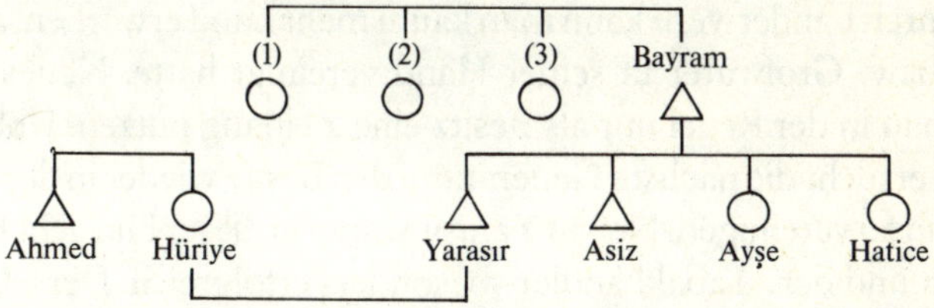

Der gegenwärtige Landbesitz von Yarasır Subayoğlu kam folgendermaßen zustande: Er erbte zunächst seinen ihm nach dem islamischen Recht zustehenden Teil des Landbesitzes seines Vaters Bayram. Dazu bekam er den Anteil der Schwester (1) Bayrams bei dessen Tod abgetreten. Der Schwester (2) kaufte er ihren Anteil ab und versuchte dies ebenfalls bei Schwester (3). Diese fürchtete jedoch, Asiz, den zweiten Sohn Bayrams, zu verärgern und sich damit in ihrem Alter ganz in die

Hände von Yarasır zu begeben. Aus diesem Grund verkaufte sie ihren Anteil zur Hälfte an Yarasır und zur anderen Hälfte an Asiz. Den Anteil, den seine Schwestern Ayşe und Hatice erhalten hatten, versuchte Yarasır ebenfalls zu erwerben. Nur Ayşe war jedoch bereit zu verkaufen, weil sie in ein Nachbardorf geheiratet hatte und ihr Mann deswegen den Acker nicht bestellen konnte. Hatice behielt ihren Anteil. Asiz, der Bruder Yarasırs, wurde krank und verpfändete einige Äcker an den »verdrehten Dursun«, einen Bauern aus Kadı, um die Kosten aufbringen zu können. Von Dursun kaufte Yarasır die Besitzrechte dann ab. Auch die Frau Yarasırs, Hüriye, brachte einen Erbteil mit; sie hatte (dem staatlichen Gesetz folgend) ebensoviel geerbt wie ihr Bruder Ahmet. Als Ahmet nach Istanbul emigrierte, verpfändete er Yarasır seine Felder. Die Eigentumsrechte an diesen Feldern verkaufte Yarasır wieder, als er Bedarf an Geld hatte.

An den Transaktionen fällt mehreres auf:

1. Bis auf die Verpfändung an den »verdrehten Dursun« finden alle Transaktionen zwischen Personen statt, die verwandt oder verschwägert sind – die Ausnahme ist wahrscheinlich daraus erklärbar, daß angesichts des dringenden Geldbedarfs in der Familie kein Geld aufzutreiben war. Ein Landverkauf bestätigt oder bekräftigt so eine Beziehung, die schon vorher und unabhängig von ihm bestand. Dieser symbolische Charakter des Kaufes, der ihn über den zweckrationalen Akt hinaus als Einlösung beziehungsweise Begründung einer umfassenden Verpflichtung erscheinen läßt, wurde besonders von der Schwester (3) hervorgehoben: Wenn sie alles Land an Yarasır verkauft hätte, hätte sie Asiz verärgert und sich unter Umständen seine Unterstützung im Alter verscherzt.

2. Durch Landerwerb kann man kaum mehr Land erwerben, als der Vater bzw. Großvater in seiner Hand vereinigt hatte. Neues Land kann man in der Regel nur als Besitz eine Zeitlang nutzen. Üblicherweise versucht die nächste Generation, den Besitz wieder in der Familienhand zu vereinigen. Neben Yarasır waren in dieser Hinsicht Kemal Akkaya und der »Tabakhändler« besonders erfolgreich. Der »Tabakhändler«, der von einem ursprünglich sehr umfangreichen, dann aber durch Verkauf geschmälerten und auf acht Leute aufgeteilten Besitz nur 8 *dönüm* (8000 m^2) geerbt hatte, konnte von ihm wieder 35 *dönüm* zurückerwerben.

3. Man nimmt Land als Pfand, weil es einerseits wirtschaftlich genutzt werden kann, andererseits auch eine Sicherheit bietet. Solches

Land – zu dem man kaum Bezug hat – wird auch hinzugekauft, um in der Krise kein Familienland verpachten zu müssen.

Durch den Kauf und Verkauf von Land werden also soziale Beziehungen ausgedrückt. Durch einen Verkauf wird der andere verpflichtet. Die Knappheit des Gutes führt in der bäuerlichen Wirtschaft nicht zu einer Steigerung seines Preises, sondern zum Wachsen seines symbolischen Wertes: Es wird eine besonders geschätzte Gabe. Dies setzt der Akkumulation enge Grenzen: Da Landbesitz nicht an den Meistbietenden verkauft wird, sondern an denjenigen, dem man verpflichtet ist, kann dafür weder ein beliebig hoher Preis erzielt werden, noch kann Land in beliebigem Ausmaß erworben werden.

Der Konflikt zwischen »Unteroffizier Ali« und dem »Schwarzen Asiz« entstand aus einer Auseinandersetzung über diese symbolischen Verpflichtungen.

Abdullah, der Bruder von »Unteroffizier Ali«, hatte dem »Schwarzen Asiz« Land verkaufen wollen, ohne »Unteroffizier Ali« davon zu unterrichten. Als Ali davon erfuhr, wandte er sich an seinen Bruder und protestierte. »Sie haben zu mir gesagt: ›Von dir erhalten wir keinen so guten Preis!‹ Ich sagte darauf: ›Betet ihr die Menschen an oder das Geld?‹ Da sagte mein Bruder: ›Da, nimm das Land.‹ «

Es muß erwähnt werden, daß es sich in diesem Fall nicht um Familienbesitz handelte und deshalb die Angelegenheit nicht eindeutig war. Da das väterliche Erbe sehr klein ausgefallen war, hatten Abdullah und »Unteroffizier Ali« auf eine Erbteilung verzichtet. Abdullah hatte als *iç güvey*[15] in einen Hof in Karataş eingeheiratet. Bei dem in Frage stehenden Land handelte es sich also um Land, das Abdullah von seinem Schwiegervater geerbt hatte. Abdullah lag an einem endgültigen Verkauf, als er nach Istanbul zog.

Wie im Fall von Grund und Boden, wird die Verteilung anderer knapper Güter nicht über den Preis, sondern gemäß den sozialen Beziehungen geregelt. Besonders deutlich war dies bei der Verteilung der Dreschmaschinen zu beobachten.

Die Besitzer von Dreschmaschinen ziehen von Dorf zu Dorf und dreschen gegen Entgelt. Es bedeutet eine Arbeitsersparnis von ungefähr einem Monat, diese Maschinen einzusetzen. Besonders 1976 waren die Bauern darauf angewiesen, weil die Drescharbeiten in den Fastenmonat fielen. Am 12. 8. war Asiz Subayoğlu nach Melan gefahren und hatte mit Besitzern von zwei Maschinen verhandelt; sie hatten zugesagt, für zwei Tage ins Dorf zu kommen; danach hätten sie andere Verpflichtungen. Am Tag darauf überlegten nun Asiz und ein Freund, Yaşar, wie man das knappe Gut am besten verteilen könnte: Es wurde ein Diskurs über die Werte von Nachbarschaft und Schwägerschaft. Yaşar meinte, mit einer Maschine kämen sie beide aus; man solle dem Dorfvorsteher (der im anderen Viertel wohnte und mit dem man entfernt verschwägert war) die andere Maschine überlassen. Asiz wandte ein, daß dies kaum möglich sei – schließlich würden die Nachbarn ihre Rechte anmelden. »Gut, wir wohnen in einem Dorf«, sagte Yaşar, »aber im Dorf herrscht sowieso Zwietracht. Wieso sollte ich also jemanden aus meinem Dorf dem Freund vorziehen?« Sie einigten sich darauf, eine Maschine dem Dorfvorsteher zu überlassen unter der Bedingung, daß dieser sie Bekir Ağa weitergebe, dem man ebenfalls verpflichtet war.

Die Situation von Angebot und Nachfrage hatte sich 1983 umgekehrt. Inzwischen gab es fünf Traktoren im Dorf, die alle Zusatzgeräte zum Dreschen hatten. Angesichts des Überangebotes waren nun die Nachfragenden in einer stärkeren Position. Sie ließen bei dem Traktorbesitzer dreschen, dem sie besonders verbunden waren. Kennzeichnenderweise wurden trotz Überangebot im Dorf noch Traktoren von außen geholt. Bauern, die zu keinem der Traktorbesitzer ein besonders gutes Verhältnis hatten, sagten, sie würden ihr Geld lieber einem Dorffremden geben als einem innerdörflichen Gegner.

Die Verteilung knapper Güter über Beziehungen und nicht über den Preis kann selbst bei Filterzigaretten nachgewiesen werden, einem in der Türkei notorisch knappen und deshalb gesuchten Gut. Sie werden unter dem Ladentisch für Käufer aufbewahrt, mit denen man in dauerhaften Beziehungen steht.

Die Situation ist genau umgekehrt beim Kauf und Verkauf von reichlich vorhandenen Gütern. Während bei knappen Gütern eine Ware durch die Auswahl der Kunden in eine Gabe transformiert wird, die eine Verpflichtung stiftet bzw. einlöst (und der Preis gleich bleibt), ist bei reichlich vorhandenen Gütern der Kundenkreis offen; dafür wird der Preis variiert. In diesem Fall bekommt die Ware durch ein besonders günstiges Angebot den Charakter einer Gabe.

Es wird offen zugegeben, daß die Preise – z. B. für die Benutzung einer Dreschmaschine – von einer »Übereinkunft abhängen« (*anlaşmaya bağlı*). In der Regel ist man jedoch nicht allzu offen über die nun tatsächlich getroffene Abmachung. Ab und zu hört man eine Klage wie die von Memed, nachdem wir auf seinem Traktor von Andıraz zurückgekommen sind: »Nun – von Ahmet (seinem Onkel) konnte ich nichts nehmen; vom Zuckerhändler auch nicht. Das Geld fürs Benzin mußte ich aus der eigenen Tasche bezahlen.« Weniger zurückhaltend war er mir gegenüber, als er von mir, dem Fremden, für einen Holztransport wesentlich mehr verlangte, als wohl im Dorf üblich ist. Gelegentlich gewinnt man den Eindruck, daß von Fremden das wieder hereingeholt wird, was man bei Verwandten weniger verdient hat. Dies wird allerdings auch von einem islamischen Standpunkt aus kritisiert, nach dem alle Gewinnspannen, die 10% übersteigen, als betrügerisch gewertet werden.

Die im Alltag geringe Bedeutung eines allgemein verbindlichen, durch den Marktmechanismus von Angebot und Nachfrage entstandenen Preises wird – je nach Situation – verschieden eingeschätzt. Einerseits findet man die oben zitierte Haltung von »Unteroffizier Ali«, die eine Orientierung am Marktpreis mit dem Vorwurf des Anbetens von Geld verbindet; andererseits findet man es besonders erwähnenswert und geradezu vorbildlich rational, daß in Deutschland jede Ware mit einem Preisschild ausgestattet ist (und Taxis mit Taxometern versehen sind).

Die meisten Transaktionen im Dorf haben so neben dem im engen Sinn wirtschaftlichen Aspekt des Kaufes den Charakter von Gabe beziehungsweise Gegengabe. Auch hier begegnet man indes dem Sachverhalt, den wir schon wiederholt vorgefunden haben: Man versucht, das symbolische Gewicht einer Handlung zu beeinflussen. Die Veräußernden versuchen in der Regel, eine Transaktion als Gabe erscheinen zu lassen und dadurch die Tatsache hervorzuheben, daß der andere ihnen verpflichtet ist. Die Empfangenden spielen dagegen diesen Aspekt nach Möglichkeit herunter: Sie betonen, daß sie schließlich für das Gut oder die Leistung bezahlt hätten und somit quitt seien.

Ähnliches ist auch bei bezahlter Arbeitshilfe zu beobachten. Sie spielt bei der Erntehilfe eine große Rolle. Da ein gemeinsamer Tag für den Abtransport des Weizens vereinbart ist, ist es notwendig, den Weizen bis zu einem Zeitpunkt geschnitten zu haben, um Schaden durch einbrechendes Zugvieh zu verhindern. Schwächere Haushalte sind manchmal gezwungen, andere Haushalte um Arbeitshilfe anzugehen. Diese Hilfe wird – wenn man in einer positiven Beziehung steht – umsonst gewährt; ansonsten verlangt man dafür eine Bezahlung. Bei meiner Befragung gaben dreizehn Haushalte an, 1976 einem anderen Haushalt bei den Mäharbeiten »geholfen« zu haben – es blieb offen, ob gegen Bezahlung oder nicht. Kein einziger Haushalt gab dagegen an, Arbeitshilfe empfangen zu haben! Als ich Behiye, für die einige Bauern gearbeitet hatten, darauf ansprach, wehrte sie entrüstet ab: Es könne wohl keine Rede von Hilfe sein – schließlich hätte sie dafür bezahlt. Nicht zuletzt dürften diese Manipulationsversuche auch im Zusammenhang mit der problematischen Bedeutung von Anstellungsverhältnissen insgesamt zu tun haben (vgl. oben S. 117). Indem man die Tätigkeit als »Arbeitshilfe« erscheinen läßt, stellt man sich mit demjenigen, für den man arbeitet, auf eine Ebene.

Tauschen und Teilen von Arbeit

Angesichts der Grenzen der innerfamilialen Produktion – Grenzen, die aus der Verfügbarkeit von Arbeitskräften, Kapital und Land resultieren – stellt sich besonders nachdrücklich die Frage nach den Möglichkeiten von zwischenfamilialer Zusammenarbeit: Jeder Bauer in Subay weiß, daß die Zusammenarbeit mit anderen Familien wirtschaftlich sehr vorteilhaft wäre. Projekte, die Kooperation erfordern – die Anschaffung eines LKW, der Reisanbau auf den Feldern im Delta –, geben immer wieder Anlaß zu längeren Gedankenspielen. Trotz der offenkundigen Vorteile sind alle Vorhaben, zu kooperieren, sehr konfliktbedroht und scheitern oft nach kurzer Zeit.

Die Schwierigkeiten der Zusammenarbeit, z.B. bei der Viehzucht, der Waldarbeit oder bei der Anschaffung eines Traktors, das Scheitern dieser Projekte an Kleinlichkeit, an ständigem Aufrechnen und Vergleichen erscheinen zunächst erstaunlich angesichts der Großzügigkeit, mit der Nachbarschaftshilfe, Unterstützung im Krankheitsfall usw. gewährt werden. Die Diskrepanz scheint mir aber den Schlüssel zum Verständnis zu geben: Nachbarschaftshilfe ist eindeutig eine Gabe, sie verpflichtet den anderen; Gleichheit wird irgendwann durch eine Gegengabe hergestellt werden. Kooperation ist dagegen ein Teilen von Arbeit – und dies funktioniert in Subay nur im Rahmen einer gegenwärtigen oder künftigen Reziprozitätsbeziehung.

Der wichtigste Kooperationsbereich ist die Waldarbeit. Diese erfordert – rein technisch – nicht unbedingt Zusammenarbeit (es gibt Bauern, die es vorziehen, alleine zu arbeiten), wird aber durch sie erleichtert. Vor allem beim Abtransport der Stämme zum Waldweg, wo sie dann abgeholt werden, ist es vorteilhaft, wenn mehrere Männer zupacken können. Ich habe die Stimmung bei der Waldarbeit nach einem Besuch folgendermaßen beschrieben:

Die Arbeit verläuft kameradschaftlich, Scherze werden gemacht. Als ein Mann über einen Stamm stolpert und fällt, wird er verspottet, es entsteht ein Ringen daraus, das mit Lachen und gegenseitiger Umarmung beendet wird. Sonst wird jedoch hart und mit wenigen Unterbrechungen gearbeitet; Zeki wird zweimal von anderen aufgefordert, doch mehr zu arbeiten: einmal, als er seine Säge repariert; ein anderes Mal, als ich mich zu ihm setze und mir die Namen der Männer nennen lasse, die in der Gruppe mitarbeiten – beides Angelegenheiten, die nicht mehr als fünf Minuten in Anspruch nahmen.

Daß man genau darauf achtet, nicht zu kurz zu kommen, führt oft zu Konflikten und zum Bruch der Arbeitsgruppen. Ahmet Akdemir, ein sehr selbstkritischer Bauer, meint dazu:

»In dem Jahr, bevor du zu uns ins Dorf gekommen bist [1976], haben wir zu fünfzehnt im Wald zusammengearbeitet. Wenn so viele da sind, schicke ich lieber meinen Sohn, als daß ich selbst gehe. Oder ich sag mir: ›Ich habe im Stall einen dicken und einen dünnen Ochsen. Soll sich der dicke bei so viel Arbeit nicht verausgaben!‹ Und ich schicke den dünnen Ochsen… Vor einigen Jahren haben wir mit Ahmed [Akkaya] zusammengearbeitet. Wir alle hatten nur Ochsen, er aber hatte Büffel [die wesentlich kräftiger sind]. Er sagte zu uns: ›Wenn jeder von euch mir 100 TL gibt, dann benutze ich die Büffel‹ [zum Abtransport des Holzes]. Wir waren alle einverstanden. Als dann jedoch ausgezahlt wurde, gab ihm niemand die 100 TL. Seitdem arbeitet er nicht mehr mit uns zusammen.«

Die einzelnen sind oft darauf bedacht, nicht mehr als das Minimum zu arbeiten, um im Vergleich mit den anderen nicht den kürzeren zu ziehen:

Mahir, Cemil, Hasan und Bayram, die jahrelang zusammengearbeitet hatten, arbeiteten 1976 getrennt. Hasan meinte, es sei effektiver so. Alle vier hätten dieses Jahr ihre Arbeit früher als sonst abgeschlossen: »Wenn man mit anderen zusammenarbeitet, schielt man immer darauf, ob sie ebenso viel arbeiten wie man selbst.«

Stabile Arbeitsgruppen bilden sich nur dann, wenn man zu den Partnern auch sonst in positiven Beziehungen steht. Stailmış erklärte, wie seine Arbeitsgruppe zustande kam:

»Oft entsteht Streit [in Arbeitsgruppen], weil der eine Büffel, der andere nur Ochsen als Zugtiere besitzt. Wenn ich mit Memed oder mit Zeki zusammenarbeite, achte ich natürlich nicht darauf. Aber wenn ich mit Fremden zusammenarbeite, bestehe ich auf gleicher Arbeit. Willst du wissen, warum? Wenn ich kaputtgehe, helfen sie mir dann?«

W. S.: »Wie ist die Arbeitsgruppe zustande gekommen?«

»Zeki, Memed und ich arbeiten jedes Jahr zusammen. Und dann haben wir geschaut: Mit wem können wir uns vertragen, mit wem wird es nicht zum Streit kommen, mit wem werden wir bei der Arbeit Spaß haben? ... Natürlich kommt es auch zwischen Memed, Zeki und mir zu Auseinandersetzungen. Der eine arbeitet so viel, wie er kann, aber der andere schafft es nicht, den Baumstamm zu schleppen – und dann kommt der andere und sagt: ›Warum arbeitest du nicht?‹ So entsteht Streit!«

Man kann eine Arbeit nur dann (dauerhaft) teilen, wenn man mit dem Partner in einer lebendigen Reziprozitätsbeziehung steht, wenn er, wie man in Subay sagt, »mein Mann« (*adamım*) ist. Nur dann lassen sich Probleme auffangen, wie sie beispielsweise in der Arbeitsgruppe des Dorfvorstehers im Sommer 1977 auftraten:

Die Gruppe des Dorfvorstehers hatte im Sommer 1976 gleich zwei Arbeitsunfälle aufzufangen. Am 6.7. wurde Ahmet verletzt, als ein Büffel ausschlug und ihm di Rippen brach. Er konnte sich daraufhin nicht mehr an den Abschlepparbeiten beteiligen, sondern verrichtete kleinere Arbeiten, kochte Tee und wusch ab, während die anderen die Baumstämme den steilen Hang hinabwuchteten oder mit dem Ochsengespann zur Rampe zogen. Es ist für den engen Zusammenhalt dieser Arbeitsgruppe bezeichnend, daß Ahmet nicht aufgefordert wurde, einen Ersatzmann gegen 100 TL täglich zu stellen. Am 13.7. wurde dann, allerdings ziemlich gegen Schluß der Waldarbeiten, »Mustafa, der Riese« von seinem Maultier abgeworfen und dabei schwer verletzt. Der Sturz war so hart, daß der Dorfvorsteher Mustafa nach Ankara ins Krankenhaus brachte. In diesem Jahr wurden die Erntearbeiten Mustafas hauptsächlich von den anderen Mitgliedern der Arbeitsgruppe geleistet.

Wenn man nur mit jemand wirtschaftlich zusammenarbeiten kann, mit dem man auch sozial und politisch in einer befriedigenden Beziehung steht, so ist damit auch ein neues Element von Unsicherheit gesetzt: Nicht selten endet eine befriedigende Zusammenarbeit wegen eines sozialen Konfliktes (z. B. weil eine Heirat nicht zustande kommt – dazu mehr im nächsten Kapitel) oder einer politischen Auseinandersetzung.

Ein Viehweidekonflikt [vgl. S. 50], bei dem es auf Grund der Interessenkonstellation zu einer lokalen Solidarisierung mit den Streitenden kam – es ging um Weiderechte, die jeweils ein Dorfviertel betrafen –, hätte wahrscheinlich zu einem Auseinanderbrechen der Arbeitsgruppe des Dorfvorstehers geführt, wenn er eskaliert wäre. Schon so gab es heftig geführte Auseinandersetzungen in der Gruppe, bei denen Ahmet und der Dorfvorsteher sich mit dem ebenfalls aus Kadı stammenden Kemal solidarisierten; »Mustafa, der Riese« und Şaban dagegen mit »Schnecke«.

1981 führte eine Auseinandersetzung um die Kooperative zu einer Umstrukturierung der Gruppen, die in Subay bis dahin gemeinsam die Schafe geweidet hatten. Über die Solidarisierung mit den unterschiedlichen Parteien war es zu Auseinandersetzungen in den bis zu diesem Zeitpunkt kooperierenden Gruppen gekommen.

Ähnliche Probleme wie bei der Waldarbeit stellen sich bei anderen Kooperationsvorhaben. Man betrachte folgende Klage über das System des gemeinsamen Viehhütens in Subay:

»Wenn ich einem anderen mein Vieh anvertraue, dann hütet er es nicht vernünftig. Er schaut nur nach seinem eigenen Vieh, oder er macht – was weiß ich – Brennholz...«

»Eigentlich ist es besser, wie sie es im anderen Dorf machen [in Kadı, wo die Herden nur von ihren Besitzern geweidet werden]. Sie hüten ihr Vieh selbst, weil sie es verkaufen wollen. Wenn wir hüten, bringen wir unser Vieh irgendwohin. Sie aber geben sich mehr Mühe, weil sie ihr eigenes Vieh hüten. Sie bringen es z. B. auf eine weit entfernte Weide. Wenn sie Vieh verkaufen, verkaufen sie es für 5000 TL; wenn wir es verkaufen, kriegen wir höchstens 3000 TL.«

Angesichts dieser Situation erscheint eine Zusammenarbeit kaum denkbar, die rein wirtschaftlich motiviert ist, d. h. bei der Haushalte nur auf Grund ihrer spezifischen Ressourcen kooperieren. Versuche in dieser Hinsicht sind regelmäßig nach kurzer Zeit gescheitert.

Ein Zweckbündnis dieser Art war der gemeinsame Erwerb eines Traktors durch Hilmi Hakımoğlu und Hüsnü Subayoğlu. Beide sind nicht miteinander verwandt; ihre Partnerschaft beruhte darauf, daß sie über das notwendige Geld verfügten.

1977 hatte ich den Eindruck von Spannungen zwischen beiden, obwohl sich beide nur sehr wortkarg darüber äußerten. 1980 brach die Partnerschaft auseinander: »Du weißt, wie das mit Partnern ist«, meinte Hüsnü, »der eine will, der andere nicht. Und dann gibt es eine Reihe von Mißverständnissen.«

Während diese Partnerschaft immerhin vier Jahre dauerte, war die zwischen Said Ağa und Dursun schon nach sechs Monaten beendet. Anlaß der Trennung war, daß Said mit dem Traktor Arbeitshilfe für den erkrankten Şaban leistete. Leider wurde dabei der Anhänger falsch beladen und kippte um. Es enstand ein Schaden von 17 000 TL. Dursun, der kein Interesse an Şaban hatte, weigerte sich, sich an den Kosten zu beteiligen. »Als ich das hörte, sagte ich: ›Wenn die Partnerschaft schon so beginnt, will ich nichts mehr davon wissen‹« (Said Ağa).

Deswegen stehen auch die Chancen eigentlich sehr erfolgversprechender Projekte nicht besonders gut. Dies gilt vor allem für die Überlegung, Reis anzubauen. Subay verfügt über erhebliche Ländereien im Delta des Elma Çayı, eines Baches, der in den Akkaya mündet. Der Weizenanbau wurde dort wegen Unwirtschaftlichkeit (siehe oben S. 115) aufgegeben; allerdings wäre nach übereinstimmender Meinung der Reisanbau sehr lohnend. »Dazu müßte man einen Staudamm bauen, aber dazu ist Zusammenarbeit nötig. Es ist unmöglich« (Kemal Akkaya). Gefordert wäre eine Zusammenarbeit einer Zahl von Personen, die nur aufgrund einer Interessenkonstellation – der gemeinsamen Anrainerschaft im Delta – zusammenkommen würden, nicht aber durch lebendige Beziehungen des bilateralen Tausches miteinander verbunden sind.

Das gleiche gilt für die Arbeiten am Dorfweg. Prinzipiell wäre es den Bauern möglich, die etwa 5 km lange Straße, die das Dorf mit der Hauptstraße verbindet, so in Ordnung zu halten, daß sie auch für LKWs passierbar wäre. Damit wäre ein wesentliches Hindernis beseitigt, das der Vermarktung der Produkte entgegensteht. Das Dorfgesetz erlaubt es dem Dorfvorsteher, zu diesen Zwecken Arbeitseinsätze zu organisieren. Dennoch bleiben die Aufrufe in Subay in der Regel ungehört. Man argwöhnt, daß einige Bauern, vor allem die Traktorbesitzer, von den instand gesetzten Wegen größere Vorteile haben würden als die anderen, und bleibt entweder zu Hause oder schickt nur eine schwächere Arbeitskraft, z. B. ein Kind, zum Arbeitseinsatz. Als der Dorfvorsteher im Januar 1983 zum Beispiel das Dorf zum Schneeräumen aufforderte, kamen nur etwa fünfzehn Personen zusammen, zu wenig, um etwas auszurichten. Das hinderte aber niemanden daran, sich zu beklagen, daß es wegen der verschneiten Straße unmöglich sei, Kranke in die Stadt zu bringen.

Die Existenz der um 1968 gegründeten Kooperative widerspricht nicht diesen Überlegungen. Betrachtet man ihre Geschichte, gewinnt man den Eindruck, daß sie eher gegründet wurde, um einen Zugriff zu staatlichen Vergünstigungen zu erhalten, als um Arbeiten gemeinsam zu organisieren. Konkret handelte es sich darum, daß der Kooperative Waldparzellen zur Verfügung gestellt wurden, die sie an ihre Mitglieder verteilen konnte.[16] Darüber hinaus wurde der Kooperative das Recht zugestanden, 25% des geschlagenen Holzes auf dem freien Markt zu verkaufen: Mit diesem Geld sollten die Unkosten gedeckt und Prämien an die Bauern ausgeschüttet werden. Die Kooperative organisierte außerdem den Abtransport des geschlagenen Holzes in die Kreisstadt. Ca. 15 Dörfer waren in der Kooperative zusammengeschlossen; zum Vorsitzenden wurde 1968 Dursun Akkaya (der »verdrehte Dursun«) aus Subay gewählt.

Nach Meinung der Bauern hat die Kooperative nur zwei Jahre richtig funktioniert. Damals wurden zwei LKWs für die Transportarbeiten angeschafft und Prämien ausgeschüttet. Dann sank der Betrag, der ausgeschüttet wurde. Dies wurde offiziell mit den Reparaturkosten begründet. Im Dorf wurde jedoch sehr bald der Vorwurf von Mißwirtschaft und Korruption laut. Typisch waren Vorwürfe wie die von Hayrı Doğan: Der »verdrehte Dursun«, sagte er, habe seine Verwandten bevorzugt und zu ihren Gunsten die Verteilung der Waldparzellen manipuliert; außerdem habe er zugelassen, daß einseitig der Wald von Subay ausgeholzt wurde, nicht aber auch der Wald der anderen Dörfer. Ich kann nicht beurteilen, ob und inwiefern diese Vorwürfe zutreffen: Sie lassen jedoch das Mißtrauen dem Amtsinhaber gegenüber erkennen.[17] Man blieb eigentlich nur deswegen in der Kooperative, weil dadurch der Zugang zu zusätzlichen Waldparzellen gegeben war.

Vor einigen Jahren kam es aufgrund der Initiative eines dörflichen Gegners von Dursun, dem »Schwarzen Veli«, zu einer Spaltung der Kooperative. Die Viertel Subay, Geyik und Karataş traten aus und gründeten eine neue Kooperative. Kadı, das Viertel vom »verdrehten Dursun«, folgte wohl oder übel: Als einziges Dorf am Hang konnte es schlecht in der alten Kooperative bleiben. Dennoch hat sich wohl nicht allzuviel verändert. Viele Bauern erklärten (1983) ihren Wunsch, die Kooperative zu verlassen. Ich habe den Eindruck, daß auch die neue Kooperative zusammenbrechen wird.

Es ist aufschlußreich, zwei Ausnahmen zu betrachten, bei denen das Teilen von Arbeit auch zwischen den Haushalten funktioniert. Die erste war an die Institution der *ağas* geknüpft, ein Titel, der für Subay wohl am besten mit »Großbauern« übersetzt wird. Bis in die Mitte der fünfziger Jahre, als die egalisierenden Auswirkungen der Migration zum ersten Mal spürbar wurden[18], waren Eigentum und politischer Einfluß sehr ungleich verteilt. Zahlreichen Kleinbauern, die am Existenzminimum lebten, standen drei oder vier Großbauern gegenüber.[19] Şaban Subayoğlu schilderte die damalige Lage:

»In Subay gab es den ›Blauäugigen Hasan‹; in Kadı den ›Blinden Memed‹, den ›Blutigen Kawaß‹[20] und Memed, den Vater von Zifer Hoca. Man konnte sich an sie wenden, wenn man kein Geld hatte. Wenn man die Kinder nicht ernähren konnte, hat man sie dem *ağa* gebracht. Sie haben bei ihm als Hirten gearbeitet. In der Erntezeit kam dann der *ağa* und sagte: ›Heute arbeitest du auf meinem Feld!‹ Natürlich konnte man sich weigern. Aber wenn man nicht gekommen ist, hat er einem auch nicht geholfen, wenn es einem schlechtging. Die haben damals Weizen gehabt! Nicht nur einen Vorrat für ein Jahr wie heute, sondern für einundeinhalb Jahre, zwei Jahre.«

Die Zusammenarbeit auf den Feldern des Großbauern ist möglich, weil man zu ihm in einer Beziehung der asymmetrischen Reziprozität steht, die der innerfamilialen Beziehung zum Vater ähnelt. Der *ağa* hatte offenbar eine Rolle, die der des »tribal bankers«[21] in Stammesgesellschaften entsprach. Dem *ağa* wurden Dienstleistungen erbracht, und dafür war er verpflichtet, in Notzeiten den Getreidevorrat zu öffnen. Ein Vorrat für zwei Jahre muß sehr groß gewesen sein, gerade zu einer Zeit, in der die Ernteerträge wesentlich unter den heutigen lagen. Sahlins hat beschrieben, wie dieses Verfahren einerseits auf der Anerkennung der Autorität des »tribal bankers« beruht und sie andererseits immer wieder von neuem bestätigt (Sahlins, 1968, S. 92). In diesem Fall spielt es keine Rolle, wenn die miteinander Arbeitenden jeweils verschieden viel beitragen – sie arbeiten nicht füreinander, sondern für den *ağa*, dem sie sich grundsätzlich verpflichtet fühlen.

Der andere Bereich, in dem erfolgreich zusammengearbeitet wird, ist der der religiösen Arbeiten und Aufgaben. Hier sind die Beiträge jedes einzelnen allerdings beträchtlich.

In den Jahren von 1977 bis 1983 wurden mit gesammelten Geldern und in Eigenarbeit folgende religiösen Arbeiten verrichtet: Das Minarett der Moschee wurde neu errichtet; ein überdachter Waschplatz an der Moschee für die rituellen *aptes*-Waschungen wurde gebaut; eine Wasserleitung über etwa zwei Kilometer wurde in diesem Zusammenhang verlegt; der Friedhof wurde durch geschenktes Land erweitert und umzäunt; das Dorfhaus in Subay wurde ausgebaut, und das Fachwerk für einen Erweiterungsbau wurde errichtet; zwei Brunnen wurden gefaßt, einer von ihnen mit Zement.

In der gleichen Zeit verfiel die von der Regierung geschaffene Straße! Auch hier findet man eine Organisation der Arbeit, die strukturell der Arbeit gleicht, die man für den *ağa* leistet. Nur arbeitet man in diesem Fall für Gott, um sich Verdienst (*sevap*) zu erwerben[22]: Entsprechend ist die Stimmung bei diesen Arbeiten gelöst. Niemand vergleicht seinen Beitrag mit dem eines anderen[23], jeder Haushalt trägt nach besten Kräften bei.

Die Möglichkeiten und Grenzen von Kooperation in Subay dürften deutlich geworden sein. Vergleichsweise unkompliziert ist die Nachbarschaftshilfe: Arbeit wird dann als Gabe gesehen, die ein Recht und eine Verpflichtung konstituiert. Jedem liegt daran, solche Verpflichtungen zu begründen, weil man nie weiß, wann man selbst in die Verlegenheit kommen wird, auf sie zurückgreifen zu müssen. Grundsätzlich anders verhält es sich mit der Kooperation im engeren Sinn des Wortes. Sie funktioniert nur mit Leuten, mit denen man auch sonst in befriedigenden Gegenseitigkeitsverhältnissen steht. Da die symmetrischen Reziprozitätsbeziehungen instabiler sind als die asymmetrischen, ist die Kooperation zwischen Haushalten oft nur kurzfristig und eingeschränkt möglich. Fast unmöglich ist in Subay eine Zusammenarbeit, die nur aufgrund einer gemeinsamen Interessenlage zustande kommt: Sie würde sehr bald am ständigen Vergleichen und Aufrechnen scheitern.

Der Haushalt von Kemal Akkaya

Kemal Akkaya hat sich von einem sehr armen zum reichsten Bauern des Dorfes hochgearbeitet. Die bisher entwickelten Thesen zu den Grenzen und Möglichkeiten des dörflichen Wirtschaftens lassen sich deshalb an seinem Haushalt besser als an irgendeinem anderen überprüfen und präzisieren.

Im Haushalt von Kemal Akkaya lebten 1977 außer ihm und seiner Frau Hacer sein 25jähriger Sohn Ishan und dessen Frau Aytem; zwei weitere Söhne, Cem (17) und Mustafa (14), und die Töchter Nursel (10) und Cemile (8). Hinzu kamen die beiden Söhne Ishans, Muhammed (4) und Supayı (2).

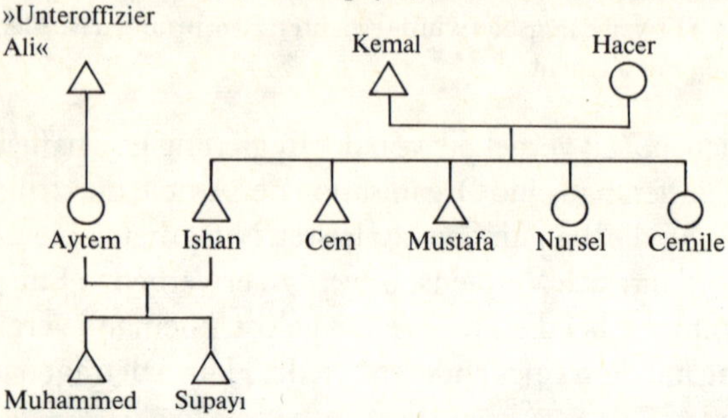

Kemal wurde um 1925 geboren. Er war noch sehr jung, als sein Vater seine Mutter verstieß und ein zweites Mal heiratete. Es entwickelte sich eines der häufigen Dramen: Die Stiefmutter akzeptierte den Sohn aus erster Ehe nicht. Schließlich schickte der Vater den Achtjährigen (!) zu seiner Schwester nach Istanbul. Dort schloß Kemal die Grundschule ab und arbeitete anschließend einige Jahre in einer Konditorei. Nach einigen Jahren zog er nach Ankara um, wo er Arbeit in der Weinfabrik eines staatlichen Musterguts fand. 1943 verheiratete er sich selbst, d. h. er suchte seine Frau selbst und brachte allein den Brautpreis auf – eine Handlung, die die Distanz zum Vater ausdrückt. Nach der Militärzeit arbeitete er in Istanbul in einem Krankenhaus. Er sparte Geld: »Ich habe jeden Pfennig zur Bank getragen.« 1952, nach dem Tod des Vaters, kehrte er ins Dorf zurück und übernahm den Hof: Der Besitz belief sich damals, obwohl der nach Karabük fortgezogene Bruder auf sein Erbteil verzichtet hatte, auf nur 6 *dönüm* (6000 m^2). Kemal begann als Zusatzerwerb einen Handel mit Maultieren und sattelte dann auf Schafzucht um. Es heißt, er sei der erste im Dorf gewesen, der Schafzucht für den Markt betrieben habe. Der große Brand von 1960, dem auch sein Haus zum Opfer fiel, bedeutete einen schweren Rückschlag. Um Geld für den Wiederaufbau zu verdienen, ging Kemal wieder nach Istanbul und arbeitete in einer Konditorei. Über die Jahre hinweg gelang es ihm, ungefähr 30 *dönüm* (30 000 m^2) Land zusätzlich zu kaufen.[24]

1950 wurde Ishan, der älteste Sohn, geboren. 1969–1975 ging er nach Istanbul, um als Maler im Baugewerbe zu arbeiten. Mit dem von Ishan verdienten Geld und dem Einkommen aus der Schafzucht schaffte sich Kemal 1975 einen Traktor an, den ersten im Dorf. Mit ihm transportierte Ishan im Auftrag der Kooperative geschlagenes Holz nach Andıraz; mit ihm konnte Kemal einen Handel mit Ziegeln und Kalk aufbauen und an den Markttagen die Bauern nach Andıraz fahren.

Für das Jahr 1976 schätzte Kemal sein Einkommen aus der Tätigkeit für den Markt auf 100 000 TL (ca. 14 000 DM); 13 000 TL erzielte er aus der Waldarbeit; 20 000–30 000 TL aus dem Handel mit Ziegeln; 10 000 TL aus der Viehzucht und 60 000 TL aus der Arbeit für die Kooperative. Mit diesen Tätigkeiten (die ja neben die Arbeiten zur Deckung des Grundbedarfs traten) waren die vier Männer des Haushalts voll ausgelastet. Cem, der im Winter 1976/77 nach Istanbul gegangen war, wurde im Mai von seinem Vater zurückgeholt: Es sei wirtschaftlich sinnvoller, wenn er im Dorf mitarbeite, meinte Kemal. Allerdings floh Cem im gleichen Sommer wieder nach Istanbul (siehe unten S. 149) – diesmal für immer.

Das Einkommen von 100 000 TL konnte zwischen 1977 und 1983 nicht gesteigert werden. Kemal bezifferte 1983 sein Einkommen mit einer Million Lira; dafür war der Lira auf ein Zehntel des Wertes von 1976 gefallen. Auffallend war, daß in der Zwischenzeit die Viehzucht an Bedeutung gewonnen hatte, die Arbeit mit dem Traktor dagegen sehr zurückgegangen war.

Das Wirtschaften Kemals stieß im Dorf auf heftige Kritik. Es hieß, er lasse von dem ganzen Geld, das er verdiene, seiner Familie nichts zugute kommen:

Man ist einhellig der Meinung, daß Kemal seine Söhne »ausbeute«, daß er das Erwirtschaftete akkumuliere und es nicht an diejenigen verteile, die für ihn arbeiteten. Memed Akkaya: »Kemals Kinder arbeiten wie die Esel und essen wie die Tiere. Entschuldige: Aber wenn du wie ein Esel arbeitest, mußt du wie ein *efendi* (Herr) essen.« Außerdem gebe Kemal seinen Söhnen kein Taschengeld (Kemal selbst hatte mir allerdings von 25 TL die Woche erzählt) und mische sich in alles ein. Einen anderen Gesichtspunkt erwähnte Şaban: »Er ist der reichste Mann des Dorfes. Schau, in welcher Kleidung sein Sohn herumläuft.«

Auch »Unteroffizier Ali«, der seine Tochter mit Kemals Sohn Ishan verheiratet hatte, kritisierte, daß Kemal ihre Arbeitskraft über Gebühr ausnutze:

»Wir sind Verwandte, aber wir verstehen uns nicht gut.« Er habe seine Tochter mit Ishan in dem Glauben verheiratet, daß er weiterhin im Baugewerbe in Istanbul arbeiten werde. Nun aber sei er ins Dorf zurückgekehrt. »Schau«, sagte Ali, »die ganze Familie ist auf der Hochweide, und die ganze Arbeit im Dorf muß meine Tochter machen: den Garten bestellen, Brot backen, das Vieh versorgen.« Kemal habe ihr sogar verboten, ihn zu sehen. Mehrere Male habe sie heimlich kommen müssen.

Außerdem wird bemängelt, daß er anderen seine materielle Hilfe verweigere, obwohl er in der Lage wäre, sie zu gewähren. »Unteroffizier Ali«:

»Was ist das für eine Verwandtschaft! Sie stecken einem noch nicht einmal eine Packung Zigaretten zu, und wenn's notwendig ist, helfen sie nicht auf dem Acker.«

Kritik übte auch der »Verrückte Mahir«, der bemängelte, daß Kemal trotz seines Reichtums seinen Verwandten nicht helfe.

Der Versuch Kemals, Geld zu akkumulieren, um es zu reinvestieren, wird als Geiz gewertet und als Liebe zum Geld gebrandmarkt. Hinzu kommt der Verdacht, daß man so viel Geld wie Kemal nicht auf ehrliche Weise erwerben könne.

So mutmaßt »Unteroffizier Ali«, daß Kemal in Istanbul Schwarzhandel betrieben habe und dadurch hochgekommen sei. Kemals Erfolg erscheint ihm nur durch Betrug erklärbar. Ehrliche Leute, meint er, kämen nicht so hoch.

In die gleiche Richtung zielt ein anderer im Dorf geäußerter Verdacht, der Kemal unterstellt, das Heiligengrab auf einem nahen Berggipfel geschändet und dort »auf jeden Fall« (*her halde*) etwas gefunden zu haben. Der Vorwurf selbst erscheint mir äußerst unwahrscheinlich. Der Verdacht des Diebstahls dürfte eher mit dem Gefühl zusammenhängen, daß Kemal in seinen Handelsgeschäften dort verdient, wo er großzügig sein sollte, und außerdem gegen die islamische Regel verstößt, die eine Gewinnspanne von höchstens 10% vorsieht.

Die Bemerkung des »Tabakhändlers« über Kemal wird von den meisten im Dorf geteilt: »Er ist reich. Er ist sehr schmutzig« (»*O zengin. O pisdir*«). Knapper könnte die ambivalente Beurteilung rein wirtschaftlicher Rationalität nicht formuliert werden. Einerseits eignet ihr die Faszination der »Arbeit mit dem Kopf«, der Arbeit, die produktiv ist und die es möglich macht, der dörflichen Armut zu entgehen. Andererseits haftet dieser Form des Wirtschaftens immer der Geruch des *hilelik*, des Betruges, oder gar des *hırsızlık*, des Diebstahls, an.

Die Vernachlässigung der Reziprozitätsverpflichtungen hat heute einen Punkt erreicht, an dem sie ihrerseits beginnt, ökonomische Folgen zu haben. Innerhalb der Familie gibt es erhebliche Konflikte. Im Dorf wird kritisiert, daß kein Tag vergehe, ohne daß im Haus Kemals gestritten würde. Der generelle Unfrieden in der Familie dürfte die Ursache für die Flucht Cems im Sommer 1977 gewesen sein.

Die Spannungen zwischen Cem und seinem Vater machten sich an den Träumen des damals Siebzehnjährigen fest, ein ›Stadtmädchen‹ zu heiraten. Wie zu erwarten war, stieß er damit auf barsche Kritik seitens des Vaters. »Ich erlaube es nicht«, meinte Kemal zu mir, »wir sind eine saubere Familie... außerdem können »Stadtmädchen« nicht arbeiten. Sie maniküren sich die Hände und spazieren mit hohen Schuhen herum... Es gibt im Dorf noch einige Mädchen, die frei sind. Ich werde eine nach der anderen meinem Sohn vorschlagen.«

Cem hielt den Druck zu Hause nicht aus und verschwand mitten in der Erntezeit, ohne ein Wort zu sagen. In Istanbul kam er in Schwierigkeiten. Sein Vater mußte zweimal ein erhebliches Bestechungsgeld zahlen, als Cem sich mit einem Zivilpolizisten anlegte. Cem arbeitet heute (1982) in einem Hotel in Istanbul. Die Flucht Cems belastete die Arbeitssituation des Haushalts erheblich. Krisen, von denen die dörfliche Arbeit immer bedroht ist, konnten nur mit Schwierigkeiten aufgefangen werden: 1980 brach sich Ishan beim Holzfällen ein Bein, was neben den Arztkosten auch den Verlust einer weiteren Arbeitskraft im Sommer bedeutete; 1981 überfuhr Kemal mit dem Traktor ein Kind aus dem Nachbardorf und mußte 200 000 TL Abfindung zahlen, den Verdienst einer Jahresarbeit. 1982 wurde Ishan bei einer Auseinandersetzung im Dorf durch einen Steinwurf so schwer verletzt, daß er ins Krankenhaus mußte und wieder als Arbeitskraft ausfiel.

Schwierigkeiten gab es jedoch nicht nur innerhalb der Familie. Offenbar begannen einige Bauern, Kemal Steine in den Weg zu legen. Er erzählte von gescheiterten Versuchen, Land zu kaufen.

Süleyman habe ihm einen Acker, der über seine Frau in seinen Besitz gelangt sei, verkaufen wollen. Dies sei am Einspruch ihrer Verwandten gescheitert, obwohl er 80 000 TL angeboten hatte. Das Motiv sei lediglich, daß er nicht reich werden solle. Nun liege der äußerst fruchtbare Acker brach.

In einem anderen Gespräch erzählte er, daß er daran gedacht habe, eine Motormühle zu bauen. Dies sei daran gescheitert, daß man ihm kein Dorfland verkaufen wollte. Er selbst besitze kein Land in der Nähe eines Weges. »Es wäre zu meinem Nutzen gewesen und zum Nutzen des Dorfes. Aber sie wollen nicht, daß ich reich bin.«

Ich habe den Eindruck, daß Kemals Wirtschaftsweise in den letzten Jahren an die sozial und politisch gesetzten Grenzen gestoßen ist. Ishan meinte: »Wir kommen nicht voran. Wir treten auf der Stelle.« Kemal selbst sagte 1983, daß er sich aus dem Dorf zurückziehen werde: »Es hat keinen Sinn mehr« (*faydası yok*). Er scheint es ernst zu meinen. Anders als im Fall von Cem unterstützte er die Migrationspläne Mustafas, des jüngsten Sohns und verschaffte ihm eine Stelle bei einem Freund aus der Militärzeit.

*

Wir haben bisher das dörfliche Wirtschaften unter der Fragestellung diskutiert, welche Grenzen dem rein wirtschaftlichen Handeln gesetzt sind. Die Kritik, die an Kemal laut wird, macht es nun möglich, von dieser negativen Bestimmung der dörflichen Rationalität zu einer positiven zu kommen.

Durch wirtschaftliches Handeln werden Beziehungen ausgedrückt bzw. neu gestiftet – Beziehungen, die alle einen totalen Charakter tragen, also sowohl ökonomisch als auch politisch und sozial sind. Das wirtschaftliche Handeln ist dabei nicht nur Voraussetzung für politisches und soziales Handeln, sondern es ist mit ihm untrennbar verwoben – es *ist* mit anderen Worten politisches und soziales Handeln. Es zielt in seinem Kern nicht auf die Maximierung der Produktion, sondern auf die »Maximierung« von Beziehungen ab. Ihre Qualität und Quantität gilt es zu verbessern. Mit einem deutlichen Seitenblick auf Kemal bemerkte der »Dürre Offizier«:

> »Was brauche ich Geld. Ich brauche Männer (*adamlar*). Ich brauche Leute, die kommen, wenn ich sie rufe. Ich brauche jemand, der keinen Weg und keine Mühe scheut, wenn ich ihn brauche. Ja – verdiene ruhig Geld. Aber steck es in deine Beziehungen, gib es den anderen, deren Hilfe du brauchst.«

Die Rationalität des dörflichen Wirtschaftens ist eine Rationalität des Ganzen: Sie ist der Stellung des Individuums und seines Haushalts in der Gesellschaft verpflichtet; sie hat die Totalität der Bezüge im Auge. Auf dem Hintergrund dieser »traditionalen Rationalität« erscheint das an einer spezifisch modernen Rationalität orientierte Wirtschaften

Kemals als falsch und unvernünftig. Seine Entscheidung, den größten Teil des Erwirtschafteten produktiv zu reinvestieren, anstatt es zu distribuieren, wird als Absage an die Beziehungen verstanden. Dies mag kurzfristig lukrativ sein, wird sich aber langfristig rächen.

Der Fall Kemals zeigt jedoch auch, daß diese dem Ganzen verpflichtete Rationalität (für ihn wenigstens) ihre Selbstverständlichkeit verloren hat. Dies dürfte eine Folge seiner langjährigen Erfahrung in der Migration sein. Dort erlebte er die Entflechtung der verschiedenen Handlungssphären, dort lernte er die Eigenrationalität wirtschaftlichen Handelns kennen. Die Arbeit in Istanbul war nicht mehr die Einlösung einer sozialen Verpflichtung, sondern nur ein Mittel zum Zweck des Gelderwerbs, die Voraussetzung für die Erfüllung der Pflichten gegenüber den Angehörigen, aber nicht mehr selbst Teil dieser Verpflichtung. Dort wurde zuerst (und möglichst intensiv) gewirtschaftet und dann erst verteilt und getauscht. Der wirtschaftliche Bereich wurde damit von seinen politischen Fesseln befreit: Die Arbeit wurde nicht mehr nach symbolischen, sondern nach immanenten Kriterien der Rentabilität und Produktivität beurteilt. Damit wandelte sich auch das Kriterium der Rationalität: Es erschien nun als spezifisch irrational, wenn soziale und politische Erwägungen beim wirtschaftlichen Handeln eine Rolle spielten.[25] Kemals Versuch, diese neue Rationalität auf das Dorf zu übertragen, war zunächst durchaus erfolgreich (nicht zuletzt deswegen, weil der Haushalt groß genug war, um nicht auf Unterstützung von außen angewiesen zu sein), blieb aber letztendlich zum Scheitern verurteilt. Der Konflikt der Rationalitäten wurde jedoch entscheidend für die Auseinandersetzung der Bauern mit den in die Stadt migrierten Verwandten.

Die Folgen der Migration für das Dorf

Es gibt keinen Mann in Subay, der nicht kürzere oder längere Zeit in Karabük, Ankara oder Istanbul gearbeitet hätte. Allerdings veränderte sich der Charakter der Migration grundlegend in den fünfziger Jahren. Bis dahin hatte es sich um Saisonarbeit gehandelt. Auch wenn nicht wenige Männer zehn Monate in der Stadt und nur die beiden Erntemonate im Dorf verbrachten, lag der Lebensschwerpunkt doch eindeutig im Dorf: Sie fühlten sich als Bauern, die, um überleben zu können, kürzer oder länger »in der Fremde« (*gurbette*) arbeiten mußten. Während des Aufenthaltes in der Stadt schliefen sie in der Regel am Arbeitsplatz – in der Werkstatt, im Stall. Diese als sehr leidvoll empfundene Form der Migration endete fast völlig in den fünfziger Jahren. Damals ergab sich einerseits die Möglichkeit, durch Arbeit im Wald Geld zu verdienen, andererseits erlaubte die wirtschaftliche Expansion zum ersten Mal, auf Dauer und zusammen mit der Familie fortzuziehen. Seit damals wird nur noch ausnahmsweise saisonal migriert: nach Katastrophen wie dem Brand von 1960 oder wenn außergewöhnliche Aufgaben auf eine Familie zukommen.

Von besonderer Bedeutung für den Wandel des Charakters der Migration erwies sich, daß die Kreisstadt Andıraz ein traditionales Zentrum des Konditorenhandwerks ist. Dieses Handwerk bot einen Einstieg in die Stadt. Fast alle Migranten haben früher oder später einmal in einer Konditorei gearbeitet.[26]

Die Möglichkeit der dauerhaften Emigration führte bald zu einem Wandel des Ideals des Großfamilienzyklus. Anstatt zu versuchen, alle Söhne im Dorf zu halten, erschien es nun sinnvoller, alle bis auf einen (meist den Jüngsten) in die Stadt ziehen zu lassen. Das wurde nicht als »Trennung« (*ayrılma*) gesehen, vielmehr wurden die Stadthaushalte – bis zum Tod des Patriarchen – als Dependancen des Hofes betrachtet. Die wirtschaftlichen und sozialen Vorteile eines integrierten Stadt-Land-Haushaltes schienen erheblich: Das aufgrund der Realteilung ständig präsente Problem der Landknappheit konnte bewältigt werden; ebenso das Problem des über das Jahr sehr schwankenden Bedarfs an Arbeitskräften. Die Migranten konnten im Sommer Urlaub nehmen, um bei den Erntearbeiten im Dorf zu helfen. Wenn man einen Fuß in der Stadt hatte, bedeutete das schließlich den Zugang zu Bargeld. Dies war weniger für die Deckung laufender Kosten interessant denn als Versicherung für den Fall von Katastrophen oder als Finanzierungsmöglichkeit für Hochzeiten. Stadtverbindungen waren beispielsweise entscheidend, als das Haus des Dorfvorstehers 1975 abbrannte: Ohne den nach Istanbul emigrierten ältesten Sohn hätten die

Kosten für den Wiederaufbau nicht aufgebracht werden können. Für die Migranten ihrerseits bot der Dorfhaushalt Sicherheit im Fall von Arbeitslosigkeit, er war ein Ort, wo sie sich mit ihrem Bedarf an Grundnahrungsmitteln eindecken und dadurch die Lebenshaltungskosten in der Stadt reduzieren konnten. Er wurde nicht zuletzt als Ort gesehen, an dem die Eltern im Alter am besten aufgehoben waren. Nicht weniger wichtig war die soziale Stabilisierung der Familie durch die Migration. Die Konflikte, die aus dem ständigen Vergleichen und Aufrechnen entstanden waren, verloren an Bedeutung. Die Brüderhaushalte arbeiteten nun in verschiedenen Bereichen, so daß ein Vergleich kaum noch sinnvoll war. Die Stabilisierung der Familie schlug sich zahlenmäßig nieder. Während das traditionale Ideal der entfalteten Großfamilie nur selten verwirklicht wurde, gab es 1983 immerhin sechs entfaltete Dorf-Stadt-Haushalte (siehe S. 160f.). Auch andere Abweichungen vom traditionalen Ideal, zu denen man aufgrund von Landknappheit gezwungen war, entfielen: Seit sich die Möglichkeit zur Emigration bot, arbeitete niemand mehr als Hirte in einem anderen Haushalt (vgl. oben S. 117) oder ließ sich auf ein *iç-güvey*-Verhältnis ein. Die Möglichkeit der Emigration wirkte zunächst wie ein Ventil: Sie erlaubte, dem Ideal der sozialen Welt näher zu kommen als jemals zuvor.

Die Migration eines Teiles der Söhne in die Stadt wurde anfangs ähnlich wie andere marktwirtschaftliche Tätigkeiten im Rahmen der dörflichen Produktion gesehen: als eine Tätigkeit, die – vergleichbar der Ziegenzucht – dem Kernbereich der Produktion hinzuaddiert wurde, die lohnend, aber sekundär war, und die wieder aufgegeben werden konnte, wenn der Hof es erforderte. Es zeigte sich jedoch, daß sie weit mehr war. Die Erfahrung der Migration bedeutete, daß sich die neue Rationalität der Produktion für den Markt endgültig durchsetzte.

Entscheidend ist wohl, daß das Geldeinkommen den Migrantenhaushalt vom Hof unabhängig macht. Während im Dorf die marktorientierten Tätigkeiten nur im Zusammenhang und als Ergänzung der Produktion für den Eigenbedarf Sinn haben, können sie in der Stadt für sich allein bestehen. Mit dem Lohn, der aus dem Verkauf der Arbeitskraft erzielt wird, ist die städtische Familie in der Lage, alle Grundbedürfnisse zu decken. Es ist nur konsequent, daß das Einkommen primär als das der städtischen Kernfamilie und nicht als das der Großfamilie insgesamt betrachtet wird.

Diese neue Sicht spricht beispielsweise aus einem Konflikt zwischen dem »Tabakhändler« und seinem Sohn Asiz. Asiz wirft seinem Vater vor, alle Rechte an dem Traktor, den er, Asiz, finanziert habe, an den anderen Sohn Memed übertragen zu haben. Der Konflikt ähnelt dem bereits diskutierten zwischen Hasan und seinem Vater (siehe oben, S. 129). In diesen Auseinandersetzungen wird die Verfügungsgewalt des Vaters über das erwirtschaftete Einkommen in Frage gestellt – was voraussetzt, daß es nicht mehr von vornherein als Geld des Vaters bzw. des Haushaltes insgesamt betrachtet wird.

In dieser Hinsicht wirkt es auch wie eine Selbsttäuschung, wenn »Unteroffizier Ali« erzählt, daß er für die Hochzeit seines Sohnes 90 000 TL ausgegeben habe. Als ich mich erkundige, wie das Geld aufgebracht worden sei, erzählt er mir, sein Sohn habe drei Jahre in Karabük gearbeitet, ohne Geld zu überweisen. Außerdem habe die Firma die Hälfte des Brautpreises (4500 TL) übernommen und 10 000 TL zu den Hochzeitskosten beigesteuert. Es ist kaum anzunehmen, daß sich Alis Sichtweise mit der seines Sohnes deckt: Dieser dürfte eher die Gegenrechnung aufmachen und behaupten, der Vater habe zu den Hochzeitskosten nur 10 000 TL beigetragen.

In der Stadt wird der Hauptteil der täglichen Bedürfnisse an Nahrung gekauft, und die aus dem Dorf mitgebrachte Nahrung dient allenfalls der Ergänzung. Damit kehrt sich beim Stadthaushalt das Verhältnis von Produktion für den Markt und Produktion für den Eigenbedarf um. Um es pointiert zu formulieren: Während im Dorf grundsätzlich die Rationalität der Produktion für den Eigenbedarf herrscht – und ein Geldeinkommen nicht grundsätzlich anders als eine zusätzliche Naturalie gesehen wurde –, gilt im Stadthaushalt prinzipiell die Rationalität der Warenproduktion, und die aus dem Dorf mitgeführten Naturalien werden wie Geld behandelt. Ihr Wert wird nun in dem Preis ausgedrückt, der für sie auf dem Markt entrichtet werden müßte. Die Arbeit zur Deckung des Eigenbedarfs wird zum ersten Mal kalkulierbar und das Sinnkriterium der Produktivität damit auf sie anwendbar. Auch in diesem Bereich wird nun eine Arbeit, die angesichts des erzielten Ertrages einen unverhältnismäßig hohen Aufwand erfordert, als sinnlos gesehen. Das traditionale Sinnkriterium, das die Arbeit für den Eigenbedarf als *görev*, als Verpflichtung sieht, wird unterhöhlt, und der wirtschaftliche Nutzen wird ebensosehr wie der soziale Wert einer Tätigkeit betont.

Sobald auch die Gaben aus dem Dorf im allgemeinen Äquivalent ausdrückbar sind, ist ein Vergleich möglich. Er führt bei den Migranten zu dem Gefühl, wesentlich mehr für das Dorf zu tun als umgekehrt. In einem Gespräch zählte Asiz, der nach Istanbul gegangene Bruder von »Mustafa, dem Riesen«, auf, was er für seine Familie im Dorf geleistet habe: Er sei regelmäßig zu den Erntearbeiten ins Dorf gefahren, er habe eine Arbeitsstelle für seinen Bruder Şaban besorgt (die Şaban nach einem halben Jahr bereits wieder verloren hatte), er habe Şaban aufgenommen, als er krank geworden sei, und habe den Krankenhausaufenthalt für ihn bezahlt, er habe Geld ins Dorf geschickt: »Wir hätten inzwischen eine Wohnung haben können. Aber wir haben geschickt, geschickt, geschickt. Und zurück ist nichts gekommen.« Asiz hatte das Gefühl, daß die im Dorf gebliebenen Brüder auf ihn angewiesen seien, nicht aber umgekehrt. Dieses Gefühl mag dazu geführt haben, daß die Migranten zunehmend Widerstand gegen Ansinnen aus dem Dorf äußern. Im gleichen Gespräch erörterten Asiz und ich den Streit des »Tabakhändlers« mit seinem Sohn Asiz, der entstanden war, als Asiz sich aufgrund des Druckes seiner Frau weigerte, seine (verheiratete) Schwester mit nach Istanbul zu nehmen und sie dort im Krankenhaus behandeln zu lassen – was ihm von seiner Mutter den Vorwurf einbrachte, ein *kılıbık*, ein Pantoffelheld, zu sein.[27]

Zu dem Gefühl, von der dörflichen Produktion unabhängig zu sein, dürfte nicht zuletzt die Institution der Versicherung beigetragen haben. In den ersten Jahren hatten die Migranten der Frage, ob sie bei der Arbeit versichert sind oder nicht, kein übermäßiges Gewicht beigemessen – das änderte sich jedoch schnell, als die ersten von ihnen ins Rentenalter kamen und die Erfahrung machten, daß das Versicherungssystem tatsächlich funktioniert. Seitdem ist die Frage der Versicherung entscheidend für die Beurteilung eines Arbeitsplatzes. Die Sozialversicherung schmälert so die Bedeutung des Dorfes als Ort sozialen Rückhalts.

Nicht nur die Städter begannen jedoch, die dörfliche Arbeit zunehmend unter dem Aspekt der Produktivität zu betrachten. Auch für die im Dorf Gebliebenen – bzw. ins Dorf Zurückgekehrten – wurde dieser

Gesichtspunkt wichtig. Man hat den Eindruck, wesentlich härter als die Brüder in der Stadt zu arbeiten und dabei gleichzeitig weit weniger zu erwirtschaften. Die Bauern verweisen auf ihre früh gealterten Gesichter, wenn sie die dörfliche Arbeit mit der städtischen vergleichen: »Schau dir meine Brüder an«, sagte Memed, »und schau mich an. Die Arbeit hier verbraucht einen Mann. Wir altern schnell.« Die heute vierzig- bis fünfzigjährigen Bauern haben das Gefühl, im Vergleich zu ihren fortgezogenen Brüdern das schlechtere Los gezogen zu haben. Fast alle Zurückgekehrten heben hervor, daß sie lieber in der Stadt geblieben wären: »Frag' nicht – ich hab's bereut.« – »Was sollte ich machen, mein Vater war hier.« – »Mein Vater wollte, daß ich zurückkehre.« – »Ich sagte mir: ›Mein Vater soll mich nicht verfluchen‹, und bin ins Dorf zurückgekehrt.« – »Unser Land war hier.« – »Es war dumm von mir; hätte ich damals eine Arbeit angenommen, könnte ich jetzt eine Pension beziehen.«

Während die heute tonangebende Generation zu alt ist, um noch in die Stadt zu ziehen – und sich in der Regel mit einem *ne yapayım* (»Was soll ich schon machen?«) in ihr Schicksal fügt –, haben ihre Söhne noch die Möglichkeit, wegzugehen. Kaum einer der jüngeren Männer möchte im Dorf bleiben. Kennzeichnend für das Lebensgefühl dieser Generation war ein Gespräch mit Ismail, dem Sohn des »Dürren Offiziers«, an dem Tag, nachdem sein Bruder Ahmet während der Erntearbeiten, ohne ein Wort zu sagen, nach Istanbul geflüchtet war. Ich hatte eine Verurteilung erwartet; Ismail gab seinem Bruder jedoch rückhaltlos recht: Die Arbeit hier im Dorf sei sinnlos – auch er werde im November das Dorf verlassen: »Lieber heute als morgen weggehen.«

Die vierzig- bis fünfzigjährigen Bauern stehen den Migrationswünschen ihrer Söhne nicht ganz eindeutig gegenüber. Oft haben sie selbst ein distanziertes Verhältnis zum Dorf und möchten deshalb ihren Söhnen ein Leben in Subay ersparen. Viele (wie z. B. der »Tabakhändler«) erklären, sie würden es ihren Söhnen freistellen, ob sie fortgehen wollen oder nicht. Andererseits steht diese Generation unter den Imperativen des dörflichen Handelns. So kommt es vor, daß man sich manchmal geradezu gezwungen sieht, eine zugunsten der Migration der Söhne gefällte Entscheidung zu widerrufen. Dies war der Fall bei »Unteroffizier Ali«, der seinen Sohn Abdullah im Dorf zurückhielt, weil der Haushalt sonst politisch und wirtschaftlich zu schwach gewesen wäre (vgl. oben S. 96).

Die jungen Männer sehen sich angesichts dieser jedermann einsichtigen Zwänge in einer Zwickmühle. Wenn sie fortgehen, brechen sie die Verpflichtung ihren Eltern gegenüber – bleiben sie und warten den Tod ihrer Eltern ab, werden sie zu alt, um noch wegzuziehen. Die gleichen Probleme werden sich dann für die nächste Generation stellen. Angesichts dieser Situation nehmen die jungen Männer unterschiedliche Haltungen ein. Häufig verzichten sie. Als ich 1982 ins Dorf zurückkam, war ich erstaunt darüber, wie viele der jungen Männer, die 1977 fest zur Migration entschlossen schienen, geblieben waren. Sehr oft nannten sie die Angst vor dem Fluch der Eltern als Grund. Es kann sein, daß die Häufigkeit, mit der auf diese metaphysische Sanktion zurückgegriffen wird, den Wegfall diesseitiger Sanktionsmöglichkeiten reflektiert: Es ist unübersehbar, daß die Möglichkeit zur Migration eine Machteinbuße der Väter bedeutet – eine Verstoßung der Söhne hat nicht annähernd mehr die wirtschaftlichen Konsequenzen wie vor dreißig Jahren.

Andere Söhne ziehen tatsächlich weg und üben Druck auf ihre Eltern aus, ihnen zu folgen und ihren Lebensabend in der Stadt zu verbringen. Aufschlußreich war in dieser Hinsicht ein Gespräch mit Ilhan Akkaya, einem jungen Mann, der sich in Istanbul eine Existenz als fliegender Händler aufgebaut hatte.

Ilhan: »Ich habe zu meinem Vater gesagt: ›Vater, ich komme nicht mehr ins Dorf. Wenn ich die gleiche Zeit in Istanbul arbeite, kann ich mehr Geld verdienen. Du kannst machen, was du willst: Entweder du bleibst im Dorf, oder du ziehst zu mir nach Istanbul.‹ «

W. S.: »Es wird aber schwer für ihn werden. Er ist an das Leben im Dorf gewöhnt, er kennt die Leute hier.«

Ilhan: »Er wird sich auch an die Stadt gewöhnen. Natürlich muß man ihm dann fünf oder zehn *kuruş* geben, damit er ins Kaffeehaus gehen kann, Man sagt: ›Hier hast du Geld, Vater, geh ins Kaffeehaus, plaudere; geh in die Moschee, bete das *namaz-* Gebet, komme deinen religiösen Verpflichtungen nach ...‹ Ich meine, ein Vater müßte sagen: ›Es ist notwendig für die Zukunft meines Sohnes, daß ich zu ihm ziehe.‹ ... Ich habe es auch zu Memed gesagt: ›Was mühst du dich hier ab?

Geh in die Stadt! In der Fabrik kannst du eine versicherte Arbeit finden. Du verdienst dann genug Geld, um deine ganze Familie zu ernähren. Hier schuften sich alle in der Familie ab, und es reicht gerade hin.‹ «

Ilhans Vater konnte sich trotz seiner Gebrechlichkeit nicht zum Fortgehen entschließen. Wahrscheinlich waren für ihn die gleichen Gründe maßgebend wie für die anderen alten Männer, die sich weigerten, ihren Söhnen zu folgen: »In Istanbul kann man nicht leben. Mein Sohn zürnt mir, ich weiß es. Aber wir sind hier ein Leben im Freien gewöhnt«, meinte Dursun. Einen anderen Gesichtspunkt brachte der »Dürre Offizier« ins Spiel: »In der Stadt laufen die Weiber nackt herum. Warum soll ich in meinem Alter noch eine Sünde (*günahlık)* begehen?«

Ein Blick auf die Haushaltsstruktur zeigt, daß die Auseinandersetzung zwischen Ilhan und seinem Vater keineswegs ein Einzelfall ist. 1977 gab es acht, 1983 schon vierzehn Haushalte, in denen alle Söhne fortgezogen waren. Bestenfalls wurde noch ein Mitglied des Stadthaushaltes delegiert, um nach den Eltern im Dorf zu schauen.

In dieser Hinsicht stellt sich zum ersten Mal der einsame Tod als gesellschaftliches Problem in Subay. Im Winter 1982/83 starben zwei Frauen, deren Angehörige alle in der Stadt lebten. Eine von ihnen war zu einem Nachbarn gegangen, der die Größe zeigte, die ansonsten sehr unbeliebte Frau aufzunehmen und in seinem Haus sterben zu lassen. Die andere starb jedoch plötzlich und isoliert in ihrem Haus. Die Bauern reagierten mit Bestürzung. In Subay war es bis dahin die (sehr ernst genommene) Pflicht der Söhne, bei ihren sterbenden Eltern zu wachen, um ihnen im Augenblick des Todes einen Schluck Wasser einflößen zu können und den Koran rezitieren zu lassen: beides Rituale, um die Eltern nicht »ohne Glauben« (*imansız*) sterben zu lassen.

Die beiden Gesichter der Migration spiegeln sich in der Familienstruktur von Subay. Sie zeigt, wie die Migration eine Lösungsmöglichkeit für traditionale Probleme darstellte und wie sie andererseits die Ursache neuer Schwierigkeiten war.

Die herkömmliche Klassifikation von Familien nach »Großfamilie«, »Erweiterte Kernfamilie« und »Kernfamilie« ist wenig aussagekräftig, weil sie den Zyklus unberücksichtigt läßt, den jede Familie durchläuft.

Aus einer größeren Zahl von Kernfamilien kann nicht notwendigerweise auf den Zerfall von Großfamilien geschlossen werden – sie können selbst Teil des Großfamilienzyklus sein.

Um den Einfluß der Migration auf die Familienstruktur zu untersuchen, erscheint es mir ratsam, von zwei Zyklen auszugehen: dem Zyklus, der dem traditionalen Ideal entspricht (alle Söhne leben mit ihren Familien bis zum Tod des Vaters in einem Haushalt), und dem Zyklus, der seit dem Einsetzen der Migration für die meisten als Ideal gilt (der Stadt-Land-Haushalt), bei dem alle Söhne bis auf einen fortziehen.

In der Spalte ganz links (s. Tabelle S. 160 f.) sind die Abweichungen vom traditionalen Ideal festgehalten, die aus demographischen, sozialen oder ökonomischen Gründen notwendig waren: 1. Die Bigamie, die nur aus Gründen von Kinderlosigkeit bzw. der Geburt ausschließlich von Töchtern gestattet war; 2. Die Situation der Stiefkindschaft (*üveylik*): Eine Wiederheirat nach der Scheidung von der ersten Frau oder nach ihrem Tod bedeutete, entgegen dem Ideal, meist immer auch eine Trennung vom Kind aus erster Ehe, weil es von der zweiten Frau nicht akzeptiert wurde; 3. Das *iç güvelik*, die durch Armut erzwungene Einheirat in das Haus der Ehefrau[28]; 4. Die Trennung der Haushalte nach der Heirat des zweiten Sohnes. Diese Formen abweichender Familienverhältnisse spielen heute nur noch eine vergleichsweise geringe Bedeutung. Dies ist zum Teil die Folge der Migration: Sie macht das als demütigend empfundene *iç güveylik* unnötig und lindert den sozialen Druck, der oft zum vorzeitigen Auseinanderbrechen der Haushalte führt. Das Verschwinden der Bigamie und der Rückgang von Scheidungen hängen dagegen mit der allgemeinen Durchsetzung der staatlichen Ehe zusammen – auch diese Veränderung wird durchgehend positiv eingeschätzt.

Bedeutsamer sind heute die Abweichungen vom neuen Ideal des Stadt-Land-Haushaltes (Spalte ganz rechts). Als belastend und problematisch wird vor allem die Migration aller Söhne in die Stadt erlebt (Phasen III und IV). Die Trennung des Sohnes von seiner Frau (Phase II) gilt dann als problematisch, wenn sie, wie bei Emigranten nach Deutschland, zu lange dauert.

Es muß noch erwähnt werden, daß eine Zuordnung der einzelnen

	Abweichungen vom traditionalen Ideal	Traditionales Ideal	Neues Ideal	Abweichungen vom neuen Ideal
I	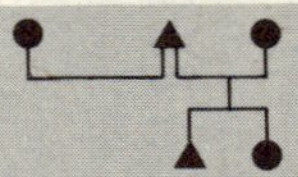 Bigamie aufgrund von Kinderlosigkeit (bzw. nur Geburten von Töchtern) der ersten Frau 1977: 2 1983: 0 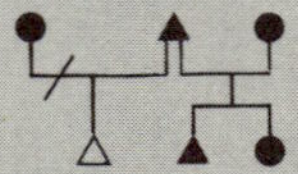 Üveylik: Aufgrund der Trennung von der ersten Frau kommt es zum Problem von Stiefkindschaft, die mit der Trennung des Vaters vom Sohn endet. 1977: 2 1983: 2	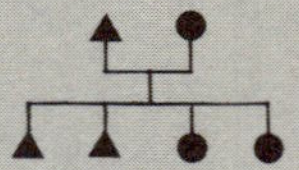 »Kleinfamilienphase« 1977: 3 1983: 4	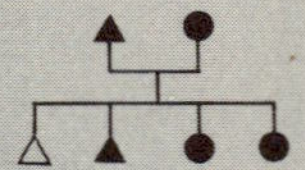 »Kleinfamilienphase«, der ältere Sohn wird in der Stadt ausgebildet; der jüngere ist auf dem Hof 1977: 5 1983: 7	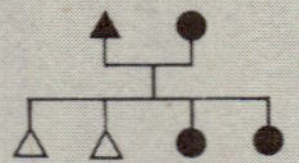 Alle Söhne werden in der Stadt ausgebildet 1977: 3 1983: 1
	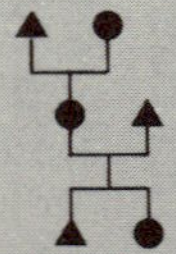 Iç Güveylik: Der	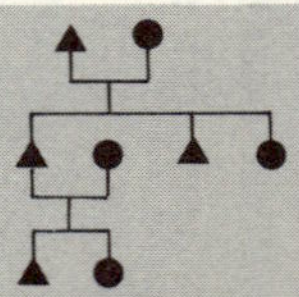 Phase der	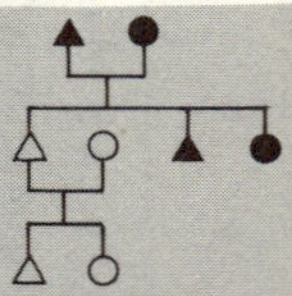 Phase der	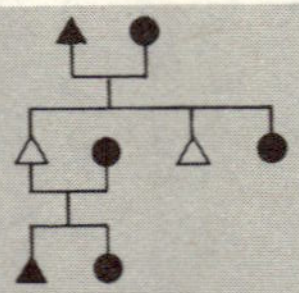 Die Familie

	Schwiegervaters, der selbst keine Söhne hat. 1977: 0 1983: 0	1977: 2 1983: 1	Die ältesten Söhne in der Stadt sind verheiratet 1977: 3 1983: 4	lebt bei seinen Eltern, bis er Fuß gefaßt hat. 1977: 5 1983: 2
III	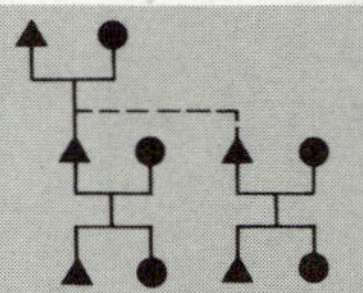 Trennung der Haushalte, als der zweite Sohn heiratet. 1977: 2 1983: 0	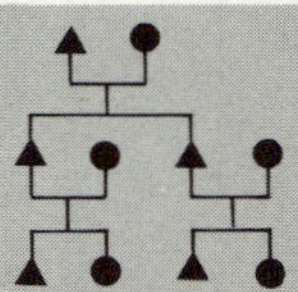 Entfaltete Großfamilie 1977: 1 1983: 0	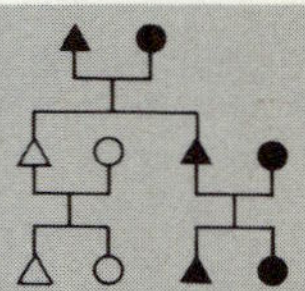 Entfaltete Großfamilie. Der eine Haushalt lebt in der Stadt, der andere im Dorf. 1977: 2 1983: 6	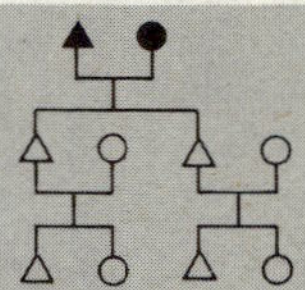 Alle Haushalte der Söhne sind in die Stadt emigriert. 1977: 5 1983: 9
IV		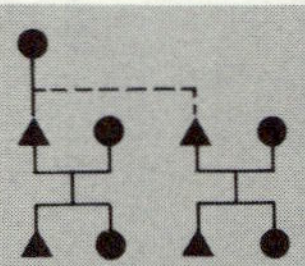 Trennung der Haushalte nach dem Tod des Vaters. Neubeginn des Zyklus. 1977: 0 1983: 2	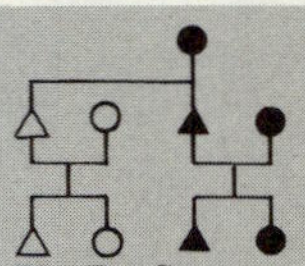 Der Dorfhaushalt und der Stadthaushalt bleiben ungetrennt. Im Dorf wird die Mutter versorgt. 1977: 10 1983: 2	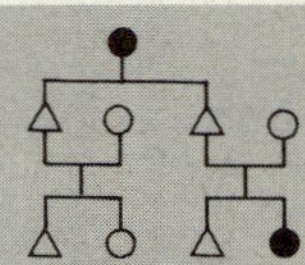 Alleinstehende Frau im Dorf. Alle Söhne sind emigriert. Unter Umständen wird ein Familienmitglied zur Pflege delegiert. 1977: 3 1983: 5
	1977: 6 1983: 2	1977: 6 1983: 7	1977: 20 1983: 19	1977: 16 1983: 17

Familien zu Typen, vor allem in der ersten Phase, schwierig ist. Es ist gut möglich, daß einige von den vier Familien, die 1983 dem »traditionellen Zyklus« zugeordnet wurden, im Laufe der Zeit sich noch zu Stadt-Land-Haushalten entwickeln.

Die zahlenmäßige Bedeutung der Migration geht aus der Alterspyramide hervor.

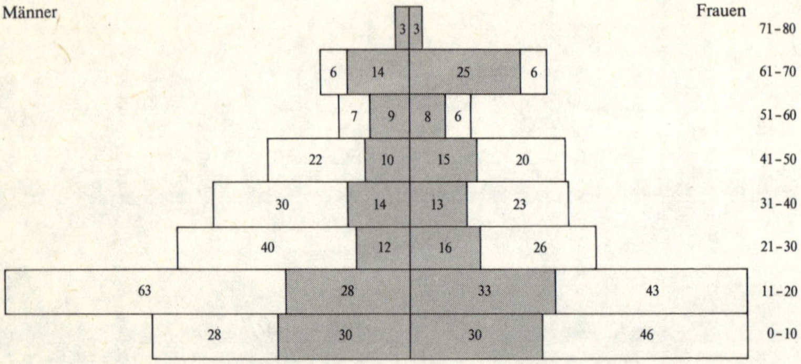

Ausmaß der Migration von Subay

Die im Dorf gebliebene Bevölkerung ist schraffiert. Die Alterspyramide basiert auf den Aussagen der Bauern. Sie wurden nach der Zusammensetzung der Dorfhaushalte und nach fortgezogenen Verwandten bis zum zweiten Grad (Kinder von Brüdern in der Regel) befragt. Die Personenzahlen für das Dorf sind exakt, die Verteilung auf Altersstufen jedoch nur ungefähr (dem Lebensalter wird keine große Bedeutung beigemessen, und es wird meist nur geschätzt). Die Zahl der Migranten dürfte unterschätzt sein; das gilt besonders für die Altersstufen 0–10 und 11–20.

Das Dorf wäre heute ungefähr zweieinhalb mal so groß, wenn niemand weggegangen wäre – statt 263 Personen (1977) würden heute dort mehr als 630 Personen leben. Deutlich erkennbar ist eine Stabilisierung der Bevölkerung. Die schraffierte Alterspyramide der im Dorf Gebliebenen verbreitert sich kaum nach unten (wenn man von den Gruppen absieht, die zu jung sind, um zu emigrieren).

Zeiterfahrung und Individualität

Die Möglichkeit der Migration führte zu einer neuen Wahrnehmung der dörflichen Welt. Besonders deutlich ablesbar ist sie an der Veränderung des Verhältnisses zur Zeit. Zeit wird in den letzten Jahren zunehmend als Problem empfunden.

Die Abfolge der Verpflichtungen

Die Zeiterfahrung im Dorf ist im wesentlichen durch die Abfolge der *görev,* der »Verpflichtungen«, bestimmt, die der einzelne bewältigen muß. Diese Verpflichtungen sind (im allgemeinen) abhängig von der Lebensphase und (im besonderen) von der Jahreszeit. Sie werden an das Individuum von außen herangetragen, es muß ihnen gerecht werden, ohne viel Einfluß auf ihre Wahl zu haben. Das Verhältnis zur Zeit scheint mir durch drei Eigenschaften dieser Kette von Verpflichtungen bestimmt: durch ihren relativ konstanten Charakter; durch den geringen Spielraum, den sie lassen, und durch den Rhythmus, der sich der Beeinflussung durch den einzelnen weitgehend entzieht.

Die Verpflichtungen sind so gut wie unveränderbar; sie leiten sich, wie man im Dorf sagt, von »Brauch und Sitte« (*örf ve adet*) ab. Entgegen dem ersten Augenschein bedeutet diese Redewendung nicht, daß die Verpflichtungen als kultureller Wert begriffen würden und daß das Festhalten an ihnen Ausdruck eines Traditionsbewußtseins wäre. Eine solche Haltung würde kaum zu der Skepsis gegenüber der eigenen Gesellschaft passen, der wir schon wiederholt begegnet sind. An »Brauch und Sitte« wird vielmehr festgehalten, weil jede Veränderung das eingespielte Gleichgewicht von Verpflichtungen und Gegenverpflichtungen gefährden könnte. Die Entstehung eines neuen Brauchs (der dörfliche Ausdruck dafür ist: *örf halıne gelmek,* »zum Brauch werden«) bedeutet immer ein Risiko für den einzelnen Haushalt. Dies war in den letzten Jahren besonders im Zusammenhang mit den Hochzeitskosten spürbar. Sie sind zum allgemeinen Bedauern deutlich in die Höhe gegangen. Hüsnü beschrieb sehr klar den Mechanismus:

»Der eine hat das für seine Tochter verlangt, der andere jenes. Das hat man gesehen und sich gesagt: ›Warum soll meine Tochter nicht auch das bekommen?‹ – So ist das zum Brauch geworden.«

Im dörflichen System des Gabentausches wird jede Abweichung von der bisherigen Praxis als Präzedenzfall gewertet. Man kann gleichsam nicht mehr dahinter zurück. Es werden Imperative gesetzt, die man um seines Status willen erfüllen muß, auch wenn es als irrational gilt: »Die [die Eltern der Frau] wollen eine Nähmaschine, auch für Mädchen, die gar nicht nähen können. Was soll das Mädchen damit? Sie steht dann umsonst im Haus herum!« Aber – wie Hacı Şakir bemerkte –: »Das ist eben Brauch. Das können zwei, drei Leute nicht ändern.«[29]

Sehr deutlich wurde der Zwang, den eine Neuerung bedeutet, auch empfunden, als 1977 ein oder zwei Arbeitsgruppen damit begannen, den Abschluß der Waldarbeit mit einem Essen zu feiern, zu dem auch der Forstbeamte eingeladen wurde. Dies stieß auf harte Kritik von anderen, die damit die Verpflichtung, nun ebenfalls eine Feier auszurichten, auf sich zukommen sahen.

Wenn man jedem Versuch, an den Verpflichtungen zu rütteln, Widerstand entgegensetzt, dann weniger aus Respekt vor der Vergangenheit als aus Sorge um die Zukunft. Der Konservativismus der Bauern von Subay ist daher streng von einer städtischen Traditionspflege zu unterscheiden. Er entspringt dem Wissen, daß jedes Ereignis (meist unvorhersehbare) Konsequenzen für die Struktur des dörflichen Tausches hat. Er ist Ausdruck eines vorsichtigen Umgangs mit der Zeit. Er läßt die Zukunft als weitgehend vorgegeben erscheinen. Sie ist als das »Künftige« in der Gegenwart angelegt, nicht aber als ein anderes ihr entgegengesetzt.

Die Zukunft erscheint nicht nur absehbar, was die Aufgaben betrifft, die sich künftig stellen werden, sondern auch im Hinblick auf die materielle Situation. Die Ordnung der *görev* läßt – wie wir gesehen haben – eine grundsätzliche Veränderung der wirtschaftlichen Lage nur in Grenzen zu: Die Produktionsfaktoren Boden, Arbeit und Kapital lassen sich nicht beliebig akkumulieren; Kooperationsprojekte haben kaum Aussichten. Es wird oft betont, daß man in der Zukunft kaum besser dastehen wird als gegenwärtig – wahrscheinlich eher schlechter. Ahmet Akdemir:

»Du siehst, es geht mir heute wie vor fünf Jahren. Ganz genauso. Und wenn du in zwanzig Jahren kommst, wird es mir wieder genauso gehen – eher schlechter, weil ich meine Söhne verheiraten muß.«

Skepsis gegenüber der Zukunft ist aber auch angebracht angesichts der Unsicherheit der dörflichen Existenz: Wohl jeder im Dorf hat irgendwann die Erfahrung gemacht, daß Pläne oder Absichten durch Katastrophen oder Krankheiten durchkreuzt wurden. Besonders einschneidend war natürlich in dieser Hinsicht der große Brand von 1960. Aber auch Krankheit belastet einen Hof schwer. Der Sturz »Mustafas, des Riesen« vom Maultier 1977 und die Kosten des Krankenhausaufenthaltes führten dazu, daß die Verheiratung seiner Tochter erst zwei Jahre später als geplant ausgerichtet werden konnte – eine Verlobung zerbrach daran. Noch weitergehende Konsequenzen hatte die schwere Erkrankung seines Bruders Şaban 1982:

»Ich wollte gerne Asiz [seinen zweiten Sohn] ausbilden lassen. Aber es ist unmöglich. Bayram [der Älteste] geht jetzt zum Militär. Ich bin krank. Wer soll denn die Arbeit machen? Wenn Gott es so bestimmt hat, werde ich den Jüngsten ausbilden lassen. Und zu meinem Ältesten sage ich: Schau, daß du nach dem Militär in der Stadt etwas findest, womit du deine Zukunft sichern kannst.«[30]

Die Haltung, die gegenüber dem Künftigen angebracht ist, ist nicht die des Planens und Entwerfens, sondern die der Absicherung und der klugen Vorsorge. »Den Esel haben wir festgebunden; wenn der Wolf ihn fressen will, soll er ihn hier fressen«, bemerkt trocken das Sprichwort und:

Bewahre das Stroh auf!	*Sakla samanı*
Irgendwann kommt die Zeit,	*gelir zamanı*
in der neun Handbreit Schnee fallen	*dokuz karış kar yağmıs*
zur Zeit der Kirschblüte.	*kıraz zamanı.*

Zur klugen Vorsorge gehört nicht zuletzt, darauf zu achten, den Reziprozitätsverpflichtungen den Nachbarn gegenüber gerecht zu werden, auf die man im Fall von Krankheit angewiesen ist.

Die Abfolge der Verpflichtungen setzt einen Rhythmus, der alle Bereiche des Lebens umfaßt, der von außen aufgegeben und weitgehend unberechenbar ist.

Das Jahr wird durch die anfallenden Arbeiten in eine Phase gegliedert, »in der man Zeit hat« – von Oktober bis Mai, wenn die Arbeiten Zeit lassen, bzw. im Hochwinter, der Zeit des *ferağ*, des Ausruhens –, und entsprechend in eine, in der man »keine Zeit hat« – von Mai bis Oktober, wobei die *ırgat*, die Zeit der Schwerarbeit, der Ernte, besonders hervorragt. Der soziale Rhythmus folgt dem Rhythmus der Arbeiten. Herbst und Winter sind die Zeiten, in denen Hochzeiten stattfinden, in die aber auch entscheidende Aussprachen gelegt werden.

Besonders deutlich war dies im Sommer 1977 im Haus des Dorfvorstehers, als die Entscheidung anstand, ob Memed in die Stadt ziehen sollte oder nicht. Sowohl Vater als auch Sohn überlegten den ganzen Sommer über und besprachen das Für und Wider mit Dritten. Da es sich dabei um die gleichen Personen handelte, waren sie über die Erwägung des anderen gut informiert. Dennoch vermieden es beide bis zum Herbst, voreinander ein Wort fallenzulassen.

Das Gefühl, daß es im Frühling und Sommer nicht angemessen ist zu heiraten, bestimmte ebenfalls die Auseinandersetzungen um Hacı Şakırs Tochter.[31] Der Bräutigam, der nach Istanbul gezogen war, beharrte auf einer Heirat im Mai: Er führte an, daß die Wohnung in der Stadt nun eingerichtet sei und einer Verehelichung nichts mehr im Wege stünde. Hacı Şakır gab dem Drängen schließlich nach (man erzählte sich, daß seine Tochter gedroht habe, sonst zu fliehen). Die Hochzeit wurde allerdings ein Fiasko: Der Vater erklärte, er habe keine Zeit, und blieb die ganze Zeit über im Haus auf der Hochweide (*yayla*); das Dorf wurde nicht eingeladen.

Der umfassende Charakter des Rhythmus führt zu einem Gefühl der Bestimmtheit von Zeit. Mit der Zeit kann nicht nach Belieben oder Zweckmäßigkeitserwägungen umgegangen werden; es gibt ein Gefühl dafür, wann etwas angemessen ist. Es ist nicht überraschend, daß es ein Arbeitsmigrant war, der auf einer Hochzeit im Mai beharrte, also jemand, der dem konkreten Rhythmus der dörflichen Arbeit nicht mehr unterliegt.

Nicht weniger deutlich als ein Gefühl für die Bestimmtheit *von* Zeit ist ein Gefühl von Bestimmtheit *durch* Zeit. Ein junger Bauer formulierte es folgendermaßen:

»Hier weißt du niemals, wie lange du arbeitest. Jetzt im Winter liegst du bis zum Abend auf dem Diwan und hast nichts zu tun. Im Sommer dagegen arbeitest du bis zwei Uhr nachts.«

Im Sommer haben die Bauern das Gefühl, gehetzt zu werden. Obwohl mit einer langen Schönwetterperiode gerechnet werden kann, muß man sich mit der Ernte beeilen. Wenn man erst mit dem Mähen fertig wird, wenn andere bereits das Getreide einbringen, muß man mit Schaden durch Zugvieh rechnen, das in die Felder einbricht. Da diesbezügliche Absprachen wenig eingehalten werden (siehe oben S. 76 ff.), wird das Tempo von den Haushalten mit vielen Arbeitskräften gesetzt. Das gleiche gilt für die Drescharbeiten: Nach ihrem Abschluß wird das Vieh auf die Talweiden getrieben. Wer zu spät dran ist, muß damit rechnen, daß die besten Wiesen bereits abgeweidet sind. Dem Gefühl der Hetze im Sommer korrespondiert das der Langeweile im Winter. Ein ständiges Thema der dörflichen Rede ist, daß »die Zeit nicht vergeht«, daß man sich langweilt.

Ein anderer Aspekt dieses Gefühls der Bestimmtheit durch Zeit ist eine Disposition dafür, den Jahresablauf wie eine Abfolge von Imperativen zu empfinden. Häufig sind Sätze wie folgende zu hören: »Wenn ich eine Arbeit einmal gesehen habe, dann muß ich sie erledigen.« Oder: »Ein Bauer hat nie Zeit. Wenn er eine Arbeit gesehen hat, muß er sie erledigen.« Besonders aufschlußreich in dieser Hinsicht ist jedoch Şabans Scheitern in Istanbul:

»1977, im Herbst, hat mein Bruder ein Telegramm geschickt. Es war, als Ecevit an die Regierung kam. Ich arbeitete in der Berufsschule in Moda [Stadtteil von Istanbul] als Teeträger. Aber das war keine Arbeit. Den ganzen Tag saß ich da und döste vor mich hin. Die Zeit vergeht dann nicht. Und dann kam noch etwas, das mir sehr gegen den Strich ging: Ich mußte Frauen gehorchen. Du arbeitest und putzt so gut wie du kannst ein Fenster, und dann kommt eine Frau und sagt: ›So ist es nicht gut!‹ Naja, was soll's. Schließlich kam die Zeit der *ırgat,* der Schwerarbeit. Da wollte ich Urlaub. Aber – natürlich: Gibt man einem Mann, der erst ein halbes Jahr gearbeitet hat, Urlaub? Nun, ich sprach mit dem Direktor. Schließlich bekam ich 15 Tage Urlaub. Ich kam ins Dorf. Die Erntearbeiten sind natürlich in 15 Tagen nicht abgeschlossen. Nach 15 Tagen war ich gerade dabei, das Getreide vom Feld zum Dreschplatz zu fahren. Nun, ich habe von Bostan aus mit meinem Bruder telefoniert. Der hat gesagt: ›Komm!‹ Aber ich war sowieso die ganze Zeit über unsicher gewesen. Soll ich zurückkehren? Soll ich im Dorf bleiben? Nun, ich habe die Drescharbeiten beendet. Nach einem Monat habe ich dann ein Telegramm geschickt: ›Wegen Krankheit meiner Frau konnte ich nicht rechtzeitig zurückkehren.‹ Aber natürlich – in der Zwischenzeit war ein anderer Mann eingestellt worden. Jetzt bereue ich es. Wenn ich dort geblieben wäre, hätte die Regierung die Kosten für das Krankenhaus übernommen.«

Asiz, sein Bruder, der sich völlig an den städtischen abstrakten Rhythmus angepaßt hatte, konnte für die Nöte Şabans nur Unverständnis, ja Wut empfinden:

»Was sollen wir da noch machen? Ich besorge ihm eine Arbeitsstelle, er konnte oben schlafen... Als ich nach Istanbul kam, mußte ich im Stall schlafen. Und er wollte nicht bleiben, weil er sich langweilte! Andere sind froh, wenn sie nicht soviel arbeiten müssen... Und dann wollte er Ferien! Ich weiß nicht, wie das bei euch in Deutschland ist, aber hier muß man mindestens ein Jahr arbeiten, bevor man Ferien bekommen kann. Aber als dann die Erntezeit gekommen war, bettelte und flehte er so, daß der Direktor ihm schließlich 15 Tage Urlaub gegeben hat.«

Zu dem Gefühl der Bestimmtheit durch Zeit trägt nicht zuletzt der dörfliche Rhythmus bei, der in einem sehr wörtlichen Sinn »unberechenbar« ist. Die abstrakte, nach Tagen, Stunden und Minuten gezählte Zeit ist im Alltag von geringer Bedeutung: Die Abfolge der jahreszeitlichen Pflichten richtet sich nach den Zufälligkeiten der Witterung (»Wenn es schneit, legen wir uns nieder«); die Abfolge von Lebensphasen ist weniger abhängig vom Alter als von der Position in der Familie – und damit vom Haushaltszyklus.

Der Meinung eines Mannes wird in der Regel erst Gewicht beigemessen, wenn er verheiratet ist oder zumindest den Militärdienst absolviert hat. Man könne zwar reden, etwas vorschlagen, meinte Asiz, aber es werde nicht beachtet. Asiz – ein Arbeitsemigrant in Deutschland – fand das falsch: Es sei doch eine persönliche (*kişisel*) Angelegenheit, ob jemand als Erwachsener zählen könne oder nicht; der eine heirate mit 14, der andere mit 25, der eine könne in der Öffentlichkeit gut sprechen, sei intelligent, habe eine Ausbildung, sei aber unverheiratet. Der andere könne das nicht, sei dumm, habe keine Schule besucht. Weil er aber verheiratet sei, gelte sein Wort mehr.

Noch deutlicher ist dies für die Lebensphasen von Frauen. Eine junge Frau hat den untergeordneten Status einer *gelin* (Schwiegertochter), bis die Schwiegermutter stirbt und sie Hausfrau wird.

Abstrakte und ökologische Zeit

Während die abstrakte Zeit im Alltag so gut wie keine Rolle spielt, ist sie für das sakrale Leben von erheblicher Relevanz. Der Islam mißt ihr eine zentrale Bedeutung bei. Die sakralen Zeiten sind für alle Muslime buchstäblich auf die Minute festgelegt. Dies dürfte damit zusammenhängen, daß die Idee der einer für alle Muslime einheitlichen und verbindlichen – und damit notwendigerweise normierten und abstrakten – Zeit ein Symbol für die Einheit der Gemeinde ist. Diese wird durch die gleichzeitig ausgeführten Rituale gleichsam sichtbar: etwa, wenn sich fünfmal am Tag alle Gläubigen gleichzeitig dem spirituellen Zentrum Mekka zuwenden, um das rituelle *namaz*-Gebet auszuführen, und sich dergestalt fünfmal am Tag ein weltumspannender Kreis aller Muslime formiert.

Diese symbolische Bedeutung der abstrakten Zeit bringt es mit sich, daß in keinem muslimischen Haushalt ein islamischer Kalender fehlen darf – als sakrales Symbol ist er nicht weniger verbreitet als das Kruzifix im Christentum. Die religiöse Praxis ist ohne dieses Instrument der Zeitmessung nicht denkbar. Wichtig ist vor allem die Angabe der fünf Gebetszeiten, die sich, weil sie an Sonnenaufgang und -untergang orientiert sind, täglich um ein bis zwei Minuten verschieben (wobei die Kalender ebenfalls einen Überblick enthalten, der die Zeitverschiebung von Ost nach West berücksichtigt). Darüber hinaus ist die Angabe der islamischen Festtage von Bedeutung; auch diese verschieben sich (gemessen am Gregorianischen Kalender, der 1925 offiziell in der Türkei eingeführt wurde) Jahr für Jahr um 10 Tage. Die Funktion der Zeitmessung wird ergänzt durch religiöse Losungen und Spruchweisheiten, die von den Bauern z.T. mit Aufmerksamkeit gelesen und gesammelt werden.

Die Bedeutung der abstrakten Zeit für das sakrale Leben erklärt auch die zunächst überraschende Verbreitung von Uhren im Dorf, einem Ort, an dem sich in bezug auf Verabredungen oder Arbeit niemand an der Uhrzeit orientiert.

Eine gezählte und abstrakte Zeit steht immer in Spannung zum witterungsbedingten Rhythmus landwirtschaftlicher Produktion; für die islamische Zeit gilt dies auf Grund der jährlichen Verschiebung der Feste besonders. Sehr eindrücklich wird dies in Hinblick auf den Fastenmonat erfahren. Wenn er, wie 1977, in die Zeit der Schwerarbeit (*ırgat*) fällt, sehen sich die meisten Bauern zu Kompromissen gezwungen. Wir haben bereits erwähnt, daß in diesem Jahr nur die Älteren fasteten, »um nicht schuldig vor Gott zu sterben«, während ihre Söhne, die die Last der Arbeit trugen, sich dazu nicht imstande sahen. Fällt der

Fastenmonat jedoch in den Winter, wenn kaum Arbeit ansteht und die Tage zudem kurz sind, fasten beinahe alle (»Man wäre doch auch dumm!«). Ein ähnliches Verhalten läßt sich auch in bezug auf die täglichen Gebete beobachten: Die Bauern lassen sich nur ungern aus der Arbeit reißen, um zu beten – im Sommer wird deshalb meist nur das Morgen- und das Nachtgebet verrichtet; im Winter hat man dagegen Zeit, fünfmal zu beten. Allgemein formuliert: Der Rhythmus des islamischen Kalenders wird weitgehend dem Rhythmus des Jahres- und Lebenszyklus unterworfen. Man fastet und betet, wenn die Verpflichtungen (*görev*) Zeit dazu lassen. Dies ändert sich erst im Alter, wenn die Söhne die Arbeit übernommen haben.

Die *hocas* verurteilen diese Kompromisse, ihr problematischer Charakter ist jedem bewußt. Deshalb versuchen die Bauern, soweit es möglich ist, die Arbeiten so zu organisieren, daß sie Zeit für die religiösen Verpflichtungen gewinnen. Im gleichen Sommer 1977 warf die Tatsache, daß der Fastenmonat Anfang August beginnen würde, ihren Schatten weit voraus. Man beeilte sich mit den Arbeiten, um vielleicht doch noch fasten zu können. So gehen umgekehrt auch die abstrakt festgelegten islamischen Zeiten als strukturierende Momente in die dörfliche Zeit ein. Sie haben vor allem Einfluß auf den Spielraum, der zur Erledigung der Verpflichtungen zur Verfügung steht.

Die abstrakte Zeit ist so im Dorf insgesamt der traditionellen Zeit untergeordnet; ihr Einfluß auf das dörfliche Leben beschränkt sich auf die Variation des vorgegebenen Rhythmus der *görev*, der durch den Eingang zusätzlicher Markierungen geraffter wird.[32] Sie ist jedoch nicht das Organisationsprinzip des täglichen Lebens.

Die Implikationen der abstrakten Zeit für das Selbstbewußtsein beschränken sich entsprechend auf die sakrale Sphäre, auf das Verhältnis des Individuums zu seinem Gott. Das Messen und Zählen von Zeit führt in diesem Bereich zu einem Zeitbewußtsein, das sich bemerkenswert vom alltäglichen unterscheidet. Mit diesem Akt treten gleichzeitig die Ideen der Knappheit von Zeit auf, die Notwendigkeit eines bewußten und wirtschaftlichen Umgangs mit der Zeit und die Angst vor der Vergeudung der Zeit. Dieses Zeitgefühl bestimmt vor allem das Leben der alten Menschen in Subay. Sie sind durchdrungen von der Sorge um die Zukunft, um ihr Schicksal im Jenseits, über das vor dem göttlichen Gericht befunden werden wird. Sie blicken auf ihr Leben in seiner Gesamtheit zurück und versuchen, soviel wie möglich von den versäumten Gebets- und Fastenpflichten wiedergutzumachen. Das eigene Leben erscheint aus dieser Perspektive nicht wie eine Abfolge von Verpflichtungen, sondern gleichsam wie ein Schuldenberg, den es abzutragen gilt – eine Arbeit, mit der man unterschiedlich weit kommt. Für all das Versäumte wird man mit Zinsen zu zahlen haben. Während das traditionale Zeitkonzept das Leben unter dem qualitativen Aspekt als einen in unterschiedliche Phasen gegliederten Weg begreift (wobei die Anforderungen und Erwartungen sich von Phase zu Phase unterscheiden), sieht das abstrakte islamische Zeitkonzept das Leben als eine Anreihung homogener Phasen; es begreift, mit anderen Worten, den Lebensweg eher unter dem Aspekt der zu bewältigenden Strecke oder der Entfernung: Man kann auf ihm bummeln oder zügig voranschreiten und wird am Lebensende entsprechend ferner oder näher am Ziel sein.

Zeitstrang und Zeitraum

Die dörfliche Zeit ist so hauptsächlich durch die Aspekte »Eindimensionalität« und »Gegenwartszentrierung« ausgezeichnet: Der Weg des einzelnen ist im großen und ganzen auf *eine* Bahn festgelegt; die Zukunft erscheint als das Künftige, in der Gegenwart Vorgezeichnete, dem man mit kluger Vorsorge begegnen sollte, das man aber nur wenig beeinflussen kann. Mit dem Einsetzen der Massenmigration entwickelte sich ein neues Verständnis von Zeit. Dies bedeutet nicht, daß sich der Charakter des Umganges mit der Zeit im Dorf geändert hätte, sondern daß er seine Selbstverständlichkeit verlor. Zeit wird zunehmend als Problem empfunden.

Die Möglichkeit der Migration bedeutet vor allem die Entfaltung des Bewußtseins von Gleichzeitigkeit, d. h. der Tatsache, daß neben dem Hier und Jetzt anderswo Ereignisse stattfinden, die einen eigenen Rhythmus und eine eigene Gesetzmäßigkeit haben, die aber gleichwohl Relevanz für das Individuum besitzen (oder zumindest besitzen können).[33] Auch wenn man im Dorf bleibt, weiß man doch, daß prinzipiell anderswo ein anderes Leben mit einer anderen Zukunft möglich ist: Neben dem Künftigen, das im Hier und Jetzt angelegt ist, tritt ein Künftiges, das im »Woanders und Jetzt« seinen Ausgangspunkt nehmen könnte. Die Zeit wird dadurch zweidimensional erfahrbar, als Zeitraum. Im gleichen Prozeß – und untrennbar verknüpft – wird die Gegenwartszentrierung durch eine Zukunftszentrierung ersetzt. In der nun räumlich aufgefaßten Zeit wird die Notwendigkeit einer Perspektive empfunden, d. h. die Notwendigkeit für den einzelnen, sich nun »seine« Zukunft zu wählen. Im Dorf wird dies in der Redewendung *»istikbal sağlamak«* ausgedrückt, wörtlich: »die Zukunft sichern«. *Istikbal* bedeutet in dieser außerordentlich häufig gebrauchten Redewendung nicht mehr das in der Gegenwart angelegte Künftige, sondern das ihr entgegengesetzte Andere, das über die Verfolgung von Zwischenzielen zu realisieren ist: Es kann »gesichert« werden über eine Ausbildung, die den Zugang zu einer (versicherten) Arbeit ermöglicht, über die Migration etc. Diese Zwischenziele, die nun die Etappen des Lebens markieren, unterscheiden sich von den *görev* darin, daß sie nicht mehr von außen an das Individuum herangetragen werden, sondern von ihm selbst gesetzt werden. *Istikbal* ist im wesentlichen die individuelle Zukunft. Folgerichtig wird die Redewendung »die Zukunft sichern« oft fast synonym mit der Forderung »das eigene Leben leben« (*kendi hayatını yaşamak*) gebraucht.

Vom Standpunkt dieses entfalteten Zeitbewußtseins aus erscheint der dörfliche Umgang mit der Zeit in einem neuen Licht: Er wird zunehmend fragwürdig. Am wichtigsten ist wohl, daß die Absehbarkeit des Künftigen – besonders, was die materielle Situation der Familie betrifft – immer mehr als »Zukunftslosigkeit« empfunden wird. Unter den jüngeren Männern gilt es als ausgemacht, daß es »in diesem Dorf keine Zukunft gibt« (*Bu köyde istikbal yok*). Häufig sind Äußerungen wie die folgende:

> »Ich möchte nach Istanbul gehen. Ich liebe zwar dieses Land – die Luft ist gut, das Wasser, alles. Aber es gibt hier keine Zukunft: Du mühst dich ab, du mühst dich ab – und dennoch bleibt alles beim alten.«

Die Abfolge der *görev* im Jahres- und Lebenszyklus wird in dieser Hinsicht mehr und mehr als leeres und sinnloses In-sich-Kreisen erlebt: »Wir nehmen hier ein Ding in die Hand«, sagte Mevlut und ergriff eine Taschenlampe, »und drehen es. Und es bleibt trotzdem kein Geld in der Hand. In der Stadt tun wir das gleiche und bekommen Geld dafür.« Die *görev,* die auf den einzelnen zukommen, sich aneinanderreihen, aber nicht wie Zwischenziele aufeinander aufbauen, werden als nicht enden wollende Reihe erlebt; als Abfolge, die keine Zäsuren kennt und kein Gefühl des Fortschritts erlaubt.

»Die Arbeit hier, das ist wie mit den Fingern an deiner Hand. Du gehst in den Wald Holz fällen – sonst hast du kein Geld. Dann holst du Brennholz – sonst frierst du. Dann mußt du mähen, pflügen – sonst verhungerst du. Dann mußt du nach dem Vieh schauen – um pflügen zu können. Das geht noch, wenn andere Männer im Haus sind. Aber ich bin allein.« (Mevlut Durmaz).

Ein Gefühl der Monotonie scheint mir damit zusammenzuhängen: »Hier im Dorf machst du ständig das Gleiche ... Du sagst [fuhr er nach einem Einwand von mir fort]: ›Es ist etwas anderes, ob man mäht oder ob man pflügt!‹ – Aber wenn man diese Arbeiten seit der Kindheit erledigt, ist es doch wieder ein und dasselbe.« Bei aller Vielfalt der bäuerlichen Tätigkeiten gibt es keine Arbeiten, die als neuartig und prinzipiell anders empfunden werden. Ein älterer Bauer faßte prägnant dieses Lebensgefühl zusammen: »Dieses Land ist ein Land ohne Ende.«

Angesichts der Beherrschung der Zeit, die in dem Konzept von *Istikbal* gedacht wird, erscheint das dörfliche Bestimmt-Sein von Zeit und Bestimmt-Werden durch Zeit immer mehr als Machtlosigkeit, als Ausgeliefert-Sein an die Zeit. Nicht der einzelne bestimmt den Rhythmus der Arbeiten, sondern der Rhythmus der Arbeiten bestimmt ihn:

»Hier gibt es nichts als Arbeit, Arbeit, Arbeit. Du gehst in den Wald, fällst das Holz, transportierst es ab. Du holst Brennholz, mähst Getreide, bringst das Getreide ins Dorf. Du bewässerst deinen Garten, hast Streit mit den Nachbarn. Du erledigst die Drescharbeiten, fährst mit dem Dreschschlitten, trennst die Spreu vom Weizen. Du füllst die Säcke, bringst sie zur Mühle, pflügst. Und bei der ganzen Arbeit bleibt dir kein Geld in der Hand.« (Hilmi Hakımoğlu)

Besonders bedrückend wird jedoch die Last der *görev* empfunden, wenn sie die individuelle »Sicherung der Zukunft« auszuschließen scheint. Die jungen Männer um die Dreißig sind sich dessen bewußt, daß sie den Zeitpunkt zur Migration verpassen, wenn sie im Dorf den Verpflichtungen der Eltern gegenüber gerecht werden wollen. Unter diesen Umständen kann es nachgerade als falsch erscheinen, wenn Eltern auf die Einlösung von Verpflichtungen beharren. Ich habe bereits Ilhan Akkaya zitiert: »Ich meine, ein Vater müßte sagen: ›Um die Zukunft meines Sohnes zu sichern, ist es notwendig, daß ich zu ihm in die Stadt ziehe.‹« Bemerkenswert ist aber auch die Kritik eines jungen Bauern an Numen Baykurt, der seinen Sohn die Ziegen des Haushaltes hüten ließ und ihn nicht zur weiterführenden Schule schickte: »Es ist doch jammerschade (*bu yazık*). Wegen einiger Tiere setzt er die Zukunft seines Sohnes aufs Spiel.« Was bis vor einigen Jahren selbstverständlich war, nämlich daß der einzelne abhängig von Jahreszeit und Lebensalter seine Arbeitskraft dem Haushalt zur Verfügung stellte, erscheint nun als Verrat an der Zukunft.

Die wichtigste Konsequenz der Entdeckung der Zukunft ist jedoch die untrennbar mit ihr verknüpfte Veränderung der Selbstwahrnehmung. Für das herkömmliche dörfliche Selbstverständnis ist die Idee der *Bewährung* entscheidend. Aus der Erfüllung der von außen diktierten und von vornherein feststehenden *görev* kann man Selbstbewußtsein und Selbstwertgefühl ableiten. Da jeder in der gleichen Position sich vor die gleichen Aufgaben gestellt sieht, ist die Selbstwahrnehmung als Individualität, d.h. als je besonderes, von anderen unterschiedenes Individuum irrelevant: Man muß sich *ebenso* bewähren wie der andere. Im Dorf ist die Gleichheit mit den anderen wichtiger als der Unterschied zu ihnen. Durch Berufung auf individuelle Besonderheit können bestimmte Rechte weder beansprucht noch bestritten werden. Wenn Individualität überhaupt zum Thema wird, dann im negativen Sinn als Abweichung von den vorgegebenen Verpflichtungen.[34] Eine bemerkenswerte Folge davon ist, daß die Bauern ihre Vergangenheit nicht chronologisch in Form von Biographien organisieren. Wie die Zukunft ist auch die Vergangenheit gegenwartszentriert: Ereignisse aus dem Leben werden erzählt, wenn der Kontext es nahelegt – sei es, daß die Sprache darauf kommt, sei es, daß äußere Vorkommnisse an das Ereignis erinnern. Beeindruckend war für mich ein Spaziergang mit »Mustafa, dem Riesen«, auf dem er, angeregt durch die Verteilung der Felder, Episoden der Familiengeschichte erzählte, die zu Landverkäufen und Erbschaften geführt hatten; Episoden, die sonst nicht zur Sprache gekommen wären.

Mit der Entdeckung einer gestaltbaren Zukunft wurde die Idee der Individualität aufgewertet. Die Arbeitsmigranten begannen, sich selbst als Besitzer einer je besonderen Zukunft – und damit auch einer je besonderen Vergangenheit – zu verstehen. Auch fingen sie an, ihre Vergangenheit in Form einer Geschichte, eines Lebenslaufes, einer Biographie zu organisieren. Die Differenz zu den anderen wurde zunehmend relevant für die Selbstwahrnehmung. In einer bislang im Dorf unbekannten Form begann man zu vergleichen und zu werten. Schließlich wurde mit dem Anspruch, sein »eigenes Leben zu leben«, die Idee der Bewährung an den *görev* durch die Idee der Selbstverwirklichung ersetzt.

Im Dorf selbst, wo die individuelle Gestaltung der Zukunft nicht möglich ist, führt diese neue Perspektive zu einer Entwertung des Gedankens der Bewährung. Es klang fast melancholisch, als Ahmet Akdemir, der seine Mutter bis zu ihrem Tod aufopferungsvoll gepflegt hatte, sagte: »Eigentlich wollte ich immer fortgehen. Aber nun – es kam anders. So habe ich wenigstens meine Pflichten [der Mutter gegenüber] erfüllt (*hiç olmazsa görevimi yaptım*)«. Die Folgen der neuen Zeiterfahrung für das Dorf werden auch aus einer Äußerung »Mustafas, des Riesen« deutlich. Als ich ihn fragte, ob er nach dem Scheitern der Kooperation beim Schafehüten noch einmal in dieser Hinsicht initiativ werden wolle, sagte er:

> »Was soll ich hier meine Leute sammeln? Von meinen Söhnen bleibt doch sowieso keiner hier. Das Kleinvieh werden wir ohnehin verkaufen – es ist schimpflich (*ayıp*), die Schwiegertochter ständig auf die Weide zu schicken. Die einzigen, die hierbleiben, sind doch nur die, die sich keine Zukunft sichern können, die ein bißchen schwach sind.«

Damit ist die innere Abkehr vom Dorf endgültig vollzogen: Diejenigen, die ihre traditionellen Verpflichtungen nun erfüllen, erscheinen im Vergleich mit den Migranten als Versager und Schwächlinge, als unfähig, eine individuelle Perspektive zu entwickeln. Bedeutete im Dorf die Entdeckung der Zukunft im wesentlichen die Entdeckung von Zukunftslosigkeit, so führte die Entdeckung der Individualität zu einem Selbstbild als Versager.

Anmerkungen

1 10 000 TL entsprachen damals ungefähr (die Kurse schwankten) 1250,– DM.

2 Vgl. auch T. Akkayan, 1975, S. 180.

3 Vgl. auch Engelbrektsson, 1978, S. 238. – Der Rückkehrwillen der Arbeitsemigranten in Europa scheint schlagartig im Alter zwischen 45 und 50 Jahren zu wachsen. Ebenso kennzeichnend könnte sein, daß psychosomatische Erkrankungen in diesem Alter offenbar rapide zunehmen (Engelbrektsson, ebda.).

4 Damit tauchte zum ersten Mal auch die Möglichkeit von Arbeitslosigkeit auf, die ja niemals Mangel an Arbeit schlechthin ist, sondern Mangel an verkaufbarer, in Geld ausdrückbarer Arbeit. Arbeitslosigkeit ist im Kontext der Subsistenzproduktion undenkbar, in dem jede Arbeit ihren Sinn als Beitrag zum Unterhalt der Familie besitzt. Bourdieu formuliert den Sachverhalt wie folgt: »Sobald man beginnt, die Arbeit als Erwerbstätigkeit zu begreifen – und nicht mehr als eine durch Tradition gerechtfertigte Tätigkeit, die nun mehr als bloßes Sich-Beschäftigen erscheint –, entdeckt man auch die Knappheit der Arbeit; diese Idee war einer Wirtschaft völlig fremd, die die Sorge um Produktivität nicht kannte« (Bourdieu, 1977, S. 48, Übersetzung von W. S.).

5 Bei der Pacht wird die Ernte zur Hälfte zwischen Pächter und Eigentümer aufgeteilt. Das Saatgut stellt der Eigentümer.

6 Sahlins, M. D., 1965, S. 141

7 Die Namen der Töchter wurden mir bei der Befragung vom Vater nicht genannt: Als ich ihn nach seinen Kindern fragte, vergaß er, sie anzugeben.

8 Eine *zeitlich begrenzte* Anstellung dieser Art wird von den Bauern als bezahlte Nachbarschaftshilfe gesehen und unterscheidet sich damit prinzipiell von dem oben erwähnten ehrenrührigen Knechtschaftsverhältnis (S. 117). Zur Diskussion der Nachbarschaftshilfe siehe unten S. 138.

9 Vgl. hierzu die Ausführungen zur Symbolik des Essens oben S. 32 ff. Die symbolische Bedeutung der Aufhebung der Eßgemeinschaft im Prozeß der Segmentation erwähnt auch Stirling, 1965, S. 35.

10 Konflikte zwischen Brüdern auch nach der Trennung sind die Regel. Bei den Fällen, die mir zu Ohren kamen, spielten Vorwürfe, beim Erbe übervorteilt worden zu sein, eine große Rolle. Häufig sind auch Konflikte über weiterhin gemeinsam genutzte Einrichtungen, z. B. Dreschplätze. Bei einem Streit über die Nutzung wurde in Geyik ein Mann von seinem Bruder erstochen (1977). Der Dreschplatz war auch zwischen dem »Verrückten Hüsnü« und seinem Halbbruder, dem »Tabakhändler«, eine Quelle ständigen Streites.

11 Die Pachtregelung drückt dies aus: Der Verpächter stellt Saatgut und Boden; der Pächter die Arbeitskraft. Die Ernte wird geteilt.

12 Hierzu auch Engelbrektsson, 1978, S. 262: »Durch Landbesitz hat man An-

spruch auf Mitgliedschaft in der Gemeinde. Er gibt einer Person das Recht, auch dann noch als wirkliches Mitglied der Gemeinde betrachtet zu werden, wenn sie sich für immer außerhalb des Dorfes niedergelassen hat« (Übersetzung von W. S.).

[13] Dieses Muster wurde auch von Engelbrektsson in Alihan (1978, S. 43) und von Stirling in Kayseri (1965, S. 122) festgestellt.

[14] Engelbrektsson sieht in dieser Institution eine Form des innerdörflichen Kredits: »Traditionalerweise wird bei allen größeren Krediten zwischen Bauern Land als Sicherheit gegeben. Der Ertrag des Landes dient als Zins für den Kredit. Jede andere Form des Zinses für Kredite zwischen Bauern gilt als Sünde« (1978, S. 152, Übersetzung von W. S.). Auch in Alihan führt die terminologische Gleichsetzung von »Verkauf« und »Verpfändung« gelegentlich zu Problemen. Das Zitat bezieht sich auf einen Konflikt, in dem die eine Partei behauptete, es handele sich um einen endgültigen Verkauf, die andere aber daran festhielt, es sei nur eine Verpfändung.

[15] Siehe oben, S. 117.

[16] Siehe oben, S. 104.

[17] Ein ähnliches Mißtrauen also, wie es gegenüber dem Dorfvorsteher geäußert wird. Man vergleiche den Vorwurf des »Hintergedankens«, der gegen den »Tabakhändler« erhoben wurde (S. 79).

[18] Die Migranten rekrutierten sich zunächst aus den wirtschaftlich schwächeren und mittleren Familien, von denen jeweils nur ein Sohn im Dorf blieb. Da es den Migranten zu jener Zeit wirtschaftlicher Expansion bald wesentlich besser als ihren Brüdern ging, verzichteten sie meistens auf ihr Erbe. Während sich so der Feldbesitz der Kleinbauern stabilisierte oder mit dem aus der Stadt fließenden Geld sogar erweitert werden konnte, unterlagen die Felder der Wohlhabenderen einer weiteren Erbteilung. So wurden die Felder des »Blinden Hasan« auf acht Erben aufgeteilt, von denen einige heute zu den ärmsten Bauern gehören. Die egalisierende Wirkung der Erbteilung wurde von Stirling beschrieben (1965, S. 138 ff).

[19] Die Sozialstruktur dürfte zu dieser Zeit vergleichbar sein mit der von Stirling in den fünfziger Jahren für Sakaltutan beschriebenen (Stirling, 1965, S. 236 ff).

[20] Kawaß: Bedienter bei einem Konsulat, einer Gesandtschaft oder einer Botschaft, der z. B. als Pförtner, Laufbursche usw. tätig ist (nach Steuerwald, 1972, S. 503). Ich konnte nicht ermitteln, welche Geschichte mit diesem Spitznamen verbunden war.

[21] Sahlins, auf den ich mich hier beziehe, führt das Konzept mit einem Malinowski-Zitat ein: »Ich glaube, überall in der Welt werden wir finden, daß sich die Beziehungen von Wirtschaft und Politik entsprechen. Überall fungiert der Häuptling als ›tribal banker‹, der Lebensmittel einsammelt, sie lagert, beschützt und

sie dann zum Wohl des ganzen Gemeinwesens verwendet. Seine Funktionen sind der Prototyp des öffentlichen Haushalts und der Organisation der staatlichen Finanzen von heute.« (Nach Sahlins, 1965, S. 142/143; Übersetzung von W. S. Das Malinowski-Zitat ist leider falsch nachgewiesen und konnte von mir nicht ermittelt werden.)

[22] Zu diesem Komplex und zu dem Gedanken der Reziprozität in der Beziehung zum Sakralen siehe S. 251 ff.

[23] Es gibt sogar einen positiven Wettbewerb – der jedoch ebenso verpönt ist. Es widerspricht dem Gleichheitsprinzip des Islam, den eigenen Beitrag besonders hervorzuheben.

[24] Die Zahlenangaben über die Größe des Landbesitzes sind mit großer Vorsicht zu gebrauchen. Sie beruhen auf den Angaben der Bauern gegenüber den Steuerbehörden und dürften deshalb stark untertrieben sein. Sie sind jedoch von Belang, um die Bauern relativ zueinander zu situieren. Mit dieser Einschränkung läßt sich sagen, daß der angegebene Landbesitz von 36 *dönüm* ausreichend für eine Familie von sieben Personen ist, aber keinesfalls aus dem Rahmen fällt. Elf weitere Bauern verfügen über gleich viel oder mehr Land (die Durchschnittsgröße beträgt 25,4 *dönüm*).

[25] Max Weber sieht das Irrationale der traditionalen Wirtschaft gerade in der Ungeschiedenheit der einzelnen Bereiche. Der Rationalisierungsprozeß besteht für ihn in dem Zusichkommen der einzelnen Sphären, im Bewußtwerden ihrer inneren Eigengesetzlichkeit, ihrer je spezifischen Rationalität. Diese Bewegung zur Entfaltung der Rationalität der einzelnen Sphären (des Religiösen, Ökonomischen, Politischen, Ästhetischen) geht einher mit dem Verlust des Sinns des Ganzen (siehe besonders: »Richtungen und Stufen religiöser Weltablehnung«, in: M. Weber, 1973, vor allem S. 447).

[26] Einer der bedeutendsten Betriebe dieser Art in der Türkei, die Firma Hacı Bekir, wurde 1777 von einem Mann aus Andıraz in Istanbul gegründet und beschäftigt seit damals offenbar fast ausschließlich Leute aus Andıraz: Nail Tan fand bei seiner Untersuchung heraus, daß 1979, also zweihundert Jahre nach der Firmengründung, 72 von 83 Beschäftigten im Istanbuler Stammhaus aus Andıraz kamen. Die Angestellten gründeten oft ihrerseits wieder eigenen Firmen, so daß heute immerhin 5,43% aller Ankaraner Zuckerbäcker aus der Gegend von Andıraz stammen (Nail Tan, 1982, S. 25). Mindestens zwei Konditoreien wurden von Emigranten aus Subay gegründet; auch sie stellen fast ausschließlich ehemalige Angehörige aus dem Dorf an.

[27] An den Ansprüchen aus dem Dorf war Asiz' erste Ehe zerbrochen (s. S. 192 ff.).

[28] Wenn hier die Anzahl der *iç-güvey*-Haushalte mit »0« angegeben wurde, dann deshalb, weil in allen Fällen von Einheirat die Schwiegereltern bereits verstorben sind.

[29] Über diesen Mechanismus des Zusammenspiels von Forderung und Gegenforderung wurde in den letzten Jahren auch die staatliche Verheiratung »zum Brauch«.

[30] Vgl. auch die Krisen, die Kemals Familie zu bewältigen hatte (oben S. 149).

[31] Siehe oben S. 39.

[32] Von geringerer Bedeutung für den dörflichen Alltag ist der Umgang der abstrakten Zeit in bezug auf staatliche Instanzen – besonders die Gerichte. Auch hier gibt man der Erledigung der dörflichen Verpflichtungen Priorität, solange man nicht größere Sanktionen befürchten muß: Die Gerichte haben oft ihre liebe Not mit Zeugen, die nicht erscheinen. – Von gewisser Bedeutung für den Zeitrhythmus des Alltags sind schließlich die Abendnachrichten im Radio, die in jedem Haushalt mit Aufmerksamkeit verfolgt werden. Analog zur islamischen Zeit gingen auch einige Markierungen der staatlichen Zeit als strukturierende Momente in die traditionale Zeit ein, vor allem, was den Lebensrhythmus betrifft. Das Ende der Schulzeit mit elf, zwölf Jahren markiert heute den Übergang von Kindheit (*çocuk*) zu Jugend und damit das bewußte Achten auf Geschlechtersegregation; das Abschließen der Militärzeit kennzeichnet neben der Heirat den Übergang zu einem öffentlich-rechtlichen Status.

[33] Die Erfahrung von Gleichzeitigkeit scheint mir konstitutiv für das moderne Zeitbewußtsein zu sein. Die Bemerkung von Kramer für segmentäre Gesellschaften dürfte sich auch auf traditionale Gesellschaften übertragen lassen: »Allerdings werden in segmentären Gesellschaften räumlich getrennte Ereignisse und Ereignisse in verschiedenen Bezugsrahmen nur selten im Hinblick auf ihr Früher oder Später geordnet . . .« (1979, S. 11).

[34] Zum Verhältnis von Individualität und Personalität siehe auch unten S. 229.

Soziale Beziehungen, Heiraten und Subjektivität

»Subjektivität« bezeichnet den Selbstbezug des denkenden, handelnden und fühlenden Subjekts, einen Selbstbezug, der gesetzt ist, wenn man das Wort »Ich« gebraucht. Die Frage nach dem »Ich« verweist auf die Beziehung, in der es gebraucht wird, auf ein »Du« bzw. ein »Es«.[1] Mit anderen Worten: Die Frage nach der Subjektivität erfordert die Klärung der Struktur der Inter-Subjektivität, der Beziehung zum anderen, in die sie eingebettet ist und die sie konstituiert.

Das Verhältnis von Intersubjektivität und Subjektivität soll in diesem Kapitel exemplarisch am Problem der Verheiratung diskutiert werden. Dabei werden wir zunächst die Bedeutung der Heirat für die Beziehungen zwischen den Haushalten und für die innerfamilialen Beziehungen rekonstruieren. Dies wird es uns anschließend erlauben, die Grenzen und Möglichkeiten zu bestimmen, die subjektivem Wünschen und Wollen in Subay gesetzt sind, und die Form zu beschreiben, in der sich subjektive Bedürfnisse und Sehnsüchte – in diesem Fall die Liebe – äußern.

Die Verheiratung als Tauschakt

Eine Gabe hat einen Januskopf: Sie weist in die Vergangenheit (indem sie eine bereits existierende Beziehung ausdrückt und bestätigt) und gleichzeitig in die Zukunft, indem sie die Beziehung aufs neue konstituiert – sie ist immer Einlösung und Neubegründung einer Verpflichtung. Eine Beziehung, die auf Gabentausch beruht, tendiert deshalb nicht nur dazu, sich immer wieder fortzusetzen, sondern auch, sich darüber zu verfestigen und immer intensiver zu werden: Sie heizt sich sozusagen auf.[2] Je mehr Tauschakte stattgefunden haben, desto größer sind die Ansprüche und Erwartungen, die man legitimerweise an den anderen stellen kann, desto problematischer ist es umgekehrt, ein Ansinnen des anderen abzulehnen.

Die Gabe einer Tochter an einen anderen Haushalt gilt als der wichtigste und bedeutsamste Tauschakt im Dorf. Fast jede enge Beziehung zwischen zwei Haushalten gipfelt früher oder später in dem Wunsch, die Tochter des Tauschpartners als Frau für den eigenen Sohn zu bekommen. Was das bedeutet, läßt sich an der Geschichte der dörflichen Solidargruppen ablesen.

Die entscheidenden solidarischen Beziehungen außerhalb des Hauses hat ein Mann in Subay (und damit sein Haushalt) in einer Gruppe, die er als »seine Männer« (*adamlar*) bezeichnet. Wenn man z.B. sagt: »Der ›Schwarze Veli‹ ist der Mann von ›Mustafa, der Schnecke‹«, so meint man damit, daß beide Männer in einer engen, auf langwährender Gegenseitigkeit beruhenden Beziehung stehen. Mit dieser Gruppe kooperiert man im Wald; man besucht sich häufig, bringt sich im Notfall gegenseitig ins Krankenhaus, leiht einander zinsloses Geld und leistet Arbeitshilfe, wenn Not am Mann ist. Angesichts der Unwägbarkeiten der dörflichen Produktion ist eine funktionierende Solidargruppe für das Überleben eines Haushaltes von entscheidender Bedeutung.

Die zentrale Bedeutung der Heiraten für die Solidargruppen wird bereits aus deren Zusammensetzung deutlich (vgl. die Übersicht auf S. 182 f.). In jeder von ihnen sind die Beziehungen durch mindestens eine Heirat bekräftigt. Die Beziehungen von Deszendenz und Nachbarschaft (in Ermangelung eines Symbols durch Unterstreichung ausgedrückt) sind im Vergleich dazu sekundär. Mit ihnen sind zwar Erwartungen an einen Austausch verknüpft; aber erst die Tauschhandlung selbst verwandelt diese sozusagen latente Beziehung in eine aktuelle, eine bloße Verwandtschaft in eine »Gebrauchsverwandtschaft«.[3]

Ohne diesen Schritt sind Verwandtschaft und Nachbarschaft nicht viel wert. »Wenn man die Beziehungen zu einem Verwandten nicht auffrischt, die Töchter nicht untereinander verheiratet, sich nicht besucht, dann vergessen die Kinder die Verwandtschaft.« *Akrabası kırmasın diye çocuklar evlendiriyorlar* – »Die Verwandtschaft soll nicht zerbrechen, deswegen verheiraten sie ihre Kinder miteinander.« Auch das Sprichwort formuliert knapp die zentrale Bedeutung der Heiratsbeziehung: *Kadın nereli olursa erkek de oralı oluyor* – »Der Mann geht dorthin, wo die Frau herkommt.« Kurz: Wenn auch die meisten »Männer« eines Mannes Nachbarn und Verwandte sein mögen – so ist bei weitem nicht jeder Nachbar oder Verwandter einer seiner »Männer«.[4]

Die Arbeitsgruppen im Jahr 1977

Dargestellt sind die Gruppen, die 1977 im Wald kooperierten. Berücksichtigt sind 24 Haushalte. In diesem Jahr haben zwölf Haushalte für sich allein im Wald gearbeitet; acht weitere ihre Parzellen verpachtet.

Nachbarschaftsbeziehungen sind durch Unterstreichungen gekennzeichnet; die Haushaltsgrenzen durch die senkrechten gestrichelten Linien. Berücksichtigt wurden nur die Personen und Beziehungen, die für die Diskussion des Kapitels relevant sind. Die schwarz ausgefüllten Symbole stehen für die zusammenarbeitenden Männer; die weißen für Emigranten in die Stadt; durchgestrichene Symbole für bereits Verstorbene.

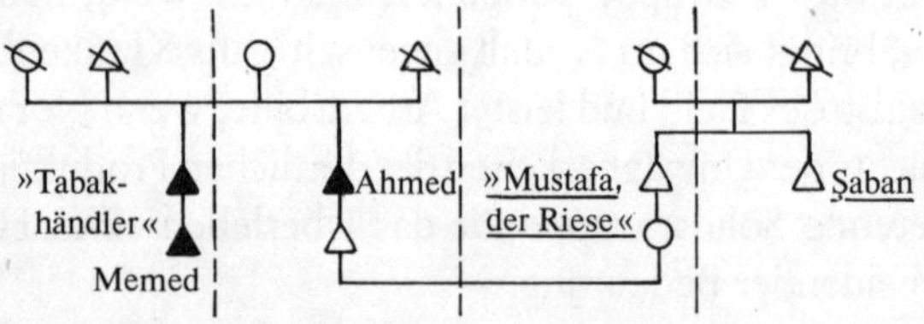

Arbeitsgruppe des Dorfvorstehers (1977). Sie besteht aus den Haushalten des Dorfvorstehers (»Tabakhändler«) selbst, seines Halbbruders Ahmet, des Cousins mütterlicherseits, »Mustafa, dem Riesen« und seines Bruders Şaban.

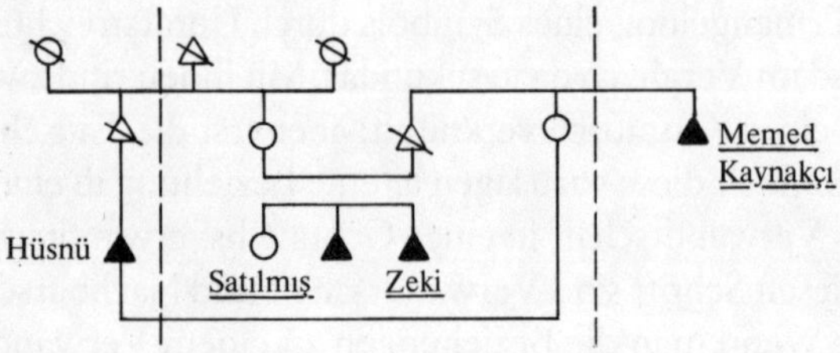

Arbeitsgruppe vom Memed Kaynakçı, bestehend aus den Haushalten Memeds, dem Haushalt seines Neffen Satılmoş und dem seines Schwagers Hüsnü.

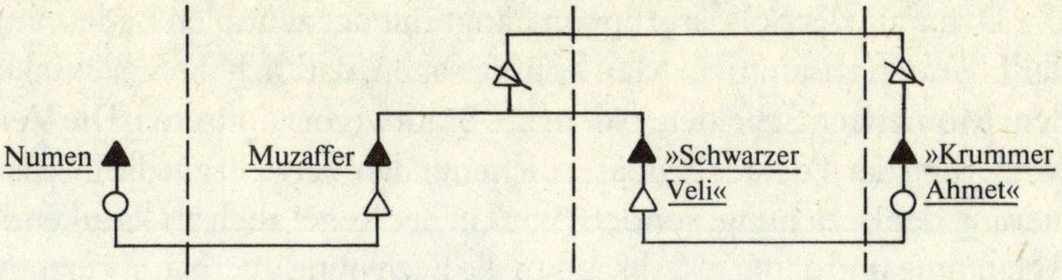

Arbeitsgruppe der Haushalte vom »Krummen Ahmet«, dem »Schwarzen Veli« und dem Muzaffer Doğan sowie Numen Baykurt. Die vier Haushalte sind benachbart und stehen in engen Deszendenz- und Allianzbeziehungen.

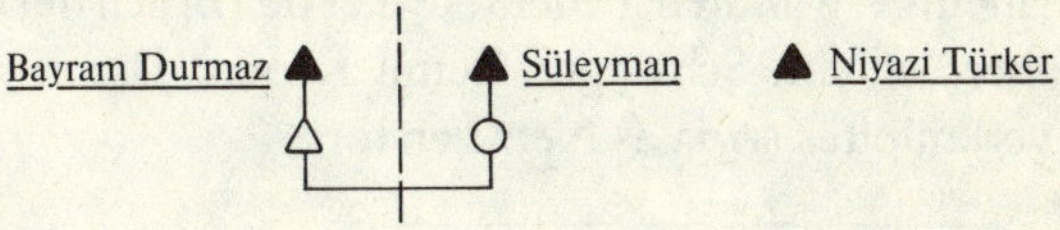

Arbeitsgruppe von Bayram Durmaz, Süleyman Subayoglu und Niyazi Salman. Niyazi – ein Außenseiter im Dorf (s. o. S. 47), dürfte eher aus Zufall zu der Gruppe gekommen sein – vielleicht weil man einen dritten Mann suchte und er sich anbot. Bayram und Süleyman stehen in einer Allianzbeziehung.

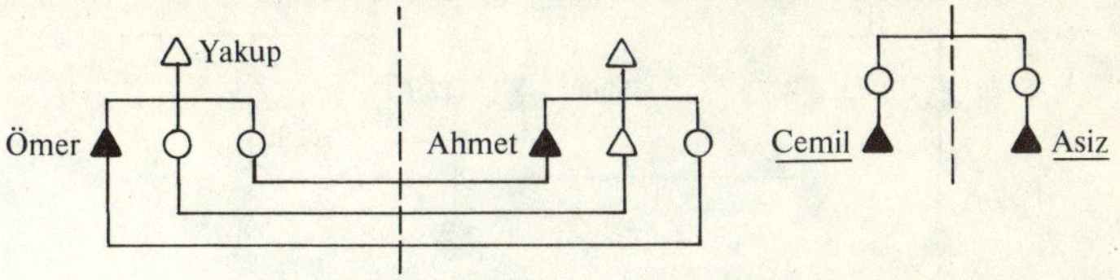

Arbeitsgruppe von Yakup Durmaz, Ahmet Akdemir, Cemil und Asiz Subayoğlu. In diesem Fall dürfte es sich um zwei Paare von Haushalten handeln, die ebenfalls aus Sachzwängen (u. U. der Größe der Parzellen) miteinander kooperieren. Cemil und Asiz sind Nachbarn und Cousins; Yakup und Ahmet eng affinal miteinander verwandt.

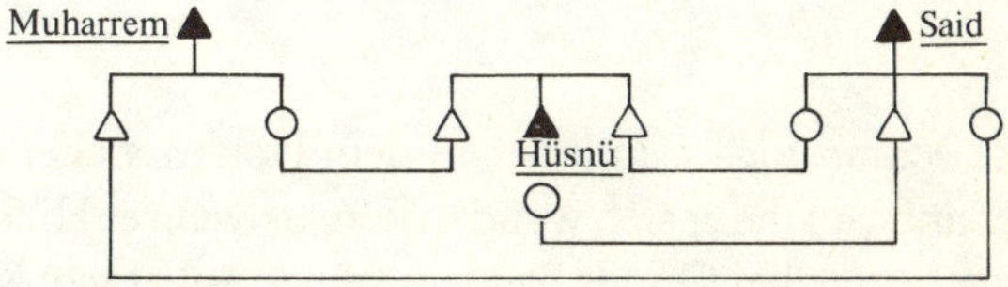

Arbeitsgruppe der Haushalte von Muharrem Subayoğlu, Hüsnü Subayoğlu und Said Subayoğlu. Alle drei sind unmittelbare Nachbarn und stehen in affinalen Beziehungen.

Die Dynamik der Solidargruppen hängt mit der zentralen Bedeutung der Heiraten zusammen. Man könnte sagen, daß sich ihr Schicksal in dem Moment entscheidet, in dem die Brautwerber auftreten. Die Verweigerung der Tochter bedeutet nicht nur den Verzicht auf die Intensivierung der Beziehung, sondern wird in der Regel auch als kränkende Ablehnung und damit als Absage an die Beziehung überhaupt verstanden.[5] In der Regel bricht eine Solidargruppe dann auseinander.

Als der »Verrückte Mahir« sich z. B. entschied, seine Tochter mit dem Sohn von Hacı Şakır zu verheiraten, einem unmittelbaren Nachbarn und nahen Verwandten, bedeutete dies den Bruch mit dem anderen Bewerber, seinem Schwager Cemil Karpat. Damit wurde ein kunstvoll verknüpftes soziales Netz zerstört:

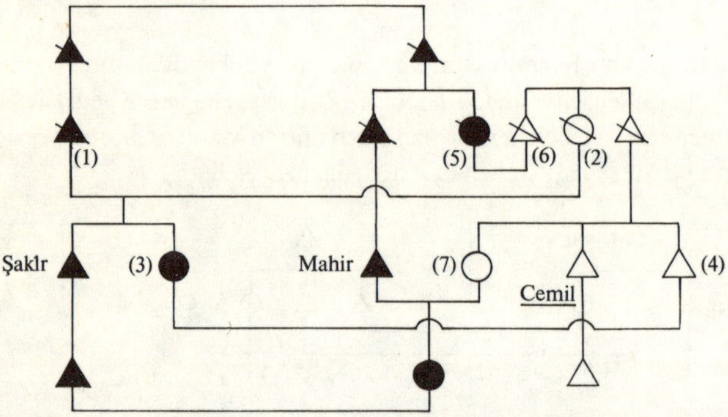

Mahir und Şakır entstammen beide der Deszendenzgruppe der Akkaya und sind Cousins zweiten Grades. Sowohl die Familie von Şakır wie auch die von Mahir sind über Heiraten mit der Familie Cemils verknüpft. Der Vater Şakır (1) hatte die Tante Cemils (2) geheiratet; die Schwester Şakırs (3) den Bruder Cemils (4); die Tante Mahirs (5) den Onkel Cemils (6) und Mahir schließlich die Schwester Cemils (7).

1977 hatte Mahir noch Cemil neben dem Dorfvorsteher als einzige Person genannt, an die er sich wenden könne, wenn er Hilfe brauchte; sein Sohn arbeitete bei Cemils Bruder in einer Ankaraner Konditorei; der Vater wollte ihn damals mit Cemils Tochter verheiraten (der junge Mann weigerte sich jedoch). Von alldem war nach der Heirat von Mahirs Tochter mit Şakırs Sohn keine Rede mehr. Cemil und Mahir haben miteinander gebrochen. Cemil kam nicht zur Hochzeit von Mahirs Tochter; Mahir nicht zu der von Cemils Sohn.

Anders als Mahir entschied sich Hüsnü Subayoğlu für seine Solidargruppe. »Mustafa, der Riese« hatte für seinen Sohn um die Tochter Hüsnüs geworben, beide waren Nachbarn, die freundliche, aber nicht allzu intensive Beziehungen miteinander hatten. Die Karten Mustafas standen deshalb schlecht, als auch Said Interesse erkennen ließ, ein unmittelbarer Nachbar, der mit Hüsnü bereits eng verwandt und verschwägert war.

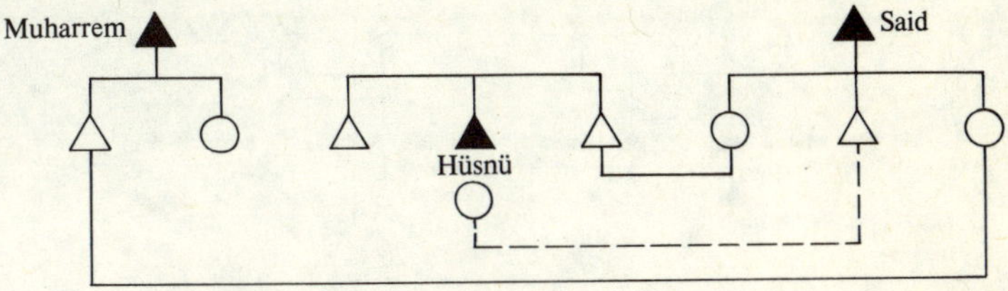

Arbeitsgruppe von Said Subayoğlu, Hüsnü Subayoğlu und Muharrem Subayoğlu. Alle drei sind unmittelbare Nachbarn. Die Hochzeit, die hier diskutiert wird, ist durch die durchbrochene Linie angedeutet.

Hüsnü hätte bei einer Entscheidung für Mustafa eine sehr intensive Beziehung zugunsten einer noch künftigen und ungewissen Beziehung geopfert. Die Entscheidung für Said war daher nur vernünftig. Dennoch bedeutete sie den völligen Abbruch der Beziehung mit »Mustafa, dem Riesen«. Er und Hüsnü sprechen seitdem nicht mehr miteinander, sondern nur noch erbittert übereinander.

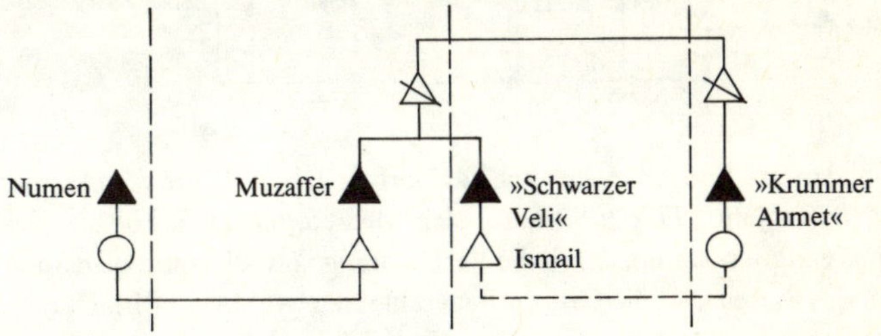

Arbeitsgruppe von vier Haushalten aus dem »Unteren Viertel«: Numen Baykurt, Muzaffer Doğan, dem »Schwarzen Veli« und dem »Krummen Ahmet«. Die durchbrochene Linie zeigt die zustandegekommene Hochzeit.

Memed Kaynakçı (Arbeitsgruppe II) sah sich um 1980 vor das Problem gestellt, daß seine Solidargruppe auseinanderzubrechen drohte: Hüsnü, Satılmış und Zeki bereiteten sich darauf vor, nach Ankara zu ziehen. Er versuchte in dieser Situation, seine Nichte, bei der er Vaterstelle vertritt, mit Ismail, dem Sohn des »Schwarzen Veli«, zu verheiraten, einem Nachbarn in dem etwas abgelegenen »Unteren Viertel«. Die Hochzeit kam nicht zustande, weil Ismail mit der Tochter des

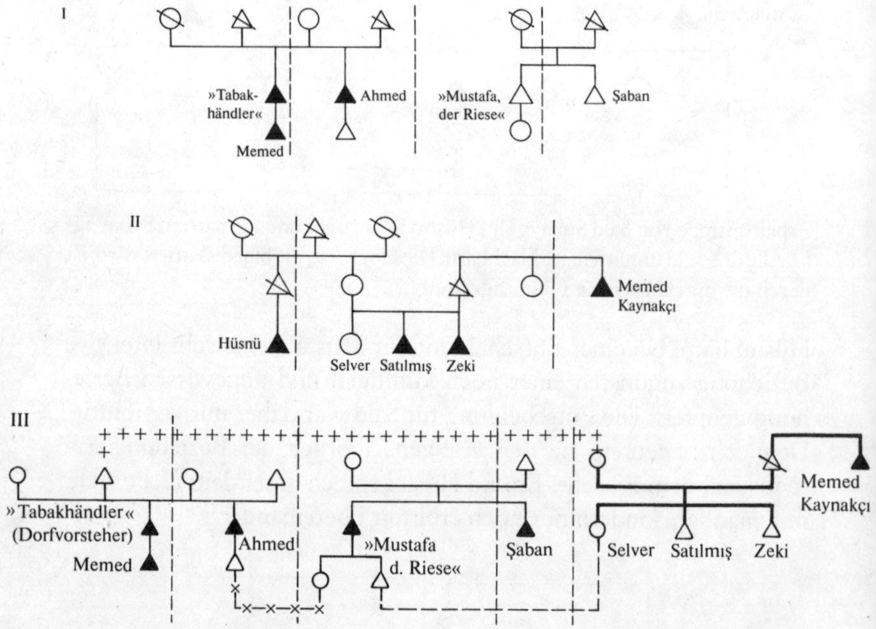

Die Solidaritäts- und Arbeitsgruppe des Dorfvorstehers (I) und vom Memed Kaynakçı (II) im Jahr 1977. 1983 hatte sich Memed, nachdem Hüsnü, Zeki und Satılmış emigriert waren, durch die Verheiratung von Selver mit dem Sohn »Mustafas, des Riesen«, an die Gruppe angeschlossen (------) (III). Durch diesen Akt gewann eine bereits existierende, aber 1977 eher latente Verwandtschaftsbeziehung zwischen dem Haus des Tabakhändlers und dem Haus von Memed Kaynakçı neue Bedeutung (+++++). In der Skizze wird die Gruppe vom Memed Kaynakçı durch Fettdruck hervorgehoben.

»Krummen Ahmet« verheiratet wurde, eine Hochzeit, die die sehr engen Beziehungen (enge patrilineare Verwandtschaft, Nachbarschaft, Zusammenarbeit im Wald) zwischen den Haushalten erneut bestätigte und außerdem von dem jungen Paar selbst gewünscht wurde.

Die Folge war, daß Memed Kaynakçı 1983 seine Nichte mit dem Sohn »Mustafas, des Riesen« verheiratete, dem Hüsnü die Tochter verweigert hatte. Damit schloß sich Memed Kaynakçı den »Männern« des Dorfvorstehers an.

Die Gruppe des Dorfvorstehers hatte in den Jahren 1977/78 selbst vor dem Auseinanderbrechen gestanden: Damals wollte »Mustafa, der Riese«, aus noch zu diskutierenden Gründen, seine Tochter Döndü nicht mit Memed, dem Sohn des Dorfvorstehers, verheiraten. Es kam dennoch nicht zum endgültigen Bruch, weil Mustafa seine andere Tochter, Sato, mit Ahmets Sohn verheiratete (die durch x–x–x symbolisierte Verbindung in der Skizze). Ahmet hat eine enge und warme Beziehung zu seinem Halbbruder, dem Dorfvorsteher (die gemeinsame Mutter lebt in Ahmets Haus), und nun auch eine Schwiegerbeziehung zu »Mustafa, dem Riesen«. Er wurde auf diese Weise zu demjenigen, den die Arbeitsgruppe integrierte. Während der Dorfvorsteher und »Mustafa, der Riese« einander nicht mehr besuchen, trifft man sich noch im Haus von Ahmet.

Das Ganze ähnelt einer Gruppe von Molekülen, die sich ständig umstrukturieren. Bei dieser sozialen Alchimie stellen die heiratsfähigen jungen Leute gleichsam die Bindungsarme der einzelnen Haushaltsatome dar. Nicht jede geplante und erwünschte Bindung kommt zustande – es kommt daher zum Zerbrechen existierender Moleküle. Da aber gleichzeitig die Notwendigkeit der Bindung besteht, bilden sich ständig neue Aggregate. Oder um ein anderes Bild zu gebrauchen: Die soziale Welt gruppiert sich ständig kaleidoskopartig um.[6]

Die entscheidende Bedeutung der Hochzeit für die sozialen Beziehungen macht die Verheiratung zu einem von allen mit Spannung beobachteten Vorgang. Die Zahl der heiratsfähigen jungen Leute ist klein genug, um überschaubar zu sein und ist gleichzeitig groß genug, um verschiedene Möglichkeiten der Verbindung offenzulassen. Diese Spannung teilt sich vielleicht am Besten aus einem Gespräch zwischen Hacı Şakır und dem »Tabakhändler« mit, das sich in meiner Gegenwart abspielte. Es drehte sich um die beiden heiratsfähigen Kinder, einen Sohn (Memed) und eine Tochter (Şehri) des »Tabakhändlers«. Ich zitiere aus meinem Tagebuch:

Hacı Şakır und der »Tabakhändler« erwägen mit sichtlichem Genuß verschiedene Mädchen für Memed. Hacı Şakır schlägt eine junge Frau aus Geyik vor, die »sauber« sei. Der »Tabakhändler« gibt vor, sie nicht zu kennen. Hacı Şakır meint, sie beide könnten doch einmal nach Geyik spazieren, sich in das Haus einladen und das Mädchen unverfänglich betrachten. Der »Tabakhändler« hält dagegen, daß es so unverfänglich, wie Hacı Şakır meine, gar nicht ablaufen könne. Schließlich wisse jeder, daß er einen heiratsfähigen Sohn habe. Noch ein anderes Mädchen schlägt Hacı Şakır vor. Sie habe sich gut herausgemacht. Früher sei nichts mit ihr gewesen, aber inzwischen sei sie »blitzsauber« [*tertemiz*]. Die Teegläser, die sie den Gästen reiche, würden nur so blitzen, und auch sonst sei sie flink bei der Hand. Der »Tabakhändler« meint darauf, das könne gut sein, schließlich habe er das Haus seit fünf Jahren nicht mehr betreten, seit der Vater des Mädchens ihn auf der *yayla* gekränkt habe. »Manche sind schmutzig und werden sauber; andere werden schmutziger und schmutziger«, stimmt er Hacı Şakır zu, und dieser bekräftigt: »An denen klebt keine Scheiße.« Im Grunde jedoch, meint der »Tabakhändler«, kämen für Memed doch nur die Tochter von Hikmet und die Tochter von »Mustafa, dem Riesen« in Frage: »Im Ernst – mein Verhältnis zu ›Mustafa, dem Riesen‹ ist gut.« Hacı Şakır hat einige Einwände, vor allem wegen Auseinandersetzungen, die er früher mit dem Vater Mustafas, dem »Blonden Bayram«, hatte. »Im übrigen«, bringt er nun das Gespräch auf Şehri, die heiratsfähige Tochter des »Tabakhändlers«, »werden wohl bald zwei kommen [nämlich Brautwerber für Şehri].« Der »Tabakhändler«, geradezu scheinheilig: Er wisse nicht, was Şakır meine. Şakır: »Tu doch nicht so, der und der werden kommen.« Der »Tabakhändler« meint darauf, die werde er sowieso abblitzen lassen, und setzt, unnötigerweise flüsternd, mit Verschwörermiene hinzu, Hacı Şakır solle doch das Gerücht ausstreuen, er habe dem und jenem zugesagt – nur um das Gesicht zu sehen, das der potentielle Bewerber dann machen würde. Es ist schwer zu entscheiden, was den Beteiligten an diesem Gespräch mehr Spaß bereitet: der Gedanke der Kuppelei oder das Spiel mit den Beziehungen.

Das Gespräch macht auch deutlich, daß bei der Entscheidung über eine Hochzeit nicht nur »außenpolitische« Bedenken eine Rolle spielen; mindestens ebenso schwer wiegt die Sorge um die »Sauberkeit« der Schwiegertochter – eine Sorge, die sich auf das Problem der Inkorporation bezieht. Ihm müssen wir uns nun zuwenden.

Die Heirat als Inkorporation

Durch eine Heirat wird ein neues Mitglied in den Haushalt inkorporiert – und damit ein ganzer Komplex neuer Beziehungen begründet, von denen die wichtigsten die des Ehemanns zur Ehefrau, des Schwiegervaters zur Schwiegertochter und der Schwiegermutter zur Schwiegertochter sind. Wenngleich jede dieser Beziehungen »total«, also gleichzeitig sozial, ökonomisch und politisch ist, so steht doch jeweils der eine oder andere Aspekt im Vordergrund.

Die Haushaltsvorstände zeigen sich hauptsächlich über die »Sauberkeit« der jungen Frau besorgt. Damit ist zunächst ihre Unbescholtenheit gemeint, ihr untadeliger Ruf: Von ihrer »Ehrenhaftigkeit« wird in Zukunft das politische Kapital des Haushalts abhängen. »Sauberkeit« bezieht sich jedoch auch auf die Bereitschaft, sich in den Haushalt einzugliedern und die Arbeiten zuverlässig und gewissenhaft zu erledigen. Es hängt nicht zuletzt von der Schwiegertochter ab, ob ein Haushaltsvorstand seine Verpflichtungen als Gastgeber einlösen kann. Der »Tabakhändler« brachte es auf die ihn kennzeichnende, etwas drastische Art auf den Punkt:

»Ich schere mich nicht darum, ob sie [die Schwiegertochter] schön oder häßlich ist. Sie soll gut kochen und Tee zubereiten können. Ich habe viele Gäste.« ... Eine Frau, die [wie seine Schwiegertochter, in deren Beisein das Thema erörtert wurde] das könne, sei »15 000 TL wert« (ca. 2000 DM); für andere gebe man nicht einmal 500 TL aus. »Es ist so, als ob man auf dem Markt ein Stück Vieh kauft.«

Die Schwiegermutter ihrerseits hat vor allem Interesse an einer Schwiegertochter, die sich auf die dörflichen Arbeiten versteht und ihr gut zur Hand gehen kann. Darüber hinaus erwartet sie, daß die Schwiegertochter ihr Achtung und Gehorsam entgegenbringt. Nur dann könnten die üblicherweise zwischen Schwiegermutter und Schwiegertochter auftretenden Probleme aufgefangen werden.

Die Schwiegermutter-Schwiegertochter-Beziehung gilt als eine der schwierigsten im Dorf. Die Bauern führen dies auf die »Eifersucht« der Schwiegermutter zurück. Im Alltag machen sie die meisten Konflikte am Problem der Integration in die Wirtschaft des Haushalts fest. Die Schwiegermütter klagen oft über die Faulheit der *gelin*: »Sie sehen die Arbeit nicht. Und wenn sie sie sehen, erledigen sie sie nicht« (*Iş görmüyorlar. Iş görse de de yapmıyorlar*). Auch würden sich die Schwiegertöchter gegen die Befehle auflehnen. Die Schwiegertöchter ihrerseits beschweren sich, daß die Schwiegermutter bei der Verteilung der Arbeiten ihre eigenen Töchter bevorzuge und die *gelin* die unbeliebten Arbeiten erledigen lasse. *Gelin bunu yapsın* (»Die *gelin* soll's machen«) ist eine standardisierte Redewendung im Dorf. Nicht minder häufig sind die Vorwürfe, die Schwiegermutter mische sich in alles ein, »bis zum Einschenken des Tees«, und schreie bei jeder Kleinigkeit. »Natürlich, die Gepflogenheiten im alten Haus waren anders, und es dauert zwei bis drei Jahre, bis die *gelin* alles so macht, wie es im neuen Haus üblich ist.«

Die Ehemann-Ehefrau-Beziehung schließlich ist natürlich vor allem eine soziale Beziehung. Die Ehe gilt als die Institution, in der die sinnlich-erotischen Bedürfnisse legitim befriedigt werden können – und befriedigt werden müssen, wenn nicht Probleme entstehen sollen. Wem in der Ehe die Bedürfnisbefriedigung versagt wird, wird sich anderswo sein Recht suchen; er gleiche, sagt man, einem Hungernden, der zum Diebstahl gezwungen wird. Diese Überlegung spricht beispielsweise aus der Kritik an einem Migranten, der seine Frau jahrelang vernachlässigt hatte:

Asiz, ein Migrant in München, habe – so berichtete Ahmed – seiner Frau, die hier im Dorf bei seinem Vater lebe, seit drei Jahren weder Geld überwiesen noch auch nur einen Brief geschrieben. Man sagt, er lebe mit einer italienischen Frau zusammen, aber etwas Genaues wisse man natürlich nicht. Das sei schlimm. Man müsse doch seine Frau respektieren (*izzet etmek*) und auch an ihren Genuß (*zevk*) denken. Sie sei hier ohne Mann. Er dagegen könne sich bei seiner Italienerin befriedigen. Irgendwann werde der Zeitpunkt kommen, wo sie mit einem anderen schlafen werde.

Im Lauf der Ehe wird zwischen den Ehegatten zunehmend die Kinderfrage eine Rolle spielen. Eine Frau, die *kuru*, trocken, unfruchtbar ist (oder auch nur Töchter bekommt), hat einen schweren Stand. Sie wird wie jemand gesehen, der seinen Verpflichtungen nicht gerecht wird. Früher oder später wird sie verstoßen werden. Umgekehrt bedeutet die Geburt eines Sohnes meist den Abschluß der Inkorporationsphase. Danach kommen Scheidungen praktisch nicht mehr vor.

Der sinnlich-erotische Aspekt wird von den Söhnen meist unter dem Gesichtspunkt der »Schönheit« ins Spiel gebracht. Daran scheiterte ja Mahirs Plan, seinen Sohn mit Cemils Tochter zu verheiraten und so die für ihn sehr vorteilhafte Beziehung weiter zu festigen (vgl. oben S. 184). »Ich habe ihm gesagt: ›Laß uns Cemils Tochter nehmen.‹ Er sagte: ›Die ist häßlich. Die nehme ich nicht einmal umsonst.‹ So redete er. *Bak, bak, bak, bak* (»schau, schau, schau, schau!«).«

Diese Probleme der Integration in den neuen Haushalt beschäftigen natürlich auch die Eltern der Frau. Dabei haben sie verständlicherweise weniger das Wohl des neuen Haushalts als Ganzem im Auge als das ihrer Tochter. Sie verheiraten ihre Töchter nur ungern in einen Haushalt, der einen erheblichen Mangel an weiblichen Arbeitskräften aufweist. Man zögert auch, wenn der junge Mann den Ruf hat, faul oder schwach zu sein, oder wenn die Schwiegermutter als besonders unverträglich gilt. Wie es wiederum der »Tabakhändler« ausdrückte: »Es ist schwer, eine Tochter zu verheiraten, viel schwerer als einen Sohn. Wenn der eine Frau mitbringt, mit der du dich nicht verträgst, kannst du sagen: ›Fick dich, hau ab!‹ Aber man kann wenig sagen, wenn die eigene Tochter sich nicht mit ihrem Mann verträgt.«

Es gilt als entscheidend für das Schicksal eines Haushaltes, die unterschiedlichen Interessen zu einem Ausgleich zu bringen. Die Erfahrung zeigt, daß all diese Beziehungen miteinander verknüpft sind, daß also ein Konflikt in einer dieser Beziehungen auf die anderen Beziehungen zurückwirkt.

Die Beziehung eines jungen Ehemanns zu seiner Frau hängt zunächst ganz entscheidend von dem Verhältnis seiner Eltern zu ihr ab. Wir haben bereits erwähnt, daß die Norm von einem jungen Mann verlangt, sich bei einem Konflikt zwischen Schwiegermutter und Schwiegertochter auf die Seite seiner Mutter zu schlagen. Diese Regel erscheint den meisten jungen Männern gerechtfertigt und richtig: »Natürlich ergreife ich die Partei meiner Mutter. Frauen gibt's viele. Eine Mutter dagegen nur einmal. Wenn eine Frau mich lieben würde, würde sie auch meiner Mutter Ehrerbietung zeigen.« Das gleiche gilt eher noch mehr bei Auseinandersetzungen des Vaters mit der Schwiegertochter. In einem funktionierenden Haushalt korrespondiert deshalb das Verhältnis eines jungen Mannes zu seiner Frau demjenigen seiner Eltern zu ihr. In der ersten Zeit der Ehe sind wegen der

Schwierigkeiten der Integration meist die Schwiegermutter-Schwiegertochter-Beziehungen und entsprechend das Ehemann-Ehefrau-Verhältnis gespannt; in der Regel bessern sie sich dann im Lauf der Jahre.

Ausnahmen von dieser Regel sind fast immer ein Anzeichen für ernste Konflikte im Haushalt. Vor allem bei Ehen, die hauptsächlich geschlossen wurden, um eine Arbeitskraft für den Hof zu gewinnen, kam es früher vor, daß eine positive Schwiegermutter-Schwiegertochter-Beziehung neben einer sehr schlechten Ehegattenbeziehung existierte. Man sieht heute von solchen Heiraten in der Regel ab, weil sie das Verhältnis eines Sohnes zu seinen Eltern erheblich belasteten und nicht selten zum Zerbrechen der Produktionseinheit führten. Fast genauso ungern wird aber auch ein (in den Augen der Bauern) allzu positives Ehegattenverhältnis gesehen. Wenn auch kaum zu fürchten ist, daß ein Mann offen gegen seine Mutter Partei ergreift, so könnte sich doch sein Verhältnis zu ihr abkühlen. Auch in diesem Fall würde die Einheit des Haushaltes leiden. Die oben diskutierte Geschichte des Haushaltes vom »Blonden Bayram« zeigt, daß diese Befürchtungen nicht ganz unberechtigt sind. Die Solidarität von »Mustafa, dem Riesen« mit seiner Frau hatte Spannungen mit seinem Vater Bayram nach sich gezogen, an denen der Haushalt schließlich zerbrochen war. Die Eltern befürchten solche Entwicklungen besonders dann, wenn ihr Sohn seine künftige Frau selbst in der Stadt sucht. »Wenn mein Sohn geheiratet haben wird, wird er kein Geld mehr schicken. Er wird nach seinem Weib schauen, und die wird sich einmischen. Das ist hier immer so.«

Besonders bezeichnend ist der Verlauf der Ehe von Asiz Akkaya. Ein Jahr, nachdem Asiz, der Sohn des »Tabakhändlers«, nach Istanbul gezogen war, erhielt sein Vater von ihm einen Brief, in dem er gebeten wurde, nach Istanbul zu kommen. Als er eintraf, erfuhr er zu seiner Überraschung, daß Asiz zu heiraten beabsichtigte. Die Mutter der Braut – der Vater lebte nicht mehr – drängte auf sofortige Eheschließung; der »Tabakhändler« widersprach: Es sei jetzt Mai, und er könne wegen der Arbeitsbelastung im Augenblick die Hochzeit nicht ausrichten. Die beiden sollten sich verloben; im November könne dann geheiratet werden. Da die Hochzeit in Istanbul stattfand, kam (so der »Tabakhändler«) ein Brautpreis ohnehin nicht in Frage. Es wurde statt dessen vereinbart, die Kosten für die Hochzeit zu teilen. Als die Sache soweit gediehen war, fuhr der »Tabakhändler« ins Dorf zurück. Hier scheint er nun auf den Widerstand seiner Frau gestoßen zu sein. Man erzählt sich, daß sie von vornherein gegen diese Verbindung gewesen sei: Sie habe ihren Sohn mit der Tochter ihres Bruders verheiraten wollen, von der sie sich mehr versprach, sowohl was ihre Fähigkeiten zur Mitarbeit auf dem Hof betraf als auch im Hinblick auf Disziplin und Gehorsam. Der »Tabakhändler« selbst schiebt die Schuld an der Verschlechterung der Beziehungen im Lauf des Sommers auf die Mutter der Braut. Sie hätte sich plötzlich anders besonnen und sich gegen die Hochzeit gestellt. Asiz habe daraufhin das Mädchen entführt. Der »Tabakhändler« hielt dies für einen bewußten Zug der Brautmutter; sie habe sich um ihren Beitrag zu den Hochzeitskosten drücken wollen. Ich halte dies angesichts der Bedeutung, die eine Entführung für eine Familie besitzt, für wenig wahrscheinlich. Statt dessen dürfte sich Asiz gegen den Widerstand seiner Eltern durchgesetzt und (unter Umständen sogar mit dem Einverständnis der Brautmutter) das Mädchen entführt haben.

Etwas später verlangte der »Tabakhändler« von dem jungen Ehepaar, sie sollten Rüfat, den jüngeren Bruder von Asiz, zu sich nehmen und ihn in Istanbul ausbilden lassen. Die *gelin* (so der »Tabakhändler«) habe sich geweigert: In der Stadt sei so etwas nicht üblich. Daraus ergab sich der erste große Konflikt zwischen dem »Tabakhändler« und seiner Schwiegertochter. Bei diesem oder einem späteren Streit ging er so weit, daß er sie schlug. Asiz scheint zu dieser Zeit noch zu seiner Frau gehalten zu haben: Jedenfalls blieb Rüfat einstweilen noch im Dorf. Später kam der »Tabakhändler« selbst nach Istanbul, quartierte sich für einundeinhalb Monate bei Asiz ein und schickte für diese Zeit die *gelin* außer Haus. Sie (bzw. das Paar) beugte sich schließlich dem Druck und nahm Rüfat bei sich auf. Durch Rüfat erfuhr Asiz, seine Frau würde an den Nachmittagen, während er arbeite, heimlich »spazierengehen«. »Klar. Wir sind Bauern. Wenn man es ihr nicht befohlen hat, darf eine Frau nicht spazierengehen.« Es kam zum offenen Bruch. Asiz drohte seiner Frau, er werde sie umbringen, wenn sie nicht in eine Scheidung einwillige. Man kann sich des Eindrucks nicht erwehren, daß das »Spazierengehen« nur der Anlaß, nicht aber die Ursache der Trennung war. Diesen Eindruck bestätigten Istanbuler Freunde von Asiz, die meinten, seine Eltern hätten die Ehe auseinandergebracht.

Wir haben hier also den Fall eines zunächst positiven Ehegattenverhältnisses bei einem gleichzeitig negativen Schwiegereltern-Schwiegertocher-Verhältnis: Diese Konstellation war mit den Erfordernissen eines Stadt-Land-Haushaltes (Beherbergung des Schwiegervaters, Ausbildung des Bruders, Erntehilfe im Dorf) nicht zu vereinbaren. Asiz sah sich vor die Notwendigkeit der Entscheidung gestellt. Seine Ehe wäre nur um den Preis ernster Konflikte mit seinen Eltern und eines voraussichtlichen Zerbrechens des Stadt-Land-Haushaltes zu retten gewesen. Dazu war Asiz nicht bereit. Er beugte sich seinen Eltern, nahm Rüfat auf und entschied sich damit gegen seine Frau.

Die Konstitution eines Beziehungsnetzes

Die Bündnisprobleme und die Inkorporationsprobleme sind miteinander eng verknüpft. Die Erfahrung zeigt, daß man nicht das eine Problem auf Kosten des anderen lösen kann, ohne daß wiederum Folgeprobleme auftreten. Schwierigkeiten bei der Inkorporation wirken nämlich auf die Solidargruppe zurück – und umgekehrt. Im Fall von Ahmet Akdemir führten Probleme zwischen den Haushalten zu Spannungen in der Ehe.

Ahmet wurde im Alter von 14 Jahren von seinen Eltern mit der Tochter von Muarrem Subayoğlu verheiratet, weil eine weibliche Arbeitskraft im Haus fehlte. Er war mit der Entscheidung einverstanden. »Was sollte ich schon machen. Ich war alleine mit meinen Eltern.« Schon bald kam es jedoch zu Auseinandersetzungen mit Muarrem, der von seinem Schwiegersohn Arbeitshilfe erwartete. Der ohnehin überlastete Ahmet weigerte sich: »Ich habe meine eigene Arbeit.« Das gespannte Verhältnis mit dem Schwiegervater wirkte sich auf die Ehe aus. »Als sie dann außerdem nach drei Jahren immer noch keine Kinder bekam, ließ ich mich scheiden.«

In diesem Fall war offenbar über dem Interesse an der Inkorporation einer Arbeitskraft der Bündnisaspekt in den Hintergrund getreten. Ahmed heiratete die Frau eines Haushaltes, an dem er kein Bündnisinteresse hatte und für den er deshalb keine Arbeitshilfe leisten wollte. Dies rächte sich, als der Schwiegervater den in seinen Augen legitimen Anspruch anmeldete.

Auch die Umkehrung stimmt. Von der Familie der Frau wird zwar generell Zurückhaltung verlangt, was die Verhältnisse im neuen Haushalt betrifft – doch nur bis zu einem gewissen Grad. Wenn es der Tochter allzu schlecht geht, wenn sie über die Maßen geschlagen wird, wird sich ihre Familie früher oder später »einmischen«, sei es, daß sie ihrer Tochter ermöglichen, zu ihr zu fliehen, sei es, daß die Brüder den Ehemann zur Rede stellen. Die Folge ist dann eine erhebliche Belastung der Beziehung zwischen den Haushalten – oft sogar ein Abbruch.

Beide Aspekte spielten bei der Ehe des »Blinden Yaşar« zusammen.

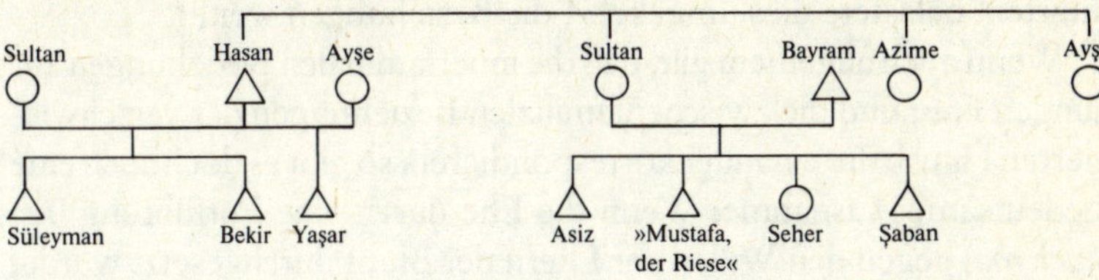

Der alte Hasan Ağa verstarb, als Yaşar noch klein war. Er verfügte, daß sein Sohn Yaşar später Seher, die Tochter seiner Schwester Sultan, heiraten sollte. Diesem Wunsch wurde entsprochen, als Seher herangewachsen war; nicht zuletzt deshalb, weil er dem gegenseitigen Interesse an einer Festigung der Beziehung zwischen den beiden Häusern entsprach. Es kam jedoch zu Problemen, als das Haus von Hasan Ağa abbrannte. Damals entbrannte ein Streit zwischen den Halbbrüdern[7] Yaşar und Bekir um das Grundstück (und damit um die Möglichkeit, ein eigenes Haus an dieser Stelle zu errichten). Süleyman, der bereits ein eigenes Haus hatte, mischte sich nicht ein. Die Schwestern des verstorbenen Hasan, Azime, Ayşe und Sultan (die Mutter von Asiz, »Mustafa, dem Riesen«, Seher und Şaban), unterstützten jedoch Bekir, indem sie ihm ihre Erbanteile an dem Haus abtraten. Als die Sache sich so festgefahren hatte, wandte sich der obdachlose Yaşar in seiner Not an den Landrat, um die Genehmigung zur Errichtung eines Hauses auf einem Stück steinigen und unfruchtbaren (aber trockenen!) Gemeindelands zu erhalten. Er bekam sie; im Dorf mobilisierte sich jedoch Widerstand, der unter anderem auch von den Brüdern von Seher getragen wurde. Die Auseinandersetzungen zogen sich über mehrere Jahre hin. Die Ehe Yaşars wurde von diesen Streitigkeiten sehr belastet.

Seher floh schließlich zu ihrem Bruder Asiz nach Istanbul. Daraufhin ließ sich Yaşar scheiden: »Unsere Bräuche sind so. Eine Frau kann nicht wegfahren, ohne um Erlaubnis zu fragen.« Außerdem entführte er gewaltsam Şerife, die Verlobte von Asiz, die im Dorf lebte: »Wenn sie mir die Schwester nicht geben, hole ich mir die Verlobte.« Auch dieser Versuch, eine Ehe anzubahnen, scheiterte jedoch; Şerife floh mit Asiz nach Istanbul und heiratete ihn dort.

In diesem Fall führte die Auseinandersetzung zwischen den Haushalten zu einer Verschlechterung der Ehe; die Flucht der Ehefrau zu ihrem Bruder belastete die Beziehungen weiter – bis zu dem Punkt, daß Yaşar offen die Ehre von Asiz angriff. Die Angelegenheit eskalierte nur deshalb nicht weiter, weil die Migration

Asiz die Möglichkeit gab, die von ihm sehr geliebte Frau trotz der Schändung zu heiraten.

Hier wirkte sich zunächst die Verschlechterung des Bündnisses negativ auf die Ehe aus; als die Eheprobleme dann zur Flucht von Seher führten, belastete dies umgekehrt die Beziehungen weiter.

Wenn auch allgemein gilt, daß die innerfamilialen Beziehungen zur jungen Frau und die zwischenfamilialen Beziehungen der verschwiegerten Haushalte einander korrespondieren, so gibt es doch auch eine bedeutsame Ausnahme: Wenn die Ehe durch eine Entführung (*kız kaçırma*) gegen den Willen der Eltern der Braut durchgesetzt wurde, kommt es in der Regel zu relativ positiven Beziehungen in ihrer neuen Familie und gleichzeitig zu einem völligen Abbruch der zwischenfamilialen Beziehungen. Aber in solch einem Fall wird die Ehe eben nicht geschlossen, um ein zwischenfamiliales Bündnis zu schließen. Unter diesen Umständen verzichtet man übrigens auch auf die häufig stabilisierende Wirkung dieser Verflechtung: Während normalerweise das Gewicht des Bündnisses sich positiv auf die Stellung der Ehefrau im neuen Haushalt auswirkt, liefert sich eine junge Frau, die sich auf eine Entführung einläßt, gleichsam an den neuen Haushalt aus.

Ich erlebte die ganze Komplexität der Überlegung vor einer Heirat mit, als 1977 die Hochzeit von Döndü, der Tochter »Mustafas, des Riesen« anstand:

Jeder wußte, daß der »Tabakhändler« Döndü für seinen Sohn Memed wünschte. Für diese Beziehung sprachen vor allem Bündnisinteressen: Mustafa und der »Tabakhändler« arbeiteten in einer Arbeitsgruppe und besuchten sich regelmäßig. Im Sommer des Jahres 1977 war Mustafa außerdem erheblich in die Schuld des »Tabakhändlers« geraten: Dieser hatte ihn, als er vom Maultier gestürzt war, auf eigene Kosten nach Ankara ins Krankenhaus gebracht (wohl schon in der Absicht, Mustafa zu verpflichten). Dennoch beabsichtigte Mustafa, Döndü nach Istanbul mit einem Mann zu verheiraten, den er selbst kaum kannte. Er hatte ihn über seine dort verheiratete Schwester Seher kennengelernt: »Er ist ihr Nachbar. Er kommt aus Çorum. Er saß bei ihnen und sagte: ›Ich habe die Stadtmädchen satt, die spazierengehen, ohne sich die Haare zu bedecken; ich will ein ehrenhaftes Dorfmädchen.‹ Meine Schwester hat uns davon erzählt. Wir sind hingefahren und haben die Sache mit ihm besprochen.‹« Man hatte jedoch das Gefühl, daß die Entscheidung etwas vorschnell getroffen worden war. Mustafa räumte in einem Gespräch mit mir ein, daß er sich um das Wohl seiner Tochter sorge, weil er die »Seite des Mannes« so wenig kenne. So weit war die Lage gediehen, als mich der »Tabakhändler« beauftragte, bei Mustafa vorzufühlen, ob es Sinn hätte, Brautwerber zu schicken. Am nächsten Tag führte ich meinen Auftrag aus. »Warum gibst du deine Tochter nicht Memed?« fragte ich Mustafa. Er wehrte zunächst ab: »Was soll ich machen. Ich habe sie bereits verkauft.« Dann wandte er sich jedoch an seine Frau und erzählte ihr von unserem Gespräch über das Wohlergehen Döndüs in einer fremden Umgebung. »Meine Frau«, fuhr er fort, »kann Memed nicht leiden. Er ist zu streng (*sert*), sagt sie. Außerdem kommt sie mit der Mutter von Memed nicht aus.« – Der »Tabakhändler« meinte, als er hörte, daß »Mustafa, der Riese« selbst wohl nichts gegen eine Verbindung einzuwenden gehabt hätte, wohl aber seine Frau: »Es ist dumm von ihm. Ich meine, wir sind Verwandte, helfen einander und arbeiten zusammen. Was meinst du: Soll ich sie von Memed entführen lassen? Aber die Tochter von ›Mustafa, dem Riesen‹ käme sowieso nicht an Memeds erste Frau heran. Das war eine *gelin*! Die hat sich nicht niedergelegt, bevor ich schlafengegangen bin.« Döndü wurde schließlich mit einem Dritten verheiratet: mit dem Sohn von Behiye, einer Schwägerin von »Mustafa, dem Riesen« und einer unmittelbaren Verwandten. Für ihn sprach außer der Verwandtschaft, daß er als Forstbeamter in der Provinzhauptstadt arbeitete.

Die Entscheidung Mustafas zeigt die unterschiedlichen Gesichtspunkte, die bei einer Hochzeitsentscheidung bedacht werden müssen. Für Memed sprachen die Zugehörigkeit zur Solidargruppe und die Verpflichtungen von Mustafa gegenüber dem »Tabakhändler«. Gegen ihn sprachen Bedenken der Inkorporation: Es war abzusehen, daß erhebliche Schwiegermutter-Schwiegertochter-Probleme auf Döndü zukommen würden; bei diesen Problemen würde sie aller Voraussicht nach von ihrem Mann allein gelassen werden. Wir haben gesehen, daß die Entscheidung gegen Memed zu einer Belastung der Beziehungen mit dem »Tabakhändler« führte. Ein völliger Bruch konnte nur durch die geschickte Verheiratung der zweiten Tochter Mustafas mit dem Sohn des Halbbruders des »Tabakhändlers« vermieden werden. Der städtische Heiratspartner war zunächst aus Bündnisgründen interessant – durch die Heirat hätte sich »Mustafe, der Riese« eine Dependance in der Stadt verschafft. Außerdem gilt die Inkorporation in einen städtischen Haushalt generell als vergleichsweise einfach: Die Arbeiten sind leichter als in einem Dorfhaushalt; schon deshalb ist die Schwiegermutter-Schwiegertochter-Beziehung weit weniger Belastungen ausgesetzt. Beides dürfte Mustafa zunächst zu einer Zusage bewegt haben. Bedenken kamen später, weil man die Tochter an einen beinahe Unbekannten ausgeliefert und kaum Möglichkeiten gehabt hätte, zu intervenieren, wenn es ihr schlecht ergehen sollte. Die Heirat mit Behiyes Sohn war ein fast goldener Ausweg. Hier handelte es sich um einen Migranten in der Stadt, mit dem man außerdem bereits verwandt war und den man seit Kindesbeinen kannte.[8]

Wenn wir die Überlegungen von »Mustafa, dem Riesen« so ausführlich zu Wort kommen ließen, dann deshalb, weil aus ihnen die Eigenheit des Denkens über soziale Beziehungen deutlich wird. Die Erfahrung der Interdependenz der Beziehungen erlaubt es nicht, eine Zweierbeziehung (in diesem Fall die Ehe) unabhängig von anderen Beziehungen zu sehen und ihr ein Eigengewicht zuzumessen. Ihr Schicksal wird ja maßgebend von der Umgebung mitbestimmt und hängt nur zum Teil von den Eheleuten selbst ab. Die Überlegungen, die vor einer Ehe angestellt werden, zielen deshalb auf die Gestaltung und Manipulation der Beziehungskonstellation insgesamt. Wenn überhaupt Überlegungen zur Persönlichkeit des Ehepartners angestellt werden, dann nur, weil er selbst Teil dieses Beziehungsnetzes ist. Wesentlich mehr Augenmerk wird auf die Herstellung möglichst günstiger Rahmenbedingungen gelegt. Diese Sorge drückt sich so aus, daß die Bauern über Beziehungen wie über Bauklötze reden, die man aufeinandersetzt. So sagt man beispielsweise, es sei vorteilhaft, wenn die Mutter des Ehemannes »sowohl Schwiegermutter wie auch Tante ist« – weil zwischen Nichte und Tante ohnehin eine Autoritätsbeziehung existiert (und deshalb die Inkorporation erleichtert wird), weil der Vater der Braut auch Bruder der Schwiegermutter ist (und deshalb wirksam eingreifen kann, wenn es seiner Tochter schlechtgeht) usw.[9] Besonders deutlich in dieser Hinsicht war eine Äußerung von Fatma Eren, die eine Zeitlang die Verheiratung ihrer Schwester mit dem Bruder ihres Mannes betrieb.

»[Wenn es Schwierigkeiten gibt,] dann könnten wir mit ihm [ihrem Schwager] sprechen. Oder meine Schwester könnte zu uns fliehen. Es wäre dann nicht so, als ob sie zu ihrem Vater oder ihrer Mutter flöhe, denn ich bin ja auch ihre *elti* [*elti* bezeichnet das Verhältnis der Ehefrauen von zwei Brüdern]. Sie würde also zum Bruder ihres Mannes fliehen. Und dann könnte sie bei uns wohnen, und wir könnten mit ihrem Mann sprechen. Und wenn er verspricht, sie mit nach Ankara zu nehmen, könnten wir dorthin fahren und schauen: Ist das auch eine Wohnung, in der eine Frau wohnen kann?«

Die Konsequenz dieser Überlegungen ist eine Vorliebe für endogame Heiraten. Die Heirat innerhalb der Solidargruppe, also der Verwandten und Nachbarn, mit denen man in Beziehungen lebendiger Gegenseitigkeit steht, ist nicht nur geboten, weil durch sie diese Beziehungen erneut bekräftigt und bestätigt werden; sie erscheint auch als Möglichkeit, die Unwägbarkeiten des durch die Heirat konstituierten Beziehungsnetzes zu kontrollieren. Was die Seite des Mannes betrifft, so kennt man die Frau und ist, zumindest was ihre Fähigkeiten und Fertigkeiten betrifft, vor Überraschungen sicher. Man kann eher als bei einer völlig Fremden damit rechnen, daß sie sich in den Haushalt eingliedern wird, weil sie die Mutter des Mannes bereits vor der Ehe kennengelernt hat und in einer Verwandtschaftsbeziehung zu ihr steht. Die Seite der Frau andererseits kennt genau die Situation des Haushaltes, in den die Tochter einheiraten wird, und kann (in gewissem Rahmen) eingreifen, wenn es Probleme geben sollte.

Das Problem der Subjektivität

Die Erfahrung der Interdependenz der Beziehungen prägt die Wahrnehmung vom anderen. Er wird nicht unabhängig von dem Platz gesehen, den er im Netz der Reziprozitätsverpflichtungen einnimmt. Man kennt die Obligationen, die er zu erfüllen hat, und weiß, daß er ihnen durch sein Verhalten Rechnung tragen muß. Sehr deutlich spricht dieses Bewußtsein aus einer Passage, in der Fatma die sehr schwierige Anfangszeit ihrer Ehe schilderte. Sie war von ihrem Vater gegen ihren Willen in ein immerhin acht Wegstunden entferntes Dorf im Kreis Kurşunlu verheiratet worden.[10]

Fatma: »...Das Verhältnis zu meiner Schwiegermutter war schlecht. Verstehst du? Sie machen alles anders in Kurşunlu. Ich habe sehr oft geweint in dieser Zeit...«

W. S.: »Wenn dein Mann im Dorf gewesen wäre, hätte er dir dann geholfen?«

Fatma: »Wie hätte er mir helfen sollen? Er kann doch seinen Vater und seine Mutter nicht schlagen! Und ich wollte auch nicht, daß er gegen seinen Vater und seine Mutter auftritt. Sie haben ihn ernährt und aufgezogen. Ich wollte mich ja anpassen. Aber es war schwer. Ein halbes Jahr später hat er mich dann gerettet [*beni kurtardı*] und zu sich nach Istanbul geholt.«

Die fehlende Unterstützung des Ehemannes bedeutet keine Infragestellung der Beziehung, gerade weil sie nicht unabhängig und für sich gesehen wird: Ein anderes Verhalten von ihm ist nur zu erwarten, wenn sich das gesamte Beziehungsnetz verändert – wie es dann in Istanbul der Fall sein wird.

Im Grenzfall scheint der einzelne als Individuum völlig hinter dem sozialen Ort zu verschwinden, er scheint dann völlig austauschbar zu sein. So wirken besonders jene Formeln von beinahe alttestamentarischer Prägnanz, mit denen die Bauern ihr Verhalten gerne auf den Punkt bringen: »Frauen gibt's viele. Eine Mutter nur einmal.« Oder: »Wenn sie mir die Schwester nicht geben, hole ich mir die Verlobte.« Oder, als Begründung der Scheidung von einem aus politischen Gründen arbeitslos gewordenen Lehrer: »Ich habe den Lehrer geheiratet, nicht Ahmed.« Entsprechend geht oft die Sorge um den anderen ganz in der Sorge um den Platz auf, den er einnimmt. Wir haben gesehen, daß dies in besonderem Maß auf die Überlegungen für die Verheiratung der Töchter zutrifft. »Mustafa, dem Riesen« z. B. kam gar nicht der Gedanke, sich auch um die subjektiven Wünsche seiner Töchter zu kümmern: Keine von ihnen wurde gefragt, als er sie verheiratete.

»Bei uns ist das nicht so. Sie [seine Tochter Sato] vertraut uns. Sie weiß, daß wir den Richtigen aussuchen. Hüseyin [der ins Auge gefaßte Bräutigam] ist ein naher Verwandter.«

Häufiger ist allerdings, daß individuelle Neigungen sich in Negationen äußern dürfen. Man betrachte die Überlegungen von Fatma zur Verheiratung ihrer Schwester:

»Mein Vater will meine Schwester nicht mit dem Bruder meines Mannes verheiraten. Du kennst ja die Geschichte, daß Ramis [Fatmas Mann] ihn vor der Hochzeit belogen hat[11] ... Deswegen will mein Vater meine Schwester nicht nach Kurşunlu [der Heimat von Fatmas Mann] geben. Allerdings würde er sie wohl geben, wenn ich ihm zureden würde. Er würde dann sagen: ›Du bist verantwortlich‹ und gibt sie nach Kurşunlu. Du verstehst: Ich wäre dann sowohl *elti* wie auch Schwester.[12] Ich möchte aber erst einmal abwarten, bis der Bruder von Ramis vom Militärdienst kommt, und ihn dann fragen, ob er meine Schwester in die Stadt holen wird. Denn nach Kurşunlu laß ich sie nicht. Mit meiner Schwiegermutter kann man nicht auskommen. Das weiß auch Ramis. Er hat mich ja deshalb nach Ankara geholt.«

W. S.: »Weiß deine Schwester von diesen Plänen?«

»Nein. Ich habe noch nicht mit ihr darüber gesprochen. Das heißt: Einmal habe ich in Gegenwart meiner Eltern gesagt, es wäre schön, wenn wir sowohl *elti* als auch Schwestern wären.«

W. S.: »Kannst du solche Dinge mit deinen Eltern bereden?«

»Warum nicht? Es geht ja nicht um mich, sondern um meine Schwester. Da brauch' ich mich doch nicht zu schämen.«

W. S.: »Und wenn es um dich ginge?«

»Dann würde ich mich schämen. Ich würde dann mit meiner Mutter reden, und die würde dann mit dem Vater sprechen. Meine Schwester hat es ebenso gemacht. Mein Vater will sie mit einem Mann aus dem Dorf verheiraten, mit Mahir, weißt du, dem Mann aus dem Haus ganz oben. Er ist ganz arm, aber mein Vater meint, er werde Geld verdienen. Er wird im Dorf bleiben. Meine Schwester wandte sich an mich und sagte: ›Ich möchte ihn nicht heiraten.‹ Wenn man aber niemanden kennt, muß man dem Wunsch des Vaters nachgeben. So habe ich dann meinen Schwager vorgeschlagen.«

Die Form, in der sich subjektive Wünsche äußern dürfen, ist die des Nein-Sagens, des Ablehnens einer unzumutbaren Verheiratung. Die Bauern geben diesem Nein nach, wenn sie selbst nicht allzusehr an der geplanten Verbindung interessiert sind. Es liegt dann an den Familienangehörigen, eine neue und für alle akzeptable Beziehung zu suchen. Selbst Fatma, die offenbar ein warmes und enges Verhältnis zu ihrer Schwester hat, kam es jedoch nicht in den Sinn, die positive Frage zu stellen, wen die Schwester denn nun heiraten wolle. Die subjektive Neigung erscheint als Grund, jemanden als Partner auszuschließen, spielt jedoch bei der eigentlichen Suche keine Rolle. Meistens kommen für die jungen Bauern mehrere Mädchen gleich ernsthaft als Ehepartnerinnen in Frage. So erzählte z. B. Süleyman Doğan, der Sohn des »Schwarzen Veli«:

»[Sein Vater hatte ihm geschrieben] ›Ich denke daran, Dich mit dem und dem Mädchen zu verheiraten. Heirate!‹ Damals antwortete ich meinem Vater: ›Vater, das ist nicht sehr gut. Es ist noch zu früh. Laß mich noch etwas nachdenken, dann ja.‹ Mein Vater sagte zu mir – es war wegen der Arbeit, weil die Arbeit auf dem Hof so schwer war –: ›Ich brauche Hilfe.‹ Besonders als ich dann vom Militärdienst ins Dorf zurückkam, konnten wir uns nicht verstehen ... Gegen deinen Vater kannst du nichts sagen. Das heißt, wenn man was sagt ..., dann verfluchen sie einen. Man möchte den Fluch nicht auf sich nehmen ... Er soll nichts Schlechtes über mich denken. So habe ich zu meinem Vater gesagt: ›Vater, es ist in Ordnung. Denk nach. Wenn es mit dem Mädchen, das du genannt hast, nicht geht, vielleicht geht es dann mit einem anderen. In unserem Dorf gibt es ja nicht nur ein Mädchen, sondern mehrere. Vielleicht gibt es fünfzehn, vielleicht zwanzig Mädchen. Die sind alle im heiratsfähigen Alter. Laß mich eine andere nehmen.‹ Mein Vater war einverstanden.«

Es gibt allerdings den Fall, daß versucht wird, eine individuelle Neigung listig durchzusetzen und durch fortgesetzte Negation schließlich ein positives Interesse zu realisieren:

Hasan, ein 18jähriger, berichtete mir, er hätte gern ein Mädchen aus dem Nachbardorf geheiratet. Sein Vater habe ihm den Wunsch jedoch abgeschlagen: »Das Mädchen ist nichts«, habe er gesagt, »sie ist zu schwach, sie kann unsere Arbeit nicht verrichten.« Ohne Bedauern erkennen zu lassen, meinte Hasan, er habe nachgegeben. Jetzt habe er ein Mädchen ins Auge gefaßt, das aus dem Dorf nach Istanbul gezogen sei. Ich wandte ein, damit verhalte es sich doch ähnlich, auch ein »Stadtmädchen« werde schließlich die Dorfarbeiten nicht erledigen können oder erledigen wollen. Hasan gab mir recht. Was er also tun werde, wenn sein Vater ein Mädchen aus dem Dorf vorschlage? Dann werde er ständig ablehnen und darauf setzen, daß der Vater schließlich nachgibt. Eine schlechte Arbeitskraft sei immerhin besser als keine.

Die Chancen für diese Strategie sind allerdings mehr als zweifelhaft – auch Hasan heiratete schließlich ein »Dorfmädchen«. Die jungen Leute sind sich der Einschränkung des Subjektiven bewußt. Es erscheint jedoch als ein Gebot der Vernunft, die eigenen Interessen nur in und durch die Familie zu wahren und sie nur im äußersten Grenzfall gegen die Familie durchzusetzen. Alles andere liefe auf eine Zerstörung des Beziehungsnetzes hinaus, in das man eingebunden ist und von dem man abhängt: Man lebe schließlich mit den Eltern zusammen, argumentierten zwei 18jährige, oder nehme sie wenigstens im Alter zu sich. Deswegen müßten sie bei der Eheschließung auf jeden Fall mitentscheiden. Natürlich sei es schwierig, wenn man ein Mädchen ernsthaft liebe und die Eltern sträubten sich gegen eine Heirat. Dann bliebe allenfalls noch übrig, mit ihnen zu brechen und in die Stadt zu ziehen. Beide konnten sich jedoch an keinen derartigen Fall erinnern und ließen erkennen, daß sie ein solches Verhalten unverantwortlich fänden. – Das Gefühl der Liebe wird so mit einer gewissen Skepsis betrachtet, als Störfaktor, der den sorgsam balancierten Interessenausgleich gefährdet. Im gleichen Gespräch erzählte Ahmet, einer der jungen Männer, einen Zwischenfall, der sich vor einigen Jahren im Nachbardorf zugetragen hatte:

Ein junger Mann und eine gleichaltrige Verwandte liebten sich gegenseitig – ihr Vater zwang sie jedoch, einen anderen zu heiraten. Der Widerstand des jungen Mannes am Tag der Hochzeit war verzweifelt und etwas lächerlich: Er ging den Trommlern und Flötenspielern entgegen und sagte ihnen, die Hochzeit sei um eine Woche verschoben worden. So etwas kommt öfters vor, die Musiker dachten sich nichts dabei und kehrten um. Nach einiger Zeit des Wartens schickte der Vater des Bräutigams einen Boten, und so flog die Sache auf. Es kam zu einer Schlägerei, bei der ein Mann durch einen Messerstich verletzt wurde. »Das kommt, wenn man blind vor Liebe ist«, meinte Ahmet, »da weiß man nicht mehr, was man tut, und es kommt so weit, daß Leute getötet werden.«

Das Gebot der Vernunft läßt die Verwirklichung von Liebe als unrealistisch erscheinen, sie nimmt den Träumen von der Liebe jedoch nichts von ihrer Glut. Abdullah (der Sohn von »Unteroffizier Ali«) ist ein junger Mann, der einige Jahre ein Internat in Kastamonu besucht hatte, jetzt jedoch ins Dorf zurückgekehrt ist, weil er die Aufnahmeprüfung für die Lehrerausbildung nicht geschafft hatte. In Kastamonu hatte er eine jahrelang dauernde, aber unerwidert gebliebene Liebe zu einer Klassenkameradin durchlitten. Bewegt und intensiv erzählte er mir von Liebesbriefen, die von ihr nicht beachtet worden seien, ihm dafür Schwierigkeiten von der Schulverwaltung (ein Brief war abgefangen worden) eingebracht hätten, von Eifersucht (man hatte ihm erzählt, daß die geliebte Frau nach einem Fest mit einem anderen Mann geschlafen habe), von einer endgültigen Ablehnung (sie hatte ihm erklärt, sie wolle von ihm in Ruhe gelassen werden). Doch selbst in dem (auch von ihm für unwahrscheinlich gehaltenen) Fall, daß er sie noch einmal sehen und auch bei ihr die Liebe aufbrechen würde, würde er sie nicht heiraten. »Ich würde ihr das nicht antun. Sie ist ein Stadtmädchen. Die Tochter eines Lehrers. Sie kann nicht wie wir hier leben, sie kann nicht unsere Arbeit machen. Ich habe die Liebe gelebt – wenn ich im Dorf heirate, hat das mit Liebe nichts zu tun.«

Auch Şaban erzählte mir die Geschichte einer Liebe und von seinen Träumen:

»Wenn man sich liebt, nimmt man auch eine Frau zur Ehe [*hanım* im Gegensatz zu *kız*, dem Mädchen, der Jungfrau]. Ich habe, als ich jung war, eine verheiratete Frau geliebt, deren Mann beim Militär war. Wir haben uns geküßt, umarmt, wir haben alles miteinander gemacht. Ich habe daran gedacht, sie zu entführen. Aber dann mußte ich selbst zum Militär. Als ich zurückkam, war ihr Mann natürlich auch schon heimgekehrt. Ich habe geschaut, und sie hat mich nicht mehr wie früher beachtet. Da habe ich mir gedacht: ›Dann nehme ich eben eine Jungfrau‹ ... Ich habe mir damals so etwas in den Kopf gesetzt. Ich wollte ein etwas reiches Mädchen heiraten. Mein Vater sagte: ›Ich werde dich verheiraten, mein Sohn.‹ Ich sagte – natürlich nicht zu ihm, sondern zu meiner Mutter: – ›*Istemem*‹ [»Ich will nicht«.] Sie schlugen mir dann eine aus dem Nachbarhaus vor, dann noch eine. Alle Mädchen, die für mich in Frage kamen, schlugen sie mir vor. Ich sagte immer: ›Ich will nicht.‹ Dann schlugen sie mir Hüseyins Tochter vor. Damals sprach mein Vater mit Memed Ağa, dem Vater vom Lehrer Zifer. Memed Ağa war *imam* (Prediger). Mein Vater und er verstanden sich gut. Ich sagte *dayı* (Onkel mütterlicherseits) zu ihm. Memed Ağa sagte mir einige Dinge, die in meinem Kopf hängengeblieben sind. Er sagte: ›Es gibt das und das Mädchen. Warum willst du die nicht heiraten?‹ – Ich sagte: ›Ich will offen zu dir sprechen. Ich wollte eigentlich ein reiches Mädchen.‹ Er sagte: ›Du bist arm, sie ist arm. Sie paßt zu dir. Oder ist sie dir etwa nicht schön genug? Wenn sie dir nicht schön genug ist, dann geh halt ins Bordell.‹ ›Wenn sie dir nicht schön genug ist‹, sagte er, ›dann geh halt ins Bordell‹ [lacht]. Irgendwie setzte sich das in meinem Kopf fest. Ich sagte: ›Ja‹ und mein Vater vereinbarte den Brautpreis.«

Beide Berichte wirken unrealistisch und verträumt; die Liebe, von der sie sprechen, scheint von vornherein zum Scheitern verurteilt. Dies wird durch einen besonderen Zug hervorgehoben. Beide verlieben sich in Frauen, die nach den dörflichen Moralvorstellungen »unehrenhaft« (*namussuz*) sind: Abdullah liebte eine Mitschülerin, deren Keuschheit in Frage gestellt wurde; Şaban eine Frau, die Ehebruch begangen hatte. Um mit diesen Beziehungen ernst zu machen, hätten beide das Dorf verlassen und wahrscheinlich alle Beziehungen abbrechen müssen.

Der Eindruck, daß es sich dabei um keinen Zufall handelt, verstärkt sich bei der Betrachtung eines Poesie-Albums, das mir Ismail Doğan geschenkt hat. Es enthält ungefähr vierzig Gedichte, die während seiner Ausbildung auf der Polizeischule in Ankara entstanden sind. Neben einigen Gedichten, die Heimweh nach dem Dorf ausdrücken, handelt es sich um Liebesgedichte meist traurigen Inhaltes. Die Überschriften sind mit Filzschreiber farbig verziert. Den Gedichten gegenüber sind gepreßte Gräser und Postkarten eingeklebt: einige Stadtansichten, oft aber Bilder von Filmschauspielerinnen und Nachtklubtänzerinnen, deren Sinnlichkeit sich in Blicken und Kleidung ausdrückt. Auch hier wird die Beschwörung von reiner Liebe also in Verbindung gebracht mit der Darstellung von Frauen, die in ihrer Körpergestik und Kleidung alle Ideale von Ehre in den Wind zu schlagen scheinen (S. 215 f.).[13]

Die reine Liebe, die beschworen und offenbar auch erlebt wird, ist die sozial unmögliche Liebe. Sie ist der Ordnung, die im Namen der Vernunft auftritt, entgegengesetzt und klar von ihr getrennt. Ihr Ende steht von Anfang an fest: Sie bleibt Traum und wird nicht zur Perspektive. Sie ist etwas anderes, nur in seltenen Ausnahmefällen zu leben: nicht viel wahrscheinlicher als die ebenfalls nie aufgegebene Hoffnung, einen Schatz zu finden und dadurch reich zu werden. Es wäre illusorisch, wenn nicht gar gefährlich – wie die Hochzeitsgeschichte andeutet –, diesen Traum mit der Alltagsrealität zu verwechseln.

Es gibt allerdings eine bemerkenswerte Ausnahme: die Institution des *kız kaçırma,* der Entführung. Hierbei handelt es sich um die sozial anerkannte Form einer Verheiratung, die auf Liebe basiert und die gegen den Willen einer oder sogar beider beteiligten Familien durchgesetzt wird. Eine Entführung findet nur dann statt, wenn die Verhandlungen zwischen zwei Familien gescheitert oder von vornherein aussichtslos sind. Das Paar verabredet bei einem heimlichen Treffen – etwa beim Viehhüten oder bei der Arbeit im Wald –, an einem bestimmten Abend gemeinsam zu fliehen, oft zu einem befreundeten Haushalt im Nachbardorf oder in die Stadt. Sie verbringen die Nacht miteinander und leiten danach die staatliche und islamische Hochzeit ein.[14] Mir sind immerhin zehn Ehen in Subay bekannt, die auf diese Weise entstanden sind.

Eine Entführung ist mit erheblichen Risiken verbunden. Sie bedeutet eine Demütigung der Familie der Frau. Ein Mann, dessen Tochter flieht, hat sich als schwach erwiesen: Weder konnte er gegenüber der Tochter seinen Willen durchsetzen, noch den Entführer abschrecken. Entsprechend verlangt es die Ehre der Männer der Familie, einem Entführungsversuch mit Waffen zu begegnen: »Sie werden es nicht wagen, meine Tochter zu entführen«, meinte der Dorfvorsteher, »ich habe vier Söhne. Sie würden jeden, der sich nähert, erschießen.«

Diese Äußerungen haben indes eher präventiven Charakter, sie dienen der Abschreckung. Wenn es tatsächlich zu einer Entführung kommt, wird eher die Gendarmerie verständigt, als daß man selbst zur Waffe greift. Die Ereignisse scheinen sich meistens wie in dem Fall zuzutragen, von dem mir Memed, ein junger Bauer, berichtete: Er und der Bräutigam hätten ein Mädchen aus Kavak entführt und zu Bekannten des Mannes in ein Nachbardorf gebracht. Dort habe das Paar einige Tage verbracht. Nach einer Anzeige des Vaters des Mädchens seien beide verhaftet worden. Als das Mädchen jedoch auf der Wache erklärt habe: *Babamı değil, oglanı istiyorum* (»Ich möchte nicht meinen Vater, sondern den Sohn [= den Bräutigam]«), seien beide sofort freigelassen worden. Die Formel bringt das eigentliche Problem der Entführung auf den Punkt: Eine Frau, die sich auf eine Entführung einläßt, entscheidet sich für ihren Gatten und gegen ihren Vater. Sie kann auf keinerlei Unterstützung aus ihrem Elternhaus mehr hoffen. Die Beziehungen zu ihr werden über Jahre hinweg völlig abgebrochen. Hacı Şakır, der mir das Problem auseinandersetzte, meinte, das Mädchen liefere sich damit völlig ihrem Gatten aus: Wenn er sie sitzenlasse, habe sie keine Möglichkeit, sich zu wehren – ihr Leben sei damit zerstört. Die tragische Geschichte von Niyazis Tochter (siehe S. 47) zeigt das ganze Ausmaß des Risikos, auf das sich eine junge Frau einläßt.

Für die Frau bedeutet die Einwilligung in eine Entführung also eine existentielle Entscheidung. Das Risiko ist weniger der tatsächliche Tod (obwohl auch er nicht ganz auszuschließen ist) als der soziale Tod. Es scheint, daß das Durchsetzen und Beharren auf der Liebe gegen die Interessen des Kollektivs nur bei einer Bereitschaft zu diesem Risiko gerechtfertigt erscheint. Deutlich formulierte Asiz Subayoğlu, ein in München lebender Migrant aus Subay, diesen Gedanken, als er die Schwierigkeiten erörterte, eine Tochter zu verheiraten:

»Man trägt eine Verantwortung ... Wenn mein Mädchen aber bei einem sehr armen, sehr ungebildeten, herzlosen, kulturlosen Mann mit Nachdruck sagt: ›Ich werde ihn heiraten!‹ – dann werde ich sie ganz bestimmt nicht zwingen ... Ich meine, wenn folgende Situation sich ergibt: ›Mein Vater, ich möchte heiraten. Wenn ich ihn nicht heirate, begehe ich Selbstmord, dann töte ich mich. Ich weiß nicht, was ich sonst tun soll!‹ Wenn meine Tochter so reden sollte, dann müßte ich zunächst herausfinden, ob sie mir Angst einjagen will oder ob sie es verwirklichen wird. Wenn ich herausgefunden habe, daß sie wirklich Selbstmord begehen wird, wenn ich sie nicht verheirate ... dann werde ich sie verheiraten. Ob er Christ ist oder nicht, ist dann für mich kein Thema ... Wenn meine Tochter mit Nachdruck darauf besteht, wenn sie mit der Drohung des Selbstmordes darauf besteht, dann rate ich ihr, den Mann zu heiraten, der ihr gefällt.«

Damit ist eine Verkehrung und Erweiterung des Gedankens formuliert, den wir oben diskutiert haben. Das Thema der Liebe zur ehrlosen Frau war uns wie ein Eingeständnis und Sich-Fügen in die gesellschaftliche Forderung des Verzichtes auf Liebe erschienen; als eine Liebe, die von vornherein aussichtslos war, weil sie die Aufgabe der sozialen Beziehungen und damit den sozialen Tod bedeutet hätte. Die Institution der Entführung drückt dagegen aus, daß die Gesellschaft dennoch denjenigen ein Recht auf das Leben ihrer Liebe zubilligt, die bereit sind, für sie den tatsächlichen oder sozialen Tod zu riskieren. Angesichts der Bereitschaft zum Tod verliert die Gesellschaft ihr Recht auf ein Individuum.

Anmerkungen

[1] Buber, M., 1979, S. 7/8

[2] Wir haben oben gesehen, daß dies nicht nur für die Beziehungen von positiver Reziprozität gilt, sondern auch für die Beziehungen von Gegnerschaft, die ebenfalls die Tendenz haben, »sich aufzuheizen«.

[3] Der Begriff wurde von Bourdieu in seinem Aufsatz »Verwandtschaft als Wille und Vorstellung« geprägt (Bourdieu, 1976, insbesondere S. 75).

[4] Daher endet, wie Stirling feststellte, Verwandtschaft in Westanatolien an der Dorfgrenze (1965, S. 162), also dort, wo das lebendige *do ut des* endet.

[5] Es handelt sich hier um das gleiche Problem, wie wir es oben bei der Distribution kennengelernt haben. Wer etwas im Überschuß besitzt, ist gezwungen, es zu verteilen. Die *Verweigerung* einer Gabe wird immer als Verletzung einer sozialen Pflicht gewertet.

[6] Häufig sehen sich Väter von Töchtern vor dem Dilemma, zwischen mehreren Bewerbern entscheiden zu müssen, wobei jede Zusage *nolens volens* eine Absage an den anderen bedeutet. Diese Erfahrung läßt sich verallgemeinern. Es es ist oft unmöglich, allen Reziprozitätserwartungen gerecht zu werden.

[7] Die Beziehungen zwischen Halbbrüdern (*üvey kardeş*) sind in der Regel sehr gespannt. Oft befürchten die Söhne aus erster Ehe, von denen aus der zweiten Ehe verdrängt zu werden. Die unter Brüdern ohnehin übliche Rivalität spitzt sich in diesem Verhältnis meist drastisch zu. Ishan Hoca brachte es auf den Punkt, als er über seinen Stiefbruder sagte: »Der ist *üvey*. Der zählt nicht.«

[8] Die Beziehung zwischen den Häusern wurde noch weiter bestätigt. 1985 heiratete der Sohn des jüngeren Bruders von Mustafa die andere Tochter Behiyes.

[9] Das Addieren von Beziehungen korrespondiert dem im letzten Kapitel diskutierten Addieren von Produktionsbereichen. Beides ist die Antwort eines *bricoleurs* auf eine komplex determinierte Situation, in der jede intendierte Handlung eine Fülle von nicht intendierten Konsequenzen birgt.

[10] Ich habe das Leben Fatmas, die heute in Berlin wohnt, an anderer Stelle für sich beschrieben (Schiffauer, 1984, S. 485–516).

[11] Ramis hatte vorgegeben, einen Laden in Istanbul zu besitzen.

[12] *elti* bezeichnet das Verhältnis der Ehefrauen von zwei Brüdern. Vgl. S. 198.

[13] Der Topos der reinen Liebe zur Prostituierten, zur unehrenhaften Frau, taucht in der türkischen Literatur häufig auf: Vgl. Füruzans Erzählung, »O du schönes Istanbul ...« (Füruzan 1967, S. 81ff), und Baykurts Roman: *Yüksek Fırınlar* (1983). In Filmen taucht das Thema auf bei Yilmaz Güneys Filmen »Der Weg« und »Der Feind«. Sehr häufig findet es sich in Trivialfilmen. Die dargestellte Liebe endet in der Regel tödlich (vgl. auch Kramer, 1980).

[14] Einen Überblick über die Institution der Entführung gibt I. Yasa, 1962.

Der Weiler Yenice.

Ein Bauernhaus in Subay.

»Unteroffizier Ali«.

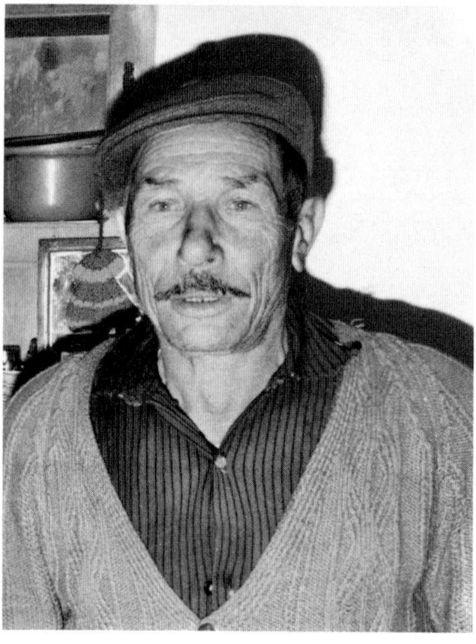

»Mustafa, der Riese«.

Der ehemalige Dorfvorsteher Mustafa Akkaya, der »Tabakhändler«.

Ahmed Akkaya.

Mustafa, der »Dürre Offizier«, und seine Frau Rukiye

Von links nach rechts: Numen Baykurt, ein Bauer aus Geyik, »Mustafa, die Schnecke«, »Unteroffizier Ibrahim«.

Hochzeit: Die mit Gewehren bewaffneten *seymen* ziehen singend und tanzend im Dorf der Braut ein (vgl. S. 19).

Hochzeit: Der Bräutigam (im Hintergrund) und sein *sağdıç* erhalten von der Mutter der Braut ein Glas *şerbet* (Traubensaft). Der Bräutigam trägt um seine Schulter ein Tuch, wie es die Frauen des Dorfes um die Hüfte tragen (vgl. S. 20).

Hochzeit: Die von Kopf bis Fuß verhüllte Braut umkreist das Heiligengrab in Yenice (vgl. S. 20).

Hochzeit: Vor dem Haus der Braut werden Maultiere mit der Brautausstattung beladen (vgl. S. 20).

Sevgilim – Meine Geliebte

Der Frühling kam, wieder such ich Dich,
im Grün, im Gelb, im Rot, meine Geliebte.
Geheimer Liebe ähneln – so sage ich –
Knospen am Zweig, meine Geliebte.

Die Jahreszeit öffnet die Rosen, die Nachtigall heiligt sie.
Die Träume sind farbig, die Herzen hoffnungsvoll.
Nach langem Sehnen sich zu vereinen ist Glück.
Sei es Gift, sei es Honig, süß ist meine Geliebte.

Es unterscheiden sich die Farben von Erden, von Steinen.
Lachen sollen Deine Wimpern, lachen Deine Brauen.
Wie eine offene Blume ist Dein Kopf auf der Schulter:
Ach, löse die schwarzen Haare, Geliebte.

Du bist der Wasserfall in meinem Herzen; Du bist der Wind an meinem Kopf.
Du bist die Hand, die Medizin für meine Schmerzen reicht.
O gib, daß mein Wunsch wahr wird.
Bleib doch ein wenig, meine Geliebte.

Aus dem Poesiealbum des Ismail Doğan (vgl. S. 204).

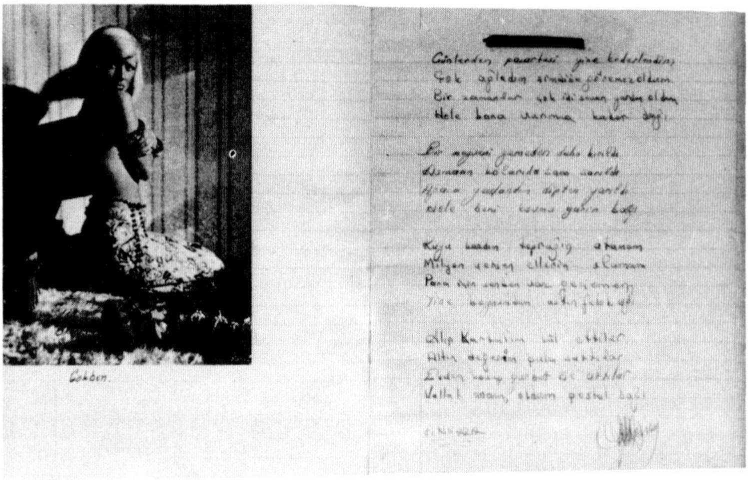

Yanan Dertler – Brennende Schmerzen

Es ist Montag, ich vergehe vor Schmerzen.
Ich habe viel geweint; jetzt kann ich nicht mehr sehen.
Vor langer Zeit habe ich die Geliebte verloren.
Schlag mich nicht mehr, Berg des Schicksals.

Ohne daß eine Frucht gegessen wurde, brach der Ast.
Die Arme der Weinrebe haben Dich umschlungen.
Als ich mich an den Baum lehnte, brach er entzwei.
Verstoß' mich nicht, Weinberg der Geliebten.

Ich habe einen Brunnen gegraben, doch kann ich den Sand nirgends hinwerfen.
Und wenn Du mir eine Million gibst – ich kann keiner Fremden gehören.
Für Geld kann ich auf Dich nicht verzichten.
Wieder hast Du mich gewürgt, Netz des Schicksals.

Sie nahmen mich, Doğan*, und verbrannten mich zu Asche.
Gold bin ich wert, doch haben sie mich für Groschen hingegeben.
Sie stießen mich aus dem Haus und schickten mich in die Fremde.
Ich schwöre, meine Mutter, ich wurde heimatlos.

Aus demselben Album. Auf der Postkarte steht handschriftlich: *Senin gibiler sevilir* – »Solche wie Du werden geliebt.« Der Familienname (*) bedeutet wörtlich »Falke« (vgl. S. 204).

Rede, Namen und das Problem der Identität

In einer Gesellschaft, in der die Beziehungen auf der Idee des Tausches beruhen, stellt sich ein doppeltes Problem: Einerseits gilt es, darauf zu beharren, daß Gegenseitigkeit hergestellt, daß jeder einzelne seinen Verpflichtungen gerecht wird. Es ist wichtig, keine offene Schuld zu vergessen. Andererseits haben wir gesehen, daß es dem einzelnen angesichts der Komplikationen des Gabentausches niemals möglich ist, allen seinen Obligationen gerecht zu werden: Wenn die Gesellschaft nicht der Stagnation verfallen will, muß man weitertauschen, obwohl Rechnungen offenstehen. Zugespitzt formuliert: Einerseits ist es erforderlich, alles zu erinnern und somit niemanden vom Zwang zur Gegengabe zu entbinden; andererseits muß man so tun, als erinnere man sich an nichts, wenn nicht die Überlast der nicht eingelösten Verpflichtungen jeden künftigen Umgang unmöglich machen soll.

In Subay führt dieses strukturelle Erfordernis zu einer sehr scharfen Trennung von zwei Formen des Diskurses[1]: Die Rede *mit* dem anderen unterscheidet sich wesentlich von der Rede *über* den anderen. Während erstere die offizielle und repräsentative Rede ist, in der man sich gegenseitig als Person und damit als Tauschpartner empfiehlt, so ist letztere die inoffizielle Rede, der Klatsch, der individuierend den Finger auf die offenen Wunden des anderen legt. Die klare Unterscheidung der beiden Ebenen von Rede läßt den Besucher eines Dorfes einen bemerkenswerten Lernprozeß erleben. In der ersten Zeit des Aufenthaltes erscheint das Dorf als Idylle – man beobachtet ein respektvolles Umgehen eines jeden mit jedem. Erst wenn man mit der Zeit Zugang auch zu dem inoffiziellen Diskurs erhält, erfährt man, daß unter der Oberfläche Konflikte und Spannungen brodeln. Man wird dann freilich aufmerksamer für die feineren Nuancen des offiziellen Diskurses und bemerkt, wie gelegentlich unter Wahrung der formalen Regeln dem anderen etwas zu verstehen gegeben wird. Früher oder später wird man schließlich Zeuge, wie sich die latenten Spannungen entladen und für einen Augenblick an die Öffentlichkeit treten. Die Unterscheidung der beiden Formen des Diskurses erscheint noch auffälliger, wenn man schließlich gewahr wird, daß ihm zwei Arten von Namen entsprechen. Der offizielle Name wird im repräsentativen Diskurs gebraucht, während im Klatsch fast immer der Spitzname (*lakap*) benutzt wird: Es gilt als ebenso »ungehörig« (*ayıp*), jemanden mit seinem Spitznamen anzusprechen, wie jemanden mit seinen Versäumnissen aus der Vergangenheit zu konfrontieren.

Die repräsentative Rede

Die Gespräche unter den Männern des Dorfes sind bestimmt von dem Bewußtsein, Repräsentanten von Haushalten zu sein, die zueinander Beziehungen von Gleichheit und Gegenseitigkeit anstreben. Man drückt einander Respekt und Achtung aus. Dies bezeugt sich zunächst in der Anrede. Man spricht einen anderen Haushaltsvorstand niemals nur mit seinem (Vor-)Namen an, sondern immer mit Titel und Verwandtschaftsgrad – z. B. als *Ali Bey,* (»Herr Ali«), als *Hoca,* (»Lehrer«) oder als *Ahmet Amça,* (»Onkel Ahmet«).

Die respektvolle Anrede, die Namen und Titel erfordert, unterscheidet sich von anderen Anredeformen: Höherstehende Verwandte spricht man mit Namen und Verwandtschaftsgrad an; bei Kindern dagegen verwendet man nur den Vornamen oder aber die Bezeichnungen *oğlum,* »mein Sohn«, bzw. *kızım,* »meine Tochter« – niemals aber Bezeichnung und Namen zusammen. Die Ehefrau schließlich sollte man niemals mit Eigennamen anreden – es heißt, ein Mann, der seine Frau mit Namen anspreche, sei ein *kılıbık,* ein »Pantoffelheld«. Man ruft die Ehefrau mit der Bezeichnung *kızım,* »mein Mädchen«, oder umgeht die Anrede völlig. In einem Fall hörte ich, daß ein Mann seine Frau mit dem Spitznamen (»Weißkopf«) anredete – was unter Männern unmöglich wäre. Das Feld der Anrede differenziert sich damit folgendermaßen:

Höherstehende Verwandte

|

(Verwandtschaftsterm und Name)

|

Fremde – (Titel und Name) – *Ego* – (Meidung des Namens) – *Ehefrau*

|

(Verwandtschaftsterm oder Name)

|

Kinder

Respekt vor einem anderen Haushaltsvorstand zeigt sich auch in dem Achten darauf, den anderen aussprechen zu lassen, bzw. darauf, eine Unterbrechung immer mit einer Entschuldigung einzuleiten, einem höflichen *lafını keseyim,* »laß mich deine Rede unterbrechen«. Schließlich beachtet man – und das ist äußerst wichtig – sorgfältig die Redetabus. Diese betreffen alles, was einen Bezug zu der Integrität der Gesprächspartner haben könnte. Man wahrt die Grenzen. Insbesondere umgeht man die Erwähnung von Frauen, für deren Ehre man selbst (oder der Gesprächspartner) verantwortlich ist: Kein Mann im Dorf würde die Beziehung zu seiner Frau oder seiner Tochter zum Thema eines Gespräches machen oder einen anderen daraufhin ansprechen.[2] Wenn überhaupt die Rede auf die Frauen kommt, dann sehr generell – man kann sich nach ihrem Befinden erkundigen oder über Heiratspläne bezüglich der Tochter reden; ausgespart bleibt aber alles, was die Beziehung ausmacht: Gefühle, Hoffnungen, Enttäuschungen etc. Wenn intime Erlebnisse im Männergespräch des Dorfes überhaupt thematisiert werden, handelt es sich mit Sicherheit um Erfahrungen mit Frauen, für deren Ehre man nicht einzustehen hat: mit Prostituierten, »ehrlosen« Frauen. Mit großer Zurückhaltung wird ebenfalls über die Männer der eigenen Familie gesprochen, vor allem dann, wenn es sich um Männer handelt, denen man Achtung (*saygı*) schuldet: um den älteren Bruder oder den Vater. Man beklagt sich unter Umständen, sollte aber keinesfalls schimpfen. Auch dann wird die Klage meist sehr allgemein formuliert: Man äußert sich über die Schwierigkeiten, die es allgemein in einem Vater-Sohn-Verhältnis gibt, und deutet die besonderen Probleme mit dem Vater allenfalls an. Dieses Redetabu gilt fast noch nachdrücklicher, wenn der Vater verstorben ist. Ein Schimpfen auf den toten Vater wird mit den Worten verurteilt: »Er rührt die Trommel auf dem Grab des Vaters« (*Babasının mezarında davul çalıyor*).

Das Bewußtsein, als Vertreter unabhängiger Haushalte einander gegenüberzustehen, äußert sich jedoch vor allem in einem Spiel der Präsentation. Man stellt sich selbst als jemand dar, der bereit ist, allen Forderungen nach Gegenseitigkeit Rechnung zu tragen, als jemand, der seine Integrität durch Stärke schützt und sich für den Tausch durch Großzügigkeit empfiehlt – und gibt dem anderen die Möglichkeit, sich entsprechend darzustellen. Man pflegt einen Diskurs gegenseitiger Anerkennung und Bestätigung.

Vor allem wird Selbstbewußtsein demonstriert. Man äußert sich nachdrücklich und bestimmt – und läßt selten Zweifel oder Unsicherheit über den Wahrheitsgehalt eines vorgetragenen Sachverhaltes erkennen. Dies liegt wohl auch daran, daß ein Großteil des Wissens eher in der Form von Geschichten als in der von Berichten organisiert und wiedergegeben wird – also in einer Form, die um der Wirkung willen Straffungen, Übertreibungen, Zuspitzungen nicht nur zuläßt, sondern sogar fordert. Niemand widerspricht, wenn mit dem Gestus völliger Sicherheit behauptet wird, daß man in Rußland die Kinder den Eltern entreiße, sobald sie drei Jahre alt sind; oder daß der Genuß von Schweinefleisch die Ursache für den losen Sittenwandel in Deutschland sei (weil das Schwein das einzige Tier sei, das keine Eifersucht kennt). Man bestätigt den Erzähler mit einem: *Bak, bak, bak* (»Schau an, schau an«) und trägt selbst einen Beitrag zu den Merkwürdigkeiten der Welt bei. Es wird ein Diskurs gepflegt, der aneinanderreiht und bestätigt, nicht aber zergliedert und kritisiert: Es ist ein affirmativer, kein analytischer Diskurs; man präsentiert und läßt präsentieren. Sehr schön wird diese Form des Gespräches von Nermin Uygur charakterisiert: »*Konuşmak,* das Sprechen, das Gespräch, ist wie ein geselliger Tanz, der in kleinen Kreisen in eigenen Kurvenbewegungen geführt wird, ohne die Absicht einer rational-pragmatischen Raumeroberung« (Uygur, 1982, S. 93).

Ganz selten wird im Dorf kontrovers diskutiert: Die einzigen Fälle, die ich erlebte, waren politische Diskussionen mit Arbeitsmigranten.

Wenn es sich nicht um Sachverhalte, sondern um Einschätzungen handelt, demonstriert man Stärke und Selbstbewußtsein, indem man das eigene Urteil als das allgemein anerkannte darstellt. Jeder tut so, als verleihe er nur der allgemeinen Norm Ausdruck. Die Spannung zwischen einem auf lebensgeschichtlicher Erfahrung beruhenden subjektiven Urteil und einem allgemeinen Werturteil wird verschleiert. Das »Ich« des Individuums verschwindet hinter der Maske des generellen »Man«. Dies wird durch die Wertschätzung von Rhetorik unterstrichen. *Güzel konuşuyor* – »er spricht schön«: Das ist jemand, der zur Sache spricht, sich klar äußert, zu überzeugen versteht. Er wird seinen

Gedanken in der Form rhetorischer Fragen entwickeln und durch Metaphern und Analogien (seltener durch begriffliche Erörterungen) erläutern. Zu diesem Zweck wird er heranziehen, was (oft buchstäblich) gerade auf der Hand liegt: eine Packung Zigaretten (»Mit der Kooperative ist es wie mit dieser Packung Zigaretten. Wenn man sie verteilt, reicht sie für alle. Aber so machen sie es nicht. Ein einzelner steckt die ganze Packung in die Tasche«) oder eine Teekanne (»Mit der Religion verhält es sich wie mit der Teekanne. Es braucht viele Dinge, um einen Tee zuzubereiten. Ebenso sind viele Propheten notwendig, um eine Religion zu schaffen«). Noch schlagender ist die geschickte Verwendung eines Sprichwortes, um eine Position zu begründen. Ebensowenig wie die Schilderung von Sachverhalten lädt die so geäußerte Präsentation von Einschätzungen zu Kontroversen ein: Es ist ebenso schwierig, die Richtigkeit einer Metapher oder eines Sprichwortes zu diskutieren wie nach dem Wahrheitsgehalt einer gut erzählten Geschichte zu fragen. Allenfalls kann man auf das Bild eingehen, es ergänzen und ausbauen. So stößt eine eloquent ausgeführte Einschätzung in der Regel auf ein generelles *tabii, tabii* – »aber natürlich, natürlich«. Wer anderer Meinung ist, schweigt. Als man in Gegenwart von Asiz Subayoğlu erörterte, daß es eine Schande sei, die Frau zur Arbeit in die Fabrik zu schicken (»Eine Frau, die man herumspazieren läßt, geht entweder zum Trommler oder zum Flötenspieler«), hielt er sich zurück. Erst nach dem Gespräch teilte er mir mit, daß auch er seine Frau arbeiten lasse und die Meinungen der anderen für »zurückgeblieben« halte. Man läßt selbst eine Meinung bestehen, die der eigenen grundsätzlich widerspricht: So hielt Lehrer Ishan einmal eine längere Rede über Pornobilder, in der er argumentierte, daß sie nur existierten, weil die jungen Leute wegen des Ehrkodexes keine Möglichkeiten hätten, einander frei zu sehen. Auch als er größere Freiheiten forderte, stieß dies nur auf wohlwollendes, freilich völlig folgenloses Entgegenkommen. Die Gespräche vermitteln so den Eindruck eines weitgehenden Konsenses: Die Präsentation des eigenen Urteils als des allgemein üblichen wird von der Zuhörerschaft kaum bestritten.

Am auffallendsten ist das Zusammenspiel von Selbstpräsentation und Anerkennung der Präsentation des anderen, wenn man über sich selbst spricht. Auch hier gesteht man selten Zweifel, Unsicherheit und

Fehler ein. Für einen Fehlschlag werden meist äußere Umstände verantwortlich gemacht. Man stellt sich als in sich ruhend und stark dar – und gibt dem anderen die Möglichkeit zur entsprechenden Selbstdarstellung. Offene Kritik wird in der Regel vermieden: *Yüz karası yüze vurulmaz* verlangt das Sprichwort: »Halte dem anderen nicht den Flekken in seinem Gesicht vor.« Auch die Prahlerei, in die die Selbstdarstellung manchmal umschlägt, findet ein Gegenstück in der liebenswerten Übertreibung, mit der man die Tugenden des Gegenüber unterstreicht. Mit größter Selbstverständlichkeit wird dem anderen gesagt, er sei »ein Mann wie ein Löwe«, oder der ausländische Besucher wird mit Bemerkungen vorgestellt wie: »Er spricht besser türkisch als wir« oder: »Er weiß besser über meine Verwandtschaft Bescheid als ich.«

Der repräsentative Charakter der männlichen Rede wird noch deutlicher, wenn man ihn mit der weiblichen Rede vergleicht.

Da Frauen ihre Haushalte nicht politisch vertreten, hat ihr Wort kein Gewicht: Ihre Rede ist, anders als die der Männer, nicht verbindlich, sie verpflichtet nicht. Da sie von der Last der Repräsentation befreit ist, ist sie freier als die Rede der Männer. Bei ihrer Beschreibung bin ich naturgemäß auf Informationen von Dritten angewiesen. Andrea Petersen (1985) charakterisiert sie wie folgt: »Anders als die Männer, die in ihren Gesprächen ein bestimmtes Thema diskutieren, Argumente abwägen, sich bemühen, in wohlgesetzten Worten etwas vorzutragen oder einen Dialog zu führen, sind die Gespräche der Frauen viel weniger strukturiert, verlaufen eher assoziativ, sprunghaft von einem Gegenstand zum nächsten und kreisen fast ausschließlich um die unmittelbar anliegenden Dinge: Hausarbeit, Familie, Kinder, Sexualität, Krankheiten, Handarbeiten, Reise oder besondere Ereignisse. Frauen sprechen auch durcheinander und unterbrechen sich gegenseitig. Auch die Art, wie etwas erzählt wird, der emotionale Ausdruck, unterscheidet sich von der männlichen Kommunikation. Wenn eine Frau eine traurige Geschichte erzählt, ist es durchaus möglich, daß sie und ihre Zuhörerinnen dabei zu weinen anfangen« (S. 61). – So läßt sich eine Unterhaltung im Backhaus, die Petersen aufnahm, vielleicht am ehesten als ein locker geknüpftes Band charakterisieren, in dem Äußerungen über die schlechte Qualität des Mehls, Bemerkungen über Personen, die den Raum gerade verlassen hatten, Fragen an neu Hinzukommende, Anmerkungen zu eben ausgeführten Tätigkeiten einander ablösen. Unabhängig vom Kontext wirkt dieses Gespräch assoziativ, wie eine Anreihung von Fragmenten. Aufschlußreich ist auch eine lebendige Wiedergabe von Frauenreden bei Schürenberg: »Schon morgens um sechs gibt es einen mächtigen Streit zwischen Nüriye und ihrem Mann Rüstem. Als ich in die Küche komme, frage ich Esime, was denn los sei. Sie sagt nichts, lacht aber, und Hatun lacht auch. Dann kommen Nüriye und Yildiz in die Küche. Als sie hörten, daß ich den Krach mitbekommen habe, lachen sie und kichern alle. Nüriye lacht so komisch, daß ich mir schon denken kann, worum es geht. Yildiz macht dann drastisch und sich halb kaputtlachend eine Bewegung mit gestrecktem Zeigefinger in Richtung auf Nüriyes Unterleib: ›Rüstem, Rüstem!‹ Alle lachen und freuen sich, besonders weil Yildiz das so lustig vormacht. Nüriye erzählt: Rüstem wollte, aber ich nicht! Sie ist zu müde gewesen und hatte keine Lust, und hat sich, als Rüstem nicht nachgeben wollte, einfach in das andere Zimmer zum Schlafen gelegt. Soll er doch die Felder verkaufen! Dann hat sie nicht so viel Arbeit und ist nicht so müde! Alle Frauen lachen Rüstem aus« (1978, S. 162). Ein ähnliches Gespräch wäre unter Männern undenkbar gewesen: Die politische Verantwortung für den eigenen Haushalt hätte es nicht erlaubt, sich über Angehörige in dieser Weise offen zu äußern.

Die Rede der Frauen unterscheidet sich also von der Männerrede, sowohl was die Redetabus als was Form und Inhalt betrifft: Sie ist eine nicht-repräsentative, unpolitische Rede.

Der Diskurs der Männer wirkt im Gegensatz dazu theatralisch: Man hat den Eindruck, daß die ideale Ordnung – die Ordnung, in der die Integrität des anderen respektiert wird und die Verpflichtungen positiver Reziprozität eingelöst werden – sozusagen in Szene gesetzt wird. Der Charakter der Inszenierung ist allerdings am augenfälligsten, wenn – unter Wahrung des Scheines von Eintracht – dem anderen eine faktische Differenz zu verstehen gegeben wird. Betrachten wir einige Beispiele:

Man kann zunächst die Rede der Frauen geschickt ausnützen, um den anderen zu kritisieren und dennoch die Form zu wahren. Ein Mann kann durch seine Frau »offiziös« etwas zu verstehen geben, was er offiziell als Haushaltsvorstand nicht sagen könnte. Ein beeindrukkendes Beispiel dafür erlebte ich bei einer Wanderung in Ostanatolien. Es hätte sich in dieser Form auch in Subay zutragen können.

Mitten am Nachmittag lud sich Mahmud, ein kurdischer Freund und unser Führer, bei einem entfernten Verwandten ein. Die Regeln der Gastfreundschaft verlangten, daß der Hausherr und sein Sohn die Arbeit liegen ließen, sich zu uns gesellten und daß die Hausfrau ein Essen zubereitete. Sie machte es, schimpfte aber dabei für alle sehr vernehmlich auf die Gäste, die sich bei ihr einquartierten, anstatt zum Dorfvorsteher zu gehen. Die Männer überhörten würdevoll das Schimpfen aus der benachbarten Küche.

Man kann wohl davon ausgehen, daß dem Hausherrn das Schimpfen seiner Frau zumindest nicht ungelegen kam, schließlich unternahm er nichts dagegen.

In Subay selbst wird oft eine ähnliche Strategie bei geringeren Konflikten, Wasserstreitigkeiten z.B., angewandt.[3] Diese Konflikte verlaufen oft so, daß die Frauen sich gegenseitig anschreien oder sich mit Steinen bewerfen; die Männer treten dann hinzu, trennen die Frauen und besprechen den Vorfall dann »in Ruhe«. Hier wird der ungefährlichere weibliche Diskurs verwendet, um den Ernst zu signalisieren, den man der Angelegenheit beimißt. Dies scheint eine Art von Ventilfunktion zu haben; anschließend kann man dann unter Männern den Vorfall so regeln, wie es der gegenseitige Respekt erfordert.

Noch auffälliger ist die Mühe um die Form, wenn man den Dritten nicht nur reden läßt, sondern ihn direkt zum Reden auffordert. So setzte mich der Lehrer Ishan eines Tages sehr geschickt in einem politischen Gespräch mit seinem Vater ein, einem sehr konservativen Muslim. Er fragte mich in dem Gespräch nach Dingen, über die wir uns schon wiederholt verständigt hatten, und ließ mich auf diese Weise dem Vater Positionen erklären, die er teilte, die er ihm aber nicht direkt hätte sagen können, ohne respektlos zu wirken. – Sehr beliebt (allerdings meistens auf einer spielerischen Ebene) ist in diesem Zusammenhang das Ausnützen kindlicher Rede. Man fordert die Kinder auf, zu anderen Erwachsenen kleine Unverschämtheiten zu äußern, die man selbst nicht sagen dürfte. So sagte eines Tages die Frau meines Nachbarn zu ihrem Sohn (in meiner Hörweite): »Sag zu Werner: ›Du gehst auch nur zum Haus des Dorfvorstehers, wenn du Brot brauchst.‹« (»und nicht«, so ist impliziert, »weil du Interesse am Gespräch hast«) – was der Kleine auch prompt nachplapperte.

Man kann noch weiter gehen und nicht den Dritten etwas sagen lassen, sondern ihm etwas sagen, was eigentlich auf den sich in Hörweite befindenden anderen gemünzt ist. Im Dorftagebuch notierte ich folgende Begebenheit:

Während ich mit Kemal spreche, kommt Mahir vorbei und klagt, daß er kein Geld habe, daß er alles satt habe und sein Land verkaufen wolle. Es kommt zu einem bissigen Wortwechsel zwischen Kemal und Mahir, bei dem sie allerdings nicht direkt miteinander sprechen, sondern immer mich anreden. Mahir beklagt sich mir gegenüber über Verwandte, die reich seien, aber trotzdem niemandem helfen würden. Kemal wiederum teilt mir mit, daß man eben arbeiten müsse, dann habe man auch Geld. Wer dazu keine Lust habe, solle eben sein Land verkaufen. Er würde Mahir auf der Stelle 20 000 TL für sein Land geben. Mahir murmelt was von 30 000, geht dann aber schnell weg. Ich hatte das Gefühl, daß die Situation brenzlig war. Fast jeder Satz dieses Gesprächs wurde mit einem »Nicht wahr, Werner Bey?« beendet.

Der »Dritte« in diesen Fällen muß nicht unbedingt ein menschliches Wesen sein; man kann zum Beispiel auch der Form genügen, indem man auf ein Tier einredet und dabei das sagt, was der andere hören soll.[4]

Beliebt sind schließlich ausweichende (oder gar sinnlose) Antworten, um dem anderen etwas zu verstehen zu geben, das sich wegen der Einschränkungen der Männerrede offen nicht sagen läßt. Bei Ablehnungen von Heiratsansinnen wird häufig auf geradezu standardisierte Formeln zurückgegriffen (»Das Mädchen soll noch etwas älter werden«), oder – was im Dorf als Ausweichen empfunden wird – der Wille des Mädchens wird bemüht. Ein sehr aufschlußreiches Beispiel der ausweichenden Rede erzählte Fatma, als sie vom Zusammentreffen ihres künftigen Mannes, Ramis, mit Asiz, einem anderen Bewerber, berichtete:

»An diesem Tag brachte mein Vater Ramis, meinen Herrn (*beyim*), mit nach Hause. Er wollte ihn mit mir verheiraten. Er schickte ihn zu dem Platz, wo wir Heu mähten. Auch Asiz und sein älterer Bruder Şaban kamen zu dem Ort. Asiz sieht Ramis und fragt ihn: ›Wo kommst du her?‹ – ›Aus Kurşunlu‹ – ›Wo bleibst du,‹ – ›Im Haus von Mahir.‹ ›Was machst du hier?‹ – ›Ich mähe Heu.‹ Da verstand Asiz, daß Ramis gekommen war, um mich zu heiraten und er sprach mit Şaban darüber, daß er mich am gleichen Abend entführen wolle. Ramis hat sehr gezürnt und gesagt: ›Gehen wir und schlagen wir uns, wo keine Frauen sind.‹«

In diesem Fall wurde die ausweichende bzw. geradezu unsinnige Antwort des Fremden (ein Gast beteiligt sich nicht an den Arbeiten) von Asiz richtig gelesen. In dem Gespräch mit seinem Bruder Şaban verwendet er die bereits erwähnte Form der Anrede eines Dritten: Das Gesagte war nicht für Şaban bestimmt (es ist widersinnig, den Plan einer Entführung herauszuposaunen), sondern war eine Provokation für Ramis, der sie dann auch annahm.

Diese Grenzfälle der repräsentativen Rede sind wichtig, weil sie den Sinn dieser Redeform überhaupt verdeutlichen. Wenn an der Form der gegenseitigen Bestätigung und der gegenseitigen Achtung auch dann festgehalten wird, wenn »eigentlich« Kritik, Vorwurf und Meinungsverschiedenheiten artikuliert werden, dann nur, um den offenen Konflikt zu vermeiden, der einen künftigen Umgang miteinander ausschließen würde. Man wahrt die Form, um trotz der Differenzen weiter miteinander verkehren und tauschen zu können.

Es gibt einen Bereich, für den die Regeln der repräsentativen Rede nicht gelten: den religiösen Diskurs. Gerade bei der Erörterung religiöser Themen ist von dem selbstbewußten Gestus der politischen Rede wenig zu spüren: Im Gegenteil, man räumt Unwissen und Nicht-Kenntnis der Schriften ein.

Wichtiger in diesem Zusammenhang ist jedoch, daß man dem anderen nicht als Haushaltsvorstand, sondern als Glaubensbruder gegenübersteht. Die religiöse Sorge um den anderen erlaubt und fordert sogar eine ermahnende Kritik (die sich von einer konfrontativen Kritik unterscheiden sollte). Diese Form der Rede trifft man besonders häufig während der Fastenzeit an – sie betrifft dann vor allem ältere Männer, die nicht fasten. Ein Beispiel mag genügen, um dies zu erläutern:

Asiz aus Kabak war zu »Mustafa, dem Riesen« zu Besuch gekommen; etwas später fand sich auch Cemil ein. Cemil und Mustafa griffen Asiz heftig an: Warum er nicht faste, obwohl er über 60 Jahre alt sei und die Feldarbeiten von seinen Kindern erledigen lassen könne. »Entschuldige«, sagte Cemil, »aber zu dir sage ich nicht *Merhaba* [die traditionelle Grußformel].« Er begann das Glaubenswissen von Asiz abzufragen. »Was ist das Wichtigste am Islam?« – »Der Glaube«, meinte Asiz. – »Die 32 Verpflichtungen« *(farz)*, korrigierte ihn Cemil und fragte weiter: »Wie viele Bedingungen *(şart)* gibt es im Islam?« – »Vier.« Cemil schaute Asiz nach der Antwort bitter und geringschätzig an. Von dem Spott, der dem Gespräch bis dahin etwas von seiner Schärfe nahm, war kaum mehr etwas zu spüren. »Du kennst nicht einmal die Bedingungen des Islam. Was bist du für ein Muslim? Es sind fünf Bedingungen. Geh doch in die Kirche [wie ein Christ].« Die Argumente waren so scharf, daß ich fürchtete, es werde zu Handgreiflichkeiten kommen. Als Cemil jedoch einmal – noch scherzhaft – Asiz in die Rippen boxte, meinte einer der Anwesenden: »Es ist *ayıp* (schändlich), einen Gast zu schlagen.«

Der Klatsch

Der präsentative Diskurs drückt das Interesse an der Fortsetzung von Tauschhandlungen aus: Man empfiehlt sich selbst als Person, als jemanden, der jederzeit dafür einsteht, der Forderung nach Gegenseitigkeit Rechnung zu tragen – und bestätigt Entsprechendes dem Gegenüber. Der Klatsch ist dagegen der Diskurs der Kontrolle der Tauschhandlungen: eine mißtrauische und empfindliche Rede, die nicht nur jede Verletzung der Regel der Gegenseitigkeit registriert, sondern auch jedes Anzeichen für mangelnde Integrität oder Einseitigkeit zur Kenntnis nimmt und ausführlich erörtert. Ist der präsentierende Diskurs allgemein, wohlwollend und bestätigend, so ist der Klatsch konkret und maliziös, wenn nicht tendenziös; er ist die kontrollierende Rede, die man deshalb auch wieder zu kontrollieren versucht.

Der Klatsch als konkrete und maliziöse Rede

Während im offiziellen Diskurs das Individuelle hinter der Position zurücktritt und gelegentlich fast verschwindet, steht es im inoffiziellen Diskurs des Klatsches im Mittelpunkt des Interesses. Eine Handlung ist interessant, weil sie von einem Individuum, das man persönlich kennt, vollbracht wurde, oder weil sie ein bestimmtes Licht auf es wirft. Der Klatsch lebt von dieser Vertrautheit mit dem anderen; ohne sie kann man an ihm nicht partizipieren oder ihm auch nur Interesse abgewinnen.[5]

Bezeichnend für dieses konkrete Interesse ist die Verwendung von Spitznamen als Referenz, von Namen wie »der Blinde Yaşar«, »der Rotaugige Said«, »der Verrückte Mahir«, »der Dürre Offizier«, »Rektor Hasan«, »Beifahrer«, »Epileptiker« usw. Während die offiziellen Namen den politisch-rechtlichen Personenstatus ausdrücken, sind die Spitznamen radikal individuierte Namen. Erstere, die aus Vornamen, Nachnamen und Vaternamen bestehen, »lokalisieren« den Träger in der dörflichen Gesellschaft, indem sie seine Zugehörigkeit zu einem Haushalt und einer Abstammungsgruppe angeben; letztere »benennen« und »charakterisieren« dagegen den Träger, indem sie ein Attribut aufgreifen, das nur auf ihn allein zutrifft. Während die Personennamen gegenüber Außenstehenden gebraucht werden[6], ist der Gebrauch von Spitznamen nur in der Binnengruppe sinnvoll. Der identifizierende Dialog: »Er hat die Tochter von Ahmet geheiratet.« »Welchem Ahmet?« – »Dem ›Krummen Ahmet‹ «, sagt nur dem etwas, der den »Krummen Ahmet« bereits kennt. Während schließlich die offiziellen Vornamen bewußt vererbt werden – »damit der Name nicht stirbt« (*isim ölmesin diye*) – und auf diese Weise gleichsam Denkmäler der Familiengeschichte darstellen[7], sind die Spitznamen mit der individuellen Geschichte ihres Trägers verflochten und werden meistens mit seinem Tod vergessen: An einem Abend wurde ich Zeuge, wie ein älterer Bauer mit einem jüngeren eine Art Quiz über die Spitznamen der Großvätergeneration veranstaltete; nur die wenigsten von ihnen waren dem jungen Mann bekannt.

Der Spitzname ist jedoch nicht nur ein radikal individueller Name, er ist zugleich und nicht weniger ein maliziöser Name. Dieser Zug ist am deutlichsten im Prozeß der Genese eines Spitznamens zu beobachten. Während der offizielle Name in der Regel vom Haushaltsvorsteher »verliehen« wird, setzt sich ein Spitzname im freien Spiel der Kräfte durch. Häufig wird er innerhalb einer kleinen Runde geprägt, wird dann eine Zeitlang in diesem Kreis gebraucht, bis er entweder allgemein übernommen wird oder in Vergessenheit gerät. Es ruft Heiterkeit hervor, wenn ein Name auftaucht, der eine Spitze enthält, die zu treffen scheint, z. B. als der »Schwarze Ahmet« den alten, sehr frommen und oft mahnenden Bekir Ağa plötzlich »Chomeyni« nannte. In besonders übermütigen Situationen kann das ins Obszöne umschlagen: Eines Abends begeisterte sich der Dorfvorsteher an der Idee, einen anderen Bauern »Feto« zu taufen, »Fotze«, »weil er so gerne fickt!«. Es gibt Bauern, die sich rühmen, einem anderen einen Namen »angeheftet« (*takmak*) zu haben; umgekehrt hörte ich, daß jemand dafür gerügt wurde, einen verletzenden Spitznamen geprägt zu haben.

Der aggressive Zug des Spitznamens schleift sich im Gebrauch natürlich ab; er wird jedoch mit Belustigung erinnert, wenn ein Fremder beginnt, den Namen zu benutzen. Die aggressive Spitze begründet, warum es als *ayıp* (schändlich) gilt, jemanden mit Spitznamen anzusprechen anstatt mit seinem persönlichen Namen.

Den engen Zusammenhang zwischen dem Gedanken des Individuellen und der Aggressivität, wie sie im Spitznamen und im Klatsch überhaupt gegeben ist, kann man kaum als Zufall bezeichnen. In Subay bedeutet es vor allem etwas Negatives, wenn die Besonderheit des Individuums herausgestellt wird: Es heißt, einen Menschen ein Stück weit seiner Position zu entkleiden – und damit seine Unantastbarkeit und Würde in Frage zu stellen, es heißt weiterhin, seine Schwäche und Unvollkommenheit zum Thema zu machen. Man hat den Eindruck, als würde die individuelle Geschichte, die persönliche Besonderheit wie Nacktheit gesehen – wie eine beschämende und entwürdigende Bloßstellung.

Der Klatsch als kontrollierende Rede

Der Klatsch lebt im Schatten des offiziellen Diskurses, in dem Bereich, der im persönlichen Gespräch nicht thematisiert werden darf, der aber gleichwohl für den Status des einzelnen entscheidend ist. Die Erörterung von häuslichen Spannungen, aber auch von Konflikten und Diskrepanzen mit einem anderen Haushalt, wird aus der direkten Rede ausgelagert und nur indirekt, im Klatsch, abgehandelt. Damit aber läßt er sich durch den Betroffenen kaum noch kontrollieren. Man weiß aber, daß hinter dem Rücken anders geredet wird als von Angesicht zu Angesicht, und erfährt gelegentlich von einem Dritten den Inhalt des Geredes; dennoch ist man kaum in der Lage, Stellung zu beziehen und auch offensichtliche Unwahrheiten zu korrigieren. So ist es fast unumgänglich, daß sich im Klatsch die Tatsachen und die Gerüchte vermischen. Das kann als sehr belastend empfunden werden. Vor allem aber wird durch das ständige Kursieren von Halbwahrheiten eine besonders wirksame soziale Kontrolle ausgeübt. Zwei Beispiele:

Abdullah Akdemir beklagte sich bei mir bitter über den Klatsch und die »üble Nachrede« (*iftira*) im Dorf. Zwei Freunde aus einem Nachbardorf hätten bei ihm zu Hause übernachtet. Weil sie sich im Haus nicht auskannten, habe er beim Schlafengehen die Petroleumlampe nicht gelöscht, sondern die Nacht über brennen lassen. Im Dorf aber habe man aus der Tatsache, daß die ganze Zeit Licht brannte, geschlossen, er und seine Freunde hätten getrunken und um Geld gespielt.

Emin Akkaya hatte sich 1982 mit Mahirs Tochter verlobt. Die Norm hätte nun verlangt, sich noch strenger als ohnehin üblich zu meiden. Nun wurde jedoch Mahir zu dieser Zeit bei einer Messerstecherei in Istanbul schwer verwundet. Emin half deshalb im Haushalt seines künftigen Schwiegervaters und traf dabei (unvermeidlicherweise, wie er sagte) mit seiner künftigen Frau zusammen: »Als ich sie dann einmal am Arm faßte, hat dann gleich jeder geschrien: ›Wei, der hat seine Verlobte am Arm gepackt!‹ oder sogar: ›Wei, der hat mit seiner Verlobten geschlafen!‹« – Ich selbst hatte von diesem Klatsch bereits von einem Nachbarn erfahren. Er hatte damals hinzugefügt, daß man nach der Hochzeitsnacht Laken von einer früheren Hochzeit herumgezeigt habe, um, wie es der Brauch erfordert, zu belegen, daß Mahirs Tochter als *virgo intacta* in die Ehe gegangen sei – selbst diese Form der Kontrolle schützt also nicht vor übler Nachrede.

In beiden Fällen entsteht Klatsch aus einer Extrapolation von Handlungen durch Dritte: Aus dem Brennen von Licht wird ein Zeichen dafür, daß um Geld gespielt wurde; aus dem Nicht-Beachten der Meidungsregel, daß vor der Ehe miteinander geschlafen wurde. Ein Akt wird durch alle möglichen (und nicht selten die denkbar schlimmsten) Sinnzusammenhänge erklärt. Entscheidend ist nicht der Sinn der Handlung für den Handelnden, sondern der Sinn, der vom Beobachter für wahrscheinlich gehalten wird – oder der, wie wir sehen werden, seinen Interessen am besten entspricht.

Für den Betroffenen bedeutet dies die Erfahrung, seine Handlung mit einer ganz anderen, niemals intendierten Bedeutung vorgehalten zu bekommen. Die Handlung wird ihm entfremdet. Dies kann nur vermieden werden, indem man sich eindeutig verhält, d. h. alles unterläßt, was von einer mißtrauischen Dorföffentlichkeit falsch verstanden werden könnte. Im gleichen Gespräch meinte Abdullah:

»Wenn man hier im Dorf fünf Minuten mit einem Mädchen spricht, heißt es gleich, man sei verliebt – oder sogar, daß man mit ihr geschlafen habe ... Manche Mädchen sind dumm. Sie sind sich nicht klar darüber, wie schnell das geht. Sie kommen und fragen: ›Abdullah, wie geht es dir?‹ Ich sage dann nur: ›Gut!‹ – und gehe weiter.« Aus dem gleichen Grund sei er als der einzige unverheiratete Mann seines Alters im Dorf etwas isoliert: »Wenn man als Junggeselle zu oft in das Haus eines verheirateten Mannes geht, heißt es gleich, man sei hinter seiner Frau her.«

Die soziale Kontrolle, die durch den Klatsch ausgeübt wird, ist eine Kontrolle des Aktes, d. h. der sichtbaren Aspekte der Handlung, nicht aber der Motivation. Sie begründet die Notwendigkeit, ständig die Wirkung einer Handlung auf andere zu berücksichtigen, die Notwendigkeit, sich ihrer Bedeutung als »Zeichen« bewußt zu sein, der wir oben bei der Diskussion der politischen Rationalität bereits begegnet sind.

Man mag im Dorf noch so sehr betonen, auf den Klatsch nichts zu geben: Man kann es sich nicht leisten, ihn zu ignorieren. Zum einen besteht jederzeit die Möglichkeit, daß in einem Streit die sonst sorgfältig gewahrte Trennung der beiden Diskurse aufgehoben wird: »Bei einem Streit sagt sowieso jeder alles, was er weiß« (Hacı Şakır). Das Wissen um den anderen, das im Klatsch kursiert, kann dann zur Waffe im Spiel von Herausforderung und Gegenherausforderung werden, einer Waffe, die um so schmerzlicher trifft, wenn die Auseinandersetzung – wie häufig – vor der Dorföffentlichkeit ausgetragen wird. In diesem Augenblick wird, was als symbolisches Kapital bzw. als symbolische Hypothek bislang eher latent vorhanden war, öffentlich eingesetzt bzw. eingefordert: Die offenen Rechnungen werden präsentiert, und man muß sich nun verhalten. Wir haben die damit aufgeworfene Problematik im Kapitel *Politisch-rechtliche Ordnung, Konfliktlösung und das Problem der Person* erörtert.

Ein Zweites tritt hinzu. Der Ruf im Gemeinwesen ist zwar einerseits die Folge von (wenn auch unter Umständen falsch interpretierten) Handlungen; andererseits hat aber der Ruf wiederum Einfluß auf die Interpretationen, die eine Handlung hervorruft. Ein Ruf tendiert dazu, sich allmählich zu verfestigen, weil von der Fülle der Interpretationen, die immer möglich sind, diejenige die größte Chance hat, sich allgemein durchzusetzen, die am besten »paßt«, diejenige also, die nach Alter, Geschlecht und »Vorgeschichte« am wahrscheinlichsten ist. Im Klatsch wird oft so getan, als gäbe es nichts Neues: Bei einem Vorfall wird auf die Erfahrung verwiesen, die man bereits früher mit dem Betreffenden gemacht hat und die sich nun erneut bestätigt; eine Erfahrung, die sich nicht auf den Handelnden selbst zu beschränken braucht, sondern darüber hinaus seine ganze Familie einbeziehen kann. Es heißt dann oft, die ganze Familie sei »schmutzig«; Beispiele, die das bestätigen, sind schnell gefunden.

Der Klatsch ist nicht zuletzt aus diesem Grund ein wirksames Mittel der sozialen Kontrolle. Die Verurteilung *einer* Handlung im Klatsch ließe sich noch hinnehmen; daß durch sie aber die Bewertung aller anderen, künftigen Handlungen mitbestimmt wird, ist ernst zu nehmen. Der einzelne im Dorf ist sich klar darüber, daß er der Geschichte, die im Klatsch konstruiert wird, nicht mehr entrinnen kann.

Die Kontrolle des Klatsches

Nicht selten findet sich der maliziöse Zug des Klatsches gesteigert zur tendenziösen und feindseligen Rede, nämlich dann, wenn versucht wird, über den Klatsch Interessen durchzusetzen, wenn versucht wird, ihn bewußt zu beeinflussen, ihn zu manipulieren. Gerade in der ersten Zeit nach einem schwerwiegenden Vorfall gibt es oft ein Ringen um die öffentliche Meinung, um das Bild, das sich letztendlich allgemein durchsetzen wird. Besonders aufschlußreich in dieser Hinsicht waren die Reaktionen nach der gescheiterten Entführung im Jahr 1977, die wir bereits diskutiert haben (vgl. oben S. 90).

Erinnern wir uns: Im Frühsommer 1977 versuchte Bayram Akdemir, Cemil Karpats Tochter »mit Gewalt zu entführen«, d.h. er versuchte, sie mit Gewalt zu nehmen, um sie auf diese Weise zur Ehe zu zwingen.[8] Das Mädchen, Selver, setzte sich jedoch zur Wehr; sie schlug Bayram mit einem Stein auf den Kopf und floh in ihr Elternhaus. Man schickte nach dem Vater, der sich zu dieser Zeit auf dem Markt befand; nach einigen Stunden traf er in Begleitung von einigen Gendarmen im Dorf ein. Bayram wurde von ihnen verprügelt und in die Kreisstadt ins Gefängnis gebracht. Die rechtliche Situation war nun so, daß Bayram mit einiger Wahrscheinlichkeit zu einigen Jahren Gefängnis verurteilt worden wäre, wenn Cemil die Klage gegen ihn aufrechterhalten hätte. Andererseits wäre ein sofortiger Freispruch zu erwarten gewesen, wenn Cemil (und seine Tochter) in eine Heirat mit Bayram eingewilligt hätten.

Bei der Beurteilung des Vorfalls gab es mehrere Positionen. Die unmittelbaren Angehörigen waren begreiflicherweise entrüstet. Als ich am Tag nach dem Vorfall mit der Großmutter und der Tante des Mädchens sprach, wurde mir ein ums andere Mal beschrieben, wie Bayram das Mädchen gepackt, sie ins Gesicht und auf den Nacken geschlagen, sie an den Haaren gezogen habe. Frühere Ereignisse wurden ausgegraben: Bayram habe das Mädchen schon oft angestarrt; einmal sei er deswegen von seinem Vater verprügelt worden.

Das übrige Dorf teilte sich im großen und ganzen in zwei Meinungen. Die einen waren zwar nicht sonderlich entrüstet über die Entführung, betrachteten sie aber als falsch. »Die Entführung einer Frau ist wie Diebstahl«, meinte Zifer Hoca. Wenn man ein Mädchen heiraten wolle, müsse man eben Brautwerber schicken. Der »Verrückte Mahir« war der Meinung, die ganze Familie des »Schwarzen Asiz«, des Vaters von Bayram, sei ohnehin verdorben, und verwies darauf, daß Asiz seinerzeit mit Bayrams Mutter nicht eine Jungfrau, sondern eine bereits zweimal geschiedene Frau geheiratet habe. (»Wenn dir ein Ochse stirbt, kauf' dir ein Jungtier. Wenn dir eine Frau stirbt, nimm dir eine Jungfrau« – *Öküz öldü tosun al; karı öldü kızı al*). »Wir alle haben Töchter«, faßte er zusammen, »und – ich lüge nicht – wenn einer das mit meiner Tochter versucht, dann lege ich ihn um.« Auch der Dorfvorsteher nahm gegen Bayram Stellung: »Die ganze Sippe vom »Schwarzen Asiz« ist schmutzig. Das Essen von denen kann man nicht berühren.«

Andere gaben dem Vater des Mädchens oder ihr selbst die Schuld. Ahmet Ağa verurteilte, daß Klage gegen Bayram erhoben worden war. Schließlich seien der Junge und das Mädchen ledig gewesen, und Bayram sei es eindeutig nicht »ums Vergnügen« (*zevk için*) gegangen, sondern darum, einen Haushalt zu gründen. Wenn man aber das verurteile, müsse man konsequenterweise alle Familien verurteilen, die durch eine Entführung gegründet worden seien. Und das wären nicht wenige! Auch Hacı Abdullah, der vorher als Brautwerber für den »Schwarzen Asiz« unterwegs gewesen war (und den deswegen die ablehnende Haltung Cemils persönlich betroffen hatte), gab Cemil die Verantwortung: Es habe keinen vernünftigen Grund dafür gegeben, Bayram die Tochter zu verweigern; weder sei Asiz arm, noch seien die Beziehungen zwischen den Familien von vornherein schlecht gewesen. Cemil, schloß er, habe einfach zu hoch hinauswollen. Eine etwas andere Version trug Hasan Subayoğlu vor. Noch bevor Brautwerber zu Cemil geschickt worden seien, habe sich Bayram mit Selver über eine Hochzeit verständigt. Als die Werber nun von Cemil abgewiesen worden waren, habe Bayram versucht, sie zu entführen. Sie habe sich jedoch gewehrt, um die Beziehung zu ihrem Vater nicht zu zerstören, dessen Ehre sonst gelitten hätte. Alles in allem, meinte Hasan, sei es »schade«, wenn Bayram wegen »so einer Sache« für einige Jahre ins Gefängnis kommen sollte.

Soweit entspricht die Situation dem Bild, das wir bisher vom Klatsch gewonnen haben. Da es ausgeschlossen und sinnlos ist, die Betroffenen selbst zu fragen, wird, von der Handlung ausgehend, extrapoliert: Sie wird in alle möglichen Sinnzusammenhänge gestellt, die alle eine gewisse Plausibilität haben. Die einen gaben Bayram die Schuld; die anderen Cemil bzw. Selver. Jede dieser Erklärungen wurde mit dem Brustton der Überzeugung vorgetragen; alte Geschichten wurden mit neu erfundenen vermischt.

Erst mit der Zeit wurde mir deutlich, daß es sich bei den verschiedenen Extrapolationen nicht nur um verschiedene Meinungen zu einem Vorfall handelte, sondern daß die Auswahl des Sinnzusammenhanges wesentlich von Interessen bestimmt war. Jedem war bewußt, daß der Fortgang der Ereignisse entscheidend von dem Bild abhängen würde, das sich im Klatsch durchsetzte: Wäre dies die erste Version (die Selver als unschuldiges Opfer einer Aggression darstellt), würde Bayram für einige Jahre ins Gefängnis kommen; wäre dies jedoch die zweite Version, wäre eine Heirat von Selver mit Bayram unumgänglich – sie könnte aus Ehrgründen von keinem anderen Mann mehr geheiratet werden. Kein Wunder also, wenn gerade die Freunde Bayrams die zweite Version vertraten:

Hasan: »Sie muß ihn heiraten. Kein anderer Mann mit Ansehen (*şeref*) würde sie mehr heiraten.«

W. S.: »Warum? Bayram hat sie doch nicht überwältigen können?«

Hasan: »Er hat das Mädchen am Arm gepackt, sie berührt. Wenn ein Mann ein Mädchen am Arm packt, ist ihre Ehre (*namus*) befleckt.«

W. S.: »Aber es ist doch nicht ihre Schuld. Sie hat alles mögliche getan, um sich zu verteidigen.«

Hasan: »Richtig, von diesem Gesichtspunkt aus ist es nicht ihre Schuld. Von einem anderen Gesichtspunkt aus ist sie ehrlos.«

W. S.: »Warum?«

Hasan: »Ein Mann nähert sich keiner Frau, ohne daß die Frau nicht vorher sein Herz betört hätte. Wenn die Frau den Mann von sich aus betört, dann verfolgt sie der Mann (*Bir kadın bir erkeğin gönüllünü kaptırmadan bir erkek bir kadına yarışamaz. Kadın erkeğe kendini kaptırırsa erkek o zaman peşine gider*). Ich habe dir doch gesagt, daß beide vorher miteinander gesprochen haben. Siehst du. Deswegen gilt sie als ehrlos.«

W. S.: »Und was macht sie jetzt?«

Hasan: »Was soll sie machen. Sie wird einen geistig Beschränkten oder sonst irgendwie Schwachen heiraten.«

W. S.: »Und wie wird Bayram gesehen?«

Hasan: »An dem wird nichts hängenbleiben. ›Er ist ein Mann und wollte ficken‹, sagen sie.«

Eine ähnliche Meinung vertrat Hilmi Hakımoğlu:

Ich verstünde nicht, hatte ich gesagt, warum es Probleme bei der Verheiratung Selvers geben sollte. Schließlich habe Bayram das Mädchen doch nur am Arm gepackt. »Nehmen wir an«, sagte Hilmi, »ich würde das Mädchen heiraten. Dann würde, wenn Streit entsteht, immer wieder gesagt werden: ›Bayram hat deine Frau am Arm gepackt.‹ Verstehst du? – Sie würden es zwar nicht immer sagen, aber dann, wenn ein Streit entsteht.«

Die Gegenseite war sich über die Interessen sehr klar, die sich mit diesen Urteilen verbanden. Hacı Şakır, dem ich die Meinungen Hilmis und Hasans erzählt hatte, bestritt zum einen, daß es vorher Gespräche zwischen Selver und Bayram gegeben habe *(yalan* – »Lüge«), und teilte auch nicht ihre Einschätzungen:

»Du meinst, sie könnte nicht mehr verheiratet werden, weil sie am Arm gepackt wurde? Das ist keine so schlimme Sache.« Man erzähle das nur, damit Cemil gezwungen werde, seine Tochter mit Bayram zu verheiraten. Tatsächlich bestünde aber keine derartige Gefahr. Ähnliches hätte sich bereits in der Vergangenheit zugetragen, ohne daß es dann Probleme gegeben habe. Hacı Şakır mußte allerdings einräumen, daß der Vorfall bei einem Streit wieder ausgegraben werden könnte: »Aber bei einem Streit sagen sie sowieso alles, was sie denken!«

Die Meinung der Freunde Bayrams setzte sich jedoch durch. Obwohl Cemil gegen eine Hochzeit war (»Was nützt mir der reichste Mann, wenn er als Mensch nicht gut ist«), gab er schließlich nach: Das Risiko war wohl zu groß – es war nicht abzusehen, wieviel an der Tochter hängenbleiben würde.

Der Klatsch ist so nicht nur interpretierende und wertende Rede, sondern auch interessengebundene Rede. Das Wissen darüber führt zu einer korrespondierenden Strategie von Verschleierung der eigenen Interessen und Entschleierung derjenigen des anderen. Gegenüber demjenigen, *mit* dem man klatscht, verbirgt man seine Interessen, seine aus der Vergangenheit resultierenden Obligationen und

Feindschaften und ebenso seine Wünsche für die Zukunft: Man präsentiert die eigene Position als ebenso wahr wie richtig und stellt es so dar, als messe man »nur« die Handlung des anderen am (zeitlosen) Ideal der Gesellschaft. Die (mit dem gleichen Gestus des Allgemeinen vertretene) Position des anderen, *über* den man klatscht, entwertet man dagegen, indem man sie auf seinen konkreten Ort und die damit verbundenen Interessen zurückführt. Dem Versuch, Einfluß auf den Klatsch zu nehmen, entspricht durchaus eine skeptische und mißtrauische Haltung gegenüber dem Klatsch.

Rede und Identität

Der Gegensatz der Diskurse erzeugt in einer Art Eigendynamik immer wieder erneut ihre Polarität. Die präsentative Inszenierung mit ihrer gegenseitigen Bestätigung und dem Vermeiden von Zweifel und Kritik dürfte das Bedürfnis nach Klatsch hervorbringen, den Wunsch, hinter dem Rücken des anderen die Fassade zu zerstören und maliziös, wenn nicht tendenziös, den großen Gestus auf die nackten Interessen zurückzuführen. Das Wissen um den mißtrauischen Diskurs des Klatsches macht es andererseits um so erforderlicher, die Fassade zu wahren. Derjenige, der kunstvoll seine Argumentation aufbaut, rechnet mit einer skeptischen, wachsamen und mißtrauischen Audienz, die nur auf Zeichen wartet, um einzuhaken, die Argumente zu zerpflükken und sie an allem zu messen, was über die Person bekannt ist.

Obwohl (oder gerade weil) die zwei Diskurse eng aufeinander bezogen sind, bringen sie ihren gegensätzlichen Charakter immer erneut hervor. Der Widerspruch zwischen ihnen, der Widerspruch zwischen allgemeiner und konkreter Rede, normativer und faktischer Rede, zeitloser und geschichtlicher Rede, reproduziert sich immer erneut, ohne jemals aufgehoben zu werden.[9] Dieses Verhältnis der Diskurse ist entscheidend für die Frage, wie sich das Problem der sozialen Identität in Subay stellt.

Soziale Identität besitzt derjenige, der die Einschätzungen und Forderungen der Gesellschaft zu den eigenen Beurteilungen und Interessen in Bezug setzen kann. Dies bedeutet einerseits, sich von dem

Gegensatz von Individuellem und Sozialem nicht zerreißen zu lassen, andererseits aber auch, diesen Gegensatz nicht zu verleugnen. Mit anderen Worten: Es gilt, weder in den gesellschaftlichen Forderungen und Einschätzungen aufzugehen (denn das hieße Verdinglichung), noch auch die subjektiven Beurteilungen und Interessen absolut zu setzen (dies hieße Verzicht auf gesellschaftliches Handeln und Rückzug in eine Privatwelt). Identität verlangt immer wieder, die dialektische Bewegung zu vollziehen, die vom Gegensatz zur Einheit und von der Einheit zum Gegensatz fortschreitet – freilich ohne Hoffnung auf eine endgültige Synthese.[10] Die Notwendigkeit dieser Bewegung ist mit der sozialen Konstitution des Menschen gegeben; die Form, in der sie hergestellt wird, steht jedoch in Relation zum gesellschaftlichen Kontext.

Auf den ersten Blick scheint es nun, als würde in Subay die Notwendigkeit, diesen Bezug herzustellen, geradezu geleugnet werden. Das Bild, das ein Individuum in der offiziellen Rede von sich präsentiert, berücksichtigt nicht das Bild, das im Klatsch über es kursiert – man ignoriert es oder verwirft es als *iftira,* als »böse Nachrede«. Man stellt ihm sein Selbstbildnis, genauer, ein Ideal-Selbst als Person entgegen, ohne beides zu integrieren. Die souveräne Mißachtung der Fremdeinschätzung wirkt meistens selbstsicher, nicht selten aber auch unrealistisch, selbstgerecht und prahlerisch. Man läßt kein Bestreben erkennen, die Selbsteinschätzung durch die Meinung der anderen zu korrigieren. Der Klatsch andererseits ignoriert völlig das Bild, das derjenige, über den geredet wird, von sich selbst hat. Die Rede über den anderen wirkt deshalb unnachgiebig und hart – man urteilt und spottet scheinbar ohne jedes Einfühlungsvermögen. (Ich erinnere an die Rede über Cemils Tochter, vor allem aber daran, wie über die Tragödie von Niyazis Tochter gesprochen wurde.) Die Bilder, die vom Selbst und vom anderen entworfen werden, bleiben schemenhaft. Das eine zeigt die Fassade der Präsentation und tut fast trotzig so, als verdiente die Meinung der anderen es nicht, ernstgenommen zu werden; das andere stellt bloß und ignoriert völlig die Binnensicht desjenigen, über den geklatscht wird, es bildet ein unentwirrbares Knäuel von Fakten und Mutmaßungen, Vorurteilen und Urteilen, Einschätzungen und böser Nachrede.

Genausowenig wie Selbst- und Fremdeinschätzung aufeinander bezogen werden, scheinen subjektive Interessen und normative gesellschaftliche Erwartungen miteinander in Beziehung gesetzt zu werden. Wenn der einzelne sich selbst präsentiert, dann tut er so, als decke sich seine subjektive Meinung ganz mit der allgemein verbindlichen, als ginge sein konkretes »Ich« (mit seiner Geschichte, seinen spezifischen Interessen und Bedürfnissen) ganz in der Allgemeinheit und Zeitlosigkeit seiner Position auf. Umgekehrt wird das Individuum im Klatsch ganz auf seine Subjektivität und Individualität festgelegt, seine Meinungen werden auf eine nackte Interessenlage zurückgeführt. Es wird getan, als habe es keine Ideale, als sei es völlig indifferent gegen jeden sittlichen Anspruch, als reflektiere es nie von einem ethischen Standpunkt seine Bedürfnisse und Wünsche.

Authentizität wird also weder von dem Bild gefordert, das der einzelne in offizieller Rede von sich selbst präsentiert, noch von dem Bild, das er im Klatsch vom anderen entwirft. Weder in der einen noch in der anderen Rede geht es darum, wie man »wirklich«, also in seiner Ganzheit ist. Es wird also nicht gefordert, daß die identitätskonstituierenden Synthesen *in* der Rede vollzogen werden, in ihr vermittelt werden. Statt dessen konstitutiert sich Identität im Raum *zwischen* den Diskursen: Sie findet sich in dem Verhältnis der Diskurse, die sich aufeinander beziehen und sich dabei in ihrer Gegensätzlichkeit immer erneut hervorbringen. Der Vollzug der Synthesen ist im Dorf nicht sichtbar, jedoch erschließbar. Dieser implizierte Charakter unterscheidet traditionelle Identität grundsätzlich von moderner, die sich explizit äußern muß.[11] Die beiden Formen der Synthese verlangen dem Individuum verschiedenes ab.

Wenden wir uns zunächst der Frage der Synthese von Fremdbild und Selbstbild zu: Es muß nicht ausgedrückt (oder angedeutet) werden, daß man die eigene Handlung unter dem Blick des anderen wahrnimmt und nun seinerseits zu dieser Interpretation Stellung bezieht. Statt dessen bleibt der Blick des anderen »draußen«, man versucht, ihn an der Fassade abprallen zu lassen. Es geht nicht darum, die eigene Position zu dezentrieren, zu relativieren, wie es in dem verschränkten Prozeß des Verstehens und des Sich-Verständlich-Machens gegeben ist. Im Gegenteil: Es ist leicht zu sehen, daß unter den gegebenen

Umständen eine Relativierung der eigenen Position dem Klatsch des anderen nur Vorschub leisten würde; daß das Zeigen von Verständnis für den anderen den Verlust politischer Kraft bedeuten würde.

Die Vermittlung des Selbst in der Rede hieße nur Verlust von Handlungsspielraum – und würde damit gerade der Suche nach der Behauptung des Selbst widersprechen. Statt der Fähigkeit, eine Identität »zu entwerfen«, wird in diesem Rahmen eine Fähigkeit abverlangt, die man als »Codierung« oder »Übersetzung« bezeichnen könnte. Der einzelne kann seine eigentlichen Interessen und Wünsche am besten behaupten bzw. durchsetzen, wenn er sie nicht explizit formuliert, sondern wenn es ihm gelingt, sie in die öffentlich akzeptierte Sprache zu übersetzen: Wenn er so tun kann, als verhalte er sich »nur«, wie es die Norm oder das Allgemeinwohl verlangt. Nicht weniger wichtig ist die Fähigkeit der Recodierung, die die allgemeinen und normativen Argumente auf bloß interessengebundene Aussagen zurückführt, also die Fähigkeit der Entlarvung, die im Klatsch blüht. Aus den Ausführungen oben ist deutlich, daß es sich dabei nicht um eine *De*codierung handelt, die die ursprünglichen Interessen aufdecken würde (auch wenn so getan wird), sondern um eine Codierung zweiter Ordnung, die alle möglichen Interessen unterstellt. Schließlich gilt es, die Fähigkeit der Recodierung der Recodierung zu entwickeln, d. h. die Fähigkeit, die verzerrende Darstellung der eigenen Intentionen durch Dritte wiederum auf die Interessen dieser Gruppe zurückzuführen. Dieses Spiel von Codierung, Recodierung und Recodierung der Recodierung wirkt wie ein Spiegelkabinett. Die Absicht, die sich ursprünglich mit einer Handlung verbunden haben mag, wird durch eine Reihe mehr oder weniger stark verzerrender Spiegel reflektiert und gebrochen. Als mit sich identisches findet sich das Individuum in keinem der Spiegelbilder – wohl aber in der Gesamtheit der Anordnung, im Raum zwischen den Spiegeln. Manchmal blitzt es in dem spezifischen Witz auf, der diesen sozialen Brechungsprozessen entspricht, genauer: einer besonderen Form des Gewitzt-Seins. Die Bewunderung, die eine rhetorisch brillante Antwort hervorruft, schlägt dann in Belustigung um. Im Lachen schwingt das sonst sorgfältig verborgene Wissen um die Codierung mit, wird das manipulierende Individuum für einen Augenblick sichtbar.[12]

Allerdings kann in einem Spiel von Reflexion und Gegenreflexion von Identität nur dann die Rede sein, wenn jeder den Referenzrahmen kennt, der eine besondere Codierung von vornherein erwarten läßt. In Subay ist er gegeben im Wissen um die soziale Position des anderen und im Wissen um seine sozialen Beziehungen – mit anderen Worten, in der persönlichen Vertrautheit mit dem anderen, die sich in der Kenntnis seines Namens ausdrückt. Dieses Wissen ist die Voraussetzung dafür, »zwischen den Spiegeln« nicht verlorenzugehen – nur es erlaubt die Recodierung der (tendenziösen) Recodierung. In einer komplexen Gesellschaft dagegen, in der man den anderen in der Regel nicht über Jahre hinweg kennt, in der man deshalb seine Äußerungen nicht richtig »lesen« kann, würde der gleiche Prozeß rigide und starr wirken.[13]

Damit sind wir beim zweiten Problem, bei der Notwendigkeit, normative Anforderungen und subjektive Interessen in bezug zueinander zu setzen. In der komplexen Gesellschaft scheint es ein Handlungserfordernis zu sein, diesen Bezug *in* der Rede herzustellen. Man muß einerseits andeuten, daß man einen gewissen Abstand zu den Normen besitzt, eine »Rollendistanz«, und deswegen nicht völlig außenbestimmt ist, und andererseits vermitteln, daß man seine Wünsche, Interessen und Begierden nicht absolut setzt, sondern zu ihnen Stellung bezieht. Es gilt, ein Selbstbild zu entwerfen, was nichts anderes heißt als das Entwerfen – und immer wieder Neu-Entwerfen – einer eigenen Geschichte in der Gesellschaft. Eine Selbstdarstellung in dieser Form scheint in einer Gesellschaft notwendig, in der es kaum geteilte Welten gibt.

Anders verhält es sich im Dorf. Der einzelne sieht sich im konkreten Universum von Subay, in dem er namentlich bekannt ist, nicht dem Problem gegenüber, daß die anderen nichts über ihn wissen, sondern (um es zugespitzt zu formulieren) daß sie zu viel wissen. In der Rede über ihn wird seine Geschichte entworfen und er tendenziell auf diese Geschichte festgelegt. Geschichte im Dorf ist auf diese Weise entfremdet und verfremdet: Es ist nicht der Entwurf, in dem ein Selbstbild gewonnen wird, sondern ein Entworfen-Sein, ein Fremdbild, mit dem man konfrontiert wird. Die Herstellung von Kontinuität ist kein Akt, den das Individuum im Dorf innerlich vollziehen müßte, um handlungsfähig zu bleiben, sondern, wiederum pointiert ausgedrückt, ein Akt, auf den es festgelegt wird und dem es sich entziehen muß, um nicht handlungsunfähig zu ersticken. Das Vermitteln der Synthese von Norm und faktischen Interessen *in* der Rede würde auf diesem Hintergrund das Risiko bedeuten, dem anderen ein Wissen in die Hand zu geben, das gegen einen selbst verwendet werden kann, das, mit anderen Worten, den Knebelungsprozeß durch die Geschichte fördert. Es gilt also nicht, Geschichte zu gewinnen, sondern der Geschichte zu entgehen. Die identitätsnotwendige Synthese von Faktischem und Normativem muß sich hintergründig äußern: Aufgrund der Kenntnis der Geschichte, die die anderen entwerfen, gilt es, eine Fassade zu errichten, die möglichst undurchschaubar ist. Es geht nicht darum, eine eigene Geschichte zu entwerfen, sondern die Geschichte der anderen von vornherein zu widerlegen. Die Fähigkeit, sich als jemand zu präsentieren, der sich ganz dem zeitlosen Ideal verpflichtet weiß, zeugt in diesem Kontext von Identität. Sie gewährleistet Handlungsfähigkeit: die Fähigkeit, weiter miteinander umzugehen *trotz* Geschichte.

Anmerkungen

[1] Dies trifft zumindest auf die Rede der Männer zu, auf die ich mich im folgenden beziehe.

[2] Die Meidungsregel, besonders in bezug auf die Erwähnung der Ehefrau und des Ehemannes, äußert sich ebenfalls in der Vermeidung des Vornamens nicht nur in der direkten Anrede, sondern auch als Referenz (als Bezeichnung gegenüber Dritten). Nuri Taner (1984, S. 18–21) erwähnt Vorstellungen, die beinhalten, daß der Gebrauch des Namens Unheil nach sich zöge, sei es, weil dadurch *cin* (Geister, Dämonen) den Namen lernen und sich des Erwähnten bemächtigen könnten, sei es, daß durch den Gebrauch von Namen direkt Krankheiten hervorgerufen werden. Eine Auflistung der verschiedenen Formen von Referenz und Anredeformen bei Ehepaaren findet sich bei Kamil Toygar (1984, S. 3–4).

[3] Es handelt sich strukturell um den gleichen Zusammenhang, auf den wir oben bei dem listigen Einsetzen von Frauen bei Konflikten gestoßen sind.

[4] Vgl. auch P. Stirling: »Man kann auch seine Gefühle über einen Gegenstand dieser Art [eine Ehrverletzung, W. S.] mitteilen, indem man mit Kraftausdrükken irgendein Tier beschimpft, das sich in Hörweite des Gegners befindet. Der Hörende kann keinen Anstoß daran nehmen, ohne sich damit den Schuh anzu-

ziehen; dennoch weiß er und wissen alle anderen sehr genau, wem die Beleidigungen gelten.« (Stirling, 1960, S. 66/67; Übersetzung von W. S.)

[5] Dieser konkrete Bezug des Klatsches wurde von Memed Kemal, den ich in Berlin befragte, sehr klar ausgedrückt: »Man kann sagen, Türke sei Türke. Aber das ist nicht so. Wenn ich mit jemandem aus einer anderen Stadt zusammenkomme, dann will er über seine Stadt sprechen, aber was geht mich das an? Oder ich speche über meine Stadt, und das interessiert ihn nicht.« (Schiffauer, 1983, S. 17)

[6] Innerhalb des Dorfes werden die offiziellen Namen bei förmlichen Anlässen verwendet, beispielsweise wenn die Namen derjenigen notiert werden, die beim Ausheben eines Grabes helfen. Die offiziellen Namen finden sich ebenfalls auf den Grabsteinen, z. B. *Bekir Kadı Zadelerden Hacı Şakır Oğlu Hatip Yusuf Akkaya:* »Der Prediger Yusuf Akkaya, der Sohn von Hacı Şakır, Abkomme von Bekir, dem Richter«.

[7] Denkmäler der Familiengeschichte sind offizielle Namen auch dann, wenn sie nicht ererbt wurden. Oft erinnert man mit ihnen an Verwandte oder andere, für die Familie wichtige Personen. Eine weitere Gruppe von Namen hebt einen besonderen Zeitpunkt der Geburt hervor: Ein im Ramazan geborenes Kind z. B. wird oft *»Ramazan«* genannt. Eine dritte Gruppe von Namen bezeichnet schließlich besondere Umstände der Geburt oder Wünsche der Eltern zu diesem Zeitpunkt. So der Name *Dursun*, wörtlich »es möge aufhören« (wenn bereits mehrere Kinder vorher gestorben waren); oder die Mädchennamen *Yeter* (»es reicht«) oder *Döndü* (»es möge umkehren«), wenn das nächste Kind ein Sohn sein soll.

[8] In der türkischen Kultur wird eine genaue Unterscheidung zwischen »Gewaltsamer Entführung« (*zorla kız kaçırma*) und Vergewaltigung (*ırzına geçmek*) gemacht. Weitaus häufiger ist jedoch die einfache Entführung (*kız kaçırma*); sie geschieht mit Einwilligung der Frau.

[9] Man sollte darauf hinweisen, daß diese strukturellen Zwänge stärker sind als normative Ansprüche. In der Tat gehört es zur Selbst-Präsentation, daß man sich als jemand darstellt, der auch hinter dem Rücken nicht anders redet als von Angesicht zu Angesicht. Dieser normative Anspruch wird kaum eingelöst. Die Klage: »Hier redet jeder schlecht hinter dem Rücken des anderen«, wird oft vernommen. Durchaus selbstkritisch vermerkte mein Nachbar Ahmet, daß er selbst allzu häufig klatsche und damit die Sünde (*günah*) der bösen Nachrede (*iftira*) begehe.

[10] Mit dieser prozessualen Definition der Identität schließe ich mich Sartre (1952) sowie den neueren soziologischen Rollentheoretikern, vor allem Krappmann (1969) an.

[11] Es ist das Verdienst von Lothar Krappmann, die Notwendigkeit einer expliziten Synthese aus den Strukturbedingungen der Interaktion in einer komplexen

Gesellschaft aufgezeigt zu haben. Der entscheidende Punkt scheint mir, daß man in der komplexen Gesellschaft grundsätzlich von einer Fremdheit der Personen und Handlungsbereiche ausgehen muß; im Dorf dagegen von ihrer Vertrautheit (Krappmann, 1969).

12 Man mag an Episoden wie die folgende denken: In Afşin erlebte ich 1973, daß ein Bauer wegen eines Vergehens vom Ältestenrat mit einer Strafe von 80 TL belegt werden sollte. Er sagte darauf: »Was interessiert mich Geld. Nimm tausend Lira oder keinen. Es ist mir egal.« Diese geschickte Codierung einer Weigerung (wenn es egal ist, wieviel man nimmt, kann man es auch gleich sein lassen) rief zunächst sprachlose Bewunderung, später dann Lachen hervor. Die gleiche Reaktion wurde in einem anderen Fall durch die geniale Antwort eines Verkäufers hervorgerufen: Als der Kunde seine Lobpreisungen bezweifelte und die Ware sehen wollte, wurde ihm entrüstet begegnet: »Mein Herr, ich habe soeben die rituellen Waschungen vollzogen« (*Efendim, ben aptesliyim,* d.h.: Ich bin im Zustand der Reinheit und darf keine Sünde begehen). Jedes weitere Zweifeln wäre ein Affront gewesen; der überrumpelte Kunde kaufte die Ware unbesehen.

13 In der komplexen Gesellschaft ist diese spezifische Form der Interaktion noch in Situationen sinnvoll, in denen ein klarer institutionaler Rahmen die Rollen eindeutig verteilt, und damit ein geteilter Bezugsrahmen gegeben ist. So durchschauen die Migranten in Deutschland den institutionalen Rahmen, in dem sie sich bewegen, mit bemerkenswerter Klarheit. Der Erfolg in diesem Rahmen kontrastiert auffallend mit den Schwierigkeiten, die der Umgang vor allem mit Deutschen in einem institutional nicht vorgegebenen, »persönlichen« Rahmen aufwirft. Die Präsentation der Türken wird von Deutschen häufig nicht »durchschaut«; das Verhalten der Deutschen wird umgekehrt von Türken oft falsch gelesen, d.h. auf einen Referenzrahmen bezogen, der nicht der des Gegenübers ist. Hierzu die Diskussion in »Gewalt der Ehre« (Schiffauer 1983, bes. S. 125ff).

Gott, Mensch und Gesellschaft

Der Islam ist Gesetz und Religion, er hat eine gemeinschaftsbezogene und eine existentielle Dimension, er ist Entwurf einer Gesellschaftsordnung und (wie das Wort »Islam« selbst besagt) Forderung der Hingabe an Gott. Die gesellschaftliche Vision wurde oben im Zusammenhang mit der politisch-rechtlichen Ordnung diskutiert. Die existentielle Dimension, auf die wir jetzt zu sprechen kommen, thematisiert die Stellung des Individuums gegenüber dem Sakralen – seine Verantwortung vor Gott, aber auch seine Gefährdung durch die bedrohlichen sakralen Mächte (vor allem dem Teufel). Sie ist für uns relevant, weil durch sie das Verhältnis der Einzelnen zur gesellschaftlichen Ordnung in einen kosmischen Zusammenhang eingebettet und dadurch überhöht und begründet wird. Die Furcht vor Gott gilt als das letztendliche Motiv für gesellschaftlich verantwortliches Handeln (d. h. für Wirken im Sinn der islamischen Vision); die Versuchung des Teufels verleitet dagegen immer wieder zu Unverantwortlichkeit. In der sakralen Symbolik wird so eine Theorie der Kräfte vorgelegt, die das soziale Handeln der Menschen bewegen.

Die positive Ordnung

Das Verhältnis von Gott, Mensch und Gesellschaft wird in zwei Schlüsselkonzepten formuliert. Das erste und bedeutsamere ist das Konzept der Verschuldung (*borç*); das zweite, das elaborierter, aber auch blasser ist, ist das Konzept der Guten und Schlechten Werke.

Borç – die religiöse Schuld

»Drei Dinge darf der Mensch nicht schuldig (*borçlu*) bleiben: das *namaz*-Gebet, das Fasten (*oruç*) und die Schuld (*borç*) gegenüber den Menschen.« Der Begriff *borç*, der in diesem Satz verwendet wird, bezeichnet die durch eine Gabe konstituierte Schuld, die die Pflicht (*görev*) zur Gegengabe konstituiert. Der Begriff Schuld im moralisch-ethischen Sinn heißt dagegen *suç*.

Die Stellung des Menschen gegenüber Gott wird also in den gleichen Begriffen beschrieben wie ein innergesellschaftliches Rechtsverhältnis. Im Fall Gottes ist die Verschuldung des Menschen durch den freiwilligen und einseitigen Schöpfungsakt gegeben. »Gott hätte uns nicht zu erschaffen brauchen. Was hat er denn von uns?« Das Thema: »Wir sind alle Schuldner vor Gott«, bestimmt häufig die religiöse Rede. Man empfinde sich (heißt es dann etwa) schon in der Schuld eines Menschen, wenn er sehr gastfreundlich sei. Um wieviel mehr müßte man sich also in der Schuld Gottes fühlen. Doch sei man gerade ihm gegenüber nachlässig, wenn es um das Erbringen der Gegenleistung gehe.

Zweierlei ist man Gott »schuldig«: das *namaz*-Gebet und das Fasten (*oruç*).[1] Das *namaz*-Gebet trägt keinen dialogischen Charaker[2], es wird nicht als Zwiesprache mit Gott verstanden, sondern eher als Darbietung, auf die Gott Anspruch hat. Dies wird durch den streng formalen und ritualisierten Handlungsablauf unterstrichen. Für jeden Abschnitt des Gebetes ist festgelegt, was Pflicht (*farz*) ist, was darüber hinaus empfohlen wird, weil es *sünnet,* d. h. vom Propheten geheiligte Praxis ist; was verpönt (*makruh*) und verboten (*haram*) ist. Zu den Pflichten (*farz*) gehören die Einhaltung der Gebetszeiten, die Befolgung der Regeln für die Waschung (*aptes*) vor dem Gebet; die Verrichtung einer bestimmten Zahl von Grundeinheiten des Gebetes, die wiederum aus Koranrezitation im Stehen, Beugen und dem zweimaligen Niederwerfen bestehen. Der formale Aspekt wird darüber hinaus durch die Tatsache betont, daß die Anrufung auf arabisch erfolgt. Ein Nichtbeachten dieser Regeln macht das Gebet ungültig – es wird von Gott nicht angenommen werden.

Die Bauern empfinden die Verpflichtung zum Gebet als beschwerlich und als Last. Es ist eine Handlung, die wichtig und notwendig ist, zu der man sich (oder auch andere) aber zwingen muß. Vor allem die jungen Männer versuchen, sich zu drücken:

Ich kam mit Hilmi ins Haus seines Schwiegervaters Hacı Abdullah, als dieser gerade die Waschungen für das Gebet vollzog. Er wandte sich mit ironischem Tonfall an Hilmi: »Und der *beyefendi* (feine Herr) hat wohl nicht vor, zu beten.« Hilmi: »Ich habe meinen Finger verletzt und kann deshalb die Waschungen nicht vollziehen.« Hacı Abdullah: »Dann steck ein Plastiktütchen drüber.« – Das Gebet blieb unverrichtet.

Die Auffassung, das Gebet sei eine Last, entwertet es nicht etwa, sondern verleiht ihm Gewicht. Nur Unverständnis wird demjenigen gegenüber empfunden, der glaubt, auch ohne die Erfüllung von religiösen Pflichten erlöst werden zu können. Ihm wird unterstellt, er greife sich nur die angenehmen Seiten des religiösen Lebens heraus. »Ihr Christen habt nur *dua*-Gebete (Bittgebete) und keine *namaz*- Gebete. Wenn ihr es euch so einfach macht, glaubt ihr denn, ihr kommt trotzdem ins Paradies?« (»Mustafa, der Riese«). »Wir nehmen alle diese Schwierigkeiten auf uns, halten *oruç* (Fasten), beten fünfmal am Tag. Ihr kennt das nicht und denkt, ihr kommt trotzdem ins Paradies.«

Eine vergleichbare Einstellung wird dem Fasten entgegengebracht. Im Sommer 1977 fiel die Fastenzeit in die Zeit des Dreschens; es bedeutete eine erhebliche Überwindung, mitzufasten. Süleyman Subayoğlu hatte sich anfangs entschlossen, nicht zu fasten, weil er fürchtete, die Erntearbeit nicht erledigen zu können. Er zwang sich dann doch dazu: »Ich werde allmählich alt und möchte nicht in Gottes Schuld stehen, wenn ich sterbe. Ich habe mir das durch den Kopf gehen lassen und mich dazu entschlossen, zu fasten.«

Ebenso wichtig, wie die Schulden gegenüber Gott abzutragen, ist es, die Schulden den Menschen gegenüber zu vergelten. Demjenigen, der der Gesellschaft etwas schuldig bleibt, drohen ebenso jenseitige Strafen wie dem, der in dieser Frage Gott gegenüber nachlässig ist. Die gesellschaftlichen Schulden sind so wichtig, daß sie nach der Meinung eines der Bauern von Gott nicht erlassen werden können: »Die Schuld gegenüber Gott kann Gott verzeihen; die Schuld gegenüber dem Nachbarn kann nur der Nachbar verzeihen.«

Die Bedeutung, die der sozialen Schuld beigemessen wird, zeigt das Ritual des *helâl*-Gewährens. *Helâl* bezeichnet ein rechtmäßig zustehendes, legitim erworbenes Gut. Man sagt: *Helâl olsun* – »Es [meine Gabe] soll *helâl* sein« – oder: *hakkımı helâl olsun* – »Mein Recht [auf einen Gegenstand] soll *helâl* sein [legitim auf dich übergegangen sein]«. Diese Redewendungen werden oft als Floskel gebraucht – etwa im Sinn eines »Bitteschön« –; sie werden jedoch auch mit Nachdruck und Ernst bei einem Abschied auf längere Zeit verwendet, wenn das *do ut des* des Gabentausches unterbrochen, unter Umständen abgebrochen wird. Man drückt damit aus, daß man quitt ist: Was der andere von mir als Gabe erhalten hat, gehört nun endgültig ihm; es verpflichtet ihn nicht mehr zu einer Gegengabe.

Das Konzept des *helâl* wird außerordentlich ernst genommen. Bei meinem zweiten Besuch im Dorf wurde mir erklärt, man könne meine Gastgeschenke nur dann annehmen, wenn ich beim Abschied meine Rechte für *helâl* erklären würde.

Das Ritual des kollektiven *helâl*-Sagens bildet den Kern des Beerdigungsrituals. Die Gemeinde stellt sich vor der Bestattung so auf, wie wir es oben (S. 64) beschrieben haben. Der Prediger fragt dreimal: »Ist euch dieser Mann als guter Mensch bekannt?« (*Bu adamı iyi bilirmisiniz?*), worauf die Gemeinde antwortet: »Diesen Mann kennen wir als guten Mann.« Darauf fragt der Prediger dreimal: »Erkennt ihr eure Rechte diesem Mann gegenüber als *helâl* an?« Die Gemeinde bejaht. Der *hoca* erklärt nun seinerseits als Vertreter des Toten, daß auch dieser seine Rechte für *helâl* erkläre. Damit ist die Verabschiedung von der Gemeinde beendet. Die Frauen zerstreuen sich; die Männer bringen den Sarg zum Friedhof und bestatten dort den Toten.

Die Notwendigkeit, *helâl* zu gewähren bzw. zu empfangen, wird vor allem bei asymmetrischen Reziprozitätsverhältnissen empfunden. Kinder stehen in einer prinzipiellen Schuld gegenüber ihren Eltern – analog zu dem Verhältnis zu Gott kann diese Schuld niemals völlig abgegolten werden. Bei den symmetrischen Reziprozitätsverhältnissen zwischen Gleichen ist es dagegen meist weniger klar, wer wem etwas schuldig ist. Der großmütige Satz eines in Unfrieden aus dem Dorf geschiedenen Dorfpredigers: »Ich erkenne meine Rechte als *helâl* an«, veranlaßte den Sohn des Dorfvorstehers zu der Bemerkung, er könne sich beim besten Willen nicht vorstellen, um welche Rechte es sich dabei handeln sollte.

Die Notwendigkeit, das *helâl* der Eltern zu erlangen, verleiht diesen Macht über ihre Kinder. In mehreren mir bekannten Fällen wurde die Forderung, die Söhne sollten im Dorf bleiben und nicht emigrieren, von der Drohung unterstrichen: »Wenn du nicht im Dorf bleibst, werde ich meine Rechte nicht als *helâl* anerkennen.« – Geschichten wie die folgende unterstreichen den Ernst der Drohung:

»Zur Zeit des Propheten ging eine Frau in den Wald, um Holz zu holen. Als sie zurückkam, war gerade Gebetszeit. Sie rief ihren Sohn, damit er ihr beim Abladen helfe. Er hörte ihren Ruf, konnte aber nicht antworten, weil er gerade *namaz* betete. Sie wußte das nicht und dachte, ihr Sohn würde aus Faulheit nicht kommen, um ihr beizustehen. Im Zorn verfluchte sie ihn. Als er dann herauskam und erklärte, wie es sich zugetragen hatte, glaubte sie ihm nicht. Der Sohn erkrankte. Als der Prophet kam und mit ihm sprechen wollte, war seine Zunge gelähmt. Da verstand der Prophet, daß er verflucht worden war und er wandte sich an die Mutter: ›Erkenne Dein Recht als *helâl* an.‹ – ›Ich gewähre kein *helâl*!‹ ›Aber dann wird Dein Sohn sterben und er wird brennen!‹ – ›Soll er brennen!‹ Da erzürnte der Prophet und sagte: ›Wenn er schon brennen muß, dann wenigstens gleich!‹ Er befahl seinen Anhängern, einen Scheiterhaufen zu errichten. Dann sagte er: ›Laßt uns diesen Mann verbrennen.‹ Da sagte die Mutter, der nun vor Augen stand, was sie so leichtfertig gesagt hatte: ›Ich erkenne meine Rechte als *helâl* an.‹ Da löste sich die Zunge des jungen Mannes. Er starb zwar, aber er kam ins Paradies.«

Die Erzählung verknüpft das Motiv des *helâl*-Gewährens mit dem ihm verwandten des *beddua* – des Fluches. Auch ihm liegt der Gedanke einer Macht zugrunde, die im Verschuldetsein begründet ist. Nur drohen demjenigen, dem kein *helâl* gewährt wird, jenseitige Strafen, während der Fluch weltliche Folgen hat. Entsprechend gilt vor allem der Fluch der Eltern und unter Umständen der von nahen Verwandten als bedrohlich.[3]

Typische Wendungen, mit denen geflucht wird, sind z. B. *Allah belâ versin* – »Gott soll dich plagen«; *gözun kör olsun* – »Du sollst erblinden«; *Allah kahretsin* – »Gott soll ihn verdammen«; *evlâtlar olmasın* – »Du sollst keine Nachkommen haben«. Die Angst vor dem Fluch der Eltern wird oft als Motiv von denen angeführt, die sich ihrem Willen gebeugt haben:

Bei einem Gespräch mit Hilmi und Bayram fragte ich Hilmi, ob er es nicht bitter fände, im Dorf geblieben zu sein und auf seine Auswanderungspläne verzichtet zu haben, die er fünf Jahre vorher gehegt hatte. »Es fällt mir schwer, aber wer weiß, vielleicht hätte mich mein Vater sonst verflucht und es wäre irgendein Unglück auf mich gekommen.« Etwas erstaunt erkundigte ich mich, ob sein Vater, der besonnene und ruhige Zifer Hoca, wirklich so weit gehen und einen Fluch ausstoßen würde. Bayram erklärte, daß damit im Alltag wohl kaum zu rechnen sei. Ich solle mir jedoch vorstellen, der alte Vater ginge in den Wald, Holz zu schlagen, stürze und liege dann hilflos da. In dieser Situation, in der er die Abwesenheit seines Sohnes ganz fühlbar spüre, sei auch damit zu rechnen, daß er ihn verfluche.

Hacı Şakır hatte nach dem Militärdienst ein Angebot bekommen, auf der Messe in Izmir zu arbeiten – ein für ihn sehr verlockendes Angebot. Sein Vater holte ihn jedoch ins Dorf zurück. Noch schmerzhafter war, daß auch ein zweiter Versuch, in die Stadt zu ziehen, scheiterte. Er hatte eine Stelle in der Stahlfabrik in Karabük bekommen. Als er die Arbeit aufnehmen sollte, verhinderte es der Vater: »Mein Sohn, du kannst nicht gehen. Es ist Erntezeit, und du kannst mich nicht verlassen.« Hacı Şakır sagte sich: »Mein Vater soll mich nicht verfluchen«, und blieb im Dorf (Nach dem Bericht von Emin Akkaya, dem Sohn Hacı Şakırs).

Es ist allerdings nicht ausgeschlossen, daß es sich bei diesen Äußerungen um Rechtfertigungen a posteriori handelt. Es gibt Fälle, in denen die Androhung des Fluches nichts bewirkt hat. So erscheint es eher unwahrscheinlich, daß bloße Angst vor dem Vater, die nicht gepaart ist mit Ehrfurcht und Achtung, hinreicht, jemanden im Dorf zu halten. Ein Gespräch mit Emin Akkaya:

Emin: »Die fünf Söhne von Bekir Ağa arbeiten alle in Istanbul. Soll der Vater uns doch verfluchen, sagen sie. Sie kommen doch nicht ins Dorf zurück.«

W. S.: »Heißt das, daß der Fluch bei ihnen nicht wirkt?«

Emin: »Nein. Wir sagen: Das Paradies liegt zu Füßen von Vater und Mutter, d. h. Gott hat befohlen, Vater und Mutter zu achten. Wenn sie ihr Kind verfluchen, dann ist das Wort ganz bestimmt gültig (*geçer*). Aber Gott ist geduldig. Ob es gleich eintreten wird oder erst in zehn Jahren, ist ungewiß. Aber es wird ganz bestimmt eintreten. Wahrscheinlich werden sich dann ihre Söhne ihnen gegenüber genauso verhalten, wie sie sich ihrem Vater gegenüber verhalten haben. Schau den Lehrer Celal an: Sein Vater hat nicht dem Wort seines eigenen Vaters gehorcht und ist seinen eigenen Weg gegangen, und genauso macht es jetzt Celal. Wahrscheinlich werden sich die Kinder Celals ihm gegenüber wieder genauso verhalten.«

Das schlechte Verhältnis zu den Eltern ist das am häufigsten auf den Fluch zurückgeführte Phänomen. So vererbt sich ein Fluch praktisch von Generation zu Generation.

»Mustafa, die Schnecke« berichtete mir, daß er kein besonders nahes Verhältnis zu seinem Vater gehabt habe – er habe nicht auf ihn gehört und sei eine eigenen Wege gegangen. Sein Vater habe ihn daraufhin verflucht und gewünscht, ihm solle das gleiche mit seinen eigenen Kindern passieren: »Und es ist so gekommen. Mein Verhältnis zu Ahmet ist kühl. Wir sitzen nicht zusammen und plaudern.«

Wenn sowohl das Verhältnis zu Gott als auch die Beziehung zum Mitmenschen vom Imperativ der Gegenseitigkeit geprägt sind, von der Notwendigkeit, nichts schuldig zu bleiben, dann stellt sich die Möglichkeit eines Widerspruchs von gesellschaftlicher und existentieller Verantwortung. Was geschieht, wenn man in dem Versuch, die Schuld Gott gegenüber abzutragen, in Konflikt mit den Eltern gerät und damit ihren Fluch riskiert? Anders formuliert: Ist ein zu Unrecht ausgestoßener Fluch wirksam oder nicht? Es gibt auf dieses Problem keine eindeutige Antwort. Einige vertreten die Position, daß bei einer existentiellen Frage die gesellschaftliche Verantwortung zurückzutreten habe: Wenn christliche Eltern z. B. ihre Kinder wegen einer Konversion zum Islam verfluchen würden, dann sei dies unwirksam. Andere bestreiten dies:

»Mustafa, die Schnecke«: »Wenn ein Mann z. B. von seinem Sohn verlangt: ›Bring mich in die Kirche‹ – wenn er also etwas Falsches verlangt –, muß der Sohn es dennoch tun. Wenn der Sohn sich weigert und der Vater ihn verflucht, würde der Fluch sich erfüllen. Gott wird dann allerdings den Vater für seine Forderung brennen lassen… *beddua* bedeutet, daß man macht, was Vater und Mutter wollen, auch wenn sie im Unrecht sind. Das ist logisch. Wärst du denn auf die Welt, wenn Vater und Mutter nicht wären?«[4]

Şaban Subayoğlu: »Sie sagen, ein unrechter Fluch würde nicht wirken. Ich kann das nicht glauben. Man opfert als Eltern so viel für die Kinder, wenn man sie aufzieht… Der Fluch ist doch eine ganz natürliche Sache. Wer hat dich gezeugt – gut, Gott hat dich gezeugt, aber ohne den Samen des Vaters und den Bauch der Mutter wärst du nicht auf der Welt. Und da soll der Fluch der Mutter nicht wirken?«

Es ist deutlich, daß beide Argumentationen die Alltagserfahrung des Tausches reflektieren und auf den Umgang mit dem Göttlichen erweitern. Eine Gabe konstituiert ein Verhältnis zwischen zweien: eine Beziehung von Schuld und Verpflichtung, die in und durch sich Gültigkeit und Kraft hat. Der imperative Charakter der Verpflichtung bleibt bestehen, auch wenn die aus ihm resultierende Forderung nach den Maßstäben abstrakter und allgemeiner Ethik falsch sein mag. Es handelt sich um eine Verpflichtung, von der man durch keinen Dritten entbunden werden kann – offensichtlich nicht einmal durch Gott. »Die Schuld gegenüber Gott kann Gott verzeihen; die Schuld gegenüber dem Nachbarn kann nur der Nachbar verzeihen« (»Mustafa, die

Schnecke«). Ebenso könne ein einmal ausgesprochener Fluch, wenn überhaupt, nur von demjenigen aufgehoben werden, der ihn ausgesprochen hat. Die Idee des *borç* – des Verschuldetseins – löst so das Verhältnis Mensch-Gott-Gesellschaft in bilaterale Beziehungen auf, die jeweils in ihrem eigenen Recht bestehen. Da der einzelne sowohl Gott wie auch dem anderen gegenüber in Schuld steht, sieht er sich unter Umständen gezwungen, Balanceakte zu vollziehen.

Als Balanceakt dieser Art läßt sich auch das bereits erwähnte Freistellen der Väter während des Fastenmonats begreifen. Die Söhne, die die Arbeiten übernehmen und dafür nicht fasten, stellen ihre Pflichten gegenüber den Eltern über diejenigen gegenüber Gott.

Die Lehre von den Guten und Schlechten Werken

Das Konzept der Schuld wirkt archaisch und wuchtig. Die Furcht vor dem diesseitigen Fluch und dem jenseitigen Feuer motiviert den einzelnen, seinen grundlegenden Verpflichtungen Gott und der Gesellschaft gegenüber gerecht zu werden. Auf diesem Gedanken baut das wesentlich elaboriertere Konzept der Guten und Schlechten Werke (*sevap* und *günah*) auf.

Die Guten und Schlechten Werke werden, je nachdem, von dem Engel auf der rechten und auf der linken Seite notiert und beim Jüngsten Gericht miteinander verrechnet werden. Auch hier ist die Sanktion das »Brennen« im Jenseits; während jedoch niemand angeben könnte, wie lange er für eine offene Schuld leiden müßte, ist bei dem Komplex der Guten und Schlechten Werke eine Spekulation über die jenseitigen Sanktionen gang und gäbe. Die Werke wiegen unterschiedlich schwer, und man kann darauf hoffen, daß ein besonders verdienstvolles Werk zahlreiche *günah* kompensiert. Nicht selten hört man Sätze wie den folgenden: »Wenn ich einen Widder opfere, wird das als Gutes Werk gutgeschrieben. Beim Jüngsten Gericht, wenn die Taten gewogen werden, wird er vielleicht soundsoviel *günah* aufwiegen.« Gelegentlich wird das Gewicht eines Werkes sogar numerisch genau angegeben, so wenn es beispielsweise heißt, ein Gebet in der Moschee sei 2527 mal verdienstvoller als eines zu Hause. Der Gedanke des Fegefeuers wird in diesem Zusammenhang operationalisiert und abgeschwächt; die sakrale Macht wirkt fast berechenbar. Das bedeutet allerdings nicht, daß die jenseitigen Strafen auf die leichte Schulter genommen würden. Glühende Ausmalungen von Fegefeuerstrafen sind ein beliebtes Thema des religiösen Diskurses.

»Kaum ist die Erde über dem Grab zugeschaufelt, tritt der Todesengel zu dem Toten und fragt ihn nach seinem Glauben und danach, ob er die Rechte anderer verletzt habe. Wenn es ein guter Mensch war, dann wird er die Antwort auf die Fragen des Engels wissen. Sie werden ihm leicht über die Lippen kommen. Ihm tritt der Todesengel in freundlicher Gestalt gegenüber. Das Grab wird sich weiten und wie ein Besuchszimmer sein. Wenn es aber ein schlechter Mensch war, dann tritt ihm der Todesengel in schrecklicher Gestalt gegenüber. Seine Haare werden wild zerzaust sein, seine Zähne werden wie Wildschweinhauer nach unten hängen. Alles Beten des *hoca* über dem Grab hilft dann nichts mehr. Die Zunge des Gestorbenen wird wie gelähmt sein. Er wird keine Silbe hervorbringen. Die Wände der Grabkammer werden zusammenrücken, und der Tote wird schreckliche Schmerzen bis zum Jüngsten Gericht ausstehen. Die werden so schlimm sein wie Zahnschmerzen. Danach bricht der Weltuntergang an. Die Steine, die Berge, die du hier siehst, werden nicht mehr aufeinanderbleiben. Dann wird der Prophet Jesus nach der einen Überlieferung 40 Tage, nach der anderen aber 40 Jahre lang regieren. Siehst du, davor fürchte ich mich« (»Mustafa, die Schnecke«).

»Das Jüngste Gericht wird anbrechen, wenn es keinen Menschen mehr gibt, der von Herzen *La ilâha illa"lâh-Muhammedu'r-Rasûlu'llâh* (»Es gibt keinen Gott außer Gott, und Muhammad ist Gottes Gesandter«) sagt. Dann wird 40 Tage nach der Überlieferung, 40 Stunden nach der anderen Gericht gehalten. Dann wird gewogen. Jeder Mensch hat zwei Engel zur Seite, einen links, den anderen rechts. Der eine schreibt die guten Werke auf, der andere die schlechten. Sie werden in 99 Büchern verzeichnet. Aber die Waage des Menschen, der einmal *La ilâha illa"lâh-Muhammedu'r-Rasûlu'llâh* gesagt hat, wird im Gleichgewicht sein, trotz seiner Sünden. Er wird gerettet werden, auch wenn er ins Fegefeuer muß. Im Fegefeuer werden die Gläubigen nur ganz leicht schwitzen, während die Sünder kräftig brennen werden.«

»Nach der Auferstehung werden die Gläubigen auf den von ihnen geopferten *kurban*-Schafen über 1000 Berge und Schluchten reiten, bis sie zur *sırat*-Brücke kommen. Wenn ein Gläubiger kommt, wird sie so breit sein wie eine Landstraße. Wenn aber jemand kommt, den Gott nicht kennt, wird sie schmal und scharf sein wie ein Schwert. Er wird dann hinunterstürzen.«

Die Idee der guten Werke tritt ergänzend neben die des Verschuldetseins: Als *sevap* werden die Taten gutgeschrieben, die man zusätzlich zu denen verrichtet, die für die Abtragung der Schuld zwingend vorgeschrieben sind. »Wenn man genau zu den Gebetszeiten betet, wird das als Verdienst vom Engel der rechten Seite gutgeschrieben. Wenn man dagegen später betet oder das Gebet nachholt, wird man gerade seiner Schuld gerecht, aber man erntet keinen Verdienst« (»Mustafa, die Schnecke«).

Während durch den Gedanken der Schuld die elementaren *gesellschaftlichen* Verpflichtungen überhöht werden, werden durch die Lehre von den Guten und Schlechten Werken die darauf aufbauenden *gemeinschaftlichen* Verpflichtungen begründet. Ein gutes Werk (*sevap*) ist allgemein eines, das den Gedanken der islamischen Gemeinschaft zum Ausdruck bringt: So ist es für Männer wesentlich verdienstvoller, das *namaz*-Gebet in der Gemeinde zu verrichten als alleine zu Hause. Auch der Gedanke, daß es verdienstvoll ist, auf die vorgeschriebene Minute genau mit dem Gebet zu beginnnen, hängt mit der Idee der Einheit des islamischen Gemeinwesens zusammen: Das gleichzeitige Gebet ist, wie wir oben gesehen haben, ein Symbol für die Geschlossenheit der Gemeinde.

Außer den Handlungen, die den Gedanken des Gemeinwesens rituell zur Darstellung bringen, sind diejenigen verdienstvoll, die ihm als Ganzem nützen. Zu nennen wären hier Arbeiten an den Versammlungsräumen der einzelnen Viertel, an der Moschee oder auch an den Brunnen, Wasserleitungen u. a. Noch wichtiger sind indes alle Handlungen, die die Verantwortung für den anderen in der Gemeinde bezeugen. So ist es verdienstvoll, den anderen zur Ausübung seiner religiösen Pflichten anzuhalten[5]: Bekir Ağa, der älteste Mann des Dorfes, wurde eines Tages gelobt:

Ahmet Akdemir: »Beim letzten Fasten wollte ich nicht mitfasten. Wir sind eben nicht genügend Leute im Haushalt. Als nun am ersten Tag gedroschen wird, geh' ich hinter den Wagen, um eine Zigarette zu rauchen. Da treffe ich den ›Unteroffizier Ali‹, der ebenfalls eine Zigarette raucht. Dann aber sehe ich Bekir Ağa, und der fastet, obwohl auch er den Dreschschlitten fährt. Da habe ich am zweiten Tag dann auch gefastet. Und ›Unteroffizier Ali‹ ebenfalls. An dem Tag hast du dir viel Verdienst erworben, Bekir Ağa.«

Entsprechend ist alles *günah* – schlechtes Werk, Sünde –, was den Gedanken des Gemeinwesens bedroht. So die Überlegung von Bekir Ağa: »Neulich habe ich einen *hoca* gehört, der gefragt hat: ›Was ist die größte Sünde? Gott zu leugnen? Nein! Schweinefleisch zu essen? Nein! Die größte Sünde ist es, über den, der nichts getan hat, zu sagen: Er hat es getan.‹ «

Alle drei *günah* stellen auf die eine oder andere Weise das Gemeinwesen in Frage: der Gottesleugner, indem der seine Mitte leugnet; der Schweinefleischesser, der die rituellen Grenzen zu Nicht-Muslimen nicht wahrt; der Meineidige, der den Rechtsfrieden stört.[6]

Auch der Lehre von den Guten und Schlechten Werken, zumindest wie sie im Dorf vertreten wird, liegt der Gedanke der Gegenseitigkeit zugrunde. Nur wird hier das elementare *do ut des* verallgemeinert zu einem »Wer gibt, dem wird gegeben«. Durch diese Verallgemeinerung wird der Gedanke eines altruistischen, an Gemeinschaft orientierten Handelns begründet. Ein gutes Werk ist gerade das einseitige Werk, das Werk, bei dem man *keine* Gegengabe erwarten kann. Es wird sich erst im Jenseits auszahlen. Die Beziehung von Gott, Mensch und Gesellschaft ist hier komplexer gedacht als in der Konzeption der Schuld: Dort wurde sie gleichsam auseinandergerissen – man mußte die elementaren Verpflichtungen beiden gegenüber unabhängig voneinander erfüllen. Hier werden Gott, Mensch und Gesellschaft zu einer Einheit integriert: Nur derjenige, der gesellschaftlich verantwortlich handelt, handelt gottgefällig; und nur derjenige, der Gott fürchtet, wird gesellschaftlich verantwortlich handeln.

Sowohl das Konzept der Verschuldung als auch das Konzept der Guten und Schlechten Werke weiten das Prinzip der Gegenseitigkeit durch die Beziehung zum Göttlichen aus. Durch Gottes Gericht wird sich letztendlich alles ausgleichen. Am Ende wird Gleichgewicht herrschen – die offenen Schulden werden getilgt, die Guten und Schlechten Werke in Balance sein. Jeder wird soviel erhalten, wie er gegeben hat, und jedem wird genommen werden, was er sich unrechtmäßig angeeignet hat. Das Prinzip von Gegenseitigkeit wird dadurch nicht so sehr begründet als universalisiert; es erscheint nicht nur als Grundlage dieser Gesellschaft, sondern als kosmisches Prinzip schlechthin. Mensch, Gott und Gesellschaft stehen in *einer* auf Gegenseitigkeit beruhenden Ordnung. Allerdings wird diese Ordnung, wie wir gleich sehen werden, ständig durch negativ wirkende sakrale Mächte gefährdet.

Die Gefährdung der Ordnung

Neben der göttlichen Macht, die auf Ausgleich hinwirkt, gibt es auch die teuflische, die auf das Gegenteil abzielt, die nicht Gegenseitigkeit, sondern Einseitigkeit bewirkt. Für das Wirken dieser negativen sakralen Kraft sind zwei Komplexe aufschlußreich: *Nazar* – der »Böse Blick« und *büyü* – der Zauber.

Nazar – der »Böse Blick«

Im Dorf erfuhr ich die Namen von 12 Personen – 9 Frauen und 3 Männern –, denen der Böse Blick zugeschrieben wird. Durch den Blick dieser Personen, heißt es, sei alles gefährdet, was wertvoll, schön oder auch nur empfindlich ist: Kleinkinder, jede Art von Vieh, Kraftfahrzeuge usw. Es sei nur eine Erfahrungstatsache, sagt man, daß der Blick dieser Personen »berührt«; man habe wiederholt nach ihren Besuchen bemerkt, daß ein Schaden aufgetreten sei, habe dies anderen erzählt, diese hätten ihrerseits Beobachtungen beigetragen, und so habe sich im Laufe der Zeit der Verdacht erhärtet. Experten, die den Träger des Bösen Blicks identifizieren können, gibt es nicht. Die Häufung von alten Menschen bei den *nazarankar*, den Trägern des Bösen Blicks, wird damit erklärt, daß es eine gewisse Zeit brauche, bis eine Annahme verifiziert werden könne.

Vor allem unerwartetes, plötzlich eintretendes Unglück wird mit dem Bösen Blick erklärt.

»Ich habe vorgestern einen Tisch für unsere Verwandten in Istanbul gezimmert. Als ich ihn gerade so weit hatte, daß ich die Bretter zurechtsägte, kam Sadık [ein als *nazarankar* verschrieener Bauer; W. S.]. Er schaute ihn an und sagte: ›Was wird das für ein schöner Tisch!‹ – Etwas später zersägte ich das Brett. Es sprang entzwei. Und das Brett war gerade gewachsen gewesen und hätte nicht springen dürfen. Das ist eben der Böse Blick« (Emin Akkaya).

Zur Zeit des Einbringens der Ernte vom Feld zum Dreschplatz treibt Yüksel seine Zugochsen aufs Feld. Er trifft eine erste Person, die als *nazarankar* gilt. Er geht vorbei. Etwas später trifft er eine zweite, dann eine dritte. Auf dem Feld angekommen, stürzt der Ochse zweimal. Dann zerreißt Yüksel sich die Hose. Als er dann schließlich am Dreschplatz eintrifft, bemerkt er, wie der *boncuk* zerbröselt, die blaue Glasperle, die er dem Ochsen als Schutz vor dem Bösen Blick um den Hals gehängt hatte (nach dem Bericht von Yüksel Börekçi).

Während sich die Bauern bei Fällen dieser Art ziemlich sicher sind, daß sie auf den Bösen Blick zurückgeführt werden können, wird er in anderen Fällen nur als eine Erklärungsmöglichkeit unter anderen herangezogen. So kann nach Auffassung der Bauern eine Erkrankung von Vieh oder Mensch durch Infektion verursacht sein, sie kann aber auch als Folge des Bösen Blicks auftreten. Entsprechend wird man sie zunächst mit Medikamenten behandeln und erst, wenn diese nichts nützen, sich an einen *hoca* wenden, der den Bösen Blick brechen kann.

Hüsnü Subayoğlus Ochse bekam im Sommer 1982 eine eiternde Beule am Hals. Hüsnü behandelte sie mit einer vom Veterinär empfohlenen Spritze, und die Beule verschwand zunächst, tauchte jedoch wenig später wieder auf: »Sie ist eben durch den Bösen Blick verursacht. Sie kommt immer wieder. Es ist doch so, daß in diesem Dorf verdammt viele den Bösen Blick haben.« Hüsnü wandte sich an den Dorfprediger und ließ die Beule belesen. Auch das fruchtete jedoch nichts. Der Mißerfolg widerlegte indes nicht die Hypothese des Bösen Blicks: »Es war einfach zu spät. Die Beule war schon zu groß. Hätte man es gleich gemacht, wäre es vielleicht gut geworden.«

Mein Nachbar Ahmet Akkaya hatte ein erkranktes Schaf zunächst mit Medikamenten behandelt. Erst als dies nichts half, holte er den Dorfprediger, um den Blick belesen zu lassen. In diesem Fall sprach die Kur an: Das Schaf reckte sich bei der Behandlung – was als Zeichen dafür gilt, daß der Blick gebrochen wurde – und stand am nächsten Tag wieder auf den Beinen, etwas wacklig zwar, aber immerhin. Ahmet wollte jedoch aus der positiv verlaufenen Therapie nicht den Schluß ziehen, daß unbedingt der Böse Blick an der Erkrankung schuld gewesen sei: »Möglicherweise wäre das Schaf auch so aufgestanden. Wie kann man das schon wissen?«

Der Böse Blick wird mit *hasret* assoziiert – dem übelwollenden Neid. Es fällt auf, daß gerade Frauen diese Eigenschaft zugeschrieben wird. Die Bauern, mit denen ich diesen Punkt erörterte, boten verschiedene Interpretationen dafür an. Frauen, meinte Hayrı Doğan, seien anfälliger für den Teufel. Anders als Männer tendierten sie dazu zu sagen: »Wenn wir kein Vieh haben, soll der andere auch kein Vieh haben.« Männer in einer vergleichbaren Situation dagegen bemühten sich eher selbst, eine Herde zu erwerben. Eine ergänzende, bemerkenswert soziologische Erklärung formulierte Abdullah Akdemir: Frauen könnten wegen ihrer sozialen Stellung ihre Umwelt weniger beeinflussen als Männer. Sie säßen oft »drinnen«, in den Häusern, und starrten dem Vieh der Nachbarn nach. Eine dritte Hypothese, die Şaban Subayoğlu vertrat, nämlich daß der Böse Blick angeboren sei, wurde von Hayrı Doğan zurückgewiesen: Gott habe nur vollkommene Geschöpfe erschaffen, ein Charaktermakel könne deshalb nur durch Erziehung kommen.

Evoziert wird eine Situation des Wettbewerbs und des Vergleichs; freilich eine, die spiegelverkehrt ist zum positiv gewerteten Wettstreit der Männer um Besitz. Letzterer ist gerechtfertigt, weil er erlaubt, durch Großzügigkeit Ansehen (*şeref*) zu akkumulieren, und weil er ermöglicht, die Schulden zurückzuzahlen, in denen man z.B. seinen Eltern gegenüber steht. Das Konzept von *hasret*, dieser spezifischen Form von Neid, bezeichnet dagegen eine gleichsam fehlgeleitete Form des Wettbewerbs – eine, die nicht produktiv, sondern destruktiv ist; die nicht durch eine Gabe den anderen in meine Schuld bringt, sondern umgekehrt durch seine Schwächung verhindert, daß ich in seine Schuld komme. Und sie unterscheidet sich von dem ebenfalls destruktiven Schlagabtausch der Fehde durch die Tatsache, daß sie einseitig ist. Das Konzept des Bösen Blicks bezieht sich so auf einen Gefühlskomplex, der der Struktur der Gegenseitigkeit entspringt und sie gleichzeitig in Frage stellt und den man besonders bei denjenigen findet, die aufgrund ihrer sozialen Situation nicht in der Lage sind, am positiven Wettbewerb selbst teilzunehmen.

Der Böse Blick wird im Dorf als Charaktermakel empfunden – darüber hinaus wird jedoch nichts gegen die *nazarankar* unternommen. Emin Akkaya wird durch meine Frage überrascht, wie die Leute, denen ein Böser Blick zugeschrieben wird, ihr Los empfänden. Natürlich rede man nicht mit ihnen darüber. »Es wäre schändlich (*ayıp*). Das Schwarze des Gesichts darf nicht ins Gesicht geworfen werden [d.h. hat jemand einen Makel, darf er nicht damit konfrontiert werden].« Es gilt als Provokation, jemanden auf seinen Blick anzusprechen. Als

»Asiz, der Beifahrer« die Frau vom »Kürbishändler«, irritiert dadurch, daß sie ihn beim Eintreiben des Viehs beobachtete, folgendermaßen anredete: »Was schaust du so, berührt dein Blick wieder?!«, führte das zum Abbruch der nachbarlichen Beziehungen.

Man schützt sich defensiv gegen die *nazarankar*. Eine Gruppe von Schutzriten besteht in der Anrufung der positiven sakralen Mächte: Meist dreieckige Anhänger sind mit Aufschriften versehen, wie *maşallah* – »Was Gott gewollt hat«, mit dem Namen des Propheten Muhammad, mit den Insignien Muhammads wie der Rose; oft ist an ihnen auch ein kleiner Koran befestigt. Der *nazarankar* werde, so sagt man, dadurch an die Notwendigkeit, Gott zu fürchten, erinnert und bekämpfe dann seine Neidgefühle. In diesem Zusammenhang ist auch die Sitte erwähnenswert, jede Bewunderung durch ein *maşallah* einzuleiten – so, als müsse man sich selbst vor der Versuchung des Neides schützen.

Eine zweite Gruppe von Schutzriten umfaßt folgende Maßnahmen:
– Das Vieh möglichst früh am Morgen hinaustreiben und spät am Abend heimbringen, damit die Wahrscheinlichkeit möglichst gering ist, daß jemand es sieht.
– Die Kinder verstecken, wenn jemand mit Bösem Blick das Haus betritt.
– Das Vieh möglichst eng zusammentreiben, wenn man jemandem mit Bösem Blick begegnet.
– Kleinkinder möglichst niemals in die Menschenmenge lassen.
– Dreimal ausspucken, wenn man einen *nazarankar* getroffen hat.
– Versuchen, mit dem *nazarankar* ein Gespräch anzuknüpfen, um ihn von dem Wertvollen abzulenken, das man mit sich führt.

Diese Gruppe ähnelt insofern Reinigungsritualen, als zugrunde zu liegen scheint, daß man dem bedrohlichen Blick eine gleichsam intakte Oberfläche oder Fassade zuwenden müsse, um ihn abprallen zu lassen. Verletzliches muß nach innen gebracht, verborgen oder zumindest auf einen Haufen zusammengedrängt werden. Es gilt, keine Angriffsfläche zu bieten. In diesem Zusammenhang ist auch eine Äußerung von Ishan Akkaya interessant: »Wir achten nicht viel darauf, was die Leute denken – deswegen macht uns auch der Blick nichts aus.« Auch wer nur mit sich selbst befaßt ist, zeigt nach außen keine Schwäche.

Eine dritte Gruppe soll nur der Vollständigkeit halber erwähnt werden. Man kann sich *boncuk,* blaue Glasperlen in Form eines Auges, Knochen, Muscheln, Schlangenköpfe anheften und sich so gegen den Blick schützen. Sie wirken wie Blitzableiter: sie ziehen den Blick auf sich, er wird dadurch gebrochen und schadet nicht mehr.

Mehrere Bauern betonten, sie hätten gesehen, wie ein *boncuk* zu Staub zerbröselt sei, nachdem ein Blick ihn getroffen habe.

Büyü – der Zauber

Neben dem Bösen Blick ist der Zauber (*büyü*) das andere wichtige sakrale Phänomen, das die Ordnung bedroht. Von Zauber (*büyü*) ist im Dorf ausschließlich in Zusammenhang mit Liebe und Sexualität die Rede. Mit ihm werden Impotenz, plötzlich einbrechende Liebe und das Erlöschen von Liebe und sexuellen Bedürfnissen erklärt.[7]

Der Impotenzzauber wird vor allem bei der Hochzeit gefürchtet. Wenn in dem Augenblick, in dem die Eheschließungszeremonie durch das *»âmin«* (Amen) abgeschlossen und besiegelt wird, ein Nebenbuhler einen Knoten in eine Schnur bindet und ein einschlägiges Gebet dazu spricht, soll der Mann impotent werden. Diese Gefahr wird so sehr gefürchtet, daß der genaue Zeitpunkt der Eheschließung geheimgehalten wird: Zu einem ad hoc festgesetzten Augenblick am Hochzeitsnachmittag werden der *hoca*, der Bräutigam und der Vertreter der Frau zusammengerufen und die *imam nikahı* (Imam-Hochzeit) geschlossen. »Sonst käme das [der Impotenzzauber] ja laufend vor« (»Unteroffizier Ibrahim«).

Da alle Formen von Magie als extreme *günah* (Sünde im Sinn von schlechtem Werk) gelten, erfährt man nur selten von Fällen, in denen Magie praktiziert wurde.

Von Ömer Akkaya wird erzählt, er habe seine Frau durch eine Zauberei seines Vaters (eines *hocas*) erhalten. Es hatte sich bei der Eheschließung offenbar um einen Fall gehandelt, wie ihn Ibrahim Yasa als *oturakalma* (wörtl. »sich setzen und bleiben«) beschreibt, eine extreme Variante des *kız kaçırma,* der »Entführung« (1962, S. 4). Die junge Frau hatte von sich aus ihr Elternhaus verlassen und sich in das Haus von Ömer begeben. Dies ist eine Form von Nötigung: Das Mädchen wirft seine soziale Existenz in die Waagschale, um eine Heirat zu erzwingen. Wenn der Mann sie ablehnt, ist ihre Ehre ruiniert. In dem besagten Fall erklärte sie selbst ihre Entscheidung mit Zauberei. Sie sei wie von Sinnen gewesen. So war sie gerade dabei, sich etwas Fleisch zu kochen – ein Leckerbissen für sie –, als sie, einem inneren Zwang gehorchend, alles stehen und liegen ließ und sich in das Haus von Ömer begab (nach einem Bericht von Hayrı Doğan).

Şaban Subayoğlu, der Sohn des »Blonden Bayram«, eines *hocas,* erzählte mir, daß häufig Frauen seinen Vater konsultierten, weil sich ihre Ehemänner von ihnen abgewandt hätten und sie nicht mehr sexuell begehrten. Sie vermuteten den Liebeszauber einer anderen Frau.

Alle Formen von Zauberei setzen Expertenwissen voraus, das allmählich ausstirbt. Die notwendigen Sprüche und Rezepte waren früher den *hocas* bekannt, die an kleinen ländlichen Medressen (Islamschulen) ausgebildet worden waren. Oft vervollkommneten diese Lehrer, wie z. B. Bayram Hoca, ihr magisches Wissen auf Reisen. Die Medressen sind nach der Revolution geschlossen worden. Sie wurden durch eine staatlich organisierte Ausbildung ersetzt – die *hocas* sind heute ähnlich wie die weltlichen Lehrer Staatsbeamte und werden den Dörfern zugeteilt. Die Bauern neigen dazu, ihnen magisches Wissen abzusprechen, sind sich aber ihrer Sache nicht ganz sicher: Für viele scheint das Wissen um das Sakrale, die Kenntnis der heiligen Sprache Arabisch und des Korans wenigstens prinzipiell die Möglichkeit zu bieten, diese zu mißbrauchen.

Zwei Motive werden für die Verurteilung der Magie angeführt. Das erste ist, daß in der Magie das Irrationale über das Rationale triumphiert: Dem Zauber wendet sich zu, wer von blinder Liebe beherrscht wird und deshalb nicht mehr gesellschaftlich verantwortlich handeln will oder kann. Er handelt dann entweder zerstörerisch (im Fall des Impotenzzaubers), oder er beraubt den anderen seines eigenen freien und verantwortlichen Willens, des Göttlichen in ihm. Das zweite Motiv kreist um die Tatsache, daß der Liebeszauber eine »Hochzeit gratis« (*bedava evlenme*) zur Folge hat: Bei einer durch Entführung zustandegekommenen Hochzeit ist der Brautpreis wesentlich geringer als bei anderen oder entfällt völlig. Man fürchtet die Gefährdung des feingewebten Reziprozitätsgefüges des Dorfes.

Es ist schwer einzuschätzen, wie weit diese magischen Praktiken im Dorf verbreitet waren. Da niemand zugibt, z.B. Liebeszauber versucht zu haben, stammen die einzigen Berichte von Betroffenen oder aus dritter Hand, die von dem Phänomen, etwa auftretender Impotenz, auf die Ausübung eines Zaubers schlossen. Bedeutung hat dieser Komplex vor allem als Erklärungsmodell. Gesichert ist jedoch, daß Gegenzauber praktiziert wurde, eine verdienstvolle Handlung, da sie dem Menschen seine Urteilskraft zurückgibt. Der Gegenzauber bestand in Techniken wie dem Belesen, dem Schreiben von *muskas* – in Stoff eingewickelten Koranversen, die um den Hals getragen werden – und ähnlichem.

Der wesentliche Unterschied der Komplexe *nazar* und *büyü* scheint darin zu liegen, daß es sich beim Bösen Blick eher um ein Beherrschtwerden von bösen Kräften, um ein Phänomen des Ausgeliefertseins, handelt, während der Zauber eher eine Praktik, einen Mißbrauch der religiösen Kraft darstellt. Dennoch überwiegen die Parallelen. Beides ist gesellschaftsschädlich, beides sündhaft (*günah*), und sowohl der *nazarankar* wie auch derjenige, der Zauber praktiziert, müssen mit jenseitigen Sanktionen rechnen. An beide wird appelliert, Gott zu fürchten und zu verantwortlichem Verhalten zurückzukehren. Eigentlich liegt die Ähnlichkeit von *büyü* und *nazar* aber wohl darin, daß sie beide Ausdruck der Herrschaft des Irrationalen sind. Wer zu *büyü* Zuflucht nimmt, wer *nazarankar* ist, ist nicht mehr Herr seiner selbst; er ist seinen Leidenschaften – dem bösen Neid, der blinden Liebe – preisgegeben. Beide Gefühle sind deshalb zu fürchten, weil sie in der Ordnung der Gegenseitigkeit angelegt sind und gleichzeitig diese Ordnung gefährden – der böswillige Neid ist spiegelverkehrt zum positiv bewerteten Wettstreit um *şeref,* Ansehen, und die blinde Liebe spiegelverkehrt zur erwünschten verantwortlichen Liebe der Ehepartner. Es dürfte kein Zufall sein, daß beide Phänomene mit Schlaf assoziiert werden. Der Begriff *uyandırmak* – »aufwecken« – wird sowohl verwendet, wenn die Macht des Bösen Blicks gebrochen und wenn ein Zauber aufgelöst wird: Die Zeichen des Erwachens, Gähnen und Sich-Recken, begleiten beide Vorgänge. Es scheint, als wecke der Schlaf der Vernunft die Ungeheuer, die tagsüber durch die Herrschaft der Ratio – durch das Bewußtsein, sich irgendwann verantworten zu müssen – im Zaum gehalten werden.

Die Mächte, die Gegenseitigkeit verbürgen und sie gefährden, werden außerhalb des Individuums angesiedelt. Mit ihnen korrespondieren jedoch innerseelische Kräfte. In der Regel wird ein Kausalzusammenhang hergestellt – etwa wenn Gier und übelwollender Neid auf den Einfluß des Teufels zurückgeführt werden oder plötzlich auftretende Liebe durch Zauber erklärt wird. Häufig scheint die sakrale Macht nur durch die innerseelischen Kräfte erfahrbar, die durch sie hervorgerufen werden. Besonders die Äußerungen zum Bösen Blick oder zum Fluch lassen erkennen, daß sich die Bauern in der religiösen Symbolik wiedererkennen. Mit ihr werden schwer faßbare seelische Probleme greifbar – und damit bewertbar und beherrschbar. Ich habe den Eindruck, daß sich die Äußerungen zum Religiösen in ihrer Gesamtheit zu einer bemerkenswert konsistenten Lehre von seelischen Kräften fügen und eine spezifische Form der Vergesellschaftung, einen Habitus, implizieren.

Eine gesellschaftlich verantwortliche Haltung wird mit Vernunft gleichgesetzt. Nach Meinung der Bauern ist ethisch richtiges Handeln vernünftiges Handeln – und entsprechend wird jeder Vernünftige ethisch richtig handeln. Die Vernunft gebiete es nämlich, die Offenbarung Muhammads zu akzeptieren und ernst zu nehmen. Jeder, der bei klarem Verstand sei, werde einsehen, daß Muhammad der letzte Prophet ist und alle vorherigen Propheten aufgehoben hat. Zum Beleg werden immer wieder Geschichten von Wissenschaftlern und Gelehrten erzählt, die zum Islam konvertiert seien. Dies führt in bezug auf christliche Priester zu einer bemerkenswerten Konstruktion. Da diese zweifellos über Wissen verfügen, müßten sie eigentlich einsehen, daß es keinen Gott außer Gott gibt und daß Muhammad sein Prophet ist. Der einzige Grund für sie, sich nicht zum Islam zu bekennen, kann der Wunsch sein, die Gemeinde zu täuschen, um sich die eigene Pfründe zu sichern. Eine Geschichte verdient es, hier wiedergegeben zu werden:

»Ein Priester hat seine Gemeinde zu einer religiösen Versammlung eingeladen. Die Gläubigen kommen. Als jedoch alle eingetroffen sind, läßt der Priester sie warten. Schließlich werden sie unruhig und fragen: ›Warum beginnst du nicht mit dem Gebet?‹ Der Priester sagt: ›Unter euch ist einer, der verehrt Muhammad als Propheten. Deswegen kann ich nicht beginnen. Er soll sich erheben.‹ Der Muslim in der Gruppe hat Angst und rührt sich nicht. Da fragt der Priester: ›Wer von euch glaubt an Gott und daran, daß Muhammad sein Prophet ist?‹ Da springt der Muslim auf. Die versammelten Christen wollen sich auf ihn stürzen, doch der Priester gebietet ihnen, sich zu setzen. Dann wendet er sich an den Muslim: ›Du sagst, daß euer Glaube dem unseren überlegen sei. Dann beantworte mir drei Fragen, auf die ich keine Antwort weiß. Die erste ist: Es steht geschrieben, daß die Gläubigen im Paradies essen und trinken, doch es steht nicht geschrieben, daß sie ihre Mägen entleeren. Wie ist das zu erklären?‹ Der Muslim antwortet: ›Es verhält sich damit wie mit einem Kind im Bauch der Mutter. Es ißt und trinkt und entleert doch nicht seinen Magen.‹ – ›Richtig‹, antwortet der Priester, ›aber beantworte mir noch eine zweite Frage: Es steht geschrieben, daß im Paradies ein Baum steht, dessen Wurzeln in die Luft ragen und dessen Äste nach unten hängen. Wie ist das möglich?‹ – ›Schau die Sonne an‹, sagt der Muslim, ›ihre Wurzel hängt in der Luft und ihre Zweige hängen nach unten zur Erde.‹ – ›Richtig‹, sagt der Priester. [Der weitere Verlauf der Geschiche erfordert nun eine dritte Frage. Der Erzähler unterschlug sie jedoch – offensichtlich war sie ihm entfallen; W. S.]. Nun wendet sich der Muslim an den Priester. ›Ich habe dir drei Fragen beantwortet. Erlaube, daß auch ich nun meinerseits eine Frage an dich richte: Was entscheidet darüber, ob ein Mensch ins Paradies kommt?‹ – Der Priester zögert und sagt dann: ›Diese Frage kann ich nicht beantworten. »Da wird die Gemeinde unruhig und sagt zum Priester: ›Wie, du kannst ihm noch nicht einmal eine Frage beantworten, und er hat dir doch drei Fragen beantwortet!‹ Da bricht es aus dem Priester hervor: ›Es ist der Glaube, daß Allah Gott ist und Muhammad sein Prophet.‹ Da fällt die Gemeinde auf die Knie und betet zu Allah. Von dieser Stunde an bekennen sie sich zum Islam.«

Wer um Gott weiß und ihn ernst nimmt, wird auch sein Gericht fürchten. Die durch ihn verbürgte Ordnung der Gegenseitigkeit ist unerbittlich. Der Gedanke der Sündenvergebung existiert zwar und wird gelegentlich in religiösen Gesprächen erwähnt – er ist jedoch, anders als im Christentum, nicht rituell abgestützt. Man kann deswegen nicht darauf setzen. Im Prinzip wird man für alle im Diesseits begangenen Handlungen im Jenseits zur Rechenschaft gezogen werden. Die Bauern rechnen damit, im Jenseits »brennen zu müssen«.

Diese Betonung der unbedingten Verantwortung des einzelnen für alle seine Handlungen würde wohl überwältigend wirken, wenn sie nicht mit der Überzeugung einer prinzipiellen Heilsgewißheit verknüpft wäre. Wer einmal – und sei es auf dem Sterbelager – die Bekenntnisformel (*şahadet*) ausgesprochen hat, ist gerettet. Wenn er auch eine Zeitlang im Fegefeuer brennen wird, wird er letztendlich ins Paradies kommen. Niemand fand deswegen etwas dabei, als Ahmet Akkaya mit der größten Selbstverständlichkeit sagte: »Ich weiß, daß ich ins Paradies komme.«

Es dürfte deutlich geworden sein, daß der bäuerliche Begriff der Vernunft nicht die Notwendigkeit rationalen Begründens gesellschaftlicher Regeln meint – im Gegenteil: Gesellschaftliche Regeln zu begründen (und damit zu kritisieren, zu verwerfen oder neu zu schaffen), würde als Selbstüberschätzung und damit als Unvernunft schlechthin gesehen werden. Die Vernunft gebietet vielmehr, seinen Platz in der Weltordnung zu kennen und zu akzeptieren; sie bedeutet einzusehen, daß die eigenen Verstandeskräfte beschränkt sind; sie bedeutet zu begreifen, daß die von Gott offenbarte Ordnung vernünftig ist. Kurzum: Weil die Offenbarung vernünftig ist, gebietet es die Vernunft, nach der Offenbarung zu leben. Die Richtung, die das vernunftgeleitete Denken einschlägt, zielt deshalb nicht auf den Entwurf einer eigenen Ordnung, sondern auf das Kennenlernen des Offenbarten. Man muß die Regeln der Religion kennen, um richtig, d. h. vernünftig leben zu können.

Die Mühe um das Wissen drückt sich im Dorf in der Achtung vor religiösen Lehrern aus. Die Bauern holten sich im Winter und während des Ramazan immer Prediger ins Dorf, die sie auf eigene Kosten beherbergten und verköstigten.[8] Diese *hocas* wurden dann im Zweifelsfall über die Einzelheiten der Offenbarung konsultiert – sie wurden gefragt, ob durch einen versehentlich genommenen Schluck Wasser das Fasten gebrochen sei; ob man während der Fastenzeit einen Stein in den Mund nehmen dürfe oder nicht usw. Von der großen Achtung vor dem Wissen zeugt auch folgende Geschichte:

»Eines Abends entbrannte ein Wettstreit, wer den Schlüssel zum Paradies haben solle. Die Engel hatten ihn den *hocas* gegeben, weil sie den übrigen Gläubigen den richtigen Weg zeigten. Die *hocas* hatten jedoch den Schlüssel abgelehnt und gesagt, die Ehre gebühre demjenigen, der Gastfreundschaft walten lasse. Ohne seine Versorgung hätten sie nicht lernen und ihr Wissen vervollständigen können.

Der Gastgeber wies aber ebenfalls den Schlüssel zurück und sagte, daß er ohne die Worte der *hocas* wahrscheinlich niemals den Wert der Gastfreundschaft verstanden hätte. So liegt der Schlüssel zum Paradies auch heute noch bei den *hocas* (»Mustafa, die Schnecke«).

Die Bedeutung von Experten wird auch dadurch unterstrichen, daß die Offenbarung auf arabisch gegeben ist. Da jede Übersetzung in eine andere Sprache als Interpretation und damit als Verfälschung gilt, muß man Arabisch können, um in Glaubensfragen eine gültige Auskunft erteilen zu können.

Die Emphase auf Wissen prägt auch die alltägliche religiöse Praxis. Es steht geschrieben, was der einzelne zu tun und zu lassen hat. Jeder kann von den *hocas* erfahren, wie man seine religiöse Schuld abträgt und welche Werke als sündig (*günah*) gelten. Die religiösen Pflichten sind deshalb erfüllbar. Jeder geistig gesunde Erwachsene kann ihnen gerecht werden – wenn er nur will. Man kann sicher sein, daß ein Gebet, wenn es nur richtig ausgeführt wurde, auch angenommen wird. Eine klare Werkethik ist damit gesetzt.[9] Es erscheint den Bauern unproblematisch, daß auch Gott daran gebunden ist – er hat sie schließlich offenbart. Der Gott der Bauern trägt Züge eines korrekten Buchhalters.

All dies gibt der Religiosität der Bauern einen nüchternen, fast berechnenden Charakter, der sich am deutlichsten in der dörflichen Interpretation des *kaza* ausdrückt, der im Islam prinzipiell vorgesehenen Möglichkeit, religiöse Verpflichtungen nachzuholen. Die jungen Männer setzen auf diese Möglichkeit. Sie drücken sich um das Fasten und Beten mit der festen Absicht, das Versäumte im Alter nachzuholen (wenn – so hat man jedenfalls bei einigen den Eindruck – das Interesse daran, Sünden zu begehen, ohnehin auf natürliche Weise erlischt und es also nicht mehr darauf ankommt). Im Alter beginnt man dann die Last des Versäumten zu spüren und versucht soviel wie möglich davon aufzuholen. Wie viele andere Männer auch, steht der »Tabakhändler« jeden Morgen sehr zeitig auf, um die *namaz*-Gebete nachzuholen, die er in seinem bisherigen Leben unterlassen hat.

Dies wirkt so, als sähen sich die Bauern gegenüber Gott vor einem Schuldenberg an religiösen Verpflichtungen. Diesen Berg gilt es zu Lebzeiten soweit wie möglich abzutragen. Da dieser Berg gleichsam außen gegeben, objektiv ist, ist es auch sekundär, *wann* man sich an diese Aufgabe macht. Man hat im Prinzip ein Leben lang Zeit. Der einzige Einwand, der im Dorf gegen diese Praxis laut wird, unterstreicht den äußerlichen Charakter der Verpflichtungen. Es sei einfach leichtsinnig, wird argumentiert, auf die Zeit im Alter zu setzen: Wisse man denn, wann man sterben werde? Hier wird nicht das Prinzip in Frage gestellt, mit den Verpflichtungen zu kalkulieren, sondern einfach auf die Gefahr hingewiesen, daß man sich dabei verrechnen kann.

Klarer Verstand, realistische Furcht vor dem Gericht und die Einsicht in die Unerbittlichkeit der Ordnung motivieren den einzelnen, sich um das Wissen über das von ihm Verlangte zu bemühen und den Forderungen nachzukommen. Kurzum: Es ist seine *Ratio*, die ihn veranlaßt, sich gegenüber sich selbst, Gott und der Gesellschaft verantwortlich zu verhalten.

Dennoch gibt es Kräfte, die den Menschen immer wieder veranlassen, wider sein besseres Wissen und trotz seiner Furcht vor dem Gericht Einseitigkeit zu wollen. Diese Kräfte werden auf den Einfluß des Teufels (*şeytan*), von Erdgeistern (*cin*) oder eines Zaubers zurückgeführt und äußern sich in blinden Leidenschaften, triebhafter Gewalt oder geistesverwirrten Zuständen. Die Haltung, die diesen Gefühlen gegenüber eingenommen werden sollte, ist maßgeblich davon bestimmt, daß sie von außen hervorgerufen werden. Sie werden wie etwas dem Individuum Fremdes gesehen und behandelt. Sie erscheinen als prinzipiell gegeben; man kann sie nicht überwinden, man kann nur versuchen, sie einzugrenzen. Ich habe den Eindruck, daß es eher als Schwäche denn als »Schuld« (im moralischen Sinn) gesehen wird, wenn das Individuum ihnen unterliegt.

Diese prinzipielle Gegebenheit der ordnungsbedrohenden Kräfte wird durch einen Gedanken unterstrichen, der paulinisch anmutet. Bei einigen Formulierungen hat man den Eindruck, daß die negativ sakralen Kräfte in genauer Korrespondenz zu den positiven Kräften auftreten. Der Wettbewerb um *şeref*, um Ansehen, stiftet erst den *hasret*, den übelwollenden Neid, der den Bösen Blick nach sich zieht. Kennzeichnenderweise heißt es, daß es in der Stadt (wo die Beziehungen nicht auf Gegenseitigkeit beruhen) keinen Bösen Blick gäbe, »weil man dort den Nachbarn nicht kennt«. Ähnlich ließe sich zeigen, daß die Idee von *büyü*, dem Zauber, aus der Auffassung von Hochzeit als Gabentausch resultiert. Endlich heißt es explizit, daß die *cin* als »Soldaten des Teufels« gerade den Frommen heimsuchten. Das Böse ist – jedenfalls in seiner spezifischen Form – ein Spiegelbild des vom Gesetz Gebotenen. Es wird durch das Gesetz erzeugt[10] – es kann durch das Beachten des Gesetzes also nicht überwunden werden. Man muß vielmehr mit den ordnungsgefährdenden Kräften außerhalb wie immer seiner selbst leben – und auf der Hut vor ihnen sein.

Dabei kann man zunächst versuchen, durch an Magie erinnernde Praktiken die Kräfte des positiv Sakralen zu mobilisieren. Wir haben die Formen erwähnt: Bedeutsam sind die Verwendung der sakralen Schrift (als Amulette, als Aufhänger gegen den Bösen Blick, oder als Wandschmuck), die Ausrufung bestimmter Formeln – wie *maşallah* (»Was Gott gewollt hat«), wenn man etwas bewundert, oder *Bismillah irahman irrahim* (»Im Namen Gottes des Erbarmers des Allerbarmers«), wenn man eine Tätigkeit aufnimmt. Diesen äußeren Praktiken (die einfach die Präsenz des positiv Sakralen hervorheben) korrespondiert innerpsychisch die Erinnerung an Gottes Gericht.

Außer der Präsenz des positiv Sakralen bieten die Reinigungsrituale einen Schutz. Ihre Funktion scheint vor allem darin zu bestehen, das Selbst nach Grenzüberschreitungen wieder in die Ordnung einzubinden. Vor allem der Zwang, sich nach dem sexuellen Verkehr rituell zu reinigen, aber auch nach Schlaf oder Ohnmacht, dürften den einzelnen wieder an die Ordnung erinnern. Die Passage bleibt vorübergehend; sie ist durch das Ritual klar begrenzt und damit gleichsam neutralisiert.

Den Jungen im Dorf werden die Gefahren ritueller Unreinheit – vor allem im Zusammenhang der *cenabet*, der Unreinheit, die durch Samenaustritt verursacht wird – nachdrücklich eingebleut. Wenn sie nach einem Samenerguß das Haus verlassen, ohne vorher eine Ganzwaschung[11] zu vollziehen, werde das Gras, auf das sie treten, verdorren und unfruchtbar werden. Ihr Gesicht werde sich in spastischen Zuckungen verzerren, und sie werden an allen Gliedern zu zittern beginnen. Außerdem sei man im Zustand der Unreinheit besonders der Gefahr eines Angriffs durch *cin*, eines Erdgeistes, ausgesetzt. Die Folgen können von plötzlich auftretenden Lähmungen, Sprachlosigkeit, Geistesverwirrung usw. bis zum Tod reichen. Schließlich aber drohen auch jenseitige Strafen. Wer im Zustand der *cenabet* sterben sollte, wird im Jenseits wie ein Christ empfangen – er hat die Aussicht auf Erlösung verwirkt.[12] »Und wenn das Haus brennt, mußt du erst die Ganzwaschung vollziehen, wenn du *cünup* (Adjektiv von *cenabet*) bist, bevor du hinausläufst« (»Mustafa, die Schnecke«). »Selbst wenn die Gendarmerie vor der Tür stünde und ich fliehen könnte, würde ich dennoch nicht ausreißen, wenn ich *cünup* wäre.«

In diesen Drohungen wird die Gefahr beschworen, die gegeben ist, wenn die Situationen der Überschreitung, in denen Emotionalität und Körperlichkeit dominieren, nicht durch einen klaren Schnitt vom alltäglichen, rationalen Handeln getrennt sind. Das Irrationale wird dann das Alltagshandeln infizieren: Man wird nicht mehr in der Lage sein, ruhig und überlegt zu handeln, sondern das Organische, das Körperliche wird sich durchsetzen, zum eigenen Verderben wie zum Verderben anderer. Es bezeichnet die Bedeutung dieses Komplexes, daß der Gedanke der rituellen Reinheit tiefer und elementarer als der der Sünde (*günah*) ist. In türkischen Bordellen, wurde im Dorf erzählt, gebe es überall Bäder, in denen man sich »blitzsauber« reinigen könne. Kurzum: Die Sünde des Ehebruchs wird hingenommen – völlig inakzeptabel aber wäre es, im Zustand der Unreinheit auf die Straße zu gehen.

Eine dritte Form des Umgangs mit sich selbst besteht schließlich darin, zu versuchen, von vornherein alle Situationen der Versuchung zu vermeiden. Dies bezieht sich zunächt auf rauschhafte Zustände. Immer wieder wird im Dorf die Geschichte erzählt, die Muhammad veranlaßte, das Weintrinken zu verbieten:

Der Prophet kam an einer Gruppe fröhlicher Männer vorbei. Sie scherzten und waren guter Dinge. Er fragte sie: »Warum seid ihr so fröhlich?« Sie antworteten: »Wir trinken Wein.« Da sprach der Prophet: »*Yahu.* Das muß eine gute Sache sein, was die Menschen so fröhlich macht.« Er ging weiter. Nach einiger Zeit kam er an die Stelle zurück, wo er die Männer gesehen hatte. Sie lagen tot auf dem Boden. Er fragte einen der Umstehenden: »Was ist passiert? Ich habe die Männer so fröhlich gesehen und jetzt sind sie tot.« Man antwortete ihm: »Sie haben Wein getrunken und gerieten in Streit. Da haben sie einander getötet.« Da verfluchte der Prophet den Weingenuß.[13]

Noch deutlicher wird die Haltung eines prinzipiellen Mißtrauens gegenüber sich selbst, wenn ältere Männer überlegen, ob sie ihren

Söhnen in die Stadt folgen sollen. Häufig wehren sie sich mit dem Argument: »Warum soll ich in meinem Alter noch eine *günah* begehen?« Wer sich – so scheint es – in eine bestimmte Situation begibt, wird sich ihr entsprechend verhalten. Ein prinzipielles Mißtrauen gegenüber sich selbst läßt es als illusionär erscheinen, sich in einer widrigen Umgebung behaupten zu können. Mit dieser Einschätzung wurden vor allem die Migranten nach Deutschland konfrontiert: Wer sich in das Land von Christen begebe, werde auch die Kirche besuchen. Entsprechend lautet eine der standardisierten Lebensweisheiten, die die Väter im Dorf ihren Söhnen mit auf den Weg geben, daß sie unter allen Umständen »schlechte Freunde« meiden sollten. Man kann sich nicht in schlechte Gesellschaft begeben und dabei sich treu bleiben.[14]

Furcht, Verantwortlichkeit, Nüchternheit und Ernst einerseits, Wachsamkeit und Skepsis gegenüber sich selbst andererseits charakterisieren den Habitus der Bauern. Nichts ist besser geeignet, diese Disposition gegenüber der Welt und sich selbst zu kennzeichnen, als die Aufforderung *ağır ol!* – »Sei schwer«, mit der die Söhne ermahnt werden, sich ernst und würdevoll zu verhalten.

Anmerkungen

[1] *Namaz*-Gebet und Fasten sind nur zwei der fünf Fundamente des Islam. Daneben steht das Bekenntnis der Einheit Gottes (*şahadet:* »Es gibt außer Allah keinen Gott, dem Unterwerfung gebührt, und Muhammad ist sein Knecht und Prophet« (nach: Soymen/Schmiede 1960), die Pilgerfahrt nach Mekka und die Armensteuer. Armensteuer und Pilgerfahrt werden von den Bauern nicht als »Schuld« (*borç*) empfunden, weil sie nur den Wohlhabenden und nicht jedem einzelnen auferlegt sind.

[2] Vom auf arabisch verrichteten *namaz*-Gebet unterscheidet sich das *dua*-Gebet, das auf türkisch gesprochen wird und ein Bitt- und Fürbittgebet ist.

[3] In weitaus größerem Maß als gegenüber dem Vater steht man in der Schuld der Mutter. Der Fluch der Mutter ist deshalb besonders zu fürchten. Dies mag auch eine andere, seltsame, aber oft gehörte Redewendung im Dorf erklären: *Anne kutsal* – »Die Mutter ist heilig«, mit der die Gehorsamspflicht begründet wird.

[4] An dieser Stelle ist die Übertragung der Alltagserfahrung des Umganges mit

dem anderen auf den Umgang mit dem Göttlichen besonders deutlich. Diese Position dürfte theologisch kaum haltbar sein, da sie eine Beschränkung der Allmacht Gottes impliziert.

[5] Vgl. hierzu die Ausführungen über die »ermahnende« religiöse Rede, auf die wir bereits oben hingewiesen haben (vgl. S. 226).

[6] *Günah* ist ebenfalls die Verletzung der Friedenspflicht in der Gemeinde (vgl. oben S. 67).

[7] Zu den magischen Techniken s. Ugurol Barlas: *Anadolu Düğünlerinde Büyüsel Inanmalar*. Karabük 1974.

[8] Dieses System brach zusammen, als 1976 das Präsidium für Religiöse Angelegenheiten die Zuteilung der Dorfprediger in die eigene Hand nahm.

[9] Der klare Charakter dieser Werkethik ist durchbrochen, wenn Hayrı Doğan Versunkenheit und Konzentration beim Gebet fordert (vgl. S. 72). Damit richtet sich das Augenmerk vom Gebet als Akt weg auf die Haltung oder Einstellung, mit der es vollzogen wird. Ein Gebet wird nicht nur dann ungültig, wenn ein formaler Fehler gemacht wird, sondern auch, wenn es aus falschen Motiven oder unaufmerksam vollzogen wird. Den Selbstzweifeln sind damit Tür und Tor geöffnet. Hayrı berichtete von *Nakşibendi*-Derwischen, die sich um Vervollkommnung bemühten, die aber in der Selbstgerechtigkeit, die Vervollkommnung mit sich bringt, die größte aller Sünden sahen. Den Bauern ist ein derartiger Zirkel fremd und unverständlich.

[10] Paulus formulierte diesen Gedanken im Römerbrief (7, 5): »Denn solange wir im Fleische waren, da waren die sündlichen Lüste, welche durch das Gesetz sich erregten, kräftig in unseren Gliedern, dem Tode Frucht zu bringen.«

[11] Die Ganzwaschung (*gusül*) ist nach der Beendigung der Regel bzw. des Wochenbettes der Frauen vorgeschrieben, nach dem Geschlechtsverkehr und dem Samenerguß – sie verlangt das Aussprechen der *besmele* (*Bismillah irrahman irrahim*), der bewußten Absicht, eine rituelle Waschung zu vollziehen, ein erstes Abwaschen des groben Schmutzes, den Vollzug der einfachen Waschung (*aptes*) und schließlich das dreimalige Übergießen des ganzen Körpers, wobei auch »nicht die Größe einer Nadelspitze« unbenetzt bleiben darf. Die einfache Waschung (*aptes*) ist dagegen vor jedem sakralen Akt vorgeschrieben, vor jedem Gebet, jeder Opferung etc. Wie die Ganzwaschung verlangt sie die *besmele* und die Absichtserklärung: Bei ihr werden Hände, Füße und Gesicht gewaschen; besonders wird dabei die Reinigung der Körperöffnungen (Nase, Mund, Ohren) betont.

[12] Die unerhörte Bedeutung der Waschung der Toten wird von den Bauern damit begründet, daß sie im Zustand der *cenabet* gestorben sein könnten und dann unrein mit dem Göttlichen konfrontiert würden. Bei Berichten z. B. über die Erdbebenkatastrophe 1976 in Ostanatolien wurde immer wieder gerade die

Tatsache hervorgehoben, daß Tausende bestattet werden mußten, ohne gewaschen werden zu können.

[13] Nichts liegt den Bauern ferner als der Gedanke einer Gotteserfahrung im Rausch. Die Idee des christlichen Abendmahls – allerdings als kollektives Trinkgelage vorgestellt – erscheint den Bauern geradezu als der Inbegriff von Blasphemie.

[14] Mit diesem Erklärungsmuster wurde ich vor allem konfrontiert, als ich in Berlin Gespräche mit den Eltern von türkischen Jugendlichen führte, die eine Vergewaltigung begangen hatten. Es bestand eine einhellige Meinung darüber, daß es die Situation gewesen sei, vor allem aber der Einfluß der Freunde, der letztendlich zu der Tat geführt habe. Vgl. Schiffauer, 1983, S. 91.

Literatur

Akkayan, T.: *Göç ve Değişme* (»Migration und Wandel«) Dissertation. Universität Istanbul 1975

Barlas, U.: *Anadolu Düğünlerinde Büyüsel Inanmalar* (»Magische Vostellungen bei Anatolischen Hochzeiten«). Karabük 1974

Barthes, R.: *Mythen des Alltags*. Frankfurt/Main 1964

Baykurt, F.: *Yüksek Fırınlar* (»Hochöfen«) Istanbul 1983

Bourdieu, P.: *Entwurf einer Theorie der Praxis*, Frankfurt/Main 1976

ders.: *Algerie 60*, Paris 1977

Bruinessen, M. v.: *Aga, Sheykh and State*, Utrecht 1978

Douglas, M. *Purity and Danger, An Analysis of the concepts of Pollution and Taboo*, London 1966

Dies: *Ritual, Tabu und Körpersymbolik, Sozialanthropologische Studien in Industriegesellschaft und Stammeskultur*, Frankfurt/Main 1974

Dundes, A./Leach, J. W./Özkök, B.: »The strategy of Turkish Boys verbal duelling rhymes« *Journal of American Folklore*, 83, 1970. S. 325–349

Durkheim, E.: *Die elementaren Formen des religiösen Lebens*, Frankfurt/Main 1981

Elias, N.: *Was ist Soziologie?* München 1970

Engelbrektsson, U.-B.: *The Force of Tradition. Turkish Migrants at Home and Abroad.* Göteborg 1978

Erdentuğ, N.: »Türkiyenin Karadeniz Evlenme Görenekleri« (»Hochzeitsbräuche in der Türkischen Schwarzmeerregion«) in: *Antropolji Dergisi*, (Ankara Üniversitesi, Dil ve Tarih Cografya Fakültesi), Sayı 7, Ankara 1972–73

Dies.: »Türkiyenin Karadeniz Bölgesinde Evelenme Görenekleri ve Törenleri« (»Hochzeitsbräuche und Hochzeitssitten in der Türkischen Schwarzmeerregion«), Teil II und III in: *Antropolji Dergisi*, (Ankara Üniversitesi, Dil Ve Tarih-Cografya Fakültesi) Sayı 5 Ankara 1969/70 und Sayı 6 Ankara 1971/72

Füruzan: »O du schönes Istanbul«, in: Füruzan: *Frau ohne Schleier*, Wien 1976

Gugler, J.: »Totales Soziales Phänomen«, in: Bernsdorf, W. (Hrsg.): *Wörterbuch der Soziologie*, Stuttgart 1969

Kleff, H.-G.: *Vom Bauern zum Industriearbeiter. Zur kollektiven Lebensgeschichte der Arbeitsmigranten aus der Türkei*, Ingelheim 1984

Kramer, F.: »Über Zeit, Genealogie und solidarische Beziehung«, in: Kramer, Sigrist (Hrsg.): *Gesellschaften ohne Staat*, Bd. 2 Frankfurt/Main 1978

Kramer, F.: »Fremd und freundlich«, in: *Kursbuch* 62, Dezember 1980

Krappmann, L.: *Soziologische Dimensionen der Identität*, Stuttgart 1969

Lewis, B.: *The Emergence of Modern Turkey*. London, Oxford, New York 1961

Lévi-Strauss, C.: *Das wilde Denken,* Frankfurt/Main 1968

Mauss, M.: *Die Gabe,* Frankfurt/Main 1968

Ders.: »Eine Kategorie des menschlichen Geistes: Der Begriff der Person und des ›Ich‹.« In: Mauss M.: *Soziologie und Anthropologie II,* Frankfurt/Main, Berlin, Wien 1978

Örnek, S. V.: *Türk Halkbilimi* (»Türkische Volkskunde«) Ankara 1977

Örnek, S. V.: *Geleneksel Kültürümüzde çocuk* (»Das Kind in unserer traditionalen Kultur«) Ankara 1979

Petersen, A.: *Ehre und Scham. Das Verhältnis der Geschlechter in der Türkei,* Berlin 1985

Sahlins, M. D.: »On the Sociology of Primitive Exchange«, in Banton, M. (Hrsg.): *The relevance of Models for Social Anthropology* (ASA Monograph 1), London 1965

Ders.: *Tribesmen,* Englewood Cliffs, New Jersey 1968

Sartre, J. P.: *Das Sein und das Nichts,* Reinbek bei Hamburg, 1952

Schiffauer, W.: »Die Gewalt der Ehre«, in: *Kursbuch 62,* Berlin 1980

Ders.: »Soziale Beziehungen in zwei türkischen Freundesgruppen«, in: *Zeitschrift für Pädagogik,* 27. Jahrgang 1981, Nr. 6

Ders.: *Die Gewalt der Ehre,* Frankfurt/Main 1983

Ders.: »Religion und Identität. Eine Fallstudie zum Problem der Reislamisierung bei Arbeitsemigranten«, in: *Schweizer Zeitschrift für Soziologie,* Vol. 10, Nr. 2, 1984

Schürenberg, A.; Garrer, H.: »Frauen in Kurdistan. Ein Bericht aus dem Leben der kurdischen Frauen«, in: Roth, J. (Hrsg.): *Geographie der Unterdrückten,* Reinbek bei Hamburg 1978

Soymen, H./Schmiede, H. A.: *Kleiner Islamischer Katechismus,* Ankara 1960. Veröffentlichung der Behörde für Religiöse Angelegenheiten Nr. 79

Starr, June: *Dispute and Settlement in Rural Turkey,* Leiden 1978

Steuerwald, K.: *Türkisch-Deutsches Wörterbuch,* Wiesbaden 1972

Stirling, P.: »A death and a Youth Club: Feuding in a Turkish Village« in: *Anthropological Quarterly,* Vol. 33, No. 1, 1960, S. 51–75

Stirling, P.: *Turkish Village,* New York 1965

Tan, N.: *›Memleket Mesleği‹ Geleneği ve Ankara 'daki Durumu üzerine bir Araştırma* (»Eine Untersuchung zur Tradition von Regionalberufen und ihrer gegenwärtigen Bedeutung für Ankara«). In: *Türk Dünyası Araştırmalari.* Juni 1982

Taner, N. *Anadoluda Kadınların Erkeklerine Taktıkları Adlar* (»Bezeichnungen für Männer bei anatolischen Frauen«). In: *Türk Folkloru,* 5. Jg. Nr. 60, Juli 1984, S. 18–21

Tezcan, M.: *Kan Gütme olayları sosyolojisi* (»Soziologie der Blutfehde«), Ankara 1972

Tillich, P.: *Die Frage nach dem Unbedingten.* Gesammelte Werke Bd. 5, Stuttgart, 2. Aufl. 1978

Toygar, K.: *Eşlerin Birbirlerine Hitap, Birbirlerinden Bahsetme (Gıyap) Sözleri* (»Anrede und Referenzbezeichnungen von Ehepaaren«) In: *Türk Folkloru,* 5.Jg., Nr. 55, Februar 1984, S. 3–4

Uygur, N.: »Transkulturelle Betrachtungen über die menschlich-gesellschaftlichen Eigenschaften der türkischen Sprache«, in: Ruhloff, J. (Hrsg.): *Aufwachsen im fremden Land, Probleme und Perspektiven der »Ausländerpädagogik«.* Frankfurt/Main, Bern 1982

Weber, M.: *Wirtschaft und Gesellschaft.* Tübingen 1972

Weber, M.: »Richtungen und Stufen religiöser Weltablehnung«. In: ders.: *Soziologie – Universalgeschichtliche Analysen – Politik,* Hrsg. von Johannes Winckelmann. Stuttgart 1973

Yasa, I.: *Türkiyede Kız Kaçırma Gelenekleri ve bununla ilgili bazi Idarî Meseleler* (»Der Brauch der Mädchenentführung in der Türkei und einige damit zusammenhängende Verwaltungsprobleme«), Ankara 1962

Yurtdaş, B.: *Wo mein Mann zu Hause ist,* Reinbek bei Hamburg, 1983

Danksagung

Hilfreich für die Abfassung der Arbeit waren Gespräche mit Trudi Hüwelmeier, Peter Bumke, Fritz Kramer und Hermann Müller. Bei ihnen möchte ich mich bedanken.

Die Arbeit wurde ermöglicht durch Stipendien des Deutschen Akademischen Austauschdienstes und der »Heinrich-Heine-Stiftung«. Ebenfalls wichtig war eine Unterstützung durch die »Forschungsgruppe Modellschulen e.V.«.

Bei Taylan Akkayan, der in einem benachbarten Dorf geforscht hatte, möchte ich mich für die Überlassung seiner Dissertation bedanken.

Mein besonderer Dank gilt jedoch den Bauern von Subay.